DEAN KING

Esqueletos no Saara

Um relato verídico de sobrevivência

Tradução
Ana Maria Mandim
Sergio Nunes de Caldas

COMPANHIA DAS LETRAS

Título original
Skeletons on the Zahara — A True Story of Survival

Capa
Rita da Costa Aguiar

Foto de capa
Rob Howard (Corbis/Stock Photos)

Índice remissivo
Luciano Marchiori

Preparação
Eliane de Abreu Santoro

Revisão
Otacílio Nunes
Isabe Jorge Cury

Dados Internacionais de Catalogação na Publicação (CIP)
(Câmara Brasileira do Livro, SP, Brasil)

King, Dean
Esqueletos no Saara : um relato verídico de sobrevivência / Dean King ; tradução Ana Maria Mandim, Sergio Nunes de Caldas — São Paulo : Companhia das Letras, 2005.

Título original: Skeletons on the Zahara — A True Story of Survival.
Bibliografia.
ISBN 85-359-0659-2

1. África do Norte - Descrição e viagens 2. Aventuras e aventureiros 3. Commerce (Brigue mercantil) 4. Escravidão - África do Norte 5. Saara - Descrição e viagens I. Título.

05-3826 CDD-916.4804

Índice para catálogo sistemático:
1. Saara Ocidental : Relato de viagens 916.4804

[2005]

EDITORA SCHWARCZ LTDA.
Rua Bandeira Paulista 702 cj. 32
04532-002 — São Paulo — SP
Telefone (11) 3707-3500
Fax (11) 3707-3501
www.companhiadasletras.com.br

ESQUELETOS NO SAARA

Para Jessica

Sumário

PARTE III — JORNADAS E TEMPESTADES DE AREIA

PARTE IV — UM LENTO AVANÇO EM DIREÇÃO A MOGADOR

Introdução

Ao procurar um livro na biblioteca do New York Yacht Club em Manhattan, no outono de 1995, descobri um velho tomo de couro com um título intrigante. Dizia simplesmente *Sofrimentos na África*. Tirei o volume da prateleira e logo me vi perdido em suas páginas cheirando a mofo. Embora escrita com linguagem e sentimentos condizentes com a formação puritana de seu autor, o capitão do mar James Riley, de Connecticut, aquela história verídica de sobrevivência — de um naufrágio, do cativeiro no Saara e de uma longa jornada — era forte, comovente e extraordinária.

O ano era 1815. A guerra de 1812 acabara de chegar ao fim, e o brigue mercante *Commerce* partia com uma tripulação de onze pessoas, todas com grande esperança de restaurar sua situação financeira, prejudicada pela guerra. O *Commerce* se perdeu na névoa e naufragou na costa oeste da África, à margem do Grande Deserto do continente — uma vasta área, até então não mapeada e que se dizia ser habitada por canibais. Em vez disso, foram árabes nômades montados em camelos que capturaram os famintos marinheiros e os apresentaram ao estranho e rigoroso mundo dos beduínos, viajando de poço para poço, em meio a um calor sufocante e a tempestades de areia, vivendo de leite de camela. Desprezados e trabalhando como escravos, os marinheiros enfrentaram dificuldades inimagináveis enquanto tentavam encontrar um meio de escapar do deserto e voltar para a família.

Pelo menos desde os dias de Homero, relatos assim, de viagens a lugares distantes, em especial viagens malsucedidas, fascinam a imaginação de todos os públicos, arrancando as pessoas de sua rotina insossa e fazendo-as relembrar as maravilhas do mundo: os furiosos elementos naturais, a geografia exótica e indomável, os povos que vivem isolados. Os melhores relatos trazem, em novos ângulos, a engenhosidade do homem em face da adversidade, sua vontade de sobreviver e, ao final, seu intenso desejo de voltar para casa.

A história de Riley é um desses relatos — e vai além. Assim como Richard Henry Dana Jr., no clássico norte-americano *Two Years Before the Mast*, Riley contou sua saga com a honestidade de alguém que nada tem a provar. Riley e seus homens não eram exploradores profissionais, como Cook e Banks ou Shackleton. Eles não foram mandados para o deserto, como T. E. Lawrence, nem tinham particular interesse em explorá-lo, como Wilfred Thesiger ou Michel Vieuchange. Os homens do *Commerce* estavam apenas cumprindo suas funções de tripulantes de um navio mercante quando foram subitamente lançados no Saara. Muitos tinham esposa e filhos em casa, que os esperavam de volta logo com os ganhos mais do que necessários para saldar contas vencidas.

Não tendo a obrigação de fazer história ou responder a expectativas exageradas de um público, Riley, assim como Dana, refletiu com a maior clareza sua época e seu lugar.

A história de Riley, publicada em Nova York em 1817, alcançou considerável notoriedade, conquistando admiradores como Henry David Thoreau, James Fenimore Cooper e Abraham Lincoln. Para Lincoln, a narrativa de Riley fora um dos seis livros que mais o influenciaram em sua juventude. Mas o relato de Riley teve seus detratores, céticos que não acreditavam que o que ele escreveu pudesse ser verdade.

Intrigado e curioso, encontrei as memórias de outro sobrevivente daquela dura provação: o marinheiro de primeira classe Archibald Robbins, cujo relato, de 1818, embora mais curto, cobria um período de cativeiro ainda maior. Minha pesquisa havia começado. Em *Esqueletos no Saara*, esses dois relatos originais se juntaram, pela primeira vez, para contar a história do naufrágio do *Commerce* e a sorte de seu capitão e de sua tripulação. Mas também me senti compelido a ir, eu próprio, ao Saara para ajudar a trazer à vida, após tantas décadas, a incrível história dos náufragos. Devido a condições políticas, à época desafortunada — lá cheguei três semanas após o 11 de Setembro — e à presença de minas terrestres no Saara Ocidental, antiga colônia espanhola agora dominada pelo Marrocos, fui impedido de ir a muitos lugares que seriam do interesse da narrativa; entretanto, o que descobri durante minha jornada de mais de 1200 quilômetros no lombo de camelos e em Land Rovers, reconstituindo a rota de Riley o melhor que pude através do remoto deserto costeiro, foi que boa parte das descrições que Riley e Robbins fizeram dos povos e das condições de então ainda se aplica hoje.

Na verdade, a região permanece tão pouco explorada e tão pouco alterada pela modernidade que estudiosos ainda se valem das observações de Riley — acuradas, com algumas poucas e notáveis exceções — em relação à vida dos nômades saaráuis, seus costumes e crenças, e à dura natureza do Saara Ocidental. O que aconteceu a Riley é um daqueles raros casos em que o desastre gera a descoberta, em vez do contrário.

Na época de Lincoln, o relato de Riley também tocava em um assunto candente: a preocupante instituição da escravidão.

Invertendo o paradigma norte-americano, a narrativa forneceu uma perspectiva útil e ajudou a expor a brutalidade dessa horrível prática. Em nosso tempo, em que enfrentamos o grande desafio de conciliar muçulmanos, cristãos e judeus, a tragédia da tripulação do *Commerce* ganha nova dimensão. Minha esperança é que a pungente história do naufrágio do *Commerce* e da jornada de parte de sua tripulação rumo à redenção torne a abrir nossos olhos, ao menos um pouco, para o que é possível fazer.

Os oficiais e a tripulação do *Commerce*, brigue mercante de Connecticut, agosto de 1815

OFICIAIS

James Riley, 37 anos, de Middletown, capitão
George Williams, 48 anos, de Wethersfield, primeiro imediato
Aaron R. Savage, 20 anos, de Middletown, segundo imediato

MARINHEIROS DE PRIMEIRA CLASSE

Thomas Burns, 41 anos, de Hadlyme
James Clark, 24 anos, de Hartford
William Porter, 31 anos, de Windsor
Archibald Robbins, 22 anos, de Stepney

MARINHEIROS DE SEGUNDA CLASSE

James Barrett, de Portland, Massachusetts, embarcou em Nova Orleans
John Hogan, de Portland, Massachusetts, embarcou em Nova Orleans

RICHARD DESLISLE, DE HARTFORD, COZINHEIRO

Horace Savage, 15 anos, de Hartford, taifeiro
Antonio Michel, de Nova Orleans, marinheiro que pagava sua passagem com trabalho; embarcou no *Commerce* em Gibraltar

A tripulação do Commerce *parece ter sido escolhida para suportar provações, para que o mundo, por intermédio dela, pudesse aprender.*

Archibald Robbins, *A Journal Comprising an Account of the Loss of the Brig* Commerce

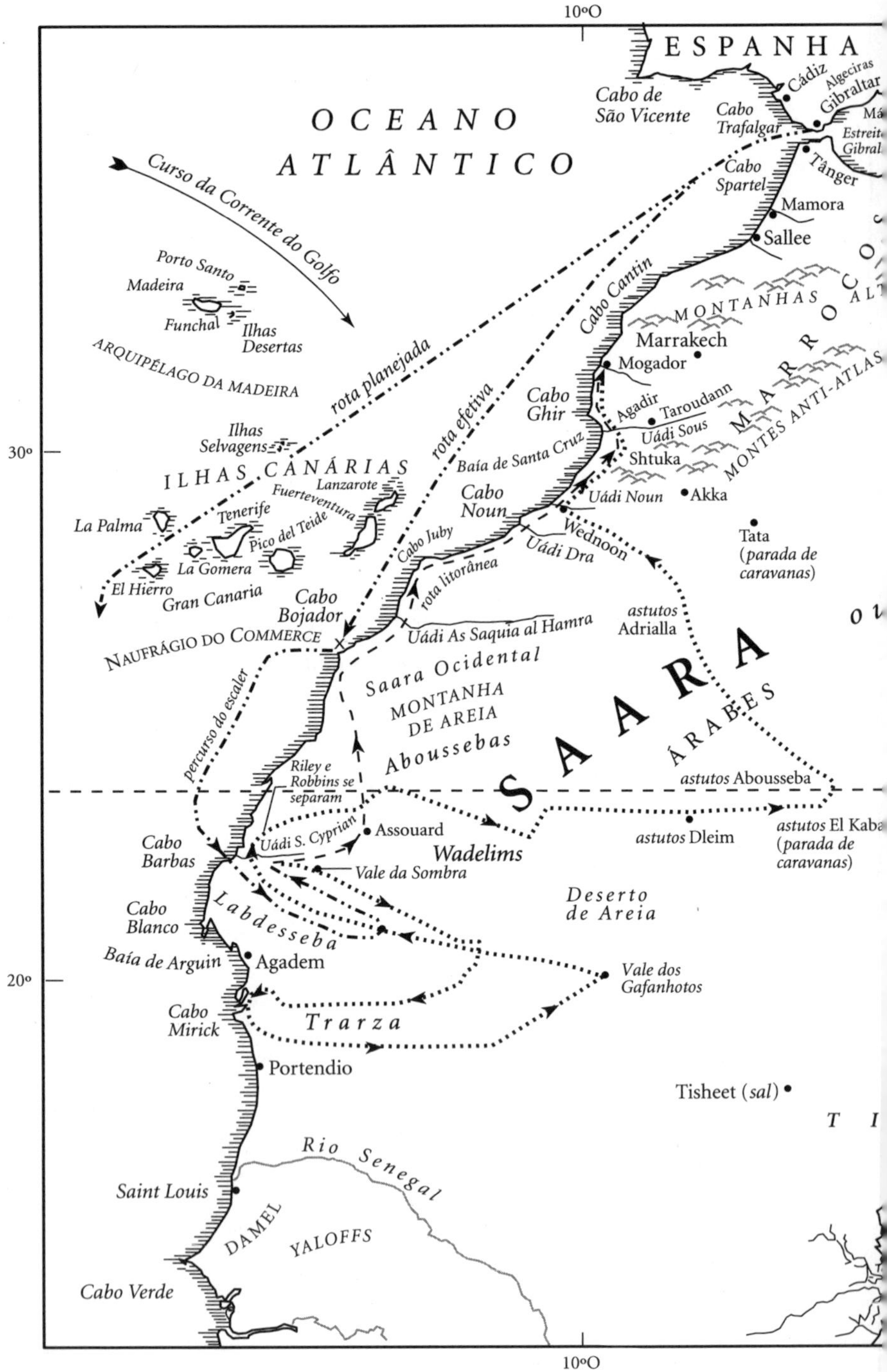
10ºO
ESPANHA
Cabo de São Vicente
Cádiz
Algeciras
Gibraltar
Cabo Trafalgar
Tânger
Cabo Spartel
Mamora
Sallee
OCEANO ATLÂNTICO
Curso da Corrente do Golfo
Porto Santo
Madeira
Funchal
Ilhas Desertas
ARQUIPÉLAGO DA MADEIRA
rota planejada
rota efetiva
Cabo Cantin
MONTANHAS
MARROCOS
Marrakech
Mogador
Cabo Ghir
Agadir
Taroudann
Uádi Sous
MONTES ANTI-ATLAS
Shtuka
Ilhas Selvagens
ILHAS CANÁRIAS
Lanzarote
Fuerteventura
Tenerife
Pico del Teide
La Palma
La Gomera
El Hierro
Gran Canaria
Baía de Santa Cruz
Cabo Noun
Uádi Noun
Akka
Wednoon
Uádi Dra
Tata (parada de caravanas)
Cabo Juby
rota litorânea
astutos Adrialla
Cabo Bojador
NAUFRÁGIO DO COMMERCE
Uádi As Saquia al Hamra
Saara Ocidental
MONTANHA DE AREIA
Aboussebas
SAARA
ÁRABES
percurso do escaler
Riley e Robbins se separam
astutos Aboussebа
Assouard
Uádi S. Cyprian
Wadelims
astutos Dleim
astutos El Kaba (parada de caravanas)
Cabo Barbas
Vale da Sombra
Labdesseba
Deserto de Areia
Cabo Blanco
Baía de Arguin
Agadem
Vale dos Gafanhotos
Cabo Mirick
Trarza
Portendio
Tisheet (sal)
Rio Senegal
Saint Louis
DAMEL
YALOFFS
Cabo Verde
30º
20º
10ºO

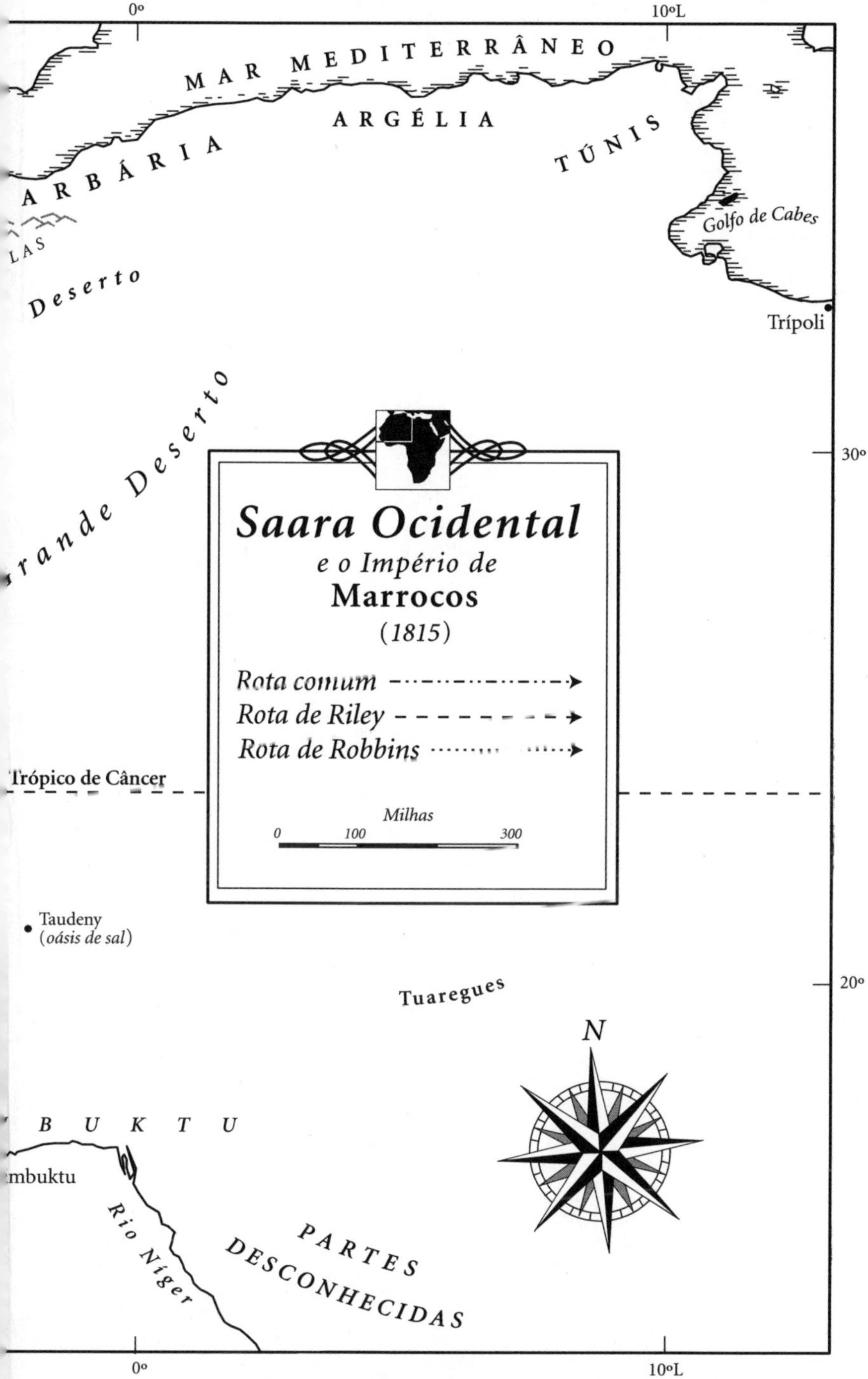

0°
10°L
MAR MEDITERRÂNEO
ARGÉLIA
ARBÁRIA
TÚNIS
LAS
Golfo de Cabes
Deserto
Trípoli
rande Deserto
30°
Saara Ocidental
e o Império de
Marrocos
(1815)
Rota comum
Rota de Riley
Rota de Robbins
Trópico de Câncer
Milhas
0
100
300
Taudeny
(oásis de sal)
Tuaregues
20°
N
B U K T U
mbuktu
Rio Níger
PARTES
DESCONHECIDAS
0°
10°L

Prólogo
1812

Em suas cinco travessias do Saara, *sidi* Hamet jamais vira condições tão ruins. A quarenta dias de distância de Wednoon,* a areia se tornara fina como poeira e quente como carvão em brasa. Com suas cargas pesadas, os camelos lutavam para subir as dunas escorregadias, arremetendo as corcovas, e desciam vacilantes do outro lado. A cada passo, os dromedários se enterravam até os joelhos, as patas grandes e acolchoadas, feitas por Alá para deslizar na areia, afundando como pedras.

Apesar de sua experiência no deserto, Hamet não tivera voz na escolha daquela rota, a mais direta para Timbuktu, ao todo quase 2 mil quilômetros, e que consumiria muitos meses de viagem. Tendo seguido na direção sul a partir de Wednoon, depois tomado o leste e contornado as montanhas Anti-Atlas em seis dias, a caravana de mil homens fizera alto à beira do deserto e colhera toneladas de drupas** do tamanho de tâmaras. Os homens

* Wednoon, atual Gulimine. (N. T.)

** Tipo de fruto carnoso provido de um núcleo muito duro, como o pêssego e extraíram óleo do caroço da drupa para reforçar a alimentação. Assaram a parte carnosa das sementes, enrolaram-na em bolotas e guardaram em sacos de tecido de tenda para servir de forragem para os camelos e combustível para fogueiras.[1] Após dez dias de preparativos, a caravana rumou para o sudeste, navegando pelo deserto sem trilhas, com a ajuda da lua, do sol e das estrelas.

Hamet e Seid, seu irmão mais novo, eram mercadores do norte, das proximidades da cidade de Marrakech, e tinham apenas dez camelos. Oito eram próprios e levavam uma preciosa carga. Os outros dois pertenciam ao sogro de Hamet, o sheik Ali, e transportavam cevada. Havia mais 4 mil camelos na caravana, muitos deles fêmeas, para fornecer leite aos viajantes, e quatrocentos para levar provisões e água. Cerca de metade dos animais pertencia a um poderoso líder militar, amigo do chefe da caravana, *sidi* Ishrel.

Como todo guia de caravana bem-sucedido, Ishrel era rigoroso mas justo. De porte ereto e imponente, o líder árabe tinha olhos faiscantes sob um grande turbante, e sua barba espessa descia até o peito. Usava um *haik* longo e branco de bom tecido, que se adequava a sua posição e era bem ajustado ao corpo, cruzado por cintos vermelhos que traziam seus objetos essenciais: um grande chifre de pólvora, pederneiras, uma bolsa de couro com balas de mosquete e uma bainha com uma cimitarra grande e brunida. Ishrel portava o mosquete dia e noite, sempre preparado para um ataque súbito dos beduínos selvagens do deserto. Suas nêmeses invariáveis, no entanto, eram o terreno e o sol.

Durante seis dias, a caravana de Ishrel conheceu o caos nos enormes montes de areia. Os cameleiros, ora cantando para suas

a manga. As tribos berberes se valeram durante séculos do óleo de drupa, extraído da castanha do interior da fruta, como um dos componentes da base de sua alimentação. (N. T.)

montarias, ora as espicaçando com os cajados, desmontavam e corriam a todo momento, de um lado para outro, ajeitando as cargas. Davam fortes empurrões no bojo de sacos trançados e puxavam cordas usando todo o peso do corpo. Mas, apesar dos esforços, cargas mal distribuídas eram inevitáveis, causando torções nas juntas e nos ossos dos camelos. E não se passava muito sem que a desatenção de um amo levasse um camelo a ficar manco, e camelo manco era camelo morto, um banquete comunitário. Assim Alá provia a todos. Essa era a sua vontade, e não havia compensação neste mundo para o dono do camelo. "Só alimentamos vocês em louvor a Alá", diz o Alcorão. "Não queremos de vocês recompensa ou agradecimento."

No sétimo dia, o *irifi* rugiu, vindo do sudeste, e a areia se levantou em redemoinhos. *Sidi* Ishrel ordenou que a carga fosse baixada dos camelos e se fizesse um acampamento. Rapidamente, os árabes amontoaram seus pertences — utensílios de ferro, trastes de madeira, âmbar, armas de fogo, facas, cimitarras, trouxas de *haiks*, roupa branca e azul, blocos de sal, fardos de tabaco e especiarias — em uma grande pilha. Dispuseram os camelos em círculo e os fizeram se deitar. Em volta deles, a areia era soprada com tal violência que os homens não conseguiam abrir os olhos, e se o fizessem, não veriam seus companheiros ou camelos, mesmo que estivessem perto a ponto de tocá-los. Mal conseguiam respirar. Deitados de barriga para baixo, Hamet e *sidi* respiravam através de seus *sheshes*, enrolados em volta da cabeça e do rosto, que pressionavam contra a areia.

Não se preocupavam muito com os camelos, que tinham suas próprias defesas: orelhas hirsutas e profundas; longos cílios, que protegiam os olhos dos grãos que voavam; narinas que se fechavam e umedeciam o ar ressequido que inalavam; e olhos de pálpebras tão finas que, mesmo cerradas durante uma tempestade de areia, ainda lhes permitiam enxergar. Os irmãos também não se preocupavam com que a temperatura dos camelos se elevasse em demasia, pois esses animais têm a capacidade única de absorver o calor com o corpo enquanto o cérebro se mantém termicamente isolado e estabilizado. Sem suar ou ofegar, conservam a água do corpo, retendo o calor durante o dia e o liberando mais tarde. Em noites especialmente frias, seus donos muitas vezes buscavam refúgio no calor desses animais. Como todo bom cameleiro sabia, não havia nada mais imune aos castigos do deserto do que aquelas apreciadas bestas, tão longevas quanto mal-humoradas, algumas chegando a meio século de idade. Muitas sobreviviam a seus amos.

Durante as longas horas de vento uivante, Hamet recordou sua relutância em se juntar à caravana de Ishrel. Após o retorno a Wednoon de uma caravana anterior a Timbuktu, que durara dezoito luas, seu sogro o punira com severidade por não lhe ter levado rendimento satisfatório pelos bens que enviara. A caravana, quase tão grande como a de Ishrel, tinha viajado para o sul por uma rota pelo ocidente, próxima do mar, onde as pobres tribos costeiras eram muito vulneráveis para atacá-los. Eles haviam alimentado e dado de beber aos camelos, permitindo que repousassem antes de deixar o norte. Apenas três centenas de camelos entre 3 mil morreram de sede e cansaço durante a viagem, mas Hamet e Seid perderam dois de seus quatro animais. Voltaram com dois escravos, ouro em pó suficiente para seis camelos, e jóias para suas esposas. O sogro de Hamet, o sheik Ali, reclamou ambos os escravos como seu quinhão na partilha. Quando Hamet se recusou a entregá-los, Ali destruiu a casa dele e tomou de volta a esposa e as crianças.

Hamet então fugira de volta para seu lar tribal, perto de Marrakech, uma cidade abatida, que ainda sofria os efeitos da devastação da Grande Praga de 1800. Ele jurou abandonar a vida arriscada de mercador de caravana e começou a aumentar seu rebanho. Um ano depois, Ali lhe devolveu a família, mas Hamet permaneceu no norte. Então, após mais dois anos, um amigo que estivera com eles na caravana persuadira os dois irmãos a tentar de novo. O tempo apagara a lembrança das areias que os golpeavam e a mágoa da exigência injusta de Ali e de sua pronta represália. Arrastados por uma indefinível urgência de voltar ao deserto e esperando ter melhor sorte dessa vez, Seid e Hamet tinham vendido seus bois e carneiros, comprado mercadorias para negociar e se juntado à caravana.

E agora aquilo. Durante dois dias, a areia encheu seus *djellabas* de lã, de mangas compridas e providos de capuz, e formou montes sobre suas costas, forçando os homens a se balançar, para diminuir o peso. Hamet e Seid e o resto dos cameleiros suplicavam: "Grande e misericordioso Alá, poupe nossas vidas!".

Quando o vento por fim parou e a areia se precipitou no solo, três centenas de homens jaziam mortos no deserto. Hamet e Seid, que eram fortes, se levantaram e se uniram aos outros sobreviventes em preces de agradecimento a Alá por tê-los salvado. Levaram mais dois dias enterrando os mortos, sempre de lado, com o rosto voltado para Meca, pondo em cima dos túmulos feixes de galhos espinhentos para afastar os chacais. Da totalidade dos camelos, duzentos haviam sucumbido. À medida que os homens os desenterravam, os animais se erguiam, grunhindo e batendo as mandíbulas loucamente, cambaleantes, bufando, para expulsar das narinas os parasitas parecidos com besouros que ali cresciam. Não havia vegetação para os camelos comerem onde a caravana havia parado, então os homens lhes deram água e alimento das provisões, cada vez mais escassas.

Por mais 24 dias eles penaram em areias profundas, quentes. Para evitar que os camelos tombassem sob a carga, os homens, aos poucos, jogaram fora toneladas do sal que levavam para vender. Embora não enfrentassem mais tempestades de areia, encontravam pouca forragem para os camelos, que padeciam e cujas corcovas se tornavam flácidas e caídas. Antes de chegar a Haherah, uma famosa aguada, a dois terços do caminho para Timbuktu, a caravana perdera mais trezentos camelos.

À medida que se aproximavam do oásis, aqueles que ali já haviam estado descreviam para os novatos seu verdor e os poços excepcionais. Do luxuriante oásis, e reabastecidos, continuariam em direção a Timbuktu e suas grandes riquezas. Retornariam para o norte com presas de elefante, ouro em pó e pedras preciosas, borracha senegalesa, plumas de avestruz e muitos escravos. Um bom escravo homem podia ser comprado com um *haik* de dois dólares e, na volta, vendido por cem dólares. Mas naquele momento a sede corria tão profundamente em suas veias que a ambição pelos tesouros de Timbuktu não mais os motivava. Sonhavam não com ouro em pó, mas em limpar da poeira suas gargantas ressequidas. Para encorajá-los, *sidi* Ishrel anunciou que a caravana descansaria vinte dias em Haherah.

Quando chegaram a Haherah, as notícias se propagaram ao restante da caravana como areia espalhada pelo vento, chegando a muitos homens antes mesmo que estes tivessem posto o pé no vale tão aguardado: não chovia ali havia um ano. Os famosos poços de Haherah estavam secos.

Os cameleiros entraram em pânico. Para muitos, como Hamet e Seid, os camelos e bens que levavam com eles representavam toda a sua riqueza, tudo o que possuíam para o sustento futuro de mulheres e filhos. A caravana se desintegrou quando os homens abandonaram seus postos e partiram por conta própria para explorar freneticamente o vale marrom em busca de água.

Após dois dias de busca infrutífera, perceberam que o esforço era vão. Desalentados, fizeram o caminho de volta para a caravana, onde *sidi* Ishrel os organizou em turmas para remover areia e pedras dos poços secos e escavá-los mais fundo. Durante cinco dias, as equipes cavaram em conjunto, mas ainda assim não encontraram água. *Sidi* Ishrel chegou à conclusão de que não havia esperança de salvar a caravana. Só lhes restava tentar salvar a si mesmos. Então ordenou que todos os camelos, exceto os trezentos melhores animais, fossem sacrificados. Os homens beberiam o sangue e os fluidos guardados na pança dos ruminantes e comeriam e secariam ao sol a quantidade de carne de que precisassem.

Embora pesaroso com as perdas que teria, Hamet acreditou que essa era, de fato, sua única escolha. Trinta homens mais idosos selecionaram os camelos que seriam poupados, e a matança do resto começou. No calor do momento, com o sangue espirrando das bestas que bramiam, e a poeira do esterco que subia aos ares queimando os olhos dos homens, cobrindo suas línguas e inflamando suas mentes, eles começaram a brigar. A princípio apenas brandiam as cimitarras de um modo ameaçador, mas foi como se a morte chamasse a morte. Quando as lâminas em forma de quarto crescente começaram a se chocar, amigos buscaram amigos. Não houve como escapar da batalha febril que ali se travou. Ela engolfou os homens como o fogo suga o oxigênio, insuflando um grupo atrás do outro. Alguns mutilavam e matavam para apaziguar o sentimento frustrante de impotência; outros reagiam para se defender. Seid foi atingido no braço por uma adaga e seriamente ferido. Furiosos, alguns indivíduos assassinaram *sidi* Ishrel. Mais de duas centenas de homens morreram naquele dia. Os sobreviventes beberam o sangue deles e chacinaram quinhentos camelos à cata dos fluidos.

Naquela noite, ainda cedo, na exaustão e no desespero depois do banho de sangue, Hamet decidiu reunir os amigos e partir com eles de Haherah. Ele fora capitão em sua caravana anterior e sabia como se orientar no deserto. Hamet e seu irmão ferido avisaram aos amigos que se preparassem em surdina para partir naquela noite. Hamet e Seid mataram quatro dos seis camelos que lhes restavam e alimentaram os dois mais fortes com o sangue e os fluidos. Hamet embalou a quantidade de cevada e mercadorias que tinham condições de carregar, pois não podiam chegar a Timbuktu de mãos vazias.

Por volta da meia-noite, Hamet conduziu trinta homens e 32 camelos em silêncio para fora do vale, na noite coberta de nuvens, escura como tinta negra. O trovão de Alá ressoou na planície enquanto eles se afastavam, mas não choveu.

Ao norte do rio Níger, na terra que Seid e Hamet chamavam de Sudão (atualmente Mali), os mercadores de Timbuktu perscrutavam o horizonte, ansiosos, à espera da caravana da estação. A famosa cidade murada transbordava de lojas novas de ouro e escravos para serem trocados pelos bens cobiçados, que vinham do interior do grande deserto. Originalmente um acampamento temporário para os nômades tuaregues do Saara Central, Timbuktu crescera em importância no século XIV, tornando-se o principal mercado do continente e um centro do islamismo africano, com homens instruídos e livros refinados. Mas a riqueza da cidade também a transformou em alvo, e ela foi saqueada por invasores marroquinos em 1591, precipitando um lento mas contínuo declínio. Apesar disso, dois séculos depois, as caravanas ainda iam até lá e, às vezes, eram até maiores do que aquela em que Hamet e Seid haviam partido. Quando, por fim, o pequeno agrupamento dos irmãos entrou claudicante em Timbuktu, um total de 21 homens e doze camelos sobrevivera. Estavam exaustos, famélicos, falidos e sozinhos. Ninguém de sua outrora poderosa caravana os precedera e ninguém os seguiria.

Aquela era uma terra de grande penúria, e havia pouca piedade para com estrangeiros perdidos e menos simpatia ainda para com os que haviam tido a fortuna de serem poupados por Alá. O rei de Timbuktu alistou Hamet, Seid e dez de seus companheiros em uma caravana para o interior. Eles trabalharam durante quase um ano, ganhando dois *haiks* e algum ouro, e, depois, se uniram a uma caravana de mercadores de Argel, Túnis, Trípoli e Fez, retornando para o norte com turbantes, marfim, borracha, ouro e 2 mil escravos.

Bem no meio do deserto, um grande número de tuaregues — os mais temidos saqueadores do Saara —, armado de mosquetes, lanças e cimitarras, estava, havia meses, à espreita deles. Atacaram em silêncio à noite; esperaram até o último minuto para abrir fogo e, depois, despejaram uma furiosa saraivada de balas de mosquete dentro do círculo da caravana. Hamet levou um tiro na coxa. Um dos tuaregues golpeou Seid no peito com uma adaga. Os membros da caravana lutaram por suas vidas. Os agressores mataram 230 homens e feriram muitos outros antes de serem repelidos, mas ambos os irmãos sobreviveram. Seid atenuou sua raiva se apossando do belo mosquete de um tuaregue morto.

Dois anos depois de partir na grande caravana de *sidi* Ishrel, Hamet e Seid voltavam para Wednoon com um camelo e um volume insignificante de mercadorias. Uma vez mais, o sheik Ali deixava de lucrar. Dessa vez, ele mandou Hamet e o irmão para o interior do Saara com trouxas de *haiks* e roupa azul para comerciar com os ferozes berberes, as tribos do deserto que criavam e roubavam camelos, caçavam avestruzes e às vezes salvavam náufragos. O sheik Ali havia encarregado os irmãos de comprar plumas de avestruz para vender em Mogador* ou Marrakech.

Hamet e Seid vagaram rumo ao sul por uns 480 quilômetros. Em uma tarde sufocante de fins de setembro de 1815, avis-

* Mogador, atual Essaouira (al-Suwaira). (N. T.)

taram um agrupamento de tendas velhas e resolveram buscar abrigo do sol. Entraram no acampamento e, para sua surpresa, descobriram, entre algumas mulheres árabes, dois marinheiros cristãos. Um deles era o capitão de um navio mercante que naufragara na costa do cabo Bojador.

A deferência do capitão para com eles e a imensa preocupação por seus homens logo demonstraram tratar-se de um homem valente e de palavra, não importava quanto o Saara o tivesse castigado. O capitão fez uma proposta aos dois irmãos: pagaria com muitas peças de prata se prestassem um serviço a ele e a sua tripulação, que estava espalhada próximo dali entre os nômades. Mas os irmãos sabiam que o serviço era tão arriscado quanto a jornada de um jumento por uma cova de leões. Seria necessário investir todos os bens e depois viajar por centenas de quilômetros de *hammada* e dunas e pelas montanhas ao pé dos montes Atlas. Os marinheiros, debilitados pela sede, famintos e flagelados pelo sol, poderiam morrer todos ou ser roubados antes do resgate.

Mais do que tudo, Hamet e Seid se preocupavam com a possibilidade de serem trapaceados no fim. Será que podiam confiar em um *kelb en-Nasrani* — um cão cristão? Ousariam se arriscar a desapontar o sheik Ali de novo?

Sidi Hamet rezou a Alá para que o guiasse.

PARTE I

Atos de Deus

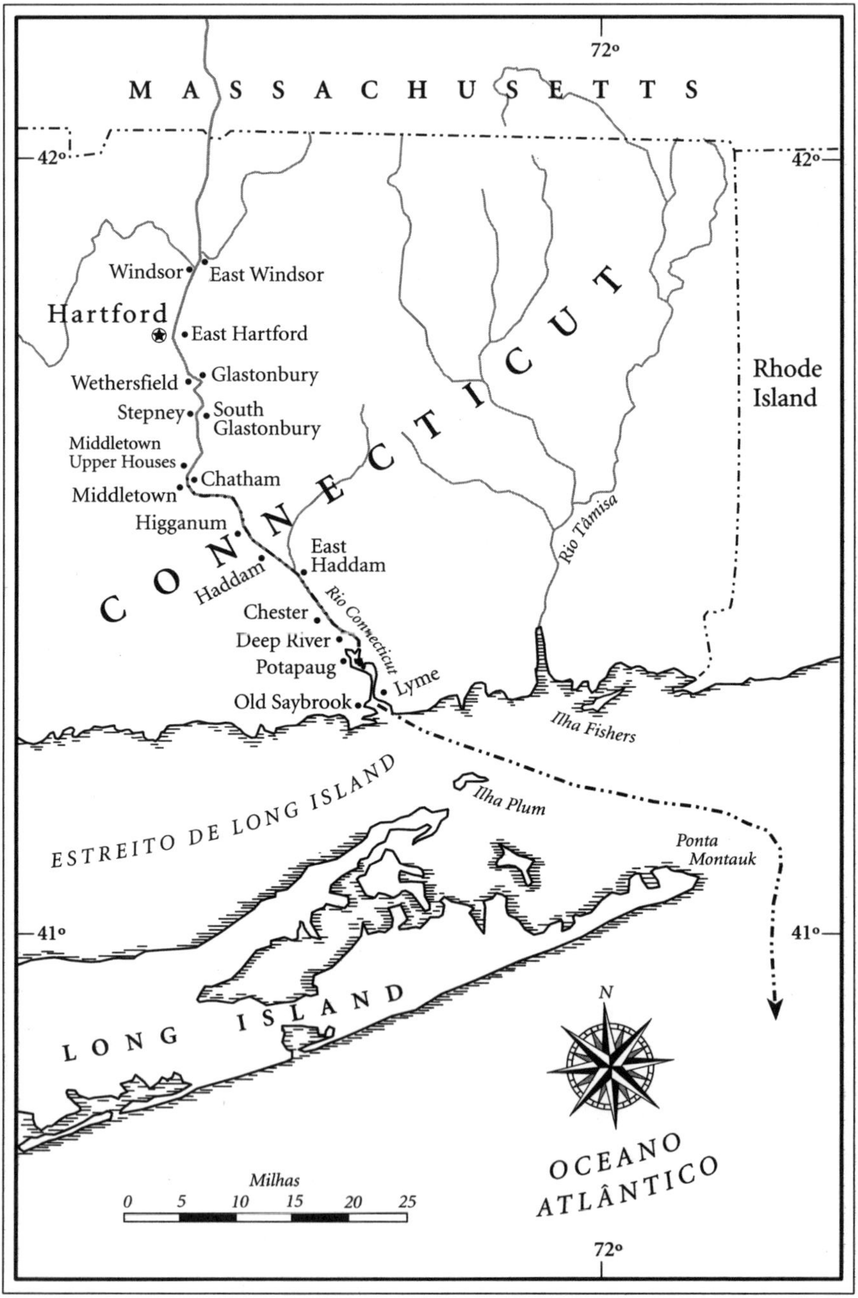
72º
MASSACHUSETTS
42º
42º
Windsor
East Windsor
Hartford
East Hartford
Wethersfield
Glastonbury
Stepney
South Glastonbury
Middletown Upper Houses
Chatham
Middletown
Higganum
Haddam
East Haddam
Chester
Deep River
Potapaug
Old Saybrook
Lyme
Rio Connecticut
CONNECTICUT
Rio Tâmisa
Rhode Island
Ilha Fishers
Ilha Plum
ESTREITO DE LONG ISLAND
Ponta Montauk
41º
41º
LONG ISLAND
N
OCEANO ATLÂNTICO
Milhas
0 5 10 15 20 25
72º

1. Uma boa tripulação ianque

Em uma fresca manhã do início de maio, em 1815, quando o capitão James Riley deu a ordem de virar de proa no cais Savage, na altura de Upper Houses em Middleton, Connecticut, havia dez homens ligados em cada palavra que ele proferia. A "Guerra de Jemmy Madison" — uma guerra a que os habitantes da Nova Inglaterra se haviam oposto ferrenhamente e que arruinara muitos mercadores, deixando a maioria dos marinheiros encalhados na costa — afinal terminara. Era hora de voltar ao trabalho.

Vestida com o uniforme tradicional dos homens do mar de Connecticut — calças e camisas de brim de algodão ou baetilha e chapéus de aba redonda, de brim ou couro negro, ajustados à cabeça —, a tripulação do brigue *Commerce*, de 220 toneladas, zarpou. Os que estavam no alto dos mastros se equilibravam sobre "cavalos", as cordas alcatroadas correndo abaixo das vergas, e desatavam os brióis, impelindo o brim que se desfraldava para a posição certa. Os que se encontravam no convés puxavam e enrolavam linhas. Vozes roucas e marteladas provenientes dos então atarefados estaleiros os acompanharam pelo gelado rio Con-

Capitão James Riley (*de* An Authentic Narrative of the Loss of the American Brig *Commerce, 1817*)

necticut. O *Commerce* fez uma curva para entrar no canal, e a correnteza, engrossada pelo derretimento da neve de New Hampshire e Vermont, o conduziu à velocidade de cinco nós de volta ao mar. Agora, eles olhavam melancolicamente para as barrancas que estiveram tão desesperados para deixar. A viagem os levaria primeiro a Nova Orleans e depois, se a paz perdurasse, através do Atlântico para Gibraltar, e por parte do caminho que descia a costa oeste da África até as ilhas de Cabo Verde em busca de sal para Connecticut. Se tudo corresse bem, voltariam antes do fim da colheita de outono. Os salários que receberiam ajudariam a pagar dívidas.

O Connecticut — "longo rio de maré" na língua algonquiana — se estende por 660 quilômetros do Canadá ao estreito de

Long Island. Os últimos 102 quilômetros do rio, de sua queda-d'água em Windsor até o estuário em Saybrook, constituem o Lower Valley, um centro de estaleiros e comércio com as Índias Ocidentais desde que os Puritanos ali se estabeleceram dois séculos antes. Mas, ao longo da recente guerra, o lugar vira sua atividade ser sufocada.

Marinheiros de carreira, como George Williams, o primeiro imediato do *Commerce*, que procedia de uma linhagem estável de capitães do mar, escolheram sair pelas imediações, junto ao litoral, em serviços esporádicos, esperando o fim da guerra. O jovem e talentoso homem do mar Archie Robbins, por sua vez, decidira tentar a sorte contra a Marinha Real e, em conseqüência, passara seu aniversário de 22 anos em uma prisão de Halifax. O segundo imediato Aaron Savage, de vinte anos, era filho de um importante mercador, dono de parte do *Commerce*. Como Williams, Savage trabalhara em terra, perdendo anos cruciais de experiência no mar. Ao atingir aquela idade, o capitão James Riley já galgara postos na frota mercante de Lower Valley e se mudara para Nova York, a fim de assumir o comando de um navio no comércio transatlântico.

Riley, então um homem desajeitado, de 37 anos, era marinheiro fazia 22 anos. Quando tinha apenas oito, fora alugado por seu pai, um fazendeiro pobre e doente, a um vizinho, para ganhar o sustento ajudando na colheita e com o rebanho, serviços que Riley achava especialmente desagradáveis nas manhãs geladas de inverno, antes de o sol nascer. Aos quinze, fugiu para o mar. Decidido a jamais voltar para a fazenda, logo aprendeu a enrizar velas, pilotar um navio e navegar. Riley chegou a capitão em apenas cinco anos.

Muito recentemente fora o capitão não de um navio, mas de uma companhia de artilheiros voluntários, integrada em sua maioria por marinheiros e oficiais mercantes, que o haviam escolhido como líder. Riley e seus voluntários se haviam cansado do assédio dos britânicos às naus norte-americanas e do recrutamento forçado de marinheiros, que vinham acontecendo, de modo intermitente, fazia mais de uma década. Mas o Decreto do Embargo — retaliação desastrosa do presidente Jefferson em 1808 —, que proibia as exportações norte-americanas e impedia que navios dos Estados Unidos entrassem em portos estrangeiros, saíra pela culatra. Os homens do mar norte-americanos tinham sido mantidos em terra. Muitos comerciantes faliram.

Seguiram-se novos equívocos, e o presidente Madison quase liquidou os mercadores ianques ao declarar guerra à Grã-Bretanha em 1812, levando a Marinha Real a empreender o bloqueio da costa dos Estados Unidos. O valor das exportações norte-americanas despencou de 60 milhões de dólares, em 1811, para 7 milhões, em 1814. Entre 1808 e 1813, um comerciante de Connecticut, John Williams, de Wethersfield, perdeu cinco embarcações, entre elas sua corveta *Merino*, que os britânicos levaram de Saybrook em 1812 e queimaram em New London.

Em 1814, depois que os britânicos puseram fogo em 28 navios em Potapaug (atual Essex), perto da foz do Connecticut, e seguiram saqueando Washington, queimando o Capitólio, a Casa Branca e muitos outros edifícios públicos, e depois, como disse Riley, "ameaçando em alta voz destruir todos os lugares que pudessem atacar no litoral", ele se sentiu impelido a defender seu país. Riley ajudou a formar a companhia de artilharia, com quarenta integrantes ao todo, e se dispôs, caso fosse necessário, a tornar a reunir mais a metade desse número em dois dias.

Entretanto, em janeiro de 1815, antes que sua companhia entrasse em ação, chegaram notícias do Tratado de Gant, que dava fim ao conflito, sem, no entanto, satisfazer exatamente os objetivos norte-americanos de "direitos para os marinheiros e livre-comércio". Riley esperava que aquilo também encerrasse sua própria maré de azar.

Com quase 86 pés de comprimento e cerca de 26 pés de través, o *Commerce* fora concebido não para trafegar no rio, mas no mar. Os dois mastros, feitos com o resistente pinheiro de Valley, dominavam o casco de carvalho do brigue de uma só coberta. Os dois mastros eram de pano redondo, mas, em vez de papa-figos nas vergas, o navio tinha uma grande vela latina montada em uma retranca, o que o tornava um veleiro muito mais versátil do que o que contava apenas com panos redondos. O casco pintado de cor escura tinha pouco mais de onze pés de profundidade e era espaçoso o suficiente para que ali coubessem 1600 barris. Além de uma tripulação de onze pessoas, o barco levava o que Archibald Robbins chamava de "uma pequena carga" — vinte toneladas de feno —, embora também estivesse lastreado com 25 mil tijolos, que seriam vendidos em Nova Orleans.

À luz da manhã que despontava, enquanto um sulco se formava atrás do brigue, na superfície de um espelho-d'água de pouco mais de três metros de profundidade, os homens lançaram um derradeiro olhar para Upper Houses, próspera vila de marinheiros de oitocentos habitantes, que tecnicamente era parte de Middletown, mas estava separada desta por terras pantanosas e pelo rio Sebethe. Por décadas, a ilustre família Savage, entre outras, havia construído e dali despachado navios mercantes. Dois novos barcos — um brigue e uma corveta — estavam no estaleiro, quase prontos para o lançamento.

A tripulação retribuiu os acenos das poucas mãos que se ergueram das lojas e dos trapiches de Josiah Savage, um dos donos do brigue. Savage também era dono ou sócio de outros estabelecimentos, como uma ferraria, uma cordoaria e um matadouro.

Seus homens matavam e salgavam porco e gado bovino, embalavam-nos em barris feitos em sua tanoaria e os rolavam para dentro dos barcos mercantes. O *Commerce* passou diante da fileira de silenciosas casas de tábuas de madeira dos capitães do mar, muitas delas construídas por vários dos irmãos Savage, um testemunho do sucesso marítimo da vila.

No *Commerce* e em outras atividades, Josiah Savage e seu irmão Luther eram sócios de Justus Riley, de Wethersfield, tio do capitão Riley e um ativo comerciante, apesar de seus 75 anos. Josiah e Justus tinham prosperado desde que Josiah, então com 55 anos, comandara várias naus das Índias Ocidentais pertencentes a Justus e depois comprara participação em outras. Os dois eram forjados no mesmo aço. Sagazes e engenhosos, tinham sido temperados na Guerra Revolucionária. Justus capitaneara um navio corsário e lutara lado a lado com uma dúzia de outros Rileys, todos adeptos dessa forma de guerra oportunista e daninha. Por sua vez, Josiah se alistara no Exército Continental ainda adolescente e, junto com os irmãos e o pai, vira bastante ação. Após uma batalha em que morreu a maior parte de sua companhia, Josiah teve suas roupas arrancadas e foi forçado a se submeter a um desafio mohawk — recebeu chutes, golpes de porrete e foi espancado em um ritual destinado a punir os fortes e matar os fracos. Josiah não era fraco.

Nem James Riley. Tanto Justus quanto Josiah sabiam reconhecer um homem de confiança quando viam — ou contratavam — um. Ambos tinham muita fé no sobrinho de Justus. Apreciavam sua inteligência, diligência, sensatez e — sobretudo — sua aparência imponente. Com 2,02 metros e 108 quilos, James Riley era um homem bom para ter como aliado. Possuía constituição atlética e vigorosa por natureza. Sua força aumentara com os anos que passara levantando fardos de feno e arando os campos quando jovem. Tendo galgado postos por esforço próprio, compreendia não apenas seu barco, mas o coração e a mente dos marinheiros.

Aos 48 anos, o primeiro imediato George Williams era o mais experiente homem do mar a bordo, alguém que era capaz de navegar e cumprir seu turno de vigilância, dando total segurança ao capitão em seu descanso. Williams, cuja tia se casara com um Riley, tinha esposa e família nas cercanias de Wethersfield. Era o "vovô" de confiança da tripulação, ligado aos homens por laços de família, lealdade ao capitão e uma fé compartilhada no mar.

Josiah Savage imaginava que seu terceiro filho, Aaron, poderia aprender muito se navegasse com Riley e Williams, e tinha um talento especial para encaminhar os filhos. O mais velho acabaria por fundar a companhia de seguros Aetna. Outro enriquecera financiando a construção de ferrovias, e seu penúltimo filho, um padre formado em Yale e o primeiro missionário episcopal na África, recebeu o crédito pela descoberta do primeiro gorila. Aaron aprenderia o negócio de seu pai desde o início.

O capitão Riley levava ainda outro Savage no barco: Horace, filho de William Savage, irmão mais novo de Josiah e um grande amigo de Riley. William saíra ao mar em uma escuna costeira em novembro de 1799 — ano do nascimento de Horace, seu segundo filho — e nunca mais retornara. Desde então, Riley se sentia responsável por proteger o menino e assegurar-lhe o futuro. Nessa viagem, o garoto de quinze anos seria seu taifeiro.

Do exuberante tombadilho do brigue, Riley podia ver seu antigo lar em Prospect Hill, no alto da Main Street. Dali se avistava Upper Houses, abaixo, e até Lamentation Mountain e Mount Higby, ao sul e a sudeste. Em uma visita a Valley, em 1771, John Adams se postara no lugar que seria propriedade de Riley e apreciara a paisagem. "Acho que a cidade de Middletown é a mais bela de todas", escreveu depois em seu diário. "Quando vim pela primeira vez a esta cidade, que fica no alto de uma montanha, diante de mim se abriu a mais bela vista do rio, dos espaços e dos melhoramentos de cada lado, e das montanhas, a até dezesseis quilômetros de distância." Adams admirou os campos em torno e as pequenas fazendas de marga,* "tão férteis quanto os solos do Egito".

Em 1807, quando tudo lhe era favorável, Riley havia comprado o número 33 da Prospect Hill Road, construído meio século antes pelo diácono Ranney. A grande casa de tábuas, de dois andares e meio, erguida sobre uma fundação de blocos de arenito pardo, viera junto com 61 mil metros quadrados de terra e dera espaço de sobra a sua família, que crescia.

Mas tempos difíceis forçaram Riley a sair da casa e procurar acomodações mais modestas. Ele trazia na mente a imagem da esposa grávida, Phoebe, ainda adormecida em sua cama quente. Ficara desapontado porque seu quinto filho não nascera antes de ele viajar, mas partidas em horas inconvenientes eram, com muita freqüência, o fado do homem do mar, e não podia haver adiamento. Três longos anos se haviam passado desde que Riley deixara de navegar, e mais do que o dobro disso desde que uma série de viagens lucrativas fizera dele, por certo período, um homem rico. Riley não tinha mais tempo a perder, nem um só dia.

Phoebe, filha de Hosea Miller, um veterano local da Guerra Revolucionária, suportava bem seu destino. Vira seu marido, um homem impetuoso, de olhos grandes e sobrancelhas escuras e grossas, fazer de tudo para progredir e acabar se deprimindo desde que voltara para casa no início daquela recente guerra. Ele não conseguira colocação na Marinha; não tinha recursos para aparelhar um navio corsário e se recusava a entrar no lucrativo co-

* Terra rica composta de argila, sílica e humo. (N. T.)

mércio ilícito com o inimigo, no Canadá ou nas Índias Ocidentais — ao contrário de muitos marinheiros da Nova Inglaterra, região que se opusera à guerra. Ele também não queria comerciar sob bandeiras falsas, o que, necessariamente, enganava autoridades de ambos os lados do conflito e era, portanto, contra a lei.

Enquanto ele estivesse longe, Phoebe permaneceria muito ocupada com seus filhos — James, de dez anos de idade; Amélia, de seis; Phoebe, de dois; Horatio, de treze meses, e um recém-nascido. Mas teria ajuda.[1] Upper Houses era uma comunidade muito unida, e Ann e Eleanor, as duas primas solteiras de James, viviam perto. Quando o irmão delas, Julius Riley, vendera a casa na Main Street, em 1784, o novo proprietário concordara que as duas irmãs ficassem no terceiro andar até se casarem. No que foi talvez um caso extremo de parcimônia ianque, não só nenhuma das duas se casou como ambas viveram por mais de cem anos.

Um dos jornais de Middletown, o *Middlesex Gazette*, registrou a partida do *Commerce* de Middletown, em 2 de maio, sob um céu claro, com ventos providenciais de noroeste e a temperatura se elevando à tarde para 16 graus Celsius. Pouco mais de três quilômetros depois do trapiche de Savage, o *Commerce* passou em frente ao estaleiro Chatham, situado na margem direita e que, junto com Upper Houses, fazia parte da Grande Middletown.

Na direção norte, por 24 quilômetros de amplas planícies inundáveis, o rio era regularmente dragado até Hartford, para permitir a navegação de navios mais leves — barcos com calado de oito pés ou menos. Navios com calado de até dez pés só podiam chegar até Middletown, onde o governo federal, em 1784, estabelecera uma das quatro alfândegas estatais para vigiar o lucrativo comércio marítimo. Os navios de Valley muitas vezes se aventuravam pelo Atlântico, como o *Commerce* estava a ponto de fazer, mas o comércio com as Índias Ocidentais prevalecia.

Os negociantes, armadores e fazendeiros de Valley trabalhavam juntos em uma rendosa parceria: os fazendeiros criavam gado em campos de trevos, capim e outros pastos e embarcavam manteiga, queijo, carne de boi e de vaca, junto com produtos vegetais como milho, centeio, aveia e batata, para as Índias Ocidentais. Eles também enviavam cavalos — que eram acorrentados ao convés de barcos apelidados de "jóqueis" — e madeira, em especial tábuas de carvalho para barris, essenciais para transportar o açúcar das ilhas. Dali, os navios voltavam carregados de açúcar, sal, café, índigo e rum, bem como de produtos manufaturados e de luxo da Europa. Até 1790, quando o tráfico humano foi declarado ilegal, alguns navios de Connecticut voltavam para casa com escravos, e a maioria deles servia de empregados domésticos naquela parte do país.

Todo esse comércio alimentava os estaleiros e a indústria marítima e tornava o baixo Connecticut um curso de água muito movimentado. Favorecida não apenas por fazendas produtivas, mas igualmente por madeiras de lei, que, nos tempos coloniais, fizeram babar de admiração os construtores de navios para a Marinha Real, a região era o mais importante centro de estaleiros comerciais entre Nova York e Boston. Ao longo de décadas, milhares de barcos pequenos e grandes navios comerciais foram lançados daquelas docas. Quase sempre pintados de cores escuras e com uma única listra vermelha, branca ou azul do lado, as corvetas e os navios de pano redondo tendiam a ter a proa algo arredondada e eram mais admirados pela robustez do que pela velocidade. Por volta de 1815, os fazendeiros e armadores já haviam cortado grande parte das árvores das margens e das encostas ao longo do baixo Connecticut. Madeireiros punham toras para flutuar rio abaixo vindas de postos cada vez mais ao norte. A demanda por barcos novos não parava de crescer, e os armadores tentavam acompanhar o ritmo.

Ambiciosos homens do mar surgiam com a mesma rapidez

para povoar as embarcações. O *Commerce* tinha uma tripulação de escol, à altura de seus renomados donos e de seu respeitado capitão. Bill Porter, homem forte e cordial, de 31 anos, fora recrutado em Windsor, o porto de Lower Valley, mais distante do mar. James Clark, de Hartford, era um veterano de guerra da heróica companhia de Daniel Ketchum, do 25º Regimento de Infantaria dos Estados Unidos, que se distinguira na campanha de 1814, na península de Niágara. Clark, de mais de 1,90 metro, que se alistara como recruta e fora promovido a sargento, tinha cabelos escuros, olhos claros e uma cruz tatuada no braço. O cozinheiro do *Commerce*, Dick Deslisle, negro liberto, era um ex-criado de Ketchum.

Tommy Burns, que, aos 41 anos, estava entre os mais velhos da tripulação, vinha de Hadlyme, no baixo Connecticut. Burns servira como pífaro na Sexta Companhia do 33º Regimento da milícia de Connecticut, sob o capitão Calvin Comstock, em New London, em 1813. Depois disso, voltara a trabalhar na fazenda de seus cunhados em Mount Parnassus. Na primavera de 1814, Lillis, sua mulher, adoecera de repente e morrera. Desgostoso, Burns logo deixou a fazenda e se mudou para Hadlyme. Tornou a ser convocado pela milícia em agosto. No fim da guerra, decidiu que era preferível ir para o mar a retornar à fazenda e a suas dolorosas recordações.

Marinheiros de segunda classe, como Francis Bliss e James Carrington, completavam os turnos dos homens que ficavam de vigia. Homens do mar experientes, como Porter, Clark, Robbins e Burns, podiam ferrar e enrizar velas, controlar o leme e correr sobre as vergas em mar agitado, para largar ou encurtar o velame, com tanta facilidade quanto a maioria das pessoas caminha pela calçada. Os que ainda aprendiam o ofício, ou eram incapazes de ir adiante, eram encarregados das tarefas menos exigentes, a maior parte no convés ou embaixo, erguendo, arrastando ou esfregando, quando necessário.

Todos conheciam cada pé daquele último trecho do rio mais extenso da Nova Inglaterra. As "placas de sinalização" dos marinheiros eram recifes, ilhas, redemoinhos, bancos de sedimentos, árvores submersas e enseadas, bem como os postes de madeira que marcavam o canal. A cheia da primavera sempre provocava mudanças, às vezes sutis, outras vezes drásticas. Oficiais e marinheiros ficavam atentos a elas, bem como ao complicado tráfego do rio. Pescadores, madeireiros, trabalhadores das pedreiras e comerciantes — a maioria em corvetas e escunas menores do que o *Commerce* — percorriam os canais navegáveis. Chatas guiadas por barqueiros com longos remos de carvalho que tocavam o fundo do rio cruzavam de uma margem à outra levando cavalos e vagões, como vinham fazendo havia dois séculos.

Naquela noite, as chuvas da primavera chegaram a Lower Valley. Choveu durante todo o dia seguinte, 3 de maio. Um dos marinheiros, James Clark, de 24 anos — que dera baixa do serviço militar e apenas seis semanas antes voltara para a mulher, Ruth, e os dois filhos pequenos —, comemorava, naquele dia, quatro anos de casado. Em Upper Houses, Phoebe Riley dava à luz um menino, que ela e o capitão haviam combinado chamar de Asher, o nome do pai de James. Salvo atrasos imprevistos, o capitão conheceria seu filho antes que este completasse seis meses.

A partir de Middle Haddam, onde viraram totalmente a estibordo, no fim da garganta de Middletown, o rio os empurrou para o sul e depois para sudeste. A água salgada chegava dezesseis mihas rio acima, até East Haddam. Ali o rio do Salmão desaguava, alargando o Connecticut, que em seu estuário era mais grandioso do que em qualquer outro trecho, ali onde a vida do rio se mesclava com a vida marinha. Para um marinheiro de Valley, era quase impossível atingir aquele ponto do rio sem que seu coração se acelerasse ao som de gaivotas guinchando no céu e com o cheiro de ar salgado enchendo os pulmões. Os Commerces — como os marinheiros do *Commerce* foram chamados, como se fossem simplesmente as partes vivas do navio — não eram exceção.

Entusiasmados, conversavam e murmuravam cantigas, mas deixar Lower Valley sempre provocava sentimentos confusos. Para eles não havia paisagem mais verde nem mais salutar, ou mais cheia de rostos amigos. Alguns deixavam para trás jovens formosas, outros retornariam para conhecer seu novo filho. Ou, como acontecera com o pai de Horace, poderiam não regressar. Poucas famílias de homens do mar de Valley escaparam a esse infortúnio. A febre ceifava muitas vidas nas Índias Ocidentais. Não raras vezes um navio encontrava bancos de areia sem marco, ou um súbito vendaval, e nunca mais se sabia dele. Tribos hostis, "selvagens" cruéis e piratas dominavam lugares reclusos e bem defendidos à volta do globo terrestre.

Mesmo assim, a partida, naquele momento, era mais doce do que amarga. Ao longo dos anos, os marinheiros se acostumavam a fazer duas ou três viagens anuais de ida e volta às Índias Ocidentais. Aquela viagem e a revigorante friagem úmida do Atlântico Norte — sem mencionar a mudança da sorte — vinham com muito atraso. A atividade a bordo, a conversa e as paisagens novas mantinham as mentes no presente, enquanto o cheiro penetrante, familiar e melancólico da madeira de lei de Connecticut queimando ainda se desprendia das barrancas do rio.

Embora ainda fosse jovem, Archie Robbins — cujo pai, Jason, era um capitão do mar de Wethersfield — quase só enfrentara tempos difíceis no mar e tinha um monte de histórias para contar. Em seis anos, Robbins fora três vezes detido ou aprisionado pelos britânicos. Em fevereiro de 1813, a fragata *Surprise* havia atacado e capturado o navio mercante no qual ele viajava com destino a São Bartolomeu, território sueco nas ilhas Leeward, das Índias Ocidentais. Voltou a Nova York a bordo de um navio em uma permuta de prisioneiros. No outono daquele ano, de novo em um navio mercante em viagem a São Bartolomeu, foi apanhado no bloqueio ao largo de New London. Dessa vez foi mandado para Halifax, onde ficou detido por dois meses. Em uma terceira tentativa de chegar a São Bartolomeu, Robbins, que ia fazer negócios em nome de um comerciante de Nova York, sabiamente embarcou em um navio sueco neutro e conseguiu seu intento, mas, ao voltar para o norte a bordo de uma embarcação norte-americana, foi aprisionado pelo brigue *Borer*.

Sob todos os pontos de vista, Robbins sofrera uma impressionante maré de má sorte, que culminara com dezoito meses em uma prisão britânica na ilha Melville, em Halifax. Agora estava seguro de que céus azuis se estendiam a sua frente. Dizia que o *Commerce* era "um navio excelente e de sólida construção", e seus donos, os mais respeitáveis negociantes. Sabia que o capitão Riley era um comandante experiente e estimado. A mãe de Robbins era da família Riley, e ele tinha ainda laços de parentesco com o primeiro imediato, cujas tias se haviam casado com seus tios.

O capitão Riley também vinha de uma fase de má sorte. Ele se tornara uma vítima da confusão das manobras de política internacional que oprimiram as naus comerciais das nações neutras durante as Guerras Napoleônicas. No dia de Natal, partira de Nova York no navio mercante *Two Marys* com destino a Nantes, na embocadura do rio Loire, na França, um porto do qual ele retornara recentemente. Enquanto Riley estava no mar, Napoleão lançou o infame Decreto de Milão, dando à França um sem-número de pretextos para apresar navios de países neutros.

Em alto-mar, Riley foi parado por dois cruzadores britânicos. O primeiro foi o *Agincourt*, que perseguiu e bombardeou o

Two Marys em 14 de janeiro de 1808. Um condescendente capitão da Marinha Real subiu a bordo do navio mercante, advertiu Riley a não ingressar em nenhum porto francês ou controlado pelos franceses e registrou a advertência no diário de bordo do *Two Marys*. Riley, indignado, exigiu que o capitão explicasse com que direito havia pisado no tombadilho do barco de uma nação neutra e feito tal admoestação, mas não recebeu resposta. Cinco dias depois, a escuna *Pilchard* fez cena parecida na baía de Biscay. Quando um terceiro navio de guerra britânico abriu fogo, Riley entrou no porto francês de Belle-Île. Lá, funcionários verificaram o diário de bordo, que mostrou que ele permitira a um oficial britânico abordar seu navio. Usaram a desculpa para apreender o brigue e sua carga como butim de guerra, enquanto Riley assistia a tudo furioso e impotente. Ele viajou durante quase dois anos pelo continente, tentando acertar seus negócios, mas, no fim, foi derrotado pela labiríntica burocracia pela qual os franceses já eram conhecidos. Estava falido quando voltou ao lar, em 1809, para a mulher e os dois filhos.

Conforme declarou mais tarde, em uma petição ao Congresso, Riley encontrou o comércio da nação "decadente e restritivo; muitos dos estabelecimentos mercantis arruinados; e o capital individual, o crédito e os recursos completamente esgotados ou paralisados devido à hostilidade contínua das potências em guerra e às medidas tomadas pelos Estados Unidos para se opor à política francesa e inglesa".[2] O comércio legítimo era inviável.

Quando as dívidas de Riley aumentaram, Josiah Savage emprestou a ele quinhentos dólares, tendo como garantia a propriedade de Prospect Hill e a casa. Riley devia aos comerciantes N&D Talcott, de Nova York, 2200 dólares, e centenas de dólares mais aos mercadores Eells Child Co. e a outros credores de Middletown. Todos o levaram ao tribunal, e houve condenações com sentenças passadas em julgado contra ele. Riley estava sob ameaça constante de execução da hipoteca sobre sua casa. O xerife do condado de Middlesex despachava as sentenças para a porta de Riley e ameaçava levá-lo para a prisão de devedores em Hartford.

Riley lutava para encontrar uma forma de ganhar dinheiro e não perder seu valioso lar. Mandara uma amostra da água mineral de uma fonte que existia no sopé de sua propriedade ao professor Benjamin Saliman, renomado químico de Yale, para que este aferisse suas qualidades fortificantes, e pusera no papel sua visão de um grande balneário com uma casa de banhos. Confiante, plantara 42 mudas de álamo para enfeitar o futuro estabelecimento, que, imaginava, rivalizaria com o famoso Stafford Springs Hotel no Willimantic. Mas isso não aconteceria. Ele não conseguiu saldar as dívidas e hipotecou a casa e a propriedade até que as perdeu. Riley chegara a recuperar um pouco de sua credibilidade desde então, mas continuava a ser assombrado pelos fantasmas de sua mais recente falência.

Na quarta-feira 4 de maio, a chuva parou, e as nuvens se dissiparam, mas o vento vinha do sul, comandando as velas de pano redondo do *Commerce*. Eles estavam próximos de Potapaug, um centro estaleiro que ainda se ressentia do incêndio provocado pelos britânicos em 1814, na chamada Boa Sexta-Feira. Navios no valor de duas centenas de milhares de dólares foram carbonizados, o que alguns consideraram a pior perda financeira da guerra. A espinha e as costelas queimadas do maciço *Osage*, de 344 toneladas, ainda apontavam em meio à lama do estaleiro Williams em North Cove, uma lembrança sombria daquela noite.

Ao passarem pelo renomado estaleiro Hayden e por vários outros menores, o que viam nas margens indicava que a atividade de construir navios prosseguia. Defendidos contra o frio da primavera pelo costumeiro gole diário de rum do estaleiro, homens cortavam os troncos transversalmente, com serras braçais, transformando-os em pranchas compridas. Talhavam toletes com machados e pregavam cravos que tinham sido forjados por ferreiros ali mesmo. Outros costuravam lona em paióis onde ficavam as velas e teciam o cordame em cordoarias.

Em 5 de maio a brisa mudou de modo favorável para o noroeste, e no dia seguinte o *Commerce* atingiu o último trecho do rio com o vento soprando com força de estibordo.

Em Lyme, os homens esperaram, atentos, a passagem da barcaça de Tilleye's Point enquanto se preparavam para cruzar a embocadura estreita, de pouco mais de uma milha, do Connecticut. Imprensado entre bancos de areia, aquele era o trecho mais difícil do rio. O *Commerce*, como todo tráfego de grande calado, se manteve no canal navegável à esquerda, do lado de Saybrook, até passar pelo farol de madeira em Lynde Point, que marcava o início do estreito de Long Island. Uma vez livre dos bancos de areia e em águas profundas, o brigue percorreu lentamente cerca de quarenta milhas rumo leste cruzando o estreito, contornou Montauk Point e entrou no Atlântico.

Riley estava no mar novamente. Estava de volta a seu elemento, onde, assim como muitos Riley antes dele, fizera nome, acumulara uma pequena — embora temporária — fortuna e acabaria morrendo.

Riley havia feito sua primeira viagem no posto que Horace Savage agora preenchia, o de taifeiro, a bordo de uma corveta que se dirigia às Índias Ocidentais. Desde aquela época, poucas coisas lhe eram mais caras do que a fraternidade entre homens do mar e mercadores do rio Connecticut. Estava feliz por poder prestar um serviço a seu velho amigo William Savage e ansiava por iniciar o filho dele na vida que o pai amara.

2. Presságios

O ano de 1815 foi um histórico divisor de águas para os Estados Unidos, que floresciam como nação. Com o fim da Guerra de 1812, o país entrou em uma fase de transformação alimentada por revoluções no transporte e na indústria. O barco a vapor de Robert Fulton tinha estreado no Hudson em 1807. Em 1811, o *New Orleans* lançou vapores de Pittsburgh a Nova Orleans. A máquina a vapor aumentaria a potência de uma nova geração de navios comerciais nos rios norte-americanos, e oficinas industriais brotariam ao longo do vale do rio Connecticut.

Mas a mudança seria gradual, e os navios a vela permaneceriam em uso comercial durante todo o século. Para os Commerces, cuja situação iria de muitas formas simbolizar o início do fim da era dos barcos a vela, essa crescente obsolescência, no entanto, não era visível.

Para Riley, velejar em mar aberto sempre seria sinônimo de liberdade e oportunidade. Quando menino, vira o pai tentando sustentar os treze filhos na fazenda e ajudara a ele e, mais tarde, ao vizinho, plantando e colhendo, quando deveria estar na escola, como outras crianças de sua idade. No que dependesse de Riley, ele próprio jamais voltaria para uma fazenda. Nem o recente retorno de Napoleão de seu breve exílio na ilha de Elba, que os jornais haviam anunciado pouco antes da partida do brigue, nem a ameaça de corsários bárbaros na costa norte da África arrefeciam seu entusiasmo por estar no mar de novo.

O Tratado de Gant havia encerrado a Guerra de 1812, mas não resolvera muitas de suas questões básicas. Os marinheiros mercantes norte-americanos continuavam desconfiados. O resultado da "cara e sangrenta guerra" — nas palavras de um editorial queixoso de fevereiro de 1815 do *Connecticut Courant*, o principal porta-voz de Lower Valley — fora a perda dos direitos de comércio com as colônias britânicas nas Índias Orientais e Ocidentais, o que, de qualquer modo, desde a independência nunca havia sido uma coisa assegurada. "O navio norte-americano que ingressar na área de uma associação marítima da costa de qualquer colônia britânica", advertia o texto, "poderá ser bombardeado ou capturado."

E no entanto, durante a guerra, o indiscutível domínio britânico dos mares havia sido abalado. Embora os Estados Unidos não tivessem respondido ao bloqueio que fechou seus portos, as pesadas fragatas de sua desaparelhada Marinha haviam vencido batalhas que impressionaram a Marinha Real e o mundo. Como afirmou o romancista e historiador naval James Fenimore Cooper, "os mais capazes e bravos capitães da esquadra britânica admitiam que uma nova potência em breve surgiria no oceano".

A guerra dera à jovem nação "uma confiança em si mesma que havia sido muito ambicionada", afirmava Cooper, "mas que, no fim, degenerou talvez em um sentimento de auto-estima e segurança que não era destituído de perigo". Os britânicos haviam erguido seu império mercantil mediante a força da mais poderosa Marinha jamais vista. O que faltava aos comerciantes norte-americanos em infra-estrutura e experiência, eles procuraram compensar com a abundância que os Estados Unidos ofereciam em solos férteis, matéria-prima e espírito empreendedor. Mas, para competir no mundo, o comércio norte-americano tinha de ser protegido.

Durante a Guerra de 1812, os navios dos Estados bárbaros do Norte da África — estimulados pelos britânicos, que haviam jurado destruir a nascente Marinha norte-americana — tinham atacado e saqueado mercadores ianques e escravizado suas tripulações. Poucas semanas depois de o *Commerce* levantar velas, o Congresso despachou o capitão Stephen Decatur à frente de uma esquadra de navios de guerra para subjugar os Estados bárbaros: Marrocos, Argélia, Tunísia e Trípoli. Antes da guerra, os norte-americanos aceitavam, relutantes, o sistema do Velho Mundo, de pagar tributos em troca da paz. Agora estavam dispostos a mudar o sistema.

Duas semanas após deixar o estuário do Connecticut, o *Commerce* chegou às Bahamas, avistando a ilha Great Abaco e passando, no dia seguinte, por Hole in the Wall, "uma notável rocha perfurada" no extremo sul da ilha. A viagem pelas águas azuis do Atlântico fora sem incidentes até então, e os homens pareciam contentes por estar em paz e no mar novamente.

O brigue entrava agora nas águas translúcidas do banco de areia Grand Bahama, cuja profundidade em alguns lugares não ultrapassa vinte metros. Muitos navios, desarmados pela beleza da visão do fundo do mar, tinham problemas com o perigoso cruzamento de correntes locais e seus bancos de areia. Como o *Colombian Navigator* avisava aos marinheiros, as principais ocupações da pequena navegação regional eram o comércio costeiro, a pesca, a caça de tartarugas e a busca por restos de naufrágios. Os habitantes de lá tinham a permissão do governador para resgatar material encontrado e recebiam uma porcentagem de tudo o que recuperavam dos naufrágios, e era assim que boa parte deles ganhava a vida.

Riley, que viajara a Nova Orleans muitas vezes antes, cruzou as águas rápidas do canal Northwest Providence para as ilhas Berry, passando a sotavento do recife Great Stirrup — o ponto mais ao norte daquele agrupamento de recifes e pequenas ilhas — e prosseguindo na direção oeste-sudoeste por 36 milhas e, depois, para sul-sudoeste por 120 milhas. De acordo com o conceituado *Navigator*, essa era mais ou menos a rota-padrão, tal como fora traçada em 1800 por um certo capitão Ferrer, apropriada para navios pequenos. Em 22 de maio, o *Commerce* avistou o ponto seguinte de referência, a estibordo: as ilhas Orange — um conjunto de quatro ilhotas cobertas de arbustos e dois afloramentos rochosos sem vegetação.

Riley conduziu o brigue a uma distância do banco de areia de cerca de três milhas; depois rumou na direção oeste-sudoeste, para os recifes Double Headed Shot. O *Navigator* os situa a cerca de 45 milhas e instrui os marinheiros a navegar na direção "sul-sudoeste", o que significa que o curso de Riley estava um pouco mais ao norte do que os editores recomendavam.

À tarde, uma calmaria deteve o *Commerce* no cruzamento dos canais de Bahama e Santaren, mas o calor do dia e a frustração declinaram quando a brisa recomeçou a soprar ao cair da noite. A intenção de Riley era aproveitar o vento favorável, e ele se apressou a compensar o tempo perdido. Aproximar-se dos recifes Double Headed Shot à noite era uma coisa complicada. Essas ilhotas ao sul das ilhas Biminis não estavam bem mapeadas. "Se tiver de navegar por esses escolhos durante a noite", o *Navigator* advertia, "procure se manter afastado deles de todas as formas: há numerosas rochas expostas, talvez [...] umas 120, do tamanho de um navio, algumas menores." O *Navigator* recomendava adiar a aproximação até a aurora.

No entanto, aquela seria uma noite gloriosa. A lua, a apenas um dia do plenilúnio, apareceu quando o sol se pôs. Riley permaneceu no convés, esquadrinhando o horizonte durante a noite inteira, vigiando ansioso, sem saber quanto a forte corrente norte-nordeste havia alterado sua posição naquela tarde. Ele estava certo de que já deveriam ter avistado os recifes àquela altu-

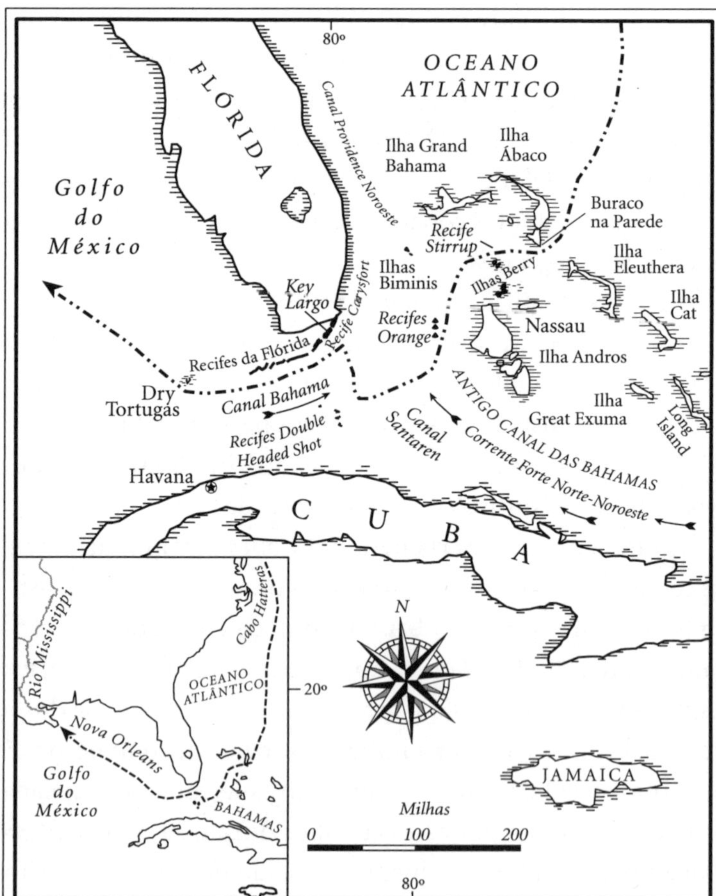

ra. Por volta das quatro da manhã, concluiu que haviam passado por eles em segurança. Mas, embora inquieto por não avistar a flotilha de pequenas ilhas que formavam uma malha intransponível no mar, Riley estava exausto. Com relutância, entregou o controle do convés para George Williams, enquanto ia tentar dormir um pouco. Antes de descer para seus exíguos aposentos particulares, onde a cama era guarnecida por um colchão de plumas (um dos poucos confortos a bordo), ele disse a Williams que olhasse atentamente para todos os lados à procura de terra, ondas de arrebentação ou espuma, e disse aos tripulantes encarregados da vigília que ficassem alertas.

Cerca de uma hora depois, um choque na quilha despertou Riley de seu cochilo desassossegado. O guincho produzido pelo atrito da madeira contra o coral o fez suar frio enquanto jogava as pernas para fora da cama. No instante seguinte, subia a escada e entrava às pressas no convés, onde já era dia claro. "Leme a estibordo", berrou para o homem ao timão. Isso reduziu a velocidade do navio. "Todos para cima", gritou. Trêmulo e com os nervos tensos, se informou dos dados cruciais: brigue a dez nós rumo sudoeste, terra ao norte, arrebentação à frente e ao sul. Ele agarrou o leme e o virou abruptamente para a esquerda. Ao mesmo tempo ordenou aos homens que recolhessem as velas, parando o navio, e se preparassem para lançar âncora.

O recife de coral debaixo deles tornou a guinchar contra o casco do navio e, depois de um torturante silêncio, uma vez mais. O *Commerce* flutuava acima do banco de coral em cerca de cinco metros de água. Misericordiosamente, o mar estava calmo. Se estivesse agitado, o casco do navio seria atirado contra formações de coral duras como pedra e afiadas como navalha. "Baixar âncora", berrou Riley. O *Commerce* parou. Os homens recolheram as velas. Riley mandou que baixassem um escaler pequeno. Dentro do barco, ele e quatro homens procuraram uma passagem no recife. Encontrando profundidade maior a sotavento da formação de coral, descobriram uma passagem. Riley voltou ao brigue, ordenou que a proa fosse virada na direção contrária e se pôs a caminho de novo. Por volta das sete da manhã, a emergência havia sido superada, e o brigue velejava em direção a Nova Orleans. Mas Riley estava aturdido. Em toda a sua longa experiência no mar, nunca levara um navio a uma situação tão difícil. Furioso, estudou com muita atenção os mapas e o silômetro, perplexo ao ver que a única explicação possível era que a corrente havia forçado — ou, como definiu, "posto nas costas" — o brigue e afastado o barco de sua rota não menos de sessenta milhas a sotavento em dezesseis horas, quase quatro milhas por hora. O desvio fora tão grande que o navio estava para ser arrastado contra o ameaçador recife Carysfort, um cemitério de navios na extremidade da Corrente do Golfo, a cerca de seis milhas de Key Largo. Riley calculou que com mais dois minutos o *Commerce* teria sido atirado contra o canto sudoeste do recife.

Mesmo assim, Riley não repreendeu a tripulação ou se culpou. Ele escreveria mais tarde:

> Menciono esse incidente para avisar o navegador do perigo em que está quando seu navio é guiado por estas correntes, onde não se pode confiar em nenhum cálculo e onde nada, a não ser repetidas aferições feitas pelo comandante e uma boa vigilância, é capaz de protegê-lo de conseqüências fatais demasiado freqüentes.

Era o primeiro golpe de má sorte para os homens do *Commerce.*

O brigue seguia agora para sudoeste, ao longo de Florida Keys, a mais ou menos doze milhas de distância, singrando profundidades confortáveis de até trinta braças (180 pés). Ao meio-dia de 24 de maio, o navio contornou Dry Tortugas, um feixe de ilhotas que assinala a entrada do golfo do México, com sessenta pés de profundidade.[1]

Dois dias depois, o *Commerce* atingiu a embocadura do rio Mississippi, chegando a Belize, uma ilha baixa e pantanosa. Belize era tão plana que os marinheiros ao longe a viam primeiro como uma bandeira norte-americana tremulando em um mastro que saía direto do mar. Naquele ponto, o brigue se encontrava com o barco piloto que o colocava na lista oficial de "chegada".

Trinta e três milhas adiante, Riley apresentou os papéis do barco, como era requerido, ao oficial-comandante do forte St. Philip, ao lado dos pântanos salobros de Plaquemine Bend. O *Commerce* passou em seguida pelos ardilosos bancos de areia sete milhas ao norte, onde a faixa de terra era tão estreita que, a uma altura de apenas poucos degraus acima da enxárcia,* Riley podia ver o mar à distância de um tiro de mosquete.

Como tinha experiência considerável de navegação no poderoso rio, Riley de certa forma apaziguou seu ego na jornada de 95 milhas até Nova Orleans. Havia uma arte em navegar contra as correntezas reunidas do Ohio, do Missouri, do Illinois e de dúzias de outros rios que formavam o Mississippi, em especial no auge da cheia de primavera. Com vento bom, o segredo era navegar ponto a ponto, evitando as curvas o máximo possível. Assim, não apenas se encurtava o tempo de viagem como se minimizavam os efeitos da correnteza e se evitavam as árvores submersas ao longo das margens escuras que podiam perfurar o fundo de um navio e embaraçar as âncoras.

Como acontecia no rio Connecticut, o vigia da proa tinha de estar atento aos perigos potenciais. Um capitão alerta fazia fre-

* Conjunto de degraus feitos de cabo, madeira ou ferro, formando uma escada, pela qual sobe ao mastro o pessoal empregado nas manobras de um veleiro. (N. T.)

qüentes medições de profundidade enquanto se aproximava de cada ponto. Se o vento estivesse fraco, ele mantinha a tripulação do barco pronta para levar uma espia — corda com cerca de treze centímetros de grossura — para a margem, a fim de atá-la às árvores, o que era preferível a ancorar, uma vez que permitia reação mais rápida aos ventos favoráveis e eliminava a possibilidade de as âncoras se enredarem.

Os tripulantes do *Commerce*, afinal de contas, eram todos homens do rio, e o Connecticut também podia ser difícil de subir, pois requeria, no pior dos casos, que o navio fosse puxado das margens. Enquanto os Commerces continuavam em seu caminho Mississippi acima, cruzaram com navios que seguiam rio abaixo para todas as partes: Móbile, Pensacola, baía de St. Louis, Liverpool. Riley fez a tripulação trabalhar duro, ultrapassando dezenas de navios que se dirigiam ao norte, e chegou a Nova Orleans em 1º de junho.

Só recentemente adquirida da França pelos Estados Unidos, após quatro décadas sob bandeira espanhola, Nova Orleans era um centro muito movimentado, de 25 mil pessoas, uma população tão diversificada que o *Navigator* declarou que nenhuma cidade do mundo com aquele tamanho exibia "um contraste maior de costumes nacionais, linguagem e aparência física". A publicação também observava que poucos lugares se equiparavam no que dizia respeito à busca "do prazer ou [...] do lucro".

Durante três semanas, os Commerces ocuparam a área do porto; tomavam banho no recém-inaugurado Navy Hotel; por um dólar, jantavam no Irish Coffee House, e por cinco dólares levavam lembranças para casa, como a gravura do general Andrew Jackson, herói da Batalha de Nova Orleans, a última — e desnecessária — batalha da guerra, uma vez que aconteceu após a assinatura do Tratado de Gant, mas antes que as notícias tivessem cruzado o Atlântico.[2] Podiam comprar botas de cossaco, que estavam na moda, provenientes de Pittsburgh, os últimos chapéus de Leghorn, ou conhaque envelhecido vindo direto da França. Os moradores mais pacatos da cidade se sentavam e, de graça, apreciavam o espetáculo. Nova Orleans era como um ímã para canalhas, vagabundos e foragidos da lei, além de refugiados de todo o mundo. Dois dias depois da chegada dos Commerces, editoriais da *Louisiana Gazette* e do *New-Orleans Mercantile Advertiser* desancavam o "péssimo" policiamento da cidade: "As pontes em quase todos os quarteirões estão quebradas, e o lixo acumulado nas ruas e a miséria superam qualquer coisa do gênero em [qualquer outra] cidade sob o governo dos Estados Unidos: de fato, todos os outros setores da polícia são igualmente ruins", queixava-se o editor. "A licenciosidade e os distúrbios (se envolverem dinheiro) estão garantidos —, e a guarda da cidade protege os baderneiros, pondo na prisão todos os cidadãos civis que podem intervir."

Contribuindo para o clima de cidade sem lei, havia os não raros anúncios da *Gazette* sobre escravos e marinheiros fugitivos. A recompensa por escravos foragidos era de cerca de trinta dólares, e por marinheiros desertores, de quinze. Riley deve ter visto o anúncio de um fazendeiro que advertia os capitães a não contratar um escravo fugitivo, bem-apessoado e forte, chamado Shadrack, que podia ser identificado por uma pequena cicatriz na testa e queimaduras no dorso de uma das mãos. Outro anúncio da *Gazette* avisava que um mulato foragido chamado Tom podia se passar por homem branco.

Era possível comprar escravos nos freqüentes leilões que se realizavam nas cafeterias. Anúncios como o de uma "negra doméstica de uns dezenove anos de idade e seu filho de cerca de quinze meses", e outro, com ironia aparentemente involuntária, de "um garoto negro chamado Liberdade", alertavam compradores potenciais para as hastas públicas.

Riley notificou sua chegada à Talcott & Bowers, casa mercantil renomada, e dois dias depois a empresa pôs um anúncio na publicação bilíngüe (inglês-francês) *Louisiana Gazette*, cujo lema, "América, Comércio e Liberdade", ilustrava bem o espírito da época. O anúncio, situado no canto superior direito da primeira página do jornal, descrevia o *Commerce* como um "brigue sólido e rápido", capaz de transportar 1600 barris e pronto para ser carregado em três dias.

Nesse meio-tempo, Riley descarregou o porão cheio de tijolos e feno, que a Talcott & Bowers também anunciou. Em Nova Orleans, os capitães podiam encher seus navios com qualquer mercadoria imaginável, inclusive um lote de duzentas peles de urso que estava disponível durante a estada de Riley. Comissário de bordo experiente, ele deve ter recebido plenos poderes para decidir sobre o que transportar na viagem intermediária de sua rota triangular. Devia ter consigo cartas de apresentação para Nova Orleans e vários portos europeus relatando a boa reputação de Justus Riley e Josiah Savage. Os donos confiavam nos critérios de Riley para fechar os melhores negócios possíveis, mas deviam ter dado a ele instruções mais detalhadas em relação ao que levar para suas lojas em Hartford e Middletown. A Talcott & Bowers havia incluído um carregamento de tabaco e farinha de trigo para ser levado a Gibraltar, "pelo preço do frete", segundo Riley, o que significava que os donos do brigue eram recompensados apenas por levar os bens e não dividiam nenhum prejuízo ou lucro com sua venda na outra ponta.

Turbulenta e rústica, mas cheia de estilo, em parte cosmopolita e em parte provinciana, Nova Orleans era um lugar de oportunidades. Dois marinheiros de segunda classe, Francis Bliss e James Carrington, pediram para ser liberados a fim de buscar fortuna. Archie Robbins registrou apenas que eles "se recusaram a seguir viagem para Gibraltar, destino final do navio". Em seu lugar, John Hogan e James Barrett, dois marinheiros de segunda classe de Porland, Massachusetts (agora Maine), decidiram tentar a sorte no *Commerce*. Riley deu a ordem para levantar velas para Gibraltar em 24 de junho, seis dias após a derrota de Napoleão em Waterloo, fato que ainda não chegara ao conhecimento dos Estados Unidos.[3]

Na travessia do Atlântico, os homens precisavam se familiarizar com hábitos, manias e habilidades uns dos outros. Porter e Robbins se tornaram grandes amigos. Burns exibia seu talento musical. Clark e Deslisle entretinham a tripulação com histórias da guerra. Em Chippawa, duas milhas acima das cataratas do Niágara, a companhia Ketchum havia derrotado um número três vezes maior de casacos vermelhos* em uma feroz luta na floresta. Na Batalha de Lundy's Lane — a mais sangrenta já travada em solo canadense e que encerrou a ofensiva norte-americana na colônia inglesa leal à Coroa —, eles haviam atordoado o inimigo, capturando, em uma armadilha em Portage Bridge, o general britânico Phineas Riall e parte de seus oficiais, ferindo Riall no braço direito durante a luta.

Os descendentes de famílias antigas de Connecticut tinham lá seu repertório de histórias de família para contar. Do mesmo modo que os Savage e os Riley tinham seus relatos de jornadas compartilhadas no mar, também os tinham os Riley e os Robbins. Uma dessas histórias sempre provocava gargalhada. Quando Frederick Robbins, tio de Archie, decidira servir seu país, aparelhando e velejando a bordo de um navio corsário, pediu ao capitão Jabez Riley, seu vizinho, que assumisse o comando do barco. Era difícil imaginar que dois homens tão diferentes pudessem ser parceiros. Rico fazendeiro e veterano de Bunker Hill, Frederick era um militar de porte ereto, que mais tarde resolveu

* Soldados ingleses. (N. T.)

vestir casacos de índigo com colarinho de veludo e camisas de pregas franzidas, andar em carruagens luxuosas e beber vinho francês em taças de cristal. Jabez Riley, um gorducho homem do mar pouco afeito a extravagâncias, enterrava todas as suas economias em um pomar, às escondidas da própria mulher.

Ninguém se surpreendeu com a curta duração da parceria. Logo em seu primeiro cruzeiro fora de New London, baixaram âncora em uma neblina impenetrável e, quando o véu se levantou, eles se encontraram praticamente "beijando" uma fragata britânica. Os dois tiveram tempo de sobra para curtir a decepção a bordo do infame navio da morte *Old Jersey*, onde apodreceram durante meses antes de serem trocados por mercenários aprisionados perto de Washington.

Os Commerces se divertiram ainda mais ao saber das conseqüências da prudência financeira de Jabez. Durante uma tempestade no mar, certo de que seu navio iria a pique, Jabez pôs um bilhete com a localização de seu tesouro dentro de uma garrafa e jogou-a ao mar, lamentando sua discrição exagerada e confiando que uma pessoa honesta acabaria encontrando a mensagem e a entregando a sua mulher. Mas o navio sobreviveu à tormenta, e Jabez correu para casa, desenterrou o dinheiro e o depositou em um banco. Quando, logo depois, o banco faliu, o capitão amaldiçoou amargamente o fato de que só sobrevivera para fazer de sua esposa uma mulher pobre.

Durante as horas tranqüilas no convés, à noite ou quando amanhecia, Riley tinha tempo disponível para refletir sobre sua própria experiência. Recordou a derrocada financeira no *Two Marys*. Ver-se envolvido pela guerra na Europa lhe fora desastroso. Caçado por um lado, roubado pelo outro, ficara encalhado no continente. Embora lá tivesse testemunhado "muitas operações importantes da ciência da guerra", a lembrança que mais perdurou em sua memória foi uma certa facilidade para falar francês e espanhol, "lições aprendidas na escola da adversidade, que prepararam e disciplinaram minha mente para futuras dificuldades".

O *Commerce* cruzou o Atlântico em um bom tempo — cerca de seis semanas — e abriu caminho para o Mediterrâneo pelo estreito de Gibraltar, a passagem de 36 milhas que separa dois continentes e duas culturas.[4] Na extremidade oriental do estreito, os homens do *Commerce* viram dois imensos promontórios, as míticas Colunas de Hércules, que, segundo a lenda, faziam parte do mesmo maciço montanhoso até serem apartadas pela força do herói mitológico, que, assim, uniu os dois mares. Os marinheiros teriam duas semanas para explorar os 467 metros da Rocha de Gibraltar, do lado europeu, e apenas olhar do mar o promontório Jebel Musa, do lado africano, de quase mil metros de altura.

Em 13 de agosto, quatro dias após chegar a Gibraltar, o *Commerce* depositou em terra sua carga de tabaco e farinha. Riley fez negócios com Horatio Sprague, um comerciante de Gibraltar, que o levou a visitar a casa dele. Sprague, um solteirão de Boston, era um homem resoluto e vivaz, de cabelo ondulado, um pouco desalinhado, de rosto largo e olhos como os de uma coruja. Ele e Riley se deram às mil maravilhas. A ocasião era favorável aos norte-americanos no Mediterrâneo. Em junho, a esquadra de Decatur capturara a fragata *Mashouda*, de 46 canhões, matando o almirante argelino que aterrorizava o Mediterrâneo e forçando o dei da Argélia a concordar em devolver os prisioneiros norte-americanos, pagar indenizações e estabelecer relações normais — renunciando, assim, ao direito de cobrar tributos dos Estados Unidos. Em julho, Decatur, com 36 anos de idade, deu um prazo de doze horas ao bei de Túnis para que aceitasse termos semelhantes aos do acordo com a Argélia. Antes de concordar, o exasperado potentado exclamou: "Por que enviam jovens tão incautos para discutir a paz com antigas potências?".

A esquadra de Decatur seguiu para Trípoli, onde, em 1804, como lugar-tenente, ele ficara famoso por causa de um ousado ataque para queimar a fragata *Philadelphia*, que havia encalhado e caído nas mãos dos tripolitanos. Decatur salvara então o prestígio dos Estados Unidos; agora, ele punha de joelhos o paxá de Trípoli, coroando uma campanha que levou a uma nova era de livre-comércio no Mediterrâneo.

O cônsul norte-americano em Gibraltar aproveitou o entusiasmo gerado por tais eventos para implorar a Riley que aceitasse um passageiro, um velho marinheiro sem um tostão que esta-

Horatio Sprague, escudeiro
(*de* Sequel to Riley's Narrative, *1851*)

va ansioso para cruzar o Atlântico. Antonio Michel, nativo de Nova Orleans, naufragara havia pouco tempo em Tenerife, a maior das ilhas Canárias. Riley concordou, e Michel subiu a bordo com quase nada além da roupa do corpo.

Riley também conheceu o capitão Price, da escuna norte-americana *Louisa*, que acabara de chegar da cidade de Nova York. O destino da embarcação era Barcelona, e ela estava ancorada longe, na baía, aguardando o retorno de Price para seguir rumo leste. O capitão Price disse a Riley que o acompanhasse até a escuna, onde lhe daria uma cópia do *Price Current* de Nova York e alguns jornais.

Como necessitava de informações mais recentes para avaliar suas compras, Riley tomou o escaler do *Commerce*, junto com Porter, Robbins, Barrett e Hogan, para ir até o *Louisa*.[5] Era uma tarde de muito vento, e a escuna estava bem afastada, quase três milhas dentro do estreito, ou passagem, como era conhecido então, onde havia uma forte corrente que puxava para o leste. Quando Riley pegou as coisas que o capitão Price lhe havia prometido, já escurecia, e Price estava tão ansioso para seguir para Barcelona quanto Riley para retornar ao porto.

Quando Riley e seus homens se preparavam para enfurnar o mastro do escaler e içar a vela, foram atingidos por uma onda traiçoeira; Riley mais tarde a chamou de "onda tombadora". Todos pularam no mar, em uma inútil tentativa de evitar que o barco se enchesse de água. Com a luz desaparecendo e o *Louisa* se afastando rápido, já a quase uma milha de distância, a situação ficou muito feia de repente. Boiando no mar agitado, os marinheiros gritavam e acenavam em um esforço encarniçado para atrair a atenção do vigia do *Louisa*.

Por um golpe de sorte, o vento levou suas vozes até o navio. O capitão Price os ouviu e deu meia-volta na escuna. No escuro, mandou um escaler. Os salvadores resgataram os Commerces e desviraram o escaler. Ensopados e trêmulos, mas gratos por estarem vivos, Riley e sua tripulação retornaram ao *Commerce* mais ou menos às dez horas.

Em seguida ao quase-desastre nas Bahamas, aquela foi outra situação da qual escaparam por um triz — outro mau presságio. "Fomos poupados", se lamentou Riley mais tarde, "para sofrer uma condenação mais severa."

3. Naufrágio no cabo Bojador

Na Idade Média, o cabo Bojador, na costa oeste da África, a cerca de oitocentas milhas ao sul do estreito de Gibraltar, se agigantou na imaginação européia. O cabo, cujo nome deriva das palavras árabes *abu khatar*, "pai do perigo", assinalava o extremo austral do mundo navegável, onde navios e marinheiros desapareciam sem deixar rastro. A fonte de sua reputação residia não em sua procminência, mas em sua localização — ao sul dos estreitos das Canárias, um canal de águas rápidas entre as ilhas Canárias e a costa africana. Sendo parte da corrente em sentido horário do Atlântico Norte, as águas frias da chamada Corrente das Canárias se lançam desordenadas contra as margens pouco profundas do Bojador. A crença dos europeus medievais de que a costa era habitada por pagãos canibais aumentava a má fama do cabo.

Visto do norte em um dia claro, o cabo Bojador é um leito de areia vermelha que se inclina suavemente para o mar a partir de penhascos costeiros que se erguem a 24 metros de altura. Essa aparência contradiz sua natureza destrutiva. Neblina e borrasca freqüentam a pequena baía. Ondas de noroeste se encontram com

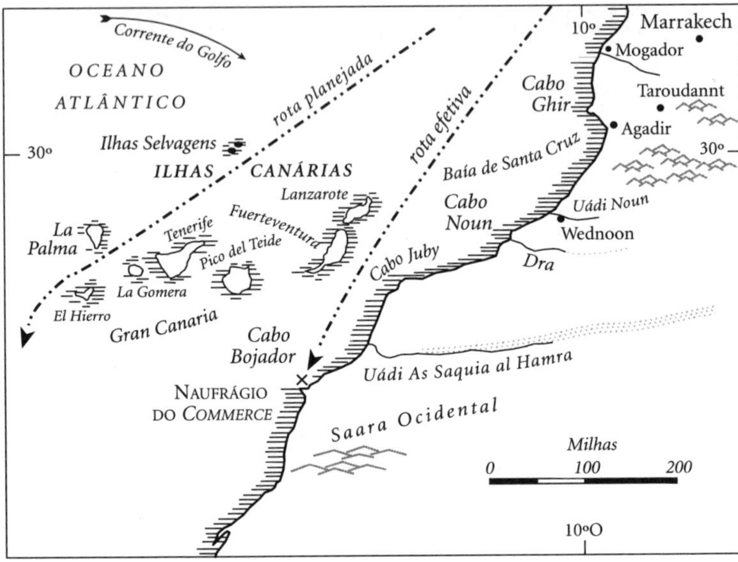

o vento forte do continente e pesados vagalhões quebram sobre os estreitos. No pior dos casos, os baixos arrecifes que contornam o cabo se tornam uma armadilha espumante e mortal para a vítima enceguecida pelo nevoeiro.

Em 1291, os irmãos Vivaldi partiram de Gênova para contornar o cabo Bojador, na esperança de alcançar as Índias Orientais. Nunca mais foram vistos. O marinheiro catalão Jaime Ferrer morreu em uma diminuta galera ao sul do cabo em 1346. Foi só na primeira metade do século XV que as expedições de Henrique, o Navegador, de Portugal, ao "Grande Mar Negro", em busca de informações, ouro, escravos e "para infligir castigo aos mouros", conseguiram afinal transpor os estreitos das Canárias e voltar.

Não foi pequena a proeza. Ela expandiu para sempre o universo navegável. Isso não impediu, porém, que, nos quatro séculos seguintes, centenas de barcos a vela, impulsionados pelo vento e vulneráveis à agitada correnteza, naufragassem no Bojador.

As décadas do início do século XIX foram particularmente calamitosas por causa do aumento da navegação internacional.

Em seu pioneiro *Account of the Empire of Marocco* (1809), o mercador britânico James Grey Jackson especulou que, dos navios que soçobraram na costa saariana, "muitos não são nem conhecidos; e, se alguns tripulantes sobreviverem às dificuldades, ele são levados, ao não ter perspectivas de libertação, a se tornarem maometanos". Entre os trinta naufrágios conhecidos entre 1790 e 1806, ele enumerou dezessete ingleses, cinco franceses, cinco norte-americanos e três de outras nacionalidades. Os homens do mar com sorte suficiente para escapar do deserto voltavam com histórias horríveis.

O mercador francês F. Saugnier, a bordo do *Les Deux Amies*, e o diplomata Pierre Raymond de Brisson, no *Ste. Catherine*, encalharam no cabo Bojador em 1784 e 1785, respectivamente. Em 1800, Judah Paddock, capitão do *Oswego*, de Nova York, naufragou ali, bem como o nova-iorquino Robert Adams, embarcado no *Charles*, em 1810. Também naquele ano, Alexander Scott, de dezesseis anos, aspirante a guarda-marinha e natural de Liverpool, Inglaterra, iniciou sua viagem de seis anos no navio *Montezuma*, com destino ao Brasil, sob o comando do capitão Knubley, e afundou ao norte do cabo Bojador. Todos deixaram relatos de morte e servidão no Saara e de um sofrimento tão extremo que os autores pediam desculpas por parecerem mentirosos. E eles estavam entre os poucos — muito poucos — sobreviventes.

O *Commerce* não planejava se aproximar do cabo Bojador. Levando conhaque, vinho e dólares espanhóis adquiridos em Gibraltar, bem como o empreendimento particular de Riley (conhecido como "aventura") — uma arca cheia de véus e lenços de seda —, o *Commerce* levantou velas para as ilhas de Cabo Verde em 23 de agosto, após quase duas semanas em Gibraltar.[1]

De acordo com o relato de Riley, a principal carga do brigue para a América do Norte seria o sal, um grande produto de exportação daquele arquipélago tropical seco e varrido pelo vento, a 330 milhas a oeste da África, e que também negociava com provisões para navios e escravos. O plano de Riley fazia sentido. O comércio de sal entre os Estados Unidos e aquelas ilhas portuguesas tinha sido sufocado. Os estoques deviam ser abundantes, e forte a demanda nos Estados Unidos.

É possível que, em lugar disso, a intenção de Riley fosse comprar escravos. Ele poderia ter feito isso nas ilhas, ou talvez tivesse de fato pensado em descer na costa africana, onde se negociavam escravos. Se foi assim, é provável que planejasse vendê-los nas Índias Ocidentais, mais provavelmente em Cuba, onde comerciantes do rio Connecticut estavam bem estabelecidos, e, depois, pegar uma carga de açúcar de cana, melaço e rum antes de voltar para casa. Embora a importação de escravos fosse ilegal em Connecticut desde 1790, e nos Estados Unidos desde 1808, algumas naus da Nova Inglaterra, entre elas as de respeitáveis comerciantes, praticaram esse comércio lucrativo, chamado de "triangular", até bem avançado o século XIX.

De acordo com *History of Ancient Wethersfield*, de Sherman Adams e Henry Stiles, tempos depois surgiu um rumor de que o brigue estava mesmo em busca de escravos. Isso foi relatado por Charles Williams, um cidadão local, que argumentou que o *Commerce* estava "muito longe da rota que deveria ter seguido" e que "sua carga consistia sobretudo em carne salgada, batatas e muitos tonéis de água fresca — circunstâncias que eram suspeitas". Ele acreditava que os estoques eram provisões para escravos. Sua lógica não convence, no entanto. Riley se dirigia, sabidamente, para as ilhas de Cabo Verde, lugar conhecido pelo comércio de sal e onde também se realizava o tráfico de escravos. Sair do curso não o levaria para as proximidades de nenhum outro porto de escravos. Além disso, as provisões citadas por Williams eram típicas, e não indicativas, de um navio de escravos, em que a carga humana era em geral alimentada com papa de farinha de milho ou arroz com óleo de coco, fava-de-cavalo (que se costumava usar como forragem para gado), mandioca e outros alimentos baratos e fáceis de obter. Era raro mercadores de escravos darem carne aos africanos. Por fim, na época da viagem de Riley, os navios norte-americanos não eram oficialmente bem-vindos à maioria das colônias das Índias Ocidentais. Uma vez que as Índias Ocidentais eram não apenas importantes fornecedoras de sal para os Estados Unidos, mas eram também o lugar usual onde os escravos eram embarcados para serem vendidos, fazia perfeito sentido que o *Commerce* não levasse escravos para as Índias Ocidentais e sim sal, de Cabo Verde para Connecticut.

Na manhã de 24 de agosto, o *Commerce* passou pelo estreito de Gibraltar, transpondo o cabo Spartel, o ponto mais ao sul da extremidade oeste do estreito, a uma distância de 35 milhas. Como o vento estava bom, Riley traçou um curso oeste-sudoeste para as ilhas Canárias, com a intenção de passar pelo apertado canal entre as ilhas de Tenerife e La Palma. O curso comum de Gibraltar às ilhas de Cabo Verde, de acordo com Archie Robbins, era mais a oeste, via Madeira, ilha portuguesa a cerca de quatrocentas milhas da costa do Marrocos. Mas Riley, segundo Robbins, queria fazer a passagem "o mais rápido possível".

No Atlântico, o brigue encontrou um tempo anormalmente ruim. Ao longo da costa entre o cabo Spartel e Dacar, no Senegal, a visibilidade era de menos de cinco milhas, considerada baixa, mas normal para a região. O *Commerce*, no entanto, foi engolfado por uma neblina de rara densidade. A tripulação conseguia ver menos de meia milha à frente e não vislumbrava nenhum sinal de terra.

Riley e seus oficiais fizeram medições da posição do sol ao meio-dia por duas vezes, mas chegaram à conclusão de que "não se podia confiar muito em nada". O vento estava bom, e Riley pretendia aproveitá-lo. Manteve o curso que traçara depois de deixar para trás o cabo Spartel. Em 28 de agosto, usando navegação estimada — os cursos seguidos, a velocidade do brigue determinada pelo silômetro, e o tempo que os cursos foram mantidos, mas nenhuma observação astronômica —, Riley estimou sua latitude em 29°30'N, logo ao norte das ilhas Canárias.

Naquele dia as nuvens por fim se abriram, o suficiente para que Riley obtivesse "boas altitudes meridianas" (medidas do ângulo que o sol forma em seu zênite com o horizonte, ou o meio-dia local), que lhe permitiriam determinar a latitude. Ao mesmo tempo, Williams e Savage e alguns outros membros da tripulação notaram que a água mudara de cor, sugerindo que se aproximavam de terra. Os oficiais informaram o fato ao capitão Riley, que não deu importância aos avisos. Avaliar aqueles sinais ali era difícil. Ao longo de certas partes da costa, a areia do deserto dá ao fundo do mar um matiz oliva escuro, que não indica necessariamente proximidade da margem. As nuvens eram um fator mais importante para ele; qualquer mudança de coloração da água naquele ponto, ele lhes assegurou, era apenas o efeito do deslocamento das nuvens e de sua sombra no mar.

Riley estava mais preocupado em determinar com precisão sua latitude. O que descobriu a partir de observações e cálculos foi alarmante. O brigue estava a 27°30'N — 120 milhas ao sul de onde Riley pensara estar, e já havia ultrapassado as ilhas Canárias. Teria o *Commerce* navegado oitocentas milhas em direção às Canárias em tão pouco tempo e depois percorrido às cegas um canal de menos de oitocentas milhas de largura? Teria passado direto por Tenerife, uma ilha vulcânica cujo pico se encontra 4 mil metros acima do nível do mar, sem ter tido nem sequer um vislumbre dela?

Seria muito difícil algo assim acontecer, mas Riley achou que sim, explicando que isso ocorrera "durante a noite, que era muito escura, negra como breu". Ele levaria algum tempo para perceber quanto estava errado.

Na verdade, o *Commerce* havia derivado para leste e estava sendo arrastado pela Corrente das Canárias. A partir de Agadir (conhecida no Ocidente como Santa Cruz), no Marrocos, a costa forma uma baía longa e rasa e avança para oeste no extremo sul, onde se encontra o cabo Juby. Toda essa água que flui para o sul é forçada a entrar no gargalo formado pelo cabo Juby e pelas ilhas Canárias, sessenta milhas a oeste. A Corrente das Canárias contorna Juby com uma velocidade superior a seis nós, um ritmo demasiado forte para se remar contra, capaz de arrastar até grandes peixes.

Foi por esse funil que o *Commerce* passou na noite de 27 de agosto. Para o sul, a corrente se desloca ao longo de uma superfície que se inclina na direção sul-sudoeste e faz outra curva para oeste em Lemsid, em direção ao cabo Bojador. Basicamente, enquanto a corrente vai para o sul, ao longo da costa marroquina, a costa se desloca para oeste. Mas Riley não tinha provas concretas que o convencessem de que não estava onde queria estar — tinha apenas uma sensação persistente de que algo estava errado.

Logo após eles fazerem seus cálculos, no 28º dia, e os homens mencionarem a mudança da cor do mar, o tempo se tornou ainda mais ameaçador. Naquela noite, Riley tornou a verificar seus registros e pediu a Williams e Savage que conferissem seus próprios dados. Por certo Riley não ignorava, como disse Saugnier, "que as correntes sempre vão para a costa da África; que há extensos bancos de areia que se prolongam por grandes distâncias mar adentro; que pela manhã e à noite é difícil distingui-los na água". Mas, a partir dos cálculos e das discussões com os imediatos, Riley concluiu que não estava perto da costa e que tinha, de fato, razão ao supor que o brigue passara entre Tenerife e La Palma — pelo buraco da agulha.

Mesmo assim, a opinião da tripulação e os próprios pressentimentos de Riley o deixavam cada vez mais inseguro. Ele fora confundido pela contradição entre as provas concretas e o inexplicável, que nunca antes "pesara tanto" em seus cálculos racionais. Riley alterou o curso para sudoeste, pensando que se dirigia para a parte mais oriental das ilhas de Cabo Verde.

Às 19h20, o sol se pôs. Riley sabia que a lua não apareceria até a meia-noite. Com a neblina aumentando a ponto de eles quase não conseguirem enxergar nem sequer o pau da bujarrona, Riley mandou a tripulação "dar a volta ao navio", o que o colocou contra o vento, diminuindo a marcha. Eles mediram a profundidade com uma linha de 120 braças (720 pés). O peso não tocou o fundo, sinalizando ao capitão que o navio ainda singrava a grandes profundidades e não se aproximava da costa. Ele não sucumbiria a "seus medos", como afirmou. Não era pago para ficar na dúvida. Ordenou ao timoneiro que retomasse o curso anterior.

Logo estavam navegando de novo a uma velocidade de nove ou dez nós, com brisa forte e mar alto. Riley ficou no convés durante toda a noite, procurando sinais e matutando sobre a situação. O que o aborrecia era ainda não terem avistado terra. Ele nunca antes passara pelas Canárias sem ver as ilhas, mesmo à noite e com neblina.

Às nove horas, resolveu que não manteria aquele curso por muito mais tempo. Uma hora depois, quando seu diário de bordo indicou que ele devia estar a apenas trinta milhas do infame cabo Bojador, deu ordem a Savage, o oficial de vigia, para tomar o rumo noroeste. Mandou que a tripulação recolhesse as velas leves — as velas pequenas que ficam no alto e dão à embarcação muito mais velocidade, embora a tornem um pouco menos manobrável — e deixasse prontos para uso os paus da vela varredeira, as vergônteas que se projetam depois dos lais de verga para adicionar ainda mais força de vela. Eles tinham feito um bom tempo até então, mas Riley queria tomar algumas ligeiras precauções.

Depois que o pau de carga principal mudou de direção, Riley ouviu um ruído fragoroso que gelou seu sangue. Pensando ser uma borrasca que se aproximava invisível na escuridão, ele gritou "Todos ao convés!" e ordenou que Savage amarrasse as vergas. Sob suas ordens, os homens trouxeram as velas quadradas ainda mais para o sentido longitudinal. Riley estava a ponto de mandar que as velas fossem baixadas quando viu espuma se avolumando contra o lado a sotavento do navio. Ele estava errado. O estrépito não era de uma tempestade; pior: era o barulho de ondas quebrando.

Riley manteve a calma, avaliando a situação e gritando ordens quase ao mesmo tempo. Havia apenas um sinal de esperança: ele não via rochas diretamente à frente. Determinou aos homens que preparassem as âncoras, e eles desembaraçaram os mastodontes de madeira e ferro de 630 quilos de cada lado do navio. Antes que Riley pudesse dar a ordem de que fossem baixadas, um medonho solavanco jogou todos no chão do convés. Cada marinheiro soube no mesmo instante que seu pior pesadelo — o fim violento que o espreitara durante toda a sua vida de trabalho, esperando que sua vigilância afrouxasse ou sua sorte acabasse — estava acontecendo afinal. Só que, em vez de irem para o fundo, o fundo viera até eles.

Pondo-se de pé, Riley ordenou aos homens que baixassem a âncora de proa, a maior do navio, acreditando que ela pudesse impedir que fossem pressionados cada vez mais para a costa. Tais eram sua vontade e sua autoridade que os homens obedeciam a ele como se fossem apenas um. Em seguida Riley ordenou que baixassem a âncora mestra e puxassem as velas, para reduzir a força do vento que os encurralava contra as rochas. Foi o que fizeram, mas 1260 quilos de âncora não eram nada contra o empuxo do Atlântico. A tonitruante arrebentação foi empurrando o *Commerce* mais e mais contra as pedras, até que o brigue, diante da praia a sudeste, ficasse preso em uma fenda denteada.

As ondas quebravam uma após a outra sobre a popa e a alheta de estibordo, varrendo os conveses. Cada dilúvio de mar espumante jogava os homens estatelados no chão ou os fazia correr em busca de algo a que se agarrar para não serem jogados por sobre a amurada. Riley logo percebeu que não havia esperança de salvar o *Commerce*, em cujo casco logo se abriria um rombo, que inundaria o navio. Mas, com sua carga leve, o *Commerce* se acomodara virado para cima nas rochas, e seu casco de carvalho conseguiria agüentar a surra por mais algum tempo.

Riley ordenou que parte da tripulação trouxesse provisões do porão para cima e recolhesse água dos grandes tonéis. Eles esvaziaram dois barriletes de vinho e começaram a enchê-los de água. No convés, Riley e o resto da tripulação içaram para dentro o pequeno escaler de popa, que estava sendo golpeado pelas ondas, e o amarraram, para evitar que batesse contra o costado do brigue e abrisse um buraco ali. Eles desobstruíram o escaler maior e o mantiveram suspenso por cordas, pronto para ser baixado.

O *Commerce* se encravava mais e mais fundo nas mandíbulas de rocha a cada novo vagalhão. Água entrava pela popa, mas os homens permaneciam organizados e calmos. Os que estavam trabalhando embaixo já haviam trazido para cima meia dúzia de barris cada um, de água e vinho. Três barris de pão e carne salgada se achavam no convés, prontos para serem colocados nos escaleres. Eles já tinham amarrado bem vários baús e arcas, incluindo alguns com roupa e moedas espanholas. Riley ainda não vira terra e não tinha idéia do quanto estavam próximos dela. Não saber qual seria seu próximo passo era a pior parte. Tinha de agir decididamente — tanto para salvar a tripulação como para convencer os homens de que *poderia* salvá-los. Até então, suas estreitas relações com os imediatos e os outros tinham compensado. Riley podia sentir quanto estavam alertas e a firme determinação de seguir suas ordens. Mas, se vissem alguma vacilação de sua parte, alguma fraqueza, então a disciplina seria abalada, e tudo estaria perdido. Enquanto pensava no passo seguinte, Riley deu ordens para que no escaler menor fossem embarcados seus livros, mapas e instrumentos de navegação.

Por volta da meia-noite, enquanto o brigue se acomodava nas rochas e as ondas caíam com força cada vez maior sobre o convés, Riley observava o horizonte de grandes ondas em torno deles à luz pálida de um quarto de lua que subia ao norte do leste. Por fim avistou a costa, cujo mapeamento até hoje o *African Pilot*, da Marinha Real, avisa que "não é acurado", sobretudo porque está em constante mudança. O Saara encontra o mar em uma fronteira mutável de penhascos castanhos e cor de ferrugem, rocha negra e encostas de areia levada pelo vento. À medida que o mar solapa o deserto, rochas e areia se precipitam na água, alterando a linha da costa e criando novos perigos. Riley se esforçava para ver no escuro. Captando reflexos tênues do luar, ele concluiu que a margem não estava longe, talvez a duzentos metros. Alcançá-la era a única chance deles.

A tripulação cortou a borda-falsa para baixar os escaleres com mais facilidade. Riley fez seus marujos amarrarem uma corda ao escaler menor e descê-lo na água mais calma a sotavento do brigue, com ele próprio e Porter a bordo. Os dois homens se soltaram do navio. Mas, assim que passaram pela proa do brigue, uma onda os pegou em cheio e virou o escaler. Os dois homens foram repetidamente engolidos pela rebentação espumante. Enquanto lutavam para permanecer à tona, a correnteza os arrastou para o sul e para o oeste e depois os atirou na praia, a uns trezentos metros do brigue. O barco vazio foi jogado ao lado deles.

Riley e Porter recuperaram o fôlego e vomitaram água salgada na areia. Após gritar para o brigue, pegaram o barco, retiraram a água de seu interior e o arrastaram, ainda unido ao brigue pela corda, para fora da rebentação. Eles o empurraram até um ponto da praia diretamente a estibordo do naufrágio e o amarraram bem aos numerosos pedaços de madeira que vinham boiando do brigue, os quais eles enterravam na areia.

Os demais tripulantes não ficaram parados. A maré estava subindo, e Riley lhes disse que pusessem na água que dava à margem tudo o que flutuasse e não coubesse no escaler maior. Eles estavam ocupados, passando por sobre a borda arcas, baús e barris de água e vinho quando Riley fez um sinal para que jogassem ao mar a extremidade da corda de reboque do brigue a que eles haviam amarrado a corda do escaler. Riley e Porter puxaram da margem a corda do bote, trazendo junto o cabo de reboque, mais maciço, para a praia, onde o fixaram. Os homens baixaram o escaler maior, carregado com suas posses e provisões, incluindo três barris de pão e mais dois, um de carne de boi salgada e outro de carne de porco salgada.

Robbins e Barrett foram escolhidos para levar o bote para a margem. Posicionados entre a proa e a popa, eles firmaram o barco com cordas atadas a anéis presos aos cadastes de proa e popa e passados por cima do cabo de reboque. Isso permitiu que mantivessem o escaler à tona na rebentação, que os impulsionaria até a praia. À medida que se aproximavam da margem e as vagas os levantavam e os deixavam cair, eles observavam as ondas para marcar o momento de pegar uma delas até a praia. O vagalhão que escolheram surfar os ergueu, atirou-os para a frente na direção da areia e os derrubou com um baque, abrindo um buraco no fundo do bote.

Riley, Porter, Robbins e Barrett levaram os pesados barris para a praia e ficaram aliviados ao descobrir que, a não ser por uma pequena quantidade de pão, a comida não se havia estragado com o "pouso" em terra. O dia raiou enquanto reuniam os objetos que vinham flutuando do naufrágio. De acordo com Robbins, Riley ordenou que a arca com dinheiro fosse transportada para a praia. Os imediatos desataram uma das cordas esticadas do navio até a margem e a amarraram em torno da arca de moedas, e os quatro homens na praia a puxaram.

Ainda firmemente preso na garra do arrecife, o brigue se enchera de água, mas, até aquele momento, resistia à inevitável desintegração. Riley fez sinal aos imediatos para cortar os mastros, a fim de reduzir a pressão sobre o casco. Burns, Clark e Hogan se puseram a trabalhar, e os mastros logo tombaram a estibordo, em direção ao mar, projetando-se além da proa do navio e bloqueando as ondas, o que aumentou a proteção a sotavento. Embora o brigue ficasse livre do peso em seu topo, a tripulação estava agora mais exposta. As ondas quebravam por cima do casco, deslizando sem obstáculos pelo convés nu. Em perigo de serem arrastados pelo mar, os homens se agarraram ao mastro do bico da proa e às correntes de proa para baleias a estibordo.

Com o escaler maior despedaçado e o escaler menor inútil na arrebentação, Riley fez sinal a seus homens para irem para a margem por meio da corda de reboque. Hogan foi o primeiro a tentar. Tirou o casaco, agarrou-se à corda e começou a marinhar rumo à praia. Quando deixou para trás o navio naufragado, cada onda negra que subia o engolia. Agarrado desesperadamente à corda, de tempos em tempos ele emergia de um turbilhão de espuma e continuava a avançar. Liderados por Riley, os marinheiros que estavam na margem seguiram junto à corda de reboque para dentro da arrebentação para ajudar.

Por fim uma onda quebrou sobre a cabeça de Hogan e o arrancou da corda. Riley vadeara ao longo da corda até ficar com água pelo queixo, com Barrett, Porter e Robbins atrás dele, todos usando a corda para não serem levados pelas ondas. Quando seu companheiro veio na direção deles às cambalhotas, conseguiram agarrá-lo e arrastá-lo para a margem. Colocaram Hogan de barriga para baixo e o fizeram pôr para fora a água do mar que tinha no estômago.

O segundo imediato Savage seguiu Hogan pela corda. De novo a tripulação ficou na arrebentação e o agarrou quando ele se aproximou da praia. Horace seguiu seu primo. Depois vieram Michel, Williams, Clark, Burns e Deslisle. Um porco solitário, um bicho nanico, de apenas nove quilos, boiou até a margem e subiu a praia cuinchando. Foi o único sobrevivente dos animais do *Commerce.*

A tripulação alcançara a margem ilesa, mas tinha poucos motivos para celebrar. A costa da África tinha uma fama que deixara nervosos muitos homens valentes. Em 1810, quando o *Charles*, um brigue de Nova York de 280 toneladas, sob o comando do capitão John Horton, naufragara ali, a caminho de Gibraltar, proveniente das ilhas de Cabo Verde, Robert Adams, um homem do mar que estava a bordo, comentou que, "embora o capitão fosse um indivíduo corajoso, ficou completamente privado de raciocínio após o naufrágio". Tresloucado e ameaçador, Horton foi assassinado pelos árabes. Antes disso, quando o navio francês *Les Deux Amies* afundou próximo ao cabo Branco, em 1784, o capitão Carsin ficara tão perturbado pela idéia de ser comido por canibais que tentara explodir o depósito de munições do navio. Ao ser impedido, disparou dois tiros na boca.

Riley deu aos homens alguns minutos para se recuperarem na praia antes de ordenar que levassem os botes e as arcas para longe da arrebentação. Curiosamente, não tinham conseguido levar nenhuma arma para a margem. Nem Riley nem Robbins mencionam o que foi feito das armas. Riley diz apenas que, na praia, não tinham "fogo ou armas de cinto", embora contassem com grandes bastões de madeira e alavancas, também de madeira, de dois metros com ponteira de ferro para virar o molinete — ou, quando necessário, afastar quem tentasse abordar o navio. Um navio mercante por certo estaria carregado com pelo menos uma arca de armas pequenas e munição, e provavelmente mais do que isso. Por exemplo, o brigue inglês *Thames*, de 171 toneladas, que comerciava na África quando foi apresado pelo navio corsário *Yankee*, em 1813, estava equipado com oito canhões curtos de seis quilos, se bem que estivessem em guerra. Uma vez que, como a maioria dos marinheiros da época, Riley acreditava que canibais vivessem naquela costa, é de supor que fosse prioritário para ele resguardar as armas pequenas e a munição.

Talvez elas tivessem se encharcado de água ou afundado no mar durante a tumultuosa travessia para a margem. Ou talvez os homens estivessem tão ocupados, tentando sobreviver ao naufrágio e à arrebentação, que se esqueceram da ameaça em terra. De qualquer maneira, Riley já arquitetara um plano, que se baseava na mobilidade e não na força. Ele tinha a esperança de não encontrar nenhum nativo. Precisava apenas de tempo suficiente na praia para reparar os escaleres e, depois que a rebentação amainasse, tentar voltar ao mar. Seu compasso e demais instrumentos de navegação tinham chegado inteiros à margem. Usando-os, esperava encontrar um navio amigo que os resgatasse, ou velejar costa abaixo até um assentamento europeu ou até as ilhas de Cabo Verde. Sem dúvida, era a melhor tática. Marinheiros cristãos que se recusavam a baixar armas naquela costa eram brutalmente tratados pelos árabes e muitas vezes chacinados.

Entretanto, Riley não alimentava ilusões sobre as perspectivas de escapar e logo se preparou para o pior. Uma vez reunidos os pertences importantes, Riley abriu uma arca e tirou de dentro dela duas bolsas com cerca de mil dólares espanhóis em cada uma. Embora o dinheiro pertencesse aos donos do brigue, ele o tomou, imaginando que pudesse ser útil se fossem capturados.

"Ele nos disse que pegássemos todo o dinheiro que conseguíssemos esconder [em nossas roupas]", recordou Robbins, que afirmou não ter pegado nada porque já tinha consigo mais dinheiro seu do que poderia ocultar do "olho de um árabe". Outros não foram tão acanhados. Estavam mais ricos do que jamais tinham sido ou tornariam a ser.

Mas tiveram pouco tempo para se deleitar. Quando o sol subiu sobre as dunas africanas e eles enterraram na areia a bolsa que restara de peças de prata de oito dólares espanhóis, viram um homem de aspecto selvagem a cerca de oitocentos metros de distância, caminhando para a praia, na direção deles.

4. Recepção hostil

Após ter encalhado na margem do cabo Noun,* em 1800, Judah Paddock, capitão do navio mercante *Oswego*, de Hudson, Nova York, recebeu de seu captor, Ahamed, algumas informações valiosas acerca da mentalidade do deserto árabe. Ahamed explicou que o povo da costa "reza com fervor a Deus Todo-Poderoso para mandar cristãos para as margens".[1]

Um grande navio afundara lá havia pouco tempo, Ahamed continuou. Três tribos árabes se uniram e assassinaram a tripulação rebelde, não apenas porque os marinheiros cristãos eram infiéis e intrometidos, mas porque não se submeteram aos "verdadeiros fiéis" e não lhes entregaram suas posses, que os árabes então acreditavam ser deles com toda a justiça.[2] "Não se deve confiar nos cristãos", Ahamed censurou Paddock, "porque sempre que vêm dar na margem [...] enterram seu dinheiro na areia, como você mesmo fez, para impedir que caia nas mãos dos verdadeiros fiéis."

* Cabo Noun, atual cabo Dra. (N. T.)

Os saaráuis tomavam tudo o que podiam usar e carregar de um naufrágio. O que não conseguiam levar, costumavam queimar. Para as vítimas, que testemunhavam a destruição de seus pertences pessoais e da carga do navio, esse era, com freqüência, o último golpe de crueldade que sofriam antes de assumir a vida de escravos de um dos povos mais pobres da Terra, tendo de suportar condições de uma severidade inimaginável.

Quando o homem de aparência selvagem chegou a uns cem metros dos Commerces, estes puderam ver que ele era velho, de tez escura, mas não negro, e que seu cabelo parecia, de acordo com Riley, "um esfregão de piche, espetado para todos os lados, a uma altura de quinze a vinte centímetros". Aproximou-se deles com cautela, remexendo nas roupas e nos restos do naufrágio espalhados pela praia e agarrando tudo o que queria. Robbins observou que ele parecia "agitado, ao mesmo tempo, por alegria e medo".[3]

Devagar, Riley foi em direção ao estranho. Quando chegou a uma distância de dez passos, este fez final para Riley parar.

Riley estava então perto o suficiente para ter uma boa visão do homem, que Robbins mais tarde chamou de "afronta à nossa espécie". Ele tinha pouco mais de 1,80 metro e trajava um tecido de lã rústica que ia do peito aos joelhos. Os olhos vermelhos brilhavam, de acordo com o capitão, em um rosto de "orangotango" castigado pelo tempo e coberto por uma barba fosca que descia encaracolada até o peito nu. A boca era grande como a de um chacal.

Ele podia ser um *imraguen* — povo de pele escura que destruiu os berberes na região, tendo chegado ali nos tempos neolíticos —, mas era mais provável que fosse um berbere, cujos ancestrais entraram pela primeira vez nas planícies do Saara Ocidental em carroças puxadas por cavalos e carruagens por volta do ano 1000 a.C., e, com suas longas lanças de ferro, começaram a expulsar os *imraguens*. Em séculos mais recentes, ondas de invasores árabes haviam arabizado ou reduzido à vassalagem os berberes saaráuis. Os berberes tornados árabes chamavam a si mesmos de árabes e adotavam a vida beduína, usando o camelo para percorrer e dominar as planícies saarianas; tiravam dos inimigos derrotados os camelos e as armas de fogo e os baniam para a costa. Em uma das supremas ironias do Saara, a linha da costa — onde era mais fácil sobreviver, aproveitando o mar rico em peixes e a pastagem relativamente abundante — era o domínio dos degradados: *imraguens* e berberes submissos que pescavam para seus senhores.

Os marinheiros portugueses havia muito afirmavam que os habitantes da costa comiam o fígado e bebiam o sangue de europeus mortos, e tal crença ainda vigorava, ao menos entre homens do mar. Apesar disso, Riley fez sinais de paz e amizade para aquele velho com aspecto de chacal. Apontou para os restos do naufrágio na praia e acenou para que pegasse alguma coisa. Segundo Robbins, o saaráui apanhou o que quis e depois logo recuou com os despojos para as dunas — suas intenções ainda não estavam muito claras.

O primeiro encontro com um nativo foi um golpe para os marinheiros, embora não tivessem sido atacados. Ele tinha a aparência primitiva e feia que temiam e não dera sinais de hospitalidade. Os marinheiros não tinham dúvida de que voltaria com outros, em número superior ao deles. Aos poucos, voltaram a montar acampamento, construindo uma tenda com paus quebrados, pedaços de carvalho e velas, juntando, para pôr dentro dela, as provisões e a água que conseguiram salvar e que representavam os únicos meios de sobreviver naquela costa esquecida por Deus.

No entanto, tiveram pouco tempo para fazer isso antes de o chacal retornar, acompanhado. Dessa vez, não mostrava nenhum traço do medo que Robbins detectara antes, apenas insolência. Mas eram suas duas mulheres que mais punham nervosos os marinheiros. Com caninos protuberantes, olhos incandescentes, rugas vincadas em seus rostos e peitos nus, elas pareciam anciãs, reptilianas, exatamente os canibais primitivos do imaginário dos marinheiros. Um grupo de jovens nus e frenéticos dançava em torno deles, incluindo uma adolescente bem torneada, de pele macia, cuja beleza cândida destoava em uma horda tão ameaçadora. Um machado e um martelo inglês brilharam no meio deles. Facas longas com bainhas pendiam de cordas penduradas do lado do corpo.

Os marinheiros estavam inclinados a afastá-los com paus, mas Riley os refreou. Ele não via muitas possibilidades de escapar por terra ou por mar. Por mais improvável que pudesse parecer, aqueles saaráuis talvez representassem sua única esperança. Além disso, Riley estava certo de que, se os marinheiros atacassem aquele bando heterogêneo, qualquer um dos saaráuis que escapasse chamaria reforços e os destruiria. Riley só impôs um limite, no caso das provisões, cuja perda seria o mesmo que uma condenação à morte: o pão, a carne salgada e os barris de água e vinho deveriam ser preservados a todo custo, disse.

No começo, os saaráuis se movimentaram cuidadosos, pegando miudezas do naufrágio na praia. Como não houve resistência, ficaram mais audaciosos, abrindo com estrondo baús e arcas, agarrando as roupas que estavam dentro e carregando-as para as dunas, onde as estendiam ao sol para secar, como se estivessem lavando roupa.

Tomaram primeiro o que era fácil. Encontraram a arca de véus e lenços de seda de Riley e ficaram muito felizes. Fizeram turbantes com os véus e cobriram os braços e as pernas com os lenços coloridos. Sem saber para que servia o colchão de plumas, os saaráuis o rasgaram e riram quando o vento forte levou embora as penas empapadas.

Abatidos e fervendo de raiva, os marinheiros olhavam enquanto aquele povo estranho se regozijava. Riley tentou convencer seus humilhados homens a tentar travar amizade com os nativos, pois isso era tudo o que podia fazer para proteger seus homens de uma represália violenta. Então, um dos jovens saqueadores deu fogo aos friorentos, ensopados e miseráveis marinheiros, uma boa reviravolta que nem Riley nem Robbins tentaram explicar em suas memórias, mas que frisa a diferença entre como os marinheiros ocidentais e os saaráuis percebiam suas respectivas posições e situações. O que os marinheiros viam como roubo, os saaráuis encaravam como um comportamento aceitável, e até esperado, no deserto. Naquele momento, o ato solidário evitou um confronto.

Agora que haviam abandonado o *Commerce*, Riley se perguntava qual seria sua autoridade legal sobre a tripulação, embora, ao que parecia, mantivesse controle total sobre seus homens. Pela lei dos Estados Unidos, o mestre de um navio tinha poder para comandar seus homens como um pai faria com os filhos. Ainda no fim de 1880, um tribunal do Maine escreveu que três tipos de pessoas são acertadamente guiados dessa maneira: crianças, nas famílias e nas escolas; loucos, nos asilos; e marinheiros, nos navios. Mas Riley não tinha mais navio.

Enquanto os saaráuis iam e vinham pelas dunas com seu butim, Riley calmamente voltou sua atenção para o conserto do escaler maior, que havia sofrido tanto por negligência como pela sova da rebentação. Ele encontrou pranchas tão danificadas que estavam a ponto de fazer água, e pregos que se quebravam de tão corroídos pela ferrugem. Hesitava até em emborcar o barco para consertar o fundo, com medo de que desmontasse sob seu próprio peso.

Alguns membros da tripulação seguiam a liderança do capitão e se dispunham a ajudar, enquanto outros se entregavam ao desespero. Cansado da espera inútil, Porter se ofereceu para nadar até o brigue e pegar ferramentas e suprimentos para os reparos. Ele era um bom nadador e, à tarde, quando o vento se acalmou, foi até o casco e deu uma busca. Voltou para a margem com uma espicha, um bastão de metal pontudo de cerca de trinta centímetros, bom para ser usado como martelo e para emendar madeira, e pregos, urgentemente necessários. Riley e alguns dos homens começaram a consertar o barco. Horace e Savage vieram, junto com "um ou dois mais", como Riley registrou de modo lacônico — provavelmente Robbins e Porter, que ajudaram a virar o barco e a preencher as juntas soltas com estopa de calafate.

Os outros, ao que parece também o primeiro imediato Williams, se aproximaram do fogo, puseram uma torneira em um barril de vinho e beberam para abrandar o medo. Não pareciam se dar conta de que ficariam mais vulneráveis em caso de ataque. Mais tarde, Riley preferiu não identificar os que se entregaram à bebida, talvez porque, naquele momento, qualquer outra punição tivesse sido excessiva. Riley postou os beberrões, armados de pedaços de madeira, em torno do campo, tanto para mantê-los ocupados como para arrefecer o ardor dos ladrões saaráuis. Mas os primeiros continuaram a se embebedar com o vinho, e os últimos, a pegar coisas e levá-las. Quando os saaráuis agarraram uma das duas velas que formavam a tenda improvisada e tentaram tomar a segunda, Riley se levantou e, do alto de seus dois metros, fez-lhes sinal de que deviam parar. O chacal e seu bando desembainharam as armas e brandiram-nas de modo ameaçador, mas Riley se recusou a ser intimidado. Riley não recuou, mas eles sim, partindo, por fim, com seus despojos.

Naquela noite, usando madeiras e paus secos de naufrágios anteriores, os marinheiros assaram uma galinha que afundara no naufrágio e viera dar na praia. A última refeição quente que fariam por muito tempo também incluía carne de porco salgada, pão e manteiga. O chacal dera a entender a Riley que ele e seu bando estariam de volta pela manhã. O capitão montou uma escala de vigia de dois homens por turno e ordenou que mantivessem o fogo aceso com as lascas de madeira que haviam juntado na praia. Os demais caíram adormecidos na areia.

Menos Riley. Ao som do lamento das ondas quebrando sobre as areias do deserto, pensou com pesar no destino de sua mulher e — agora, se Deus assim o quisesse — das cinco crianças. Quem ou o que evitaria que sua família caísse na "indigência, degradação e ruína", Riley se perguntava. Debaixo do céu resplandecente, a Via Láctea tal qual um arco do sopro de anjos do sudoeste para o nordeste, ele lamentou a desenfreada busca por riqueza praticada em seu país, "uma terra chamada de cristã, é verdade", ele escreveu mais tarde, "mas onde a avareza se apossa das almas e pouco deixa para desafortunadas viúvas, filhos sem pais ou órfãos indefesos esperarem, senão uma existência de necessidade".[1] E — não era preciso acrescentar — onde homens são enviados para longas e perigosas viagens em busca de lucro.

O céu noturno estava perfeito, e Riley desejava poder compartilhá-lo com sua família, temendo que nunca mais se encontrassem de novo. Após a meia-noite, a lua em quarto minguante subiu para a ponta do chifre superior de Touro, perto de Órion em sua eterna dança com as Plêiades. Mais ao alto, Marte, vermelho, fremia. A noroeste, Vega, Altair e Deneb faiscavam como olhos de criança. A elegante Cassiopéia coroava o nordeste, enquanto Hércules se punha no oeste. Esses eram seus guias no céu, seu mapa do planeta. Tremendo ao vento gelado, Riley invejou a constância das estrelas. Ele não podia fazer nada pelos seus agora. Era como a Plêiade perdida: separada de sua família por toda a eternidade. Olhou para a tripulação adormecida. "Foi um dever sagrado destinado a mim pela Providência", pensou, "proteger e preservar essas vidas até o limite de minhas forças." Só lhe restava tentar manter a si e a seus homens vivos e rezar por um milagre.

Logo depois que o sol nasceu, os saaráuis voltaram. Dessa vez, sem falsos pretextos. Seu líder, o chacal, brandiu uma colossal lança que levava sobre o ombro, levantada e pronta para ser atirada. Apontando com a mão livre para o mar e fazendo ruídos semelhantes a zurros e clangores de trombetas, exigiu que os marinheiros fossem até o navio naufragado e trouxessem mais coisas para a praia. Em seguida, indicou um bando de homens e camelos que se aproximava pelo leste. As mulheres correram pela praia ululando, se abaixando para pegar areia e jogá-la para o ar a fim de atrair a atenção do grupo.

O chacal avançou para a tenda, arremessando sua absurda lança — uma ponta de ferro emendada a uma haste de cerca de quatro metros — sobre os marinheiros. Riley correu até a arrebentação e agarrou um longo pedaço de madeira. Valendo-se de sua estatura maior, confrontou o saaráui, postando-se diante dele "com uma frieza absoluta", segundo Robbins. Enquanto fazia isso, ordenou à tripulação que lançasse à água o escaler pequeno.

Os homens arrastaram o bote para a água, próximo da corda de reboque que ainda estava amarrada ao barco naufragado. Riley mantinha o saaráui afastado enquanto eles abordavam o barco de modo desordenado. Mas, antes que o capitão conseguisse subir a bordo, os homens, nervosos, viraram de borco na estrondeante arrebentação a única embarcação navegável. O bote se encheu de água quase instantaneamente e afundou. Pulando para fora, os homens lutaram para chegar à praia e se reagruparam atrás de Riley. Juntos, foram se afastando pela praia, tropeçando na areia enquanto recuavam. O chacal os acompanhava quase correndo, ágil como um caranguejo, levando-os para a beira da praia. Ele e dois jovens armados conduziram os marinheiros de volta para o mar. Ameaçava-os com grunhidos e gestos. Apesar de seus métodos toscos, a mensagem era clara: os homens que vinham com os camelos tinham armas e iriam matá-los.

Riley ordenou que a tripulação preparasse o escaler maior para zarpar. Ele tinha esperança de que os consertos lhes permitissem chegar ao navio naufragado. Os marinheiros correram para o bote e, dessa vez, seguindo os comandos de Riley, entraram nele em ordem, pela popa, um de cada vez. Entretanto, na pressa, se esqueceram de levar os remos. Agarrando um pedaço de amurada quebrada, eles remaram e passaram com o pesado barco pela arrebentação.

O bote estava com água pela metade quando chegaram aos restos do navio, mas Riley estava determinado a mantê-lo à tona. Ele e um dos membros da tripulação ficaram para trás enquanto os outros subiram a bordo do *Commerce* e lhes entregaram um balde e um barrilete para que os dois jogassem a água para fora do escaler.

Então, apareceu um hóspede inesperado. O porco, leal como um cão, nadou até o naufrágio. Os marinheiros o jogaram para dentro do navio.

Na margem, dois dos cameleiros, provavelmente árabes, que não traziam as temidas armas de fogo, e sim cimitarras, chegaram ao bivaque dos marinheiros e se juntaram à pilhagem. Fizeram os camelos se ajoelhar e os carregaram com barris de pão e carne salgada, velas, estacas e outros objetos úteis que os marinheiros haviam escondido na tenda. Essas descobertas pareceram excitar ainda mais os saaráuis. O chacal, exaltado, saracoteava por toda parte, despedaçando os tonéis de água e vinho com um machado, espalhando desafiadoramente seu conteúdo pela areia. O modesto fogo do acampamento logo se transformou em uma fogueira, com os saaráuis empilhando com zelo tudo o que não tinham como levar. Abatidos, os marinheiros viam, de longe, seus baús, suas arcas, seus instrumentos de navegação, livros e mapas serem consumidos pelas chamas. Por fim, um dos jovens levou os camelos carregados para o alto das dunas.

Riley conferenciou com a tripulação. Eles não tinham mais nada com que se alimentar ou proteger. Não havia escapatória na margem. Provavelmente seriam varridos do barco pelas ondas e se afogariam quando a maré subisse à noite. E, se isso não acontecesse, um banco de areia que começava a se formar atrás do brigue permitiria que os saaráuis se aproximassem deles na próxima maré vazante. Os marinheiros encontraram a bordo algumas garrafas de vinho e um pouco de carne de porco salgada, e, com isso, decidiram voltar para o mar no escaler maior.

Quando largaram, uma onda quebrou sobre a proa. O bote balançou desgovernado e recuou, cheio d'água, começando a afundar. Eles se chocaram de frente contra a popa do brigue. Alguns dos marinheiros subiram rápido ao convés do navio. Dois agarraram a corda de amarração do bote e a da popa e as firmaram, para impedir que o bote colidisse contra o brigue de novo. Dois outros tiravam água de dentro do bote violentamente.

Os saaráuis observavam estarrecidos da margem. A idéia de que os marinheiros escapassem em um bote era quase tão ridícula como a possibilidade de eles fugirem para o deserto. Não havia nenhum lugar para ir. Apesar disso, ficaram perturbados pela tentativa dos marinheiros de fugir e começaram a gesticular, tentando convencer Riley a voltar. O chacal gritou para os jovens, que, com suas armas, correram para as dunas. Os saaráuis remanescentes se curvaram até o chão, se ergueram sorrindo e, calmos, faziam sinais para os marinheiros voltarem. Do brigue, os marinheiros zombavam deles. Depois de algum tempo, o chacal mandou os outros embora. Pegou um cantil de pele de cabra cheio de água e o segurou acima da cabeça, oferecendo-o aos marinheiros. Então, entrou no oceano até ficar com água pelo peito.

Riley considerava pequenas as chances que teriam no escaler grande e não teve escolha senão tentar estabelecer alguma espécie de relação com o velho e esperar uma mudança de atitude. Baixou ao mar pelo lado da corda de amarração do brigue e foi devagar por ela até a margem, onde o saaráui lhe entregou o cantil. Riley agradeceu e o levou com ele na volta para o brigue. O saaráui agora fazia sinais, indicando que queria ir ao brigue, enquanto Riley retornava à praia.

Riley explicou à relutante tripulação que, em sua opinião, a única esperança deles era fazer amizade com o homem e se submeter à vontade dos saaráuis. Ele voltaria à margem e deixaria que o velho viesse ao brigue. O clã do chacal, que estava escondido atrás das dunas, agora regressava à praia sem armas. As mulheres seminuas e os jovens nus se sentaram na areia perto da água com expressão pacífica. Olhavam para o céu, para mostrar suas intenções amistosas. O chacal fez a Riley a saudação saariana: "Allahu akhbar!". Deus é grande![5] Depois, tomou o rumo do brigue.

Riley se sentou junto com a família à beira do mar. Com os dentes à mostra, eles tiraram o chapéu do capitão e o passaram em volta, experimentando-o e rindo. Apalparam as calças dele, as mãos, o cabelo e seus empapados "pés" de couro, fascinados pelas diferentes texturas. Alguns entrelaçavam seus dedos nos dele, enquanto outros, sem nenhuma vergonha, enfiavam a mão em seus bolsos. Riley sentia o cheiro dos corpos empoeirados e sem banho e dos cabelos sem brilho, e era capaz de sentir o próprio medo nas pontadas nas narinas e nas contrações do intestino. Aquela súbita mudança de procedimento deles não o enganava. A perfídia era palpável. Ele se levantou, acenou desesperado e gritou para seus homens, mas o barulho da arrebentação engoliu suas palavras. O que estava tentando comunicar não podia ser sinalizado: queria que detivessem o chacal até que ele, Riley, conseguisse voltar ao barco.

Enquanto isso, os marinheiros tomavam os braços do chacal e o içavam ao barco naufragado, onde ele exigiu armas e dinheiro. Os marinheiros negaram ter ambos. Ele perambulou pelo convés em desordem e espiou para dentro do porão inundado. Por fim, sem encontrar nada, mergulhou de volta no mar. Quando o chacal se aproximou da praia, Riley começou a se erguer. Os dois cameleiros, que, em silêncio, haviam tomado posição de cada lado dele, o seguraram pelos braços. Adagas apareceram de repente nas mãos dos saaráuis. Ficou claro que lutar significava morrer.

Riley fez o que qualquer bom capitão faria sob pressão: fingiu estar despreocupado. "O semblante de todos à minha volta assumira as mais malignas e horrendas expressões", ele escreveu. "Rangiam os dentes para mim e aproximavam subitamente suas adagas a dois centímetros de todas as partes de minha cabeça e do meu corpo."

De repente, o chacal estava à sua garganta. Empurrou com força a cabeça de Riley para trás e levantou uma cimitarra. Naquele momento, Riley acreditou que seria decapitado e ainda sofreria a ignomínia de prover uma refeição para aquele bando bárbaro. O chacal passou devagar a lâmina pelo colarinho da camisa de Riley, cortando-o e deixando o capitão sentir o metal em sua pele. Mas ele queria prata, e não sangue. Largou a cabeça de Riley e ordenou que mandasse seus homens trazerem o dinheiro do navio para a margem.

Do brigue, os homens do mar observavam o desenrolar da cena. Quando pareceu que o capitão seria executado, juraram vingar sua morte. Eles se armariam o melhor que pudessem, se apressariam para a praia dentro do barco e matariam todos os saaráuis que conseguissem antes de ter de pagar com a própria vida. Mas então, para a surpresa deles, Riley acenava para o brigue. Sua voz não se sobrepunha à arrebentação. Savage baixou ao mar pela corda de amarração e foi até a margem.

"Traga o dinheiro", disse-lhe Riley, quando ele estava perto o bastante para ouvir o grito. Savage imediatamente retornou ao brigue, sem ouvir as palavras finais de Riley: "E não o entregue a eles até que eu esteja livre".

O velho não havia encontrado dinheiro a bordo do *Commerce* porque as moedas ainda estavam escondidas nas roupas dos marinheiros. Os homens então puxaram cerca de mil dólares e os jogaram dentro de um balde. Porter fez o cansativo trajeto até a margem, empurrando o balde a sua frente, atado à corda, ao longo de todo o percurso.

Temendo que os saaráuis planejassem também tomar Porter como refém, Riley berrou para ele que não viesse à margem. Porter obedeceu, e um dos cameleiros entrou na arrebentação para ir buscar o balde. Durante todo o tempo, o chacal manteve a ponta da cimitarra encostada na garganta de Riley.

O balde foi esvaziado sobre uma manta em frente ao chacal, cujos olhos brilharam. A contemplação de tal tesouro o fez sentir-se subitamente vulnerável, e ele ordenou a seu povo que carregasse as moedas para longe do brigue. Com as armas desembainhadas, os homens saaráuis iam empurrando Riley com eles, seguidos pelas mulheres, que mantinham a lâmina pontuda do chacal junto às costas do prisioneiro.

Depois de uma marcha curta, o grupo se sentou, e o velho, em júbilo, dividiu as moedas, arrumando as peças de dez dólares espanhóis até formar três cintilantes pilhas iguais: uma para os cameleiros, uma para suas esposas e uma para ele. Enquanto as pilhas desapareciam em seus *haiks*, Riley percebeu que, em sua ganância, eles se haviam esquecido dele por ora. Tentou aproveitar a oportunidade.

No entanto, assim que Riley fez um movimento para se erguer, um jovem alerta investiu contra ele com uma cimitarra. Riley se esquivou do golpe, mas a lâmina rasgou seu colete antes que ele conseguisse se afastar. O jovem se aprontou para atacar de novo, mas o chacal o deteve e lhe deu algumas ordens que Riley não entendeu. O grupo se levantou e se preparou para deixar a praia, e Riley viu que a intenção deles era levá-lo também. Desesperado para não ser carregado para o interior, sinalizou ao chacal que sua tripulação tinha mais dinheiro. Isso provocou o efeito desejado. Em vez de partir, os saaráuis voltaram para a praia e lhe disseram que acenasse para seus homens.

O que exatamente Riley tinha em mente àquela altura é difícil dizer. "Imaginei que, se levasse Antonio Michel à margem", escreveu mais tarde, "eu teria como escapar." Ele não dá mais explicações do que pretendia, sustentando que "não sabia como, nem tinha plano algum".

Por que Antonio Michel, o velho marinheiro que voltava para casa após anos no mar? Ele era o único homem que Riley considerava descartável? Riley sentia menos responsabilidade por ele do que pela tripulação que contratara?

Do brigue, os marinheiros viam que ambos os lados davam suas últimas cartadas. Os saaráuis repetidamente ameaçavam Riley com suas lâminas, enquanto ele acenava para a tripulação. Nenhum daqueles corajosos homens, que pouco antes tinham jurado ir para a praia e lutar, queria agora se aventurar a chegar à margem. A voz desesperada de Riley se tornou um grasnido.

Aaron Savage afinal reuniu coragem e foi para a praia, marinhando pela corda de amarração. Quando Savage se aproximou da margem, Riley fez sinal para que ficasse na arrebentação. O chacal, pensando que Riley ia dizer ao companheiro para trazer o dinheiro, permitiu que falassem um com o outro. Riley contou a Savage seu plano — que iria atormentá-lo para sempre, embora ninguém jamais o tivesse criticado.

Savage voltou ao barco naufragado e disse a Michel que Riley o queria na margem. Como pagava sua passagem com trabalho, o marinheiro acatou respeitosamente a ordem. Os saaráuis rodearam Michel de modo ameaçador quando este chegou à praia. Esperavam que ele trouxesse mais dinheiro. Michel, naturalmente, não tinha nada a não ser suas roupas. Enraivecidos, os saaráuis começaram a lhe dar socos e golpeá-lo com o cabo da adaga. Arrancaram as roupas do marinheiro, e os jovens o cutucavam com a ponta de suas lâminas. Forçado a ficar de joelhos, Michel implorou que parassem.

Riley instruíra Michel a dizer aos saaráuis que sabia onde a tripulação havia enterrado dinheiro. Isso era verdade. Perto da tenda, os marinheiros haviam escondido um óculo-de-alcance novo, uma serra e outras ferramentas úteis em um buraco, e em outro buraco, um saco com quatrocentos dólares. Abalado e com voz trêmula, o velho marinheiro conseguiu se fazer entender. Seus captores o levaram até o local debaixo de pancadas.

Sentado na areia, Riley observava com atenção, a lâmina do chacal encostada em seu peito e a cimitarra de um jovem brutamontes a centímetros de sua cabeça. Ele sabia que havia esgotado todos os ardis. Também sabia que, quando o tesouro fosse desenterrado, a cobiça dominaria seus guardas, ao menos por um momento. Devagar, imperceptivelmente, ele retesou as pernas embaixo do corpo.

Quando gritos excitados por fim se fizeram ouvir, os guardas se voltaram por reflexo na direção deles, como previra. Riley se pôs de pé com um salto e correu para o mar. Nada ocupava seu cérebro a não ser escapar, mas suas pernas se moviam pesadas e vagarosas na areia. As pisadas de seus perseguidores se aproximavam. Mergulhou de cabeça na arrebentação. O chacal o seguiu.

Naufrágio do Commerce *na costa da África* (*de* An Authentic Narrative of the Loss of the American Brig *Commerce, 1817*)

Riley nadou embaixo d'água, segurando a respiração até não poder mais resistir à urgência de subir à tona. Quando pôs a cabeça para fora d'água, se virou para ver onde os saaráuis estavam. A pouco mais de dez pés flutuava a cabeça do chacal. Riley sentiu a lança mergulhar perto de seu corpo. Bem nessa hora, uma onda pegou o chacal e o atirou para trás. Riley nadou o mais rápido que pôde. Lutou para ultrapassar a crista das ondas até que sentiu as mãos de seus homens o agarrarem pela camisa. Eles o puxaram para a popa do *Commerce.*

Riley desmaiou no convés.

5. Suplício em um barco aberto

Enquanto o vento e a água do mar escorriam pelo convés do *Commerce*, como que ferroando o rosto e as mãos dos marinheiros, eles viam os saaráuis golpearem e darem estocadas em Michel. Por fim, puseram o produto de seu saque nas costas dele e o forçaram a subir as dunas. Era uma cena terrível, que entristecia os homens. Não apenas estavam impossibilitados de ajudar o companheiro brutalizado como o próprio desamparo deles lhes estava sendo exibido da maneira mais explícita possível.

Apesar disso, não havia tempo para remoer o episódio. Cada onda martelava o escaler contra o casco do navio, danificando a embarcação menor e fazendo tremer o frágil convés onde se agachavam. Eles agora tinham de decidir entre suas próprias e desanimadoras opções. Podiam voltar para a margem e tentar negociar a rendição com os saaráuis; na melhor das hipóteses, seriam espancados e escravizados como Michel, e, muito possivelmente, assassinados se ofendessem alguém. Ou podiam tentar a sorte no mar, no escaler, apostando que conseguiriam ultrapassar as ondas de vinte pés e permanecer à tona tempo suficiente para atrair a atenção de algum navio.

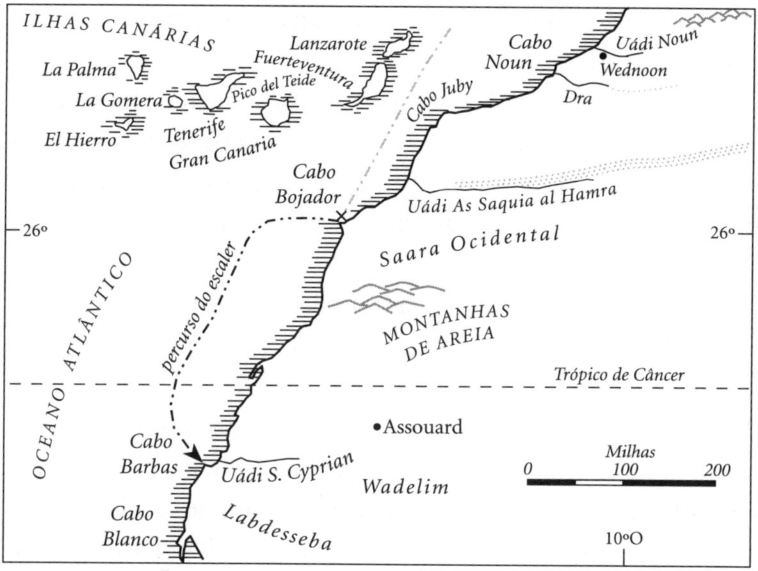

De acordo com Robbins, houve "longa deliberação" sobre o assunto, mas por certo ela não levou mais do que alguns minutos. Os marinheiros não viam esperança na rendição aos saaráuis, a quem amargamente chamavam de "bárbaros", "selvagens" e "ladrões impiedosos". Em vez disso, a conversa girou em torno da viabilidade de voltar ao mar no escaler grande, reparado às pressas e sem leme. Segundo Robbins, as opiniões "se dividiram". Riley disse que as condições do escaler "eram insanas" — termo técnico que, naqueles dias, significava "em má forma" — e que o barco "acabaria se torcendo como uma cesta velha". Apinhado com onze homens, o escaler de dezesseis pés navegaria perigosamente baixo na água. Eles confiavam no único fator que mudara em favor deles: o vento soprava mais forte na direção leste agora, o que os ajudaria a se afastar da ameaçadora costa. Mesmo que as desvantagens da fuga por mar fossem maiores, a tripulação optou pelo que conhecia melhor, a força natural contra a qual havia lutado durante toda a vida. Eles preferiam isso ao elemento humano estranho e maldoso na margem. Tentariam a sorte no escaler grande.

O capitão pôs dois homens — provavelmente Hogan e Barrett — a tirar água de dentro do bote com dois baldes. Mandou Porter, excelente nadador, à praia, por ora deserta, para recuperar os dois remos quebrados de que precisariam para passar pela arrebentação.[1]

Riley instruiu o restante da tripulação, sob as ordens dos dois imediatos, a amarrar alguns paus e colocá-los perpendiculares à parte externa da popa do *Commerce* a sotavento. Isso ajudaria a levar o escaler até lá, e às extremidades dos paus seriam amarradas as cordas de popa e de proa do barco, para que este ficasse afastado do brigue. Quando chegasse a hora de partir, Riley esperava que aquilo lhes desse algum espaço livre e evitasse que uma onda os esmagasse contra o casco do brigue.

Riley tinha muito o que coordenar antes que deixassem os restos do naufrágio, mas tratou, ele mesmo, da coisa mais importante: garantir água doce. Junto ao alçapão da adega, tirou a camisa e desceu ao abismo negro. Guiado pelo tato, se moveu na água do mar que ficara presa na parte de baixo do casco, agora adernado, até que chegou à superfície em um bolsão de ar. À medida que absorvia as estranhas sensações — o singular e silencioso deslizar da água fria, o eco da arrebentação, os agourentos estalos do madeirame do brigue —, seus pensamentos inevitavelmente se voltaram para Michel.

A história da sina de Michel foi algo que o capitão, aprisionado num círculo insidioso de culpa e negação, nunca conseguiria esclarecer. Apesar de, em suas últimas declarações, afirmar que na verdade não vira o que havia acontecido a Michel, ele faz, entretanto, uma descrição muito vívida em sua *Narrative*: "Os enfurecidos saaráuis", escreveu, enfiaram "uma lança em seu corpo, um pouco abaixo do lado esquerdo do peito, e o deitaram morto a seus pés". Arrastaram o "corpo sem vida de Michel para o outro lado das montanhas de areia", e Riley sentiu "uma agonia inexprimível" ao perceber de repente que ele, e apenas ele, era o responsável pelo "massacre" do marinheiro. Ele ficou momentaneamente "privado [...] de todos os sentidos".

Na verdade, não foi assim que as coisas aconteceram. Em uma carta publicada no *Connecticut Courant*, anterior a esse relato, Riley escreveu que a tripulação escapou de "árabes armados; todos, exceto Antonio Michael [*sic*], que [os árabes] agarraram e retiveram com eles". A versão de Robbins reforça a carta de Riley. Talvez Riley tenha concluído mais tarde que era mais censurável deixar um prisioneiro do que um homem morto.

Riley por certo sabia que deparara com um enigma moral.[2] Como capitão, acostumado a assumir total responsabilidade por seu navio e seus homens, acreditava que fizera o que tinha de ser feito para proteger a tripulação. Tinha certeza de que o efeito prático de suas ações fora o melhor para seus homens, preservando para eles um líder indiscutível em vez de um estranho que, além disso, era um homem velho. Mesmo assim, continuou a se debater entre a moralidade da decisão e o sentimento de culpa.

À medida que seus olhos se acostumavam à escuridão, Riley procurou entre o emaranhado flutuante de redes, arcas marítimas e pranchas de aspecto indefinido até encontrar o que buscava. Rolando um grande tonel meio cheio, sentiu a rolha ainda apertada. Essa boa sorte o encorajou, e ele usou toda a força para passar o barril por entre os destroços inundados e pelo alçapão até a superfície.

No convés, Savage e Clark o ajudaram a abrir o tonel e transferir a água para um barrilete de quinze litros que caberia no bote. Sobrara água suficiente para que todos bebessem quanto quisessem. Foi um momento de delícia. Alguns — sortudos — não teriam como saciar sua sede novamente durante muito tempo.

Porter voltou com os remos. Por conta própria, também desenterrara e arrastara de volta o saco de moedas de prata escondido no dia anterior. Ao que parecia, era a mesma bolsa de dólares que Antonio Michel escavava quando Riley fugiu. Se fosse esse o caso, Michel devia ter desenterrado os instrumentos que haviam sido colocados perto da prata: ou a prata fora esquecida após a fuga de Riley, o que era improvável, ou Michel não conseguira encontrá-la. Por ironia, os saaráuis teriam preferido os dólares, e os marinheiros fariam melhor uso do óculo-de-alcance e das ferramentas. De qualquer maneira, Riley apenas sacudiu a cabeça, pensando que, ou a cobiça dominara Porter, ou este estava sendo de um ingênuo otimismo. Tempos depois, Riley faria Porter enterrar a prata de novo.

"Ponham os equipamentos no escaler", ordenou Riley. Atravessando com dificuldade a arrebentação para ir do brigue ao bote, sob o comando dos imediatos, os homens levaram a bujarrona e a vela principal do bote pequeno, o mastaréu do velacho da vela de estai, e uma vergôntea para um mastro, bem como algumas poucas coisas descobertas entre objetos que já haviam sido vistoriados. Além do barrilete de água e de uma dúzia de garrafas de vinho, que foram provavelmente colocados no meio do barco, tinham pescado do mar várias peças de porco salgado e uma bolsa com dois quilos de figos secos. Também levaram a bandeira do brigue, que naquela época tinha quinze estrelas e quinze listras, e o sortudo, embora esquelético, porco, que desafiara todas as probabilidades e vencera. Sua coragem fez dele uma mascote adequada e confortadora — e uma refeição em potencial para o futuro.

Com um misto de mau pressentimento e ansiedade, a tripulação tomou posição dois a dois em seis tábuas estreitas do escaler que serviam como assento. Ninguém se lembrava da ordem em que estavam sentados, mas, em função dos papéis tão definidos da profissão de marinheiro, é fácil ter uma idéia. Deslisle, o cozinheiro, e Horace, o menor e mais jovem integrante da tripulação, se sentaram provavelmente na proa estreita, junto com o porco. Os dois marinheiros de segunda classe, Hogan e Barrett, deviam vir em seguida, e depois deles os dois imediatos no centro. Porter e Robbins, dois homens do mar fortes e habilidosos e grandes amigos, estariam na fila seguinte do centro, onde os remos costumam ser usados com mais eficácia. Riley devia ocupar o assento da popa, o mais importante e de onde podia olhar adiante do barco, para controlar o leme e ter uma visão de comando de seus homens; todos eles, com a possível exceção dos homens da proa, estavam sentados de costas para a parte dianteira do barco, voltados apenas para o capitão e para onde já haviam passado. Cada homem viveria os dias seguintes em um espaço de cerca de sessenta centímetros por noventa, submersos até os tornozelos, e, às vezes, até mais, na água salgada.

Riley fez então uma das coisas mais difíceis para um capitão: ele, afinal, abandonou seu querido e novo navio, agora destruído. O navio que seu tio Justus lhe confiara, aquele com perspectivas boas o bastante para Josiah Savage embarcar um filho e um sobrinho. Subindo na popa do escaler, Riley olhou para o rosto lúgubre de seus homens sob o chapéu vincado. Antes de zarpar, pediu que descobrissem a cabeça. Riley implorou ao "grande Criador e protetor do universo" que poupasse suas vidas e os deixasse passar pela arrebentação para o mar aberto. "Mas, se estamos condenados a perecer", suplicou, expressando o que estava na mente de cada homem de família, "oh, Pai universal, proteja e preserve nossas viúvas e nossos filhos."

Em busca de uma rota de escape, Riley examinava o mar que subia em volta deles. Como não tinham meios de modelar um leme improvisado e nenhum lugar para prender um remo, exceto o anel da popa, que era demasiado instável, usariam uma tábua como leme. Riley não via meios de fugir das ondas sem a intervenção divina. Só lhe restava seguir em frente. "Lançar o bote!", ordenou. Os homens soltaram as cordas e eles flutuaram livres do *Commerce*. A seu comando, os marujos se inclinaram para os remos.

E então o milagre aconteceu. O vento parou, e, entre as gigantescas ondas — cada uma capaz de virar o sobrecarregado bote como uma folha na tempestade —, de repente surgiu um caminho. Os homens remavam em perfeita sincronia enquanto as ondas quebravam em torno deles, e Riley conduzia o barco para o mar aberto. Uma milha adiante, ele lhes disse para descansar. Com o coração disparado, cada um lançou um último olhar para a costa funesta, o navio naufragado e a arrebentação, de que tinham acabado de se esquivar. Um grito espontâneo de alegria partiu da tripulação. Robbins recordou que tornaram a tirar o chapéu, e "o capitão Riley agradeceu aos céus". Riley não tinha dúvida de que "um ato direto e de misericórdia do Todo-Poderoso" os salvara da arrebentação do Bojador. Segundo ele, todos os seus homens acreditaram também. Mais tarde, quando um amigo o advertiu a não enfatizar tanto essa convicção, pois os céticos poderiam usá-la para desacreditar o restante do relato da viagem, Riley deu de ombros.

À medida que a escuridão descia sobre o bote, os Commerces ainda enfrentavam uma corrente que poderia jogá-los de volta a outro trecho do cabo Bojador, se não conseguissem sair dali para o mar alto. Sem leme, Riley não tinha margem para erros. Ordenou aos homens para içar a vela principal, tornando seu avanço agora uma questão de habilidade náutica e vento. A boa sorte perdurou em um aspecto: os ventos continuaram a empurrar para o leste, dando o espaço necessário para dobrar o cabo. A tripulação remava e jogava água para fora do escaler, trocando de tarefa a cada meia hora, enquanto Riley tentava conduzir o barco para alto-mar.

A fuga de um perigo apenas os levou a outro. Naquela noite, o vento se tornou mais forte, chegando a ficar tempestuoso, e as ondas, que cresciam de tamanho, ameaçavam virar o bote. Com tanta rapidez quanto a tripulação conseguia baldeá-la para fora, a água entrava pelos lados e pelas frinchas que se abriam entre as pranchas do bote. Sob nuvens densas, Riley não dispunha de estrelas que guiassem sua navegação, e tudo o que tinha a fazer era manter o barco a favor do vento, guiando-o com um dos remos quebrados. Resistia desesperadamente à exaustão; baixar a cabeça por um segundo poderia levá-lo a perder o controle do bote, e uma leve guinada em um intervalo de ondas era capaz de afundá-los.

O amanhecer do dia seguinte, 31 de agosto, trouxe um mar mais cheio, nuvens cinzentas, escuridão, ondas altas e nenhum sinal de terra. Com a intenção de rumar para o sul com a costa à vista, Riley conduziu o barco para o sudeste, em meio à bruma. O lotado escaler estava tão baixo na água que Riley não conseguia ouvir nem ver ao longe. Ao escutar pela primeira vez um rugido adiante do barco, a tripulação ficou confusa. Quando identificaram o barulho como arrebentação era quase tarde demais. De novo a corrente os estava levando para a margem. À beira da arrebentação, Riley conseguiu fazer o barco dar a volta. Enquanto olhava por cima do ombro, tentando, sem resultado, ver a terra através da neblina, percebeu a inutilidade de sua estratégia. Com os arrecifes e o tempo ruim, era muito perigoso bordejar a costa rasa e traiçoeira. Sem compasso, quadrante e mapas, tudo perdido no naufrágio ou para os saaráuis, estariam em constante perigo de naufragar.

Riley consultou a tripulação. Eles poderiam continuar a descer pela costa, mas os riscos eram agora inegavelmente claros.

Dadas as deploráveis condições em que navegavam e a distância que tinham de percorrer — mais de quinhentas milhas náuticas —, seria fácil passar em branco por dois importantes marcos: Saint-Louis, o assentamento britânico dominado pelos franceses na foz do rio Senegal, e as ilhas de Cabo Verde. Se isso acontecesse, terminariam desgarrados, à deriva, no mar aberto sem ventos perto da linha do Equador, uma região cujas tormentas eram bem conhecidas dos marinheiros. A alternativa era rumar mais para o oeste. As ilhas Canárias ficavam próximas o bastante do continente para que os ventos das "escaldantes planícies da África" — como afirmava um dicionário geográfico — destruíssem a vegetação e causassem seca e doenças. Mas, enquanto o arquipélago controlado pelos espanhóis estava a apenas sessenta milhas da costa e a mais ou menos cem milhas do cabo Bojador, as ilhas de Cabo Verde ficavam a noroeste, contra a Corrente das Canárias e os ventos alísios do nordeste, e seriam quase impossíveis de alcançar no escaler. Na realidade, a única esperança deles naquela direção era localizar um navio que passasse e acenar. Em último caso, poderiam tentar dar em terra o mais rápido possível e enfrentar os perigos da margem enquanto ainda tinham forças.

Os marinheiros sabiam melhor do que ninguém como era grande a extensão coberta pelo mar, quão raramente navios se desgarravam das grandes rotas de tráfego marítimo e como seria perigosa aquela rota para o diminuto escaler. Diante desse quadro, eles tinham de levar em conta não apenas o recente confronto em terra como também a visão cultural que tinham do Saara. Histórias de canibalismo ao longo da costa do Grande Deserto, embora falsas, eram contadas em alojamentos de oficiais subalternos nos barcos e em cervejarias à volta do mundo e desfrutavam de muita credibilidade. A desolação do deserto era legendária, bem como a propensão de seus habitantes a torturar homens brancos, fazendo-os passar fome e os submetendo a uma brutal escravidão.

Quando os marinheiros do *Commerce*, um por um, se manifestaram, a decisão unânime foi enfrentar o mar.

Usando o mastaréu de velacho da vela de estai do brigue, os homens fizeram um anteparo protetor que amarraram à amurada do bote, levantando os lados cerca de vinte centímetros. A recompensa por tal trabalho foi apenas a consciência de ter feito algo para melhorar a situação e o direito à undécima porção das provisões reservadas para aquele dia — e que eles teriam recebido de qualquer maneira. Os imediatos distribuíam com cautela o miserável quinhão de cada homem, dois figos salgados e um pedaço murcho de carne de porco salgada, uma substância tão salina que era empapada de água do mar antes de ser servida, a fim de *baixar* seu índice de salinidade. O porco mastigava lona e corda.

Ironicamente, os marinheiros flutuavam sobre a superfície do que seria a mais abundante e produtiva reserva de peixes do século XX, onde cardumes de sardinha eram tão compactos que os marinheiros muitas vezes os confundiam com águas claras de recifes. Como navios mercantes e da Marinha costumavam suplementar sua alimentação com peixe fresco, era provável que o *Commerce* levasse apetrechos de pesca. Mas pode ser que estivessem em local inalcançável, ou os homens simplesmente não tivessem pensado em resguardá-los quando naufragaram. Como tantas vítimas de naufrágio na era dos navios a vela, entre elas os baleeiros do *Essex* e os homens do capitão Bligh, da Marinha Real, os experientes marinheiros a bordo do *Commerce* não estavam preparados para pegar peixes em uma emergência.

Pior do que a falta de comida era a diminuição da reserva de qualquer coisa para beber. Para aplacar a sede, os homens compartilhavam uma garrafa de água e meia garrafa de vinho por dia.

Cada um bebia pouco mais de cem mililitros por dia, o que mal dava para matar a sede. Eles poderiam ter adicionado um pouco de água do mar à água doce e ao vinho para aumentar as rações, mas beber água do mar — como a lamentação nas clássicas linhas de Coleridge, "Água, água, em toda parte,/ E nem uma gota para beber" — havia muito tempo era considerado mortal. Todo marinheiro já tinha ouvido histórias de um náufrago louco de sede que, apesar dos avisos dos companheiros, subitamente mergulha a cabeça na água e engole água salgada como se ela fluísse de uma fonte na montanha. Voltando ao estado de delírio febril, ele tresvaria aos gritos, enquanto o sal ingerido extrai mais umidade de suas células, aumentando a dor a um ponto de agonia. Quando o sofredor salta aos gritos no mar, convencido de que vai tomar um banho gelado, seus companheiros, à beira da própria morte, ficam mais aliviados do que tristes.

Entretanto, relatos e testes científicos sugerem que consumir uma quantidade moderada de água salgada pode ser benéfico para os que estão perdidos no mar, desde que tenham um pouco de água doce para misturar. Em seu clássico de 1950, *Kon-Tiki*, o aventureiro norueguês Thor Heyerdahl notou, a bordo de sua balsa, velejando pelo Pacífico Sul, que em dias muitos quentes, quando a tripulação perdia um bocado de sal através do suor, eles adicionavam entre 20% e 40% de água salgada à água doce e sentiam que o líquido mitigava melhor a sede e não tinha efeitos adversos. Poucos anos depois, William Willis, outro navegador oceânico em balsa, foi forçado a beber água do mar quando a corrosão perfurou suas latas de água doce. Durante setenta dias, de acordo com Willis, ele consumiu não menos de dois copos de água salgada por dia e apenas um copo de água doce. Ele afirmou que não sofreu nenhum tipo de efeito colateral. Mas, ao que parece, os Commerces não ousaram experimentar beber água do mar e, assim, perderam o que poderia ter sido uma fonte valiosa de hidratação, se consumida de forma moderada.

Uma brisa forte levava o barco para oeste enquanto a claridade dos relâmpagos iluminava o céu. Riley mantinha o barco a favor do vento de nordeste, talvez tentando virar para noroeste, em direção às Canárias, embora nunca tenha admitido isso em suas memórias. Contra a corrente, o escaler fazia pouco progresso. Vagas imensas, firmamento escuro e o vasto mar implacável — a paisagem era desanimadora.

Os dias sucediam a noites de vigília, enquanto Riley lutava contra a exaustão. Não foi surpresa que sua educação religiosa então se fizesse valer. Quando menino, recitava capítulos inteiros da Bíblia. Sabia o catecismo e os credos de cor e era capaz de cantar um número imenso de salmos de memória. Agora, em dificuldade, se agarrava ao esteio espiritual e nele se segurava com firmeza. Revivendo na memória o recente confronto com os saaráuis e a fuga do cabo Bojador, se convenceu de que Deus não os havia salvado daquelas adversidades apenas para vê-los afundar no mar. Riley fazia o possível para encorajar seus homens: "É nosso dever para com Deus e nós mesmos nos esforçarmos até o último alento para impedir nossa própria destruição", suplicou. "Vamos lá, vocês estarão junto às suas famílias novamente."

Em 1º de setembro, o terceiro dia no mar, o tempo melhorou o suficiente para a tripulação matar o porco. O animal estava ficando macilento, e, apesar da afeição por ele, decidiram matá-lo enquanto ainda tinha alguma carne. Teria sido incumbência só de Dick Deslisle cortar a garganta do porco e desossá-lo, mas todas as mãos cuidaram da operação, colhendo o sangue para beber e dividindo e comendo o fígado úmido e os intestinos, para suavizar as línguas, que pareciam couro, e as gargantas secas. O trabalho sem interrupção, dia e noite, tornara a sede severa em pouco tempo. Agora que tinham uma noção de como poderia ser a morte pela sede, isso passara a ser uma ameaça maior do que a falta de condições de navegabilidade do escaler. À medida que esvaziavam garrafas de vinho, sangue ou água, a tripulação as enchia com a própria urina.

Foi uma boa coisa terem um alimento extra naquele dia. À tarde, o tempo voltou a ficar ruim, e a noite, pior ainda, exigiu que usassem todas as forças. O estrondo dos trovões vinha do leste, chicoteando freneticamente os mares e riscando os céus com relâmpagos. Entre uma trovoada e outra, tudo ficava escuro como breu. Ondas a intervalos irregulares faziam o barco oscilar em movimentos inesperados.

Por volta da meia-noite, tornaram a remar e lançar água para fora do barco, sob o medo constante de que a próxima onda fosse afundá-lo. Como a água entrava e saía, às vezes era difícil dizer se estavam mesmo flutuando. Todos os homens que não se encontravam remando ou ao leme trabalhavam energicamente para tirar água do barco, com baldes, chapéus ou qualquer outra coisa que fosse capaz de juntar ou empurrar a água para fora. Durante toda aquela noite, o capitão e Aaron Savage se alternaram, rezando em voz alta com a tripulação, o que, segundo o relato de Robbins, "teve um grande efeito em apaziguar nossos medos e reavivar as agonizantes esperanças".

Quando uma cinzenta manhã surgiu em 2 de setembro, os molhados, obstinados e fatigados marinheiros continuavam a cumprir suas tarefas em silêncio. Tontos de exaustão, adormeciam e deliravam, despertavam novamente com um estremecimento e voltavam a tirar água de dentro do barco, a remar ou a tapar frinchas com calafate. Quando estavam baixo na água, ouviam apenas o som de ondas batendo; quando no topo de uma onda, o gemido do vento; e, no intervalo, estalos, quando as pranchas do bote se atritavam e entortavam.

Segundo Robbins, o incessante balanço do bote "arrancara

a maioria dos pregos" que ficavam acima da linha-d'água. Riley, que havia pregado muitos deles na praia do Bojador, acreditava que os que estavam abaixo da linha-d'água só não eram expelidos devido à pressão do mar. De acordo com Robbins e Riley, o barco não conseguiria suportar aquelas condições por mais tempo. Estava a ponto de se desintegrar, quando, pouco após a aurora, o vento começou a soprar na direção norte-noroeste, a tormenta amainou, o sol emergiu. O vento soprava agora contra seus rostos. Qualquer pensamento de chegar às Canárias tinha de ser abandonado. Eles se resignaram a esquadrinhar o horizonte e rezar pelo aparecimento de uma vela. Mesmo que de fato avistassem um navio descendo a costa, isso não significava que seu vigia localizaria o escaler, um pedaço de madeira marrom e cinza desgarrado em uma monótona superfície cinza-esverdeada.

Com humor soturno, os homens agora diziam que Michel, afinal, não fora o mais desafortunado. Ao menos, como escravo, tinha água para beber. Riley se defrontava com uma ironia atroz: em vez de dar ao filho de seu amigo William Savage uma oportunidade na vida, era bem provável que o enviasse para o mesmo destino miserável do pai, isto é, terminar como uma esperança obscurecida, a assombrar sua família pelo resto de seus dias. Enquanto outros pensavam na esposa e nos entes queridos, cada vez mais distantes, Burns, em seu aniversário de dezesseis anos de casamento — 2 de setembro —, ao menos tinha o conforto de saber que logo iria estar junto de sua amada Lillis na morte.

As ondas se aplanaram. À medida que se reduzia a ameaça de o barco virar ou afundar, o sol e o tédio grassavam. O esforço da noite aumentara ainda mais a sede dos homens e a náusea causada pela desidratação. Naquele dia, eles foram levados pela corrente para o sul e, em algum ponto, passaram pelo Trópico de Câncer, um momento memorável para marinheiros sob circunstâncias normais e em geral celebrado com jogos, música, dança e a iniciação ritual de todos os principiantes nos mistérios do mar. Era comum um Netuno improvisado, com cabeleira de vassoura de trapos, e sua mulher — homens do mar travestidos — forçarem aqueles que ainda não haviam cruzado a linha do trópico a beber canecas de água choca acumulada no fundo do casco das embarcações, a se cobrir de alcatrão ou graxa, se raspar, tomar banho com baldes de água salgada e depois fazer os juramentos sagrados: "Nunca deixarei de bombear até ele gorgolejar [...] nunca subirei pelos cabos do lado abrigado do vento em tempo bom [...] nunca deixarei o navio antes que ele afunde, e [...] nunca beijarei a mulher se puder beijar a amante".[3]

Naquela viagem, não havia necessidade de inventar uma iniciação nos ritos de Poseidon. "Os chamuscantes raios de sol, dentro da Zona Tórrida", escreveu Robbins, "eram quase intoleráveis." As bocas e gargantas secas dos marinheiros pareciam cobertas de pele felpuda, e sua respiração era fétida — condições causadas pelo aumento de impurezas em seus corpos devido à desidratação e à conseqüente proliferação desenfreada de bactérias. Por necessidade, Riley só permitia agora que cada homem molhasse a boca duas vezes por dia com algumas gotas de vinho e água, e duas vezes com a própria urina que colhiam, com muita dificuldade, pois só pela respiração os seres humanos já perdem diariamente pouco mais de meio litro de água.

Diz-se que, para um homem sedento em um barco, o borrifo da água do mar é um tormento constante. Ela escarnece dele em sua fartura. Respinga na sobrancelha e escorre até a boca, apenas para torná-lo mais sedento. Inevitavelmente, alguns começaram a fraquejar. Dois deles satisfizeram sua crescente fascinação pela morte se inclinando na amurada do bote e submergindo a cabeça, dizendo que queriam provar aquilo que por certo lhes traria a morte.

Os estágios da desidratação foram classificados um século

depois por W. J. McGee, um notável pesquisador amador da sede e diretor do Museu Público St. Louis. Sua descrição do processo de desidratação humana, que se tornou um clássico da matéria, mostra cinco fases distintas: clamorosa, boca de algodão, língua inchada, língua murcha e suor de sangue. Cada uma dessas fases equivale a uma perda de 5% do peso total da pessoa. Os Commerces estavam na fase clamorosa fazia bastante tempo: desconfortáveis, irritadiços, febris. A garganta ressecada falhava quando tentavam falar. A língua inchada, ferida, reduzia a conversa a frases concisas, e eles falavam arrastado ou omitiam palavras. A audição se tornara abafada, devido à perda de umidade do ouvido interno. No estágio da língua de algodão, a mente distorce cada vez mais a realidade e os desejos. As vítimas, de modo impulsivo, se desfazem das roupas e de suas posses, ou, o caso dos Commerces, ficam obcecadas pela idéia de como seria morrer no mar. É comum os acessos ou sonhos febris focalizarem a urgência de beber água, e os Commerces, ressequidos e impregnados de sal, exaltavam as luxuriantes margens do Connecticut e imploravam por uma xícara — ou um barril — da deliciosa água mineral dos cursos de água doce que desembocavam no rio. Em sua imaginação, Riley construía e reconstruía o balneário com que sonhara.

À tarde, Riley desistiu da esperança de um resgate no mar. Continuar significaria morte certa; eles seriam assados pelo sol no deplorável conjunto de tábuas que formavam o escaler — agora uma cela de prisão que confinava aqueles corpos a uma agonia quase insuportável. Poderiam lutar por mais alguns dias, mas não tinham comida nem água suficientes para manter as forças. Logo perderiam o controle sobre o próprio destino.

Riley teve uma idéia. Para motivar a tripulação, propôs que voltassem ao *Commerce*. O brigue, construído em 1811 na enseada de Keeney, Glastonbury, do outro lado de Wethersfield, era agora a única ligação dos marinheiros com Lower Valley. Se uma parte do espírito de um construtor de navios impregna seu barco, então o mestre carpinteiro Horace Fish era um espírito condigno; ele e sua equipe de Glastonbury, que os homens do *Commerce* conheciam, tinham produzido um excelente barco. Tirado de uso durante a guerra, ainda estava novo e firme e exalava o cheiro do carvalho e do pinheiro de Valley. Pela "vontade da Providência", Riley sugeriu, o naufrágio poderia ter sido descoberto por pessoas civilizadas, que os levariam de volta a seu país e a suas famílias. Por mais forçado que fosse, esse estratagema deu aos tripulantes uma nova esperança, e eles a agarraram. Riley notou que a invocação da família aliviou a agonia de seus companheiros e até a sua própria. Era como se acreditassem que estavam rumando direto para Valley, para ver suas mulheres e seus filhos.

O sentimentalismo não era bem o estilo de Riley. No passado, ele partira, pelo menos uma vez, para uma viagem longa, no dia de Natal. Nesta viagem, nunca pensou em adiar a partida do *Commerce* para esperar o nascimento do bebê de Phoebe, previsto para muito breve. Mas, certamente, ansiava pela volta para casa e pelo abraço de sua mulher de cabelos castanhos, com quem vivia fazia treze anos. A algazarra dos filhos era agora uma estranha e longínqua realidade, mas ele ainda não havia desistido de tornar a ouvi-la.

Com fiapos de voz, a tripulação votou, e todos concordaram com Riley. Deram a volta no barco e, guiando-se pela posição do sol, regressaram à costa. Embora mais tempestades se seguissem, a tripulação permaneceu confiante. "Nossas perspectivas eram diminutas", explicou Robbins; "as recordações da costa, horrendas, mas sentíamos uma espécie de satisfação desesperada em retornar a ela." Eles precisavam da determinação que essa esperança despertou, porque a fome os deixara fracos e desatentos. Durante quatro dias, jogaram água para fora do bote sem parar, tirando dois baldes por vez em turnos de cerca de trinta minutos (embora não tivessem como calcular o tempo com precisão). Os músculos dos braços, das costas e das mãos — em carne viva e cobertas de bolhas, por causa do atrito com a madeira e o sal — doíam com o esforço repetitivo. Entretanto, se eles perdiam as forças, o mar, não. A persistência das ondas fazia com que a tarefa se tornasse quase insuportável. Comeram a pele e a carne do porco, repartida com parcimônia em pedaços preciosos e rançosamente doces. Depois comeram os ossos. Continuaram a molhar os lábios empolados e ulcerados duas vezes por dia, com vinho, água e urina. As cabeças e os pescoços escaldantes irradiavam calor. A pele descamava em grandes placas, deixando feridas sangrentas.

Após velejar por mais de três dias em direção à costa, a tripulação voltou a ficar desesperada.[4] Riley dissera que veriam terra naquele dia, e eles ficaram atentos, vigiando. O passar de cada hora se tornava cada vez mais intolerável. Ao cair da noite, ainda não tinham visto nem uma sombra sequer no horizonte. Começaram a se queixar. Era evidente para todos, segundo Riley, que "não conseguiriam, de maneira alguma, manter o bote inteiro por mais outro dia". À noite, presumivelmente enquanto Riley, Williams e Savage dormitavam, alguns da tripulação — talvez convencidos de que aquela seria sua última noite no mundo, ou talvez por ódio ao capitão, cujas promessas naquele dia se mostraram falsas — roubaram uma das duas garrafas de vinho remanescentes e beberam.

Pela manhã, Riley deu por falta da garrafa e exigiu saber quem a pegara. Um por um os homens negaram. Ninguém confessou ter bebido o vinho, e todos denunciaram o roubo como "um crime imperdoável", cujos autores deveriam "ser jogados no mar imediatamente". Na discussão acalorada que se seguiu entre a tripulação, Riley percebeu de modo claro quem eram os culpados, embora nunca tenha divulgado seus nomes. Tentar identificá-los hoje, embora difícil, talvez valha o exercício. Por sua posição na tripulação, seria duvidoso que Barrett ou Hogan ousassem tal ofensa. Horace era demasiado jovem, e Deslisle, sendo o único homem negro, não se arriscaria a chamar atenção sobre si naquela hora. Savage, Porter e Robbins mantiveram a postura não negativa e estavam entre os mais prestativos nos primeiros estágios da crise, o que os tornava transgressores menos prováveis. Excluindo Riley, sobram o primeiro imediato Williams — cujo comportamento subseqüente o tornaria ainda mais suspeito —, Clark e Burns.

Embora a pena capital pudesse se justificar sob a lei marítima, Riley decidiu que o resultado de um golpe desses no moral dos homens seria demasiado severo. O vinho se fora. Não havia nada que se pudesse fazer em relação a isso. Além do mais, era muito provável que o dia de julgamento dos culpados estivesse próximo. "Não havia remédio", concluiu. "Apenas paciência, e vigilância mais rigorosa no futuro."

Talvez a quebra de disciplina fosse inevitável. O fato de Riley contemporizar por tanto tempo e ter deixado o caso passar sem exigir uma prestação de contas demonstra uma liderança perspicaz. Criado no mundo preto-e-branco do protestantismo da Nova Inglaterra, Riley era austero e moralista por natureza. Então, para ele foi difícil ignorar a ofensa. Devido a essa mesma formação, no entanto, era pragmático e igualitário. Liderava agora mais por consenso do que por direito divino. Em seu manuscrito, Riley disse que seu papel de liderança nessa etapa era mais de "conselheiro". Além disso, era humano; sua luta para sobreviver já custara a perda — intencional ou não — de um homem, e ele não queria perder nenhum outro. Talvez também tivesse compreendido melhor a que profundezas o desespero podia levar uma pessoa.

Logo após o confronto, os marinheiros avistaram terra, muito longe, mas, felizmente, a sotavento. Seus espíritos se animaram. "É difícil dizer por que ficaríamos contentes ao contemplar uma costa de onde tínhamos acabado de escapar por um triz", refletiu Robbins mais tarde. Observando o tremeluzente fantasma de terra no horizonte, Riley, em seu íntimo, estava aflito. A despeito da promessa anterior de voltar ao local do naufrágio, ele alimentava a esperança de que tivessem viajado em direção ao sul o suficiente para escapar do deserto. Para ele, a terra parecia plana demais. Imaginou que estivessem olhando para o Saara.

O bote se aproximou da terra durante o crepúsculo, com os raios de sol que se desvaneciam correndo sobre a água atrás deles e empurrando suas costas, como a mão do destino. Arremessados de repente para o sudeste, como uma canoa nas corredeiras, foram lembrados, do modo mais duro, da natureza da corrente. Ouviram então o tremendo rugido do influxo do mar ao quebrar contra a imensa parede do continente. A areia e os penhascos marrons ficaram claramente à vista, erguendo-se direto do mar, como julgou Robbins, em "majestosa e destrutiva grandeza".

Riley não gostou do que viu. Propôs que ficassem no mar por mais uma noite e procurassem um lugar para aportar mais ao sul pela manhã. A tripulação discordou. A paciência de seus homens estava no limite. Eles exigiram que ao menos fossem à margem. Ou iam à terra ou afundariam naquela noite. Vendo que os imediatos concordavam com os homens, Riley, relutante, assentiu.

Se tivessem continuado a velejar, sem dúvida encontrariam costa mais amena, ou, com muita sorte e mais sessenta milhas para o sul, talvez tivessem conseguido chegar ao território que estava sob acordo com a Grã-Bretanha, detentora de Saint-Louis, no estuário do rio Senegal. Naquela área, as tribos sabiam que havia uma recompensa por marinheiros naufragados, e era costume levá-los para Saint-Louis para receber o pagamento.

Sem equipamentos, os homens fizeram poucos preparativos para passar pela rebentação. Imprudente ou não, a decisão de Riley foi não se arriscar a perder a última garrafa de vinho para as ondas. Ordenou que ela fosse aberta. Sem que os autores do roubo da garrafa na noite anterior fossem excluídos, todos tomaram alguns goles do vinho.

Agora Riley rumava para a costa rochosa. "Durante algum tempo, não encontramos nenhuma abertura por onde passar", recordou Robbins. "À distância vimos alguma coisa parecida com um banco de areia. Rumamos para lá com toda a nossa pouca força." A parede vertical do continente corria em direção a eles como uma tempestade muito forte e opaca. Em um estonteante frenesi de ondas atroadoras, suas costas feridas se chocaram contra as tábuas dos assentos. De repente, o bote subiu, subiu e despencou. A onda deslizou debaixo deles no repuxo. O barco caiu com um estrondo. As tábuas, tão desgastadas, explodiram a seus pés. Areia.

PARTE II

Navios de areia

6. Purgatório

O destino dos marinheiros agora se manifestava em uma árida faixa de praia não muito mais larga do que o escaler destruído. Acima deles havia um penhasco. O pouco que havia sobrado com eles incluía algumas peças de roupa, nacos de carne de porco salgada, uma porção de garrafas contendo água ou urina e uma sacola com moedas de prata. A urina era mais valiosa para eles do que a prata.

Enquanto estavam no mar, a tripulação do *Commerce* já optara por beber urina em vez de água marinha. Riley relatou que, quando chegaram ao deserto, estavam bebendo sua própria urina compartilhada e "destilada" — tendo passado por seus corpos — doze vezes.[1] Disse que beber urina era "um alívio desditoso e repugnante".

Tanto relatos de fatos acontecidos quanto a ciência moderna indicam que beber urina pode ser benéfico em pequenas quantidades e por curtos períodos de tempo. Mas, em doses maiores, quando não diluída, as toxinas e os resíduos sobrecarregam os rins e causam a falência desses órgãos — um estado conhecido como uremia, que, no limite, pode afetar o cérebro e levar à morte.

De acordo com um jovem cirurgião suíço chamado Savigny, sobrevivente e cronista da viagem de balsa que se seguiu ao naufrágio da fragata francesa *Medusa* nos recifes Arguin, na Mauritânia, em 1816, a urina de alguns na balsa era "mais agradável que a de outros". Um dos passageiros não conseguiu beber urina de forma alguma. "Na verdade, não tinha um gosto desagradável", admitiu Savigny, "mas em alguns de nós ela se tornava espessa e extraordinariamente ácida." Ele observou que a característica mais peculiar desse método era que, após beber a urina, sentia-se imediata vontade de "urinar de novo".

Em 1877, uma companhia de cavalaria dos Estados Unidos, perdida no deserto, bebeu a própria urina adoçada com açúcar, o que, segundo seus integrantes, melhorava bastante o gosto. Mas uma experiência vivida por Eddie Rickenbacker, aviador norte-americano da Primeira Guerra Mundial, que, após um pouso de emergência, em 1942, ficou encalhado em uma balsa no Pacífico durante 23 dias, não foi bem-sucedida. Ele e seus companheiros coletaram urina em cascos de garrafa e a deixaram exposta ao ar e ao sol durante dias, esperando que isso pudesse purificá-la. "A idéia foi minha", confessou Rickenbacker, "e não foi nada boa." O cheiro se tornou absolutamente intolerável e o gosto não melhorou.

Um pequeno número de casos conhecidos parece desafiar a ciência. Em sua narrativa do naufrágio, em 1785, do navio *Ste. Catherine*, Pierre Raymond de Brisson relatou que o padeiro do navio sobreviveu durante dez dias consumindo nada mais que caracóis e a própria urina. Em 1905, W. J. McGee, que estava acampado no deserto perto de Yuma, no Arizona, estudando os efeitos da luz na vida do deserto, resgatou um mexicano que estava perdido no deserto havia oito dias e que sobrevivera durante cinco deles graças, unicamente, a um ardente desejo de esfaquear o sócio que o havia deixado lá — e a sua própria urina. Depois de examinar o "enrugado e esquelético" homem, cuja pele havia adquirido um "tom horrivelmente avermelhado, embora cinzento", e cujas gengivas, narinas e pálpebras haviam escurecido, McGee relatou os fatos do caso minuto a minuto e foi adiante, conduzindo sua própria pesquisa pioneira sobre a sede. Mas McGee duvidou das evidências em relação ao estágio da *uriposia*. Em geral, segundo ele, beber urina "não faz bem, e pode ser muito prejudicial", mas, no caso daquele homem, parecia ter sido a salvação.[2]

O mesmo valia para os Commerces, que então se encontravam presos em um lugar que metia medo. "Sobre nossa cabeça", escreveu Riley, "pendiam enormes volumes de rocha quebrada e estilhaçada." Se outras rochas daquelas caíssem, transformariam a nesga de praia em um túmulo inclinado. Riley examinou os atemorizantes penhascos acima, correndo da direção leste-nordeste para oeste-sudoeste o mais longe que conseguiam avistar, e imaginou que estavam em algum lugar próximo ao cabo Blanco. Na verdade, eles haviam saltado em terra noventa milhas ao norte, perto do cabo Barbas. Mas, sem mapas ou instrumentos de navegação, foi um palpite razoável.

O cabo Barbas é o ponto mais a sudoeste da baía de São Cipriano e tem a forma de um quarto crescente. Cerca de dez milhas a leste-nordeste da extremidade norte da baía fica o morro Falcon, uma montanha de topo achatado que se parece com um forte e se ergue cerca de 35 metros acima do nível do mar. O "rio" São Cipriano, na realidade um rio temporário — uma ravina seca em que a água só corre na rara eventualidade de chuva —, fica exatamente ao norte da montanha. Em ambos os extremos da baía, os penhascos são formados por camadas brancas no cimo, que vão se tornando cor de areia e acabam marrons na base. Entre eles há uma praia arenosa cercada de dunas de encostas íngremes e irregulares. O vento e a rebentação modelam tudo.

Riley não sabia com certeza o que havia acima do pequeno pedaço de praia em que estavam; sabia apenas que tinham de encontrar um caminho enquanto ainda lhes restavam forças. Disse aos homens para preparar um lugar para dormir. Ele e Savage saíram a explorar a margem na direção oeste, onde Riley esperava que os rochedos se inclinassem em direção à água no ponto em que se achava o promontório. Subiram pelas rochas molhadas e denteadas até chegar a um beco sem saída — nenhum caminho para cima ou em volta. Retornaram após escurecer e anunciaram que não haviam encontrado uma rota até o alto.

Os marinheiros molharam a boca com urina e comeram migalhas de carne de porco salgada. Rezaram juntos antes de ir dormir amontoados em um pedaço de areia parcialmente abrigado do vento pelas rochas.

Ao amanhecer de 8 de setembro, o vigésimo dia desde o naufrágio no Bojador, a maré montante ainda estava pela metade, e um dos homens encontrou mexilhões nas pedras.[3] Comeram alguns, mas o sal queimava tanto suas bocas feridas que tiveram de desistir. Os marinheiros começaram a se preparar para tomar a direção leste, ao longo dos afloramentos rochosos do cabo. De acordo com Robbins, ainda havia uma escassa esperança de avistar um navio no mar e, de alguma forma, chamar sua atenção. Sem saber com exatidão onde estavam, também acreditavam que seria possível voltar a pé para o brigue naufragado. Na verdade, estavam a mais de duzentas milhas dos restos do *Commerce*.

Os homens dividiram entre si o pouco de água que restava, cada um ficando com sua própria garrafa, e, assim, embora de maneira muito precária, com o controle de seu próprio destino. Com canivetes e fios de corda, cortaram e costuraram, transformando pedaços da vela do barco e camisas extras em pequenos sacos. Cada homem guardou sua ração de carne de porco salgada e sua garrafa de urina no saco e o jogou sobre o ombro. Eles não podiam se dar ao luxo de perder nem um pouco do fluido. Em um ciclo cada vez mais fechado, urinavam agora dentro das garrafas e bebiam direto delas.

Para reduzir o peso e o volume do que teriam de carregar, os homens se despojaram de tudo, inclusive roupas de reserva, à exceção dos casacos. Jogaram fora a parte da carne de porco salgada em pior estado. Convencido de que a prata havia excitado a cobiça e a crueldade dos saaráuis, Riley também pediu aos homens que deixassem para trás quaisquer moedas que tivessem guardado consigo. Era lógico que, se um saaráui encontrasse um deles com moedas, poderia pensar que a prata representava boa sorte, e acabaria matando ou abandonando para morrer o dono dela; se encontrasse apenas o homem, ficaria com seu novo escravo, que representaria boa sorte. Os norte-americanos enterraram o saco de dólares e jogaram fora as moedas restantes, tão perigosas quanto inúteis. Com relutância, também abandonaram a bandeira do navio; não podiam mais desfrutar o privilégio de carregá-la e cumprir o dever de proteger a bandeira de seu país.

Antes de partir, fizeram um pacto solene de ficar juntos e ajudar um ao outro. "Não foi só o perigo comum que nos tornou amigos", refletiu Robbins mais tarde. "Havíamos ficado ligados uns aos outros por sofrimentos anteriores e favores mútuos."

Porter e Robbins tomaram a frente. O terreno a leste era ainda menos promissor do que a oeste. A subida para o continente parecia ou vertical, ou, pior, cortada pelo vento e pela arrebentação e assomando cavernosamente sobre suas cabeças a uma altura estonteante. Porções do continente do tamanho de geleiras se haviam desprendido e despencado no mar, criando uma trilha de matacões, rochas, cascalho e areia. Eles seguiram através de túneis formados por sucessivas quedas e contornaram montes de pedras em desordem caótica e intransponível; atravessaram estreitas faixas temporárias de praia ou passaram a vau. Quando não havia escolha, escalavam montanhas de seixos, que algumas vezes se empilhavam a meio caminho do topo. De mão em mão, como se escala por uma corda, eles subiam em ressaltos escorregadios e precários, sabendo que um movimento errado poderia mandá-los rolando para a arrebentação abaixo.

Após chegar a cada cume, eles então desciam, procurando apoio para as pontas dos pés, até tornar a alcançar a beira da água. Onde não havia nem uma faixa para andar nem uma rocha que pudessem escalar, esperavam a arrebentação retroceder e, depois, vadeavam o mar com água na altura do peito ao longo do paredão até a próxima rocha ou elevação de seixos, que galgavam no intervalo das ondas, cada homem ajudando o seguinte.

"Cada obstáculo que ultrapassávamos parecia apenas descortinar para nós o obstáculo seguinte, mais perigoso ainda", Riley lembrou tempos depois. Dois pontos foram quase intransponíveis. O primeiro foi uma visão angustiante: uma crista de rochas depositou os homens em uma superfície a prumo de cerca de dezessete metros de altura. O paredão mergulhava em um mar profundo e espumante, cruzado por uma estreita beirada rochosa, cuja extensão Robbins estimou em cerca de 150 metros. Sobre a saliência e suspensos acima dela em inacreditáveis gargantas, pedaços de rocha, alguns tão grandes como balas de canhão, descansavam em uma pausa apenas temporária em sua jornada para o mar. Riley e a tripulação pararam para avaliar o cenário. Seus sapatos estavam rasgados, os pés cortados e sangrando. O sol batia agora sobre seus corpos superaquecidos. A única coisa pior do que seguir adiante — e se arriscar a cair no mar — era não seguir adiante, apenas para morrer nas rochas de queimaduras de sol. Abaixo deles estava a morte no mar; não tinham escolha a não ser cruzar a superfície.

Virando o saco de provisões para que ficasse pendurado no peito e enfiando as coisas nos bolsos da frente, eles se puseram de costas contra o rochedo e começaram a se movimentar ao longo da beirada. Robbins, que ainda estava na dianteira com Porter, disse que ela "não era muito mais larga do que um degrau de pedra". Riley calculou a largura em cerca de vinte centímetros. Em alguns lugares, tinham de se mover devagar, apoiados apenas nos calcanhares, com os dedos soltos sobre o precipício. A parte de trás da cabeça sentia cada pequena projeção do rochedo. Abaixo deles, um horizonte de mar e uma faixa branca de espuma; as ondas quebravam e desapareciam. Mas era do calor que Riley iria se recordar mais. Em estranho contraste com o movimento, a espuma e os respingos do mar, o ar estava absolutamente parado, como se tivesse sido suprimido. "Nem um sopro", escreveu Riley, "para refrescar nosso sangue quase em ebulição."

A uma certa altura da estreita saliência, Robbins e Porter encontraram um recesso na parede. A tripulação entrou em um espaço grande o suficiente para que ali todos pudessem descansar. Uma depressão na rocha, do formato de uma chaleira, continha um tanque de água morna. Embora salobra demais para beber, os homens acharam muito refrescante molhar a cabeça com aquela água.

Quando rastejavam para fora da fenda, Riley cometeu um erro terrível. A passagem estava escorregadia, e os homens foram forçados a roçar contra o penhasco. Ao seguir adiante, Riley sentiu um líquido molhar um lado de seu corpo. Soube sem olhar que havia quebrado a garrafa de urina.

Riley já exibia sintomas do quarto e penúltimo estágio da desidratação, em que a saliva seca por completo, o pulso fica mais lento e respirar passa a ser trabalhoso. À medida que as membranas mucosas secam, lábios e gengivas ficam esticados e a língua "se torna endurecida e insensível". Pálpebras e narinas se retraem. Privados de umidade, os olhos e o nariz ardem com a areia. Riley ainda não estava sofrendo todos os sintomas desse estágio.

Não tinha dores de cabeça latejantes nem alucinações. Embora sua língua estivesse tão "inútil quanto um pau seco", ele conseguia falar e se fazer entender. Mas não havia dúvida: sem sua "água", estaria em sérios apuros.

No fim da tarde, vadearam outra rocha íngreme como um precipício. A visão de gafanhotos mortos em algumas pedras trouxe a esperança de que, se conseguissem chegar ao topo, encontrariam vegetação para comer.[4] Na realidade, a superfície acima era tão estéril que os saaráuis consideravam a chegada de uma nuvem de gafanhotos — uma das pragas bíblicas — um presente de Alá: eles pegavam os insetos para comer. Mas, mesmo que os marinheiros estivessem inclinados a fazer o mesmo, não teriam conseguido: os insetos "viravam pó ao menor toque", Riley observou.

Ao cair da noite, haviam caminhado apenas cerca de 6,5 quilômetros e ainda não tinham avistado uma passagem na costa alcantilada. "Nunca um homem teve um dia de viagem tão difícil", escreveu Robbins, embora o dia seguinte rivalizasse com esse, criando um obstáculo que os faria parar.

Com grande alívio, segundo Riley, encontraram um trecho de praia para passar a noite. Em um abrigo nos penhascos, a mais de trinta metros acima da arrebentação, umedeceram a boca com gordura de porco salgada e comeram pequenos pedaços dela. Todos, menos Riley, engoliram a carne com algumas gotas de suas garrafas. Com o fim se aproximando para todos, não tinha o direito de pedir a qualquer um para repartir a água, nem esperava que lhe oferecessem. Mesmo assim, dois dos homens lhe passaram sua garrafa. Rileu, agradecido, molhou a boca.

Rezaram juntos, deitaram-se com suas roupas molhadas e dormiram. Enquanto o ar marinho frio e úmido os envolvia, Riley pensava no sofrimento de Horace. Ele assegurara à mãe do garoto que tomaria conta dele e, agora, jurava adotá-lo se conseguissem voltar para casa, para "vê-lo amadurecer" e compartilhar qualquer riqueza com que ele e sua família pudessem ser aquinhoados. A mente de Riley vagou até seus próprios filhos, para quem Horace seria um bom irmão. Antes de adormecer, Riley envolveu o jovem com os braços em um gesto protetor.

Em 9 de setembro, os marinheiros acordaram rígidos e entorpecidos, tremendo de frio nas roupas molhadas, que não haviam secado por causa do ar úmido do mar. Não tinham como fazer fogo e contavam apenas com porco salgado para comer, mas a segunda noite de sono em terra os ajudara a se recobrarem da falta de descanso no mar. As feridas nos pés haviam melhorado o bastante para que voltassem a andar. Continuar ao longo da costa ao menos estimularia o sangue a circular.

Não chegaram a andar muito e vislumbraram à distância uma praia grande embaixo de um penhasco inclinado. Em linha reta não ficava longe, mas eles teriam de se colar aos contornos da costa, e ali era muito difícil, pois o topo do penhasco havia desabado no mar. Quando recomeçaram a caminhar, Riley observou a praia, procurando um ponto perto dos penhascos onde pudessem cavar um poço, recordando um que cavara com sucesso em uma ilha das Bahamas. O poço dera água potável que ele erradamente pensara ser água do mar filtrada pela areia.

As rochas pontiagudas reabriram as feridas nos pés dos marinheiros, e eles avançavam devagar. Logo encontraram um promontório maciço, escavado pelo mar e que se avultava ao longo de oitocentos metros de estrondeante arrebentação sobre blocos rochosos que haviam caído do alto. Para chegar à praia, teriam, de alguma maneira, de cruzar a fenda sem ser arrastados pela turbulência sob o rochedo. Era uma visão desanimadora. Riley avaliou a situação: "Avançar pelo único caminho que parecia possível poderia representar morte imediata; ficar onde estávamos significaria morte lenta; e voltar seria ainda pior".

Os marinheiros buscavam desesperados uma solução. Então, um deles localizou uma pedra grande, situada mais ou menos na metade da fenda, uma rocha que só aparecia por um breve momento, quando a rebentação refluía. Mas, de qualquer modo, uma possibilidade.

Eram cerca de nove da manhã, e Riley imaginou que fosse o ponto mais baixo da maré vazante. Disse aos homens que tentaria chegar à rocha. Uma onda quebrou. O mar tomou um fôlego gigantesco, e Riley mergulhou na água. Alcançou a rocha escorregadia e se agarrou à superfície cheia de reentrâncias. A onda seguinte o encobriu e espumou nos dentes da caverna, mas o capitão se agüentou. Assim que pôde, Riley se levantou e mergulhou do outro lado. Atingiu uma barragem de pedras afastada justamente quando a onda seguinte o pegou. Ele se prendeu com todas as forças à superfície enrugada e íngreme. Quando a onda retrocedeu, ele levantou e sacudiu a cabeça, exausto, mas a salvo.

O resto da tripulação o seguiu. Riley achava que a maré já havia chegado a seu ponto máximo de recuo, mas ela continuou a baixar durante mais meia hora, tornando as novas ondas cada vez menos fortes. Quando os homens chegavam ao outro lado, ajudavam a içar os ensopados e exaustos companheiros.

Uma vez recuperados, passaram a explorar a praia. O paredão continental parecia mais irregular ali, e a encosta, menos abrupta, mas primeiro iriam procurar água. Com as mãos nuas, cavaram um poço; no final, enchiam os chapéus de areia e a jogavam para cima. Encontraram água, mas era salgada. Voltaram para junto do penhasco e obtiveram o mesmo resultado. Esse processo desanimador se repetiu em vários pontos, até que, próximo ao rochedo, cavaram e encontraram rocha sólida.

Riley escolheu outro local e pôs os homens a cavar, mas não tinha mais esperança de encontrar água. "Vou ver se consigo subir a encosta", disse. Prometeu voltar logo com novidades.

Procurando no penhasco, Riley descobriu uma passagem. Embora fosse um longo trecho de subida, a parede se inclinava o suficiente para lhe dar alguma esperança. Riley usou toda a sua força e se arrastou para cima. Embora tivesse avistado a linha achatada do horizonte quando estava no barco e temesse que estivessem rumando de volta para o deserto, não estava preparado para o que viu no alto. Antes, tivera tempo apenas para se preocupar em como levar o bote para a margem. Agora, olhava fixo "uma planície estéril que se estendia para todos os lados tão longe quanto a vista alcançava, sem uma árvore, um arbusto ou talo de grama que pudesse trazer o mais leve alívio para uma natureza que expirava". O cenário vazio abalou a alma de Riley: era a terra antes do Éden; eram ossos sem carne; era a natureza que enlouquecera e se devorara. Ele caiu ao solo, pesaroso e prostrado.

Depois de algum tempo — ele não sabe quanto —, Riley tornou a se levantar, confuso e quase delirante. Juntou as mãos, colheu sua urina e aliviou a garganta abrasada. Sentiu um impulso de se jogar ao mar para morrer, mas o impulso desapareceu quando o rosto de seus homens, de sua mulher e filhos lampejou em sua mente. Lembrou o que já havia passado e tentou encontrar forças naquilo. Vagou na direção leste ao longo do recife, uma faixa estreita de rochas entre as ondas que se precipitavam e a areia. Apareceu um caminho de descida para o mar, e ele o seguiu. Embaixo, entre duas rochas, encontrou uma piscina natural de águas claras. Despiu as roupas salgadas e se banhou durante meia hora na água aquecida pelo sol, esfregando a pele suja. Mas o fantasma do deserto que havia penetrado em seu espírito não podia ser lavado.

Quando voltou para seus homens, Riley se sentou na areia. "É preciso andar por mais três quilômetros pela praia antes de encontrar um paredão", lhes disse. "No caminho, vocês encontrarão uma piscina para se banhar e uma rota mais fácil do que esta para o topo." Mudou logo de assunto para evitar falar sobre o que havia acima: "Vocês encontraram água doce onde estavam cavando?", perguntou. Mas já sabia a resposta.

A tripulação juntou garrafas e sacos e seguiu pela praia, chegando por volta do meio-dia ao caminho pelo qual Riley tencionava subir. Ele então avisou os homens sobre a desolação no topo. Cansados, com calor e desanimados, decidiram descansar em um trecho da areia à sombra de uma saliência. A maré estava baixa, e o ar era tão parado e úmido que sentiam dificuldade para respirar. Mergulharam em um sono letárgico durante duas horas.

Robbins abriu os olhos se sentindo profundamente abatido. "Eu me habituara tanto à penúria que ela me adotara como filho", meditou mais tarde, "e não estava disposto a me furtar a seu abraço." Robbins percebeu que estavam sem alternativa e que essa era a crença geral entre o resto dos homens. Mesmo assim, rastejaram escarpa acima, subindo com a ajuda de qualquer coisa a que conseguiam se agarrar. Robbins descreveu a escalada: "Após nos arrastarmos para o cadafalso, o próximo passo seria nos tornarmos nosso próprio carrasco".

Quando chegaram ao topo, fixaram os olhos, de queixo caído, na paisagem morta que Riley descrevera. O fantasma também deslizou para dentro deles, tenaz como a náusea. Assim como o capitão, eles sentiram pânico, desorientação e um pesar visceral, incontrolável. Alguns caíram na terra dura, chorando pela perda da esperança, por suas famílias, pela indignidade da morte tão longe de casa. Sempre souberam que uma coisa dessas podia acontecer. Agora se perguntavam por que não haviam se preparado melhor. Colhiam as lágrimas com os dedos e as levavam à língua, que parecia couro. "Acabou-se", murmurou um homem, pesaroso. "Aqui daremos nosso último suspiro." Outro grunhiu: "Não temos esperança de achar água ou provisões, ou seres humanos, ou bestas selvagens. Nada sobrevive aqui".

O que eles olhavam, em 1815, nunca havia sido explorado cientificamente e era quase assustador demais para ser imaginado. Estavam diante da margem ocidental do maior deserto do mundo. Ocupando um terço da África, se estende por mais de 4800 quilômetros a leste até o mar Vermelho, e mais de 1900 quilômetros até o Sahel — a orla da savana ao sul — e até os montes Atlas ao norte, que capturam quase toda a umidade que viaja para baixo com os ventos de nordeste. Os níveis de umidade relativa, raramente acima de abrasadores 30%, costumam ser de letais 5% — secura suficiente para matar bactérias e mumificar cadáveres. Na costa, o calor do Saara se choca com as águas frias do Atlântico, criando muitas vezes pesadas nuvens de neblina que escondem as margens, e, em muitos dias, o *irifi* — um vento forte, seco, que amortalha a região em um melancólico véu ocre de poeira.

Nem sempre foi assim. De 5500 a 2500 a.C., o Saara era relativamente fértil, úmido e convidativo. Até a época dos romanos, antílopes, elefantes, rinocerontes e girafas vagavam por uma savana densamente salpicada de acácias, enquanto crocodilos e hipopótamos chafurdavam em rios opulentos. Avestruzes, antílopes e gazelas ainda persistiam por volta de 1815, mas, naquela época, o clima do Saara já era considerado o mais rigoroso da Terra. Sua temperatura podia subir a mais de 49 graus à sombra, e a temperatura do solo se elevava mais dez graus ao sol; à noite, o termômetro pode despencar até os 30 graus negativos. Essas condições, combinadas com as freqüentes tempestades de vento e menos de doze centímetros de chuva por ano, em média, tornaram impossível a vida sustentada em muitas partes. Com flora e fauna desaparecendo ou se adaptando, a própria terra se deteriorou. Apenas cerca de um décimo do Saara é coberto por dunas de areia estéreis, ou *erg*, e quase tão formidáveis são suas palmilhadas planícies de rochas cobertas de matacões, pedras e poeira erodidos pelo vento — as elevações mais baixas são conhecidas como *reg*, e as mais altas, como *hammada*.

Para os marinheiros — para o mundo exterior —, tudo aquilo era uma vastidão desconhecida. Os mapas da época mostram o Saara, então muitas vezes grafado "Zahara" ou "Zahahrah", mas mais conhecido como o Grande Deserto, apenas como um imenso espaço vazio com uns poucos nomes de tribos rabiscados em cima. Os marinheiros do *Commerce* haviam chegado a terra no que iria se tornar em 1884 o protetorado espanhol Río de Oro. Em 1958, os espanhóis juntariam esse distrito com o de Saguia el-Hamra,* ao norte, para formar o Saara espanhol; este, por sua vez, viria a se tornar a disputada região do Saara Ocidental depois que os espanhóis foram expulsos, em 1976.

Em 1789, Brisson, do *Ste. Catherine*, descreveu o Saara Ocidental com palavras duras (pp. 381-2):

> Estas regiões não propiciam variedade, sendo o país inteiramente plano e não produzindo planta de espécie alguma. O horizonte lá é sombreado por um vapor vermelho. Parece que vulcões estão em erupção por todos os lados [...] Nem pássaro nem inseto são vistos no ar; prevalece um profundo silêncio, que tem qualquer coisa de horrível. Se, de vez em quando, uma pequena brisa se ergue, o viajante sente imediatamente uma grande prostração; seus lábios racham, a pele é crestada, e pequenas pústulas, que causam uma dor lancinante, cobrem seu corpo.

De acordo com Robbins, quando os marinheiros chegaram à *hammada*, suas mentes pregavam peças neles. Forçando os olhos profissionais, acostumados a perscrutar a distância, a fixar o horizonte, buscando uma trégua do vazio, pensavam ter visto um

* Conhecido hoje como As Saquia al Hamra. (N. T.)

lago ao sul. Discutiam brevemente se deviam ir ou não até ele antes de perceber que não era nada, apenas "o impacto dos raios de sol sobre a areia seca". Alguns dos homens queriam parar. Riley, Williams e Savage os instavam para que se levantassem, mas a exortação dos oficiais caía no vazio. Quando perguntaram a Hogan, marinheiro de segunda classe, de Massachusetts, o que achava que deviam fazer, ele respondeu: "Não sei... mas o que adianta ficar deitado aqui para morrer, se podemos nos levantar e caminhar?". O impressionante não foi tanto o que ele disse, mas como o disse, "com absoluta apatia", recordou Robbins.

Paradoxalmente, a total falta de entusiasmo de Hogan motivou os homens. Nenhuma falsa esperança iria acicatá-los agora, apenas a idéia confortadora de que andariam apenas porque não lhes restava outra coisa a fazer. Levantaram e caminharam, penosamente, sobre a terra duríssima — sedimento marítimo datado de 60 milhões de anos e que só havia gerado dunas em seus últimos 2 milhões de anos. Algumas dunas vivas, granulares e amarelas, instáveis; outras mortas, em ondulações duras e marrons de cinco metros de altura, cobertas de travertino e esculpidas pelo vento. Os marinheiros ficaram na costa que lhes era familiar, onde o deserto acabava de modo abrupto; sua superfície fraturada havia sido atirada ao mar embaixo — a dissolução da terra morta.

Embora parecesse destituído de vida, o deserto em volta era o lar de mais criaturas do que eles algum dia poderiam ter imaginado. Os grandes mamíferos já haviam fugido para o sul fazia tempo, mas hienas, chacais, gatos selvagens, répteis e escorpiões tinham se adaptado, muitas vezes com requintada eficiência. O guepardo do Saara percorre até oitenta quilômetros, necessitando apenas do sangue e da urina de sua presa para aplacar a sede. A víbora-cornuda, a serpente mais temida do Saara, caça com o corpo enterrado na areia fria e a cabeça cuneiforme pousada sobre a superfície como uma pedra. Quando faminto, o feroz lagarto-monitor cinza chega a atacar um camelo, e o animal de pouco mais de trinta centímetros às vezes ganha a luta.

O Saara deu aos marinheiros alguns obscuros sinais de hospitalidade. A princípio eles os ignoraram: carapaças quebradiças de gafanhotos mortos, e talos baixos e secos que pareciam cenoura branca selvagem. Mas logo a visão deles se adaptou. Perto do pôr-do-sol, notaram pequenos buracos sobre a superfície dura, de acordo com Robbins, e acharam que tivessem sido cavados por um animal para chegar à raiz de uma planta franzina.

Eles acharam mais dessas plantas e com pedras pontudas cavaram a areia dura.[5] O esforço resultou em pedaços de raiz do tamanho de um dedo cujo gosto era semelhante ao do aipo, mas as plantas eram demasiado escassas e secas, e o difícil trabalho de escavá-las não lhes trouxe muita esperança.

Robbins mais tarde recordou ter visto "grandes pilhas de conchas de mexilhões e indícios de um fogo onde provavelmente foram assados pelos nativos". Eles pensaram ter visto pegadas humanas. Estafados por fome, exaustão e sede, os homens sentiam cada vez mais dificuldade em se concentrar e analisar.

Em seguida avistaram uma brecha nos penhascos e uma descida gradual para um pedaço de praia. Era mais do mesmo, mas diferente, sedutor, agora que trilhavam uma superfície que parecia uma cama de pregos, que feria e espetava os pés. Isso lhes deu uma razão para continuar e, enquanto a noite caía, seguiram adiante. Eles estavam condenados a buscar esperança e incentivo na areia, inspiração suficiente para levá-los por mais cinco quilômetros, a um lugar onde ao menos poderiam deitar em relativo conforto e morrer.

À medida que caminhavam e o vento noturno os refrescava, o deserto ficou negro. Na escuridão, James Clark — cujos olhos aguçados tinham servido Ketchum antes de Riley — foi o primeiro a ver. Com um grasnido rouco, avisou aos outros: "Acho que estou vendo uma luz!".

7. Capturados

Os homens chegaram à conclusão de que a luz fraca que viam tremular ao longe era de uma fogueira de acampamento. Uma onda de alegria e medo os trouxe de volta à vida. Ao menos havia a possibilidade de aliviar a sede e a fome que queimavam suas entranhas como uma febre. O medo, disse Robbins, era de que o remédio pudesse ser pior — como se isso fosse possível — do que a doença. Apesar de miseráveis, ainda eram livres, e era sabido que os cativos não costumavam ser bem alimentados entre os saaráuis da costa. Mercadores de caravana que vinham do norte eram roubados e assassinados. Espanhóis cujos barcos de pesca ficavam baseados nas Canárias e por vezes encalhavam ali eram habitualmente assassinados, e outros ocidentais eram submetidos a uma brutal escravidão. O bando de saaráuis que capturara Pierre de Brisson se divertira olhando corvos famintos bicarem um de seus companheiros de barco, que estava inconsciente, mas ainda vivo. Mais tarde, Brisson encontraria o cadáver emaciado de seu escravizado capitão, os dentes cravados na mão: seu amo havia parado de alimentá-lo quando o cativo ficara doente demais para trabalhar.

Embora Riley sentisse as esperanças reavivar-se à vista da fogueira, manteve a cautela. Recomendou que descansassem ali naquela noite para não surpreender os homens acampados em volta do fogo e levá-los a uma reação de frenesi assassino. A tripulação concordou.

Na senda aberta nos penhascos, eles pouco a pouco tomaram o caminho de descida em meio a uma confusão de rochas partidas e tombadas até a areia que haviam avistado, bem acima do mar, sobre uma encosta difícil de transpor. A terra dura que cruzaram esfriou assim que o sol se pôs, mas a areia reteve o calor. De acordo com Riley, ainda estava quente o bastante para "fritar ovos", mas eles se encontravam exaustos demais para ir adiante. Os Commerces escavaram até a areia fria abaixo da superfície, fazendo covas rasas para seus corpos e jogando a areia quente para baixo da encosta. Dividiram um pouco da urina que ainda tinham, rezaram e depois, sem dizer uma palavra, caíram no sono. Todos, exceto Riley, cuja mente estava em um turbilhão. Apesar do cansaço, ficou acordado, pensando no futuro deles e sofrendo de sede. Ele levava muito a sério a responsabilidade em relação a seus homens, em especial os mais jovens: Savage e Robbins — cujas famílias tinham laços tão estreitos com sua própria família —, e Horace, cujo pai morto tinha sido grande amigo seu e cuja mãe iria agora, ao que tudo indicava, perder um filho. No dia seguinte, os saaráuis acabariam por matá-los ou escravizá-los. O melhor que poderiam esperar era serem resgatados. Era quase impossível para Riley suportar tais pensamentos.

Estava desesperado por dar um fim a sua sede, ainda que fosse pela morte. O remorso desaparecia na agonia da sede. Pensava pouco em sua vida, nos filhos, não mais se despedia em silêncio de sua mulher. Confessou depois, com a franqueza de um homem compulsivo pela verdade, que todos os pensamentos sobre a família haviam sido "quase inteiramente expulsos de minha mente"; ele venderia a vida, admitiu, por um "gole de água fresca".

Embora rezasse para dormir pelo menos por uma hora, o sono não vinha. Pensamentos amargos o atormentavam. Invejou o bem-sucedido estupor de seus homens. Por fim, em desespero, sucumbiu. Em vez de trocar a vida por um arroio de água fresca, negociou a honra por algumas gotas de urina velha. "Roubei um sorvo da água do cozinheiro, que ele havia urinado e guardado em uma garrafa", Riley confessou tempos depois. A substância salgada apenas aumentara a sede atroz.[1]

Ao raiar do dia 10 de setembro, Riley despertou os homens. Eles careciam totalmente de provisões: não tinham nada que pudesse ser chamado de comida ou bebida — alguns possuíam urina engarrafada e pequenas tiras de carne de porco salgada —; sem abrigo, sem roupas, sem armas, estavam em um meio hostil, que, a seus olhos, parecia desprovido de recursos. A equação agora era simples, e o resultado final, claro. Era necessária uma força externa para que se salvassem, e eles só conheciam uma força assim.

Para preparar os homens, Riley deu informações práticas. "Se estiver ao alcance de vocês, devem escrever para o senhor James Simpson, o cônsul-geral norte-americano em Tânger, e contar o que aconteceu a nosso barco e à tripulação. Ou escrever para qualquer mercador cristão em Mogador, Gibraltar, ou qualquer outro lugar", ele disse. "Enderecem ao cônsul em Argel, Túnis ou Trípoli, se ouvirem algum desses lugares ser mencionado."

Riley prosseguiu:

> Lembrem-se, a Providência tem trabalhado a nosso favor. Submetam-se a seu destino como homens, e, se formos feitos escravos, sejam obedientes a seu amo, como requer o costume. Devemos

nos submeter para salvar nossa vida. Resistência e teimosia nos tornarão apenas mais miseráveis, e provavelmente levarão os nativos a se sentirem insultados e a nos matar.

Quando se aprontavam para se dirigir ao acampamento que viram na noite anterior, os homens inclinaram a cabeça, e Aaron Savage os conduziu em uma prece: "Pai Nosso, que estais no céu, vos imploramos que nos protejais e deis alento em qualquer situação em que nos encontremos, em quaisquer circunstâncias em que sejamos chamados a agir, e em quaisquer sofrimentos que tenhamos de suportar".

"Amém", disseram todos.

Os homens desceram para uma praia e caminharam para o nordeste, na direção do acampamento. Depois de mais ou menos três quilômetros, chegaram a uma duna maciça. Quando a escalaram, viram um vale, que se separava do mar por uma faixa de areia e do deserto, pelos penhascos da costa. A pouco mais de oitocentos metros de distância, camelos e saaráuis se aglomeravam em torno de um poço.

Os marinheiros se encolheram à visão daquelas estranhas pessoas e de seus animais desajeitados. Uma coisa era perseguir a fagulha distante da luz de um fogo de acampamento, que, ao fim de um dia desesperado, poderia parecer um bom presságio. Outra coisa era implorar clemência a homens que viam como selvagens. A opinião da tripulação mudara. Alguns queriam esperar e observar. "Eles poderiam nos ajudar", outros argumentavam. "Pode ser uma caravana indo para o norte." Riley estava convencido de que não tinham escolha. Então avançaram.

Um árabe, vestido com um *haik* que lhe ia até os pés, e duas mulheres com um manto longo, de tecido macio, que, com algumas crianças, caminhavam na direção deles, foram os primeiros a vê-los. Assim que entendeu o que estava vendo, o homem empunhou sua cimitarra e avançou na direção deles com as mulheres e as crianças em seus calcanhares. Os que estavam em volta do poço logo compreenderam que o destino os havia colocado em desvantagem e partiram na direção dos marinheiros com o ardor de homens que se sentem trapaceados.

Riley tomou a frente com os imediatos Williams e Savage. Eles se inclinaram até o chão e lentamente se levantaram. Riley continuou a indicar submissão, mas logo ficou claro que essa não era a questão. O problema era a posse.

O homem — que depois souberam que se chamava Mohammed — correu furioso na direção de Riley, com a cimitarra levantada acima da cabeça. Riley pensou que o homem estava pronto a cortá-lo em dois. Esperou, sabendo que qualquer sinal de resistência precipitaria isso. Inclinou-se novamente. O homem deixou cair a arma e começou a arrancar as roupas de Riley.

Frenéticas, as duas mulheres fizeram o mesmo com Williams e Savage. Depois, junto com as crianças, e sem mostrar medo, assaltaram o resto da tripulação, arrancando-lhe as roupas. Apenas Robbins e alguns outros conseguiram ficar com as calças. Mohammed então avançou sobre os marinheiros, brandindo a cimitarra contra o peito deles e movimentando de um lado para outro a lâmina curva acima da cabeça dos tripulantes, até que estes se acocoraram juntos perante ele. Agarrando Dick Deslisle, o árabe voltou para o lado dos oficiais antes que a horda atacante chegasse a eles. O árabe arrancou seu próprio *haik*, ficando nu, e nele jogou todas as roupas que estavam no chão. Pôs a trouxa sobre os ombros de Deslisle, indicando a Riley que ele e Deslisle agora lhe pertenciam e que se ficassem sem a trouxa ele os mataria.

Lanças, cimitarras, porretes e mosquetes brilharam em uma tempestade vertiginosa de poeira e confusão quando homens tribais, vestidos com peles de animais ou esvoaçantes *haiks* brancos e turbantes, caíram sobre os marinheiros. Alguns estavam a pé, outros alojados em alturas absurdas sobre seus camelos babões. Quando os animais subitamente fizeram alto, os homens pularam e atacaram.

O homem nu e as duas mulheres deram vazão à própria fúria, gritando com ódio atávico, agachando-se e, desafiadoramente, atirando punhados de areia no ar para manter afastados os atacantes.

"Todos pareciam ansiosos para ser os primeiros na pilhagem" — observou com tranqüilidade Robbins, compreendendo tempos depois o que havia acontecido — "quando, oh Deus!, não havia nada para pilhar, exceto nossos corpos miseráveis!" Riley ainda estava à frente, com Williams e Savage, quando os recém-chegados os rodearam e, desrespeitando a preferência de Mohammed, começaram a lutar pela posse deles. Meia dúzia de homens aos gritos disputava Riley, o agarrando e puxando em direções diferentes. O mesmo acontecia com Deslisle.

Como um ciclone em uma tempestade, Mohammed saltava de um lado para outro, afastando os agressores com ameaças e golpes de cimitarra. Berrou que dividissem o resto dos marinheiros como lhes agradasse, mas que ficassem longe daqueles dois. Alguns concordaram, fazendo gestos enfáticos de cabeça, e foram pegar outros homens, mas o número de marinheiros era pequeno demais para satisfazer a todos. Continuaram a lutar por Riley, as armas brilhando a centímetros do corpo do marinheiro e de sua cabeça, até que o zunido do choque entre os metais pareceu a Riley mais alto do que os gritos. Ele era o indefeso pivô de uma intensa batalha, na qual os observava "cortar os braços uns dos outros aparentemente até o osso, e depois deixar as costelas nuas com ferimentos profundos, enquanto cabeças, mãos e coxas recebiam inúmeros talhos e feridas". O sangue empapava as roupas brancas. Era um cenário de pandemônio, e, diante de tudo aquilo, os horrorizados norte-americanos não podiam fazer nada além de rezar para que uma lâmina não os jogasse por terra.

Ao longo de uma hora, facções de árabes se apossaram de vários marinheiros, separando-os do grupo e voltando para o poço, até que a confusão se fragmentou em várias disputas isoladas. Por volta das oito horas, a questão foi acertada, ao menos por ora, e todos se reagruparam em torno do poço. Alguns nômades estavam exultantes com seus troféus. Outros cuidavam dos ferimentos, se remoíam e conspiravam. Outros ainda voltavam com troféus menores, tendo pilhado a trouxa de roupas confiada a Deslisle e quaisquer outros objetos que tivessem arrancado de seus donos durante a confusão. O cozinheiro só logrou conservar o *haik* de seu amo, um artigo que ninguém ousou agarrar.

Apressando Riley e Deslisle em direção ao poço, as irmãs de Mohammed — mulheres vigorosas que usavam túnicas abertas dos lados e véus azuis — batiam neles com varas. Enquanto iam adiante, tropeçando, Riley apontou para sua boca, que sangrava, queimada pelo sal do mar e esbranquiçada pela desidratação. Ele não se importava com nada mais, exceto aplacar a sede.

Um por um, os marinheiros ingressaram no desnorteante cenário em torno do poço. No meio da poeira que revoluteava e do fedor dos animais, os árabes bebiam água, enchiam gamelas feitas de pele de camelo e levavam as bestas de uma só corcova para a frente e para trás com gritos guturais e duras pancadas de vara em seus pescoços e ancas. Os camelos, rangendo os dentes manchados e rosnando uns para os outros e para seus amos, se empurravam para conseguir espaço em volta dos cochos, que comportavam 76 litros de água cada um e acomodavam meia dúzia de animais de uma só vez. Quando um camelo conseguia espaço em torno do cocho, seu longo pescoço se esticava para baixo; sua cabeça pontuda se imobilizava como em um momento

Captura de Riley e de dez homens de sua tripulação por uma tribo de árabes nômades, próximo ao cabo Barbas
(*de* An Authentic Narrative of the Loss of the American Brig *Commerce, 1817*)

de êxtase; as amplas mandíbulas trabalhavam ritmicamente, emitindo, ao tragar, sons obscenos.

Exaustos, famintos, cheios de adrenalina, amedrontados, mas não mais moribundos, os marinheiros caminhavam de um lado para outro nervosamente como se fossem eles próprios animais encurralados. Após quase duas semanas de exposição aos elementos da natureza, dia e noite, eles estavam barbudos, macilentos e nus. Crianças cor de bronze, também nuas, riam e escarneciam deles. Mulheres de seios à mostra e homens semivestidos gritavam com eles, chamando-os da coisa mais baixa em que podiam pensar: *Kelb es-sahrawi*, "cães do deserto", ou *kelb en-Nasrani*, "cães cristãos".

Robbins, então, não conseguiu mais suportar a sede. Abriu caminho com os ombros entre dois camelos e mergulhou a cabeça em um cocho. Isso espantou os animais maciços, de três metros de altura, que começaram a se mexer e bufar, atraindo a atenção dos saaráuis, que afastaram Robbins do cocho com xingamentos e varadas. Impressionados com o tamanho, a força e a iniciativa de Robbins, os homens tornaram a brigar por ele, três ou quatro puxando-o em direções diferentes, como haviam feito antes.

Uma mulher levou uma gamela grande de madeira cheia de um líquido escuro e fétido, que Riley comparou com "água podre de fundo de porão de navio". Quando ela pôs a gamela no chão, na frente de Riley e Deslisle, as irmãs de Mohammed obrigaram os dois a se ajoelharem. Riley advertira seus homens de que, se chegassem a um poço, deviam tomar cuidado para não beber demais. A despeito de seu próprio aviso sobre a impureza da água, ele e Deslisle beberam como animais, sorvendo quase dois litros cada um sem levantar a cabeça.[2]

Trouxeram mais água, e as mulheres juntaram a ela um tanto de leite azedo vindo de um recipiente feito de pele de cabra. Riley declarou que a mistura, que os árabes chamavam de *zrig*, era "deliciosa", e ele e seus companheiros encheram o estômago. Quase de imediato, a diarréia roncou em seus intestinos e foi expelida pernas abaixo. No imundo círculo em volta do poço, a sujeira deles não fazia diferença. O mau cheiro dos animais, somado ao fedor de estrume e urina de camelo, dominava tudo. O banquete de mendigo dos marinheiros prosseguiu até que, torturados por violentos espasmos estomacais, não agüentaram mais.

Os captores separaram seus respectivos marinheiros e os levaram para os lados para serem vigiados. Um homem alto e magro da tribo tomou posse de Robbins e o entregou aos olhos vigilantes de suas duas irmãs. Perto dali, Robbins encontrou Savage, Williams e Barrett bebendo *zrig* e se juntou a eles. A sede deles era imensa. Enquanto os árabes continuavam a dar água à manada — cerca de quatrocentas cabeças de camelo que bramiam —, os marinheiros bebiam copiosamente. Por volta das dez da manhã, começaram a ter a sensação de que afinal haviam matado a sede. Agora, notavam que o apetite começava a voltar.

A ciência moderna confirma essa seqüência de eventos. Se for dado bastante líquido a uma pessoa seriamente desidratada, ela pode se hidratar mais ou menos em 80% em meia hora, mas não consegue atingir esse índice sem comer. O corpo dos marinheiros estava revelando isso. Loucos de fome, imploraram por comida, mas os nômades indicaram que não tinham nada para dar a eles. Foi uma notícia terrível: até mesmo os supostos salvadores estavam de mãos vazias. Com comida e mais água ou *zrig*, os marinheiros teriam se hidratado quase por completo em doze horas, desde que a disenteria não fosse muito intensa. Do jeito como iam as coisas, os Commerces iniciavam seu cativeiro no Saara com severas deficiências tanto de alimento quanto de líquido.[3]

O sol inclemente do deserto trespassava agora o alarido humano e o estrépito das bestas, e o suor escorria livre pelos poros dos marinheiros. "Nossa pele", observou Riley, "parecia na verdade estar sendo fritada como carne ao fogo." Os nômades lutavam para acabar de dar água aos animais. Os mais rápidos separaram seus camelos e juntaram os cativos: Williams e Barrett com um amo, na companhia de Robbins e seu amo; Porter, Hogan e Burns saíram, cada um, com seu amo, enquanto Riley, Savage, Deslisle e Horace olhavam sem nada poder fazer.

A separação da tripulação criou uma nova angústia. Embora o *Commerce* lhes tivesse trazido má sorte, eles haviam sobrevivido juntos. O brigue continuava a existir, ao menos como princípio organizador; ainda eram companheiros de navio, marinheiros e oficiais, com cargos e responsabilidades. De um único golpe, essa estrutura foi demolida. De repente cada homem estava por conta própria, sem contar com a tripulação para receber ou dar ajuda. Não sabiam para onde estavam indo ou se ainda se veriam outra vez.

"É completamente impossível descrever os sentimentos em meu peito com aquele adeus", escreveu Robbins, que esteve entre os primeiros a se despedirem dos companheiros e sentiu um desespero palpável com a ruptura, como se estivesse sofrendo a própria morte. "Aquilo me deixou em um estado de horror e angústia tão grande que, na época, pensei que sobreviveria por pouco tempo."

Cada amo fez um camelo se ajoelhar e conduziu seu escravo para que ele montasse no animal no espaço atrás da corcova, sobre a traseira inclinada e o osso da cauda. O camelo se levantava jogando primeiro a traseira para o ar, e então o marinheiro ficava dependurado, desafiando a gravidade, olhando por cima da cabeça do animal, direto para o chão. O quadrúpede, então, se inclinava para trás; suas pernas frontais ossudas se esticavam e firmavam, enquanto o marinheiro se agarrava desesperado ao curto pêlo de verão do animal. Uma vez que o camelo estivesse em pé, era como estar no tope do mastro de um navio em um mar agitado. Sem estribos ou selas, os ossos das coxas e do traseiro dos marinheiros roçavam direto na anatomia movediça dos camelos. Um a um, homem e besta subiram para fora do vale onde ficava o poço, passando por uma estreita ravina no penhasco, em direção ao deserto acima.

Dos quatro homens que haviam permanecido com Riley no poço, apenas Savage conseguira, de algum modo, ficar parcialmente vestido, com um velho pulôver de marinheiro, de tricô de lã azul e justo no corpo, e calças esfarrapadas. Clark, Deslisle e Horace trabalhavam nus no poço, puxando água e enchendo os cochos até que cada camelo tivesse bebido quanto suportasse e as peles de cabra estivessem cheias.

Os árabes amarravam pelas pernas duas dessas peles e as jogavam sobre as costas dos camelos, onde ficavam penduradas de cada lado, como cadáveres inchados. Essas *guerbas* eram usadas para transportar água desde pelo menos o Neolítico, e os saaráuis eram especialistas nisso: decapitavam a cabra, enfiavam um braço na cavidade quente, fazendo-o correr por dentro de forma a destacar a pele, e depois extraíam a carne e os ossos sem danificar o couro. O pescoço, usado como bico, era atado com uma corda a uma perna dianteira para que se mantivesse levantado durante o transporte.

Os nômades encilharam os camelos, pondo Riley para amarrar uma cesta de pele de camelo, que ficava no alto da corcova e levava até quatro mulheres, crianças ou velhos. (Alguns dos árabes idosos pareciam tão fantasticamente velhos, devido à exposição ao sol e ao vento, que Riley acreditou quando depois ouviu dizer que eles viviam até trezentos anos.) Inchado de tanto beber água e cheio de dor, Riley tinha a esperança de poder ir com outros passageiros na cesta, mas sofreu uma decepção. Seu amo montou na besta em uma pequena sela de madeira e de pele de camelo, colocada na frente da corcova, segundo a tradição dos cavaleiros da África Ocidental.[4] Riley se agarrou à parte de trás da corcova, onde não havia sela. Estava mais alto do que nunca estivera sobre um animal; o movimento do camelo combinava o pior de uma carruagem e de um mastro oscilante.

Sob tanto peso, as patas achatadas dos camelos afundavam na areia mole enquanto subiam pela ravina íngreme que levava ao deserto. A manada tropeçava, ficando mais furiosa a cada passada desajeitada, latindo como leões-marinhos e salivando espuma como se suas entranhas estivessem fervendo. Os árabes desmontaram e ordenaram aos marinheiros que desmontassem também. Enquanto os primeiros se movimentavam rápido, os outros andavam aos tropeções, afundando até os joelhos na areia quente. O suor escorria por suas costas.

Os árabes estavam de fato surpresos com a inabilidade de seus cativos. No princípio riam e faziam muxoxos de desprezo. Depois, passaram a esbordoá-los com paus, arrancando sangue da pele que se soltava nas costas. Os marinheiros, cada vez mais desesperados, estendiam os braços para o lado, para tentar manter o equilíbrio e não cair. O reflexo do sol queimava seus olhos, voltados para baixo. Mesmo assim, os árabes os espancavam.

Na escalada letal entre o mar e o sol, extinguiram-se os benefícios da água e do leite de camela e o correspondente alento para seus espíritos. Um nó retorcia seus estômagos: souberam então que o destino de que tentaram escapar no cabo Bojador era tão ruim quanto temiam.

8. Sede

Desde que começou a percorrer as orlas ocidentais do Saara — há pelo menos 7 mil anos —, o homem vagou e guerreou por ali. Naquele tempo, nenhum Estado ou autoridade central conseguiu jamais controlar as remotas planícies do deserto. Mesmo hoje em dia, a sufocante presença do Exército e da Polícia Nacional de Marrocos dão apenas uma falsa impressão de ordem para a população do Saara Ocidental. E isso apesar de o Marrocos ter inundado a região com centenas de milhares de povoadores na Grande Marcha de 1976 e vencido uma desgastante guerra de duas décadas, sem mencionar a reivindicação histórica sobre ao menos uma parte do território.

"É verdade que o Imperador reclama direitos soberanos sobre o deserto do Saara e o território de Vled de Non [Uádi Noun]", observou o físico britânico William Lempriere, que viajou pelo Marrocos em 1789, "mas sua autoridade sobre aquela parte do país é quase nominal, uma vez que depende inteiramente do capricho e da inclinação dos árabes que a habitam." Esses árabes, Lempriere escreveu, "vagam pelo país em busca de despojos, e se

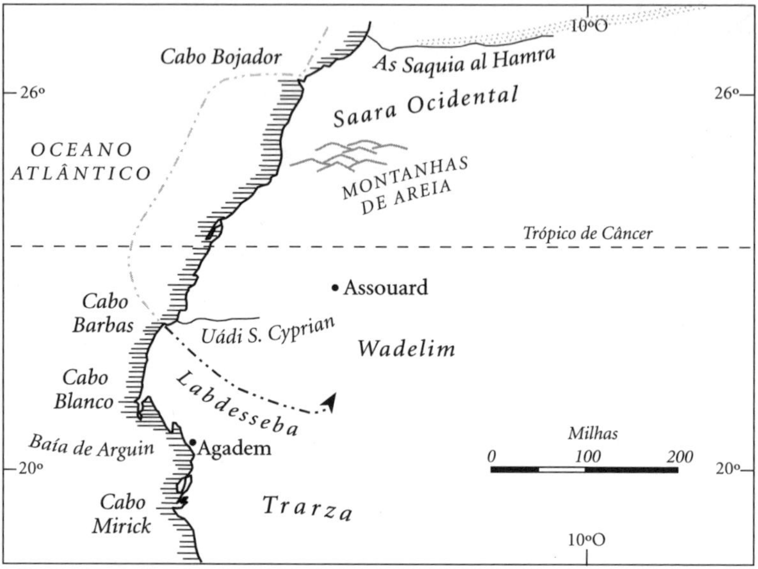

sabe que, algumas vezes, estendem suas depredações até a Nigritia,* de onde eles levam negros".[1]

Quando Riley chegou ao deserto, achou que estivesse morrendo. Gostaria que assim fosse. Cada passo era uma luta.

Notando a dificuldade dos marinheiros para subir pelo desfiladeiro, os árabes finalmente perceberam como seus cativos estavam exaustos. Eles apartaram cinco camelos da manada, fizeram com que se ajoelhassem, e tornaram a instruir os marinheiros a montar atrás da corcova.

Gesticulando e falando árabe hassani — um dialeto próximo do árabe clássico e a língua oficial de Marrocos até o fim do século XIX —, os árabes perguntaram aos marinheiros em que direção ficava o escaler naufragado. Os marinheiros apontaram e usaram as mãos para indicar a distância. Os árabes gritaram or-

* Sudão, hoje Mali. (N. T.)

dens para as mulheres, depois chicotearam seus camelos e foram rápido no rumo sudoeste, deixando os marinheiros para trás com as mulheres.

Enquanto as mulheres levavam a manada para sudeste, adentrando o deserto, os Commerces descobriram como é doloroso cavalgar um camelo por um percurso muito longo. À diferença do cavalo, o camelo joga ambas as pernas do mesmo lado juntas, o que faz com que o cavaleiro oscile fortemente. Não por acaso montar um camelo é chamado de "suplício".[2]

Com as costas nuas, o corpo inclinado para a frente e se agarrando ao pêlo da corcova, os cinco marinheiros lutavam para se ajustarem. Sentindo a inexperiência de seu cavaleiro, a montaria de Riley ficava trançando para dentro e para fora da manada, corcoveando e bramindo, enquanto o capitão fazia de tudo para se manter no lugar. Os quadris estreitos dos camelos e seus estômagos, que pareciam barris, distendidos pela água tomada de manhã, não permitiam que os homens usassem as pernas para se agarrarem. Eles não tinham apoio. Praticamente nus, com as pernas bem afastadas, colidiam contra a protuberante espinha dorsal das bestas. A face interna das panturrilhas e coxas de Riley ficou em carne viva. O sangue escorria pelas pernas e pingava dos calcanhares. O sol chamuscou as partes expostas das pernas e do resto de seu corpo.

Quando os marinheiros imploraram permissão para andar a pé, as mulheres simplesmente passaram a conduzir os camelos com mais rapidez do que antes. Sem opção, os homens do mar, levados ao limite da dor, caíram de suas montarias intencionalmente, escorregando pelas ancas pendidas dos animais e se balançando na base da cauda antes de arriar na brutal *hammada*, depois levantando e correndo ao lado da manada. Embora as pedras fossem "quase tão pontiagudas quanto pederneiras", de acordo com Riley, e cortassem os pés até os ossos, elas pareciam preferíveis aos camelos para percorrer curtas distâncias.

À medida que o sol se punha e as mulheres não mostravam intenção de parar, o desespero de Riley aumentou. O ar frio, um alívio algumas vezes, irritava a pele empolada dos homens. Delirante de exaustão e dor, Riley não conseguia mais se manter sobre o camelo nem andar a pé. Começou a ficar para trás. Estava perdendo não apenas a capaciddade física, mas o desejo de sobreviver.

"Amaldiçoei minha sorte em voz alta", admitiu Riley, "e desejei ter me jogado ao mar em lugar de ter me entregado àqueles seres impiedosos." Mas a oportunidade se fora. O capitão começou a procurar uma pedra, "com a intenção", confessou, "de estourar os miolos com ela, se encontrasse uma grande o suficiente". Mas não achou nenhuma que servisse e, quando esse "acesso" passou, ele voltou à razão. Percebendo que agora seria impossível continuar a fingir que estava no controle, Riley refletiu que sua "vida estava na mão do poder que a havia concedido". Isso tirou um peso de suas costas e aliviou seu espírito. Ele se dispôs a "obedecer e agradar àqueles a quem o destino [...] colocara acima de mim, e a persuadir meus infelizes companheiros, tanto por conselhos quanto por atos, a fazer o mesmo".

A noite caiu. Os marinheiros caminhavam silenciosos no escuro. Por fim, com medo de perder os cativos, as mulheres detiveram os camelos e fizeram os animais se ajoelharem. Os homens subiram. Voltaram a andar, dessa vez até por volta da meia-noite, quando chegaram a uma pequena depressão no deserto. As mulheres deram voz de alto à manada e fizeram homens e bestas se deitarem. "Gliss, gliss!", ordenavam aos marinheiros, empurrando-os com a mesma inabalável rudeza que mostravam para com os camelos.

Riley estimava que houvessem viajado quase 65 quilômetros. Ali seria o acampamento. Nenhum abrigo contra o vento. Nenhuma comida.

Savage iniciara a viagem com o grupo, mas desaparecera durante o dia. Clark, Horace, Deslisle e Riley, todos se deitaram juntos na terra áspera, fundindo os corpos escamosos em um só corpo para se proteger do vento. Tornaram a se levantar, no entanto, quando as mulheres lhes trouxeram uma tigela de leite de camela e cuidadosamente entregaram a cada homem seu quinhão — pouco menos de meio litro. Tão fresco que ainda estava quente, o líquido espumoso apaziguou muito mais suas gargantas do que a água fétida e cheia de areia das peles de cabra e os fez recordar todos os confortos de que sentiam falta: cachimbos e botas, camas e esposas.

Aquela noite no Saara mostrou aos marinheiros como todo aquele bem-estar estava distante. Um vento incessante lhes fustigava a pele nua. Pedras duras batiam em suas costas e pernas. A poeira aderia à superfície úmida das feridas. Durante toda a noite se ouviram gemidos de dor, e dos pulmões desidratados de todos eles emanavam chiados, soluços e outros tantos ruídos . O desespero lutava contra a exaustão, impedindo-os de dormir. Eles se viravam de um lado para o outro, às vezes para poupar o corpo da cama cheia de pontas, às vezes para expor outra parte do corpo às rajadas de vento, que picavam com frio, pedregulhos e areia.

Como disse Riley, foi "uma das mais longas e desoladoras noites que um ser humano já passou".

Desde que se separara dos companheiros, o destino de Robbins naquele dia teve altos e baixos. No início, encontrara Williams e Barrett. Pouco depois de subir pela escaldante ravina e cruzar um trecho de *hammada*, o dono de Robbins, a quem este conhecia pelo nome de Ganus, e o dono de Williams e Barrett indagaram onde estava o brigue, e, como o amo de Riley, dispararam para oeste, deixando os marinheiros a cargo das mulheres. Estas impeliram ambas as manadas, cerca de quarenta camelos no total, para sudeste, enquanto os marinheiros sofriam o suplício dos camelos e escolhiam, sempre que possível, caminhar. Em ambos os casos, as mulheres pareciam ter recebido ordens estritas de viajar à maior velocidade possível e ignoravam os gritos de dor de seus cativos.

Por volta das duas da tarde, um par de ameaçadores cameleiros surgiu de repente sobre uma duna. Os homens haviam estado no poço naquela manhã e agora caíam sobre eles. As mulheres tentaram afugentá-los, mas estavam sem armas, e os homens as puseram de lado sem esforço. Companheiros de tribos não roubavam camelos uns dos outros, pois estes eram facilmente identificáveis e podiam ser reclamados em uma reunião de conselho tribal, mas, depois da confusa refrega no poço, a propriedade dos marinheiros poderia ser disputada, e sua posse significaria muito. Em um instante, os homens forçaram Williams e Barrett a montar atrás deles e rumaram para o sul.

Robbins ficou arrasado com a perda súbita dos companheiros. As agitadas irmãs de Ganus pioraram a situação ao decidirem pegar para si mesmas uma comodidade rara no deserto: roupa boa — no caso, as calças de Robbins. Evidentemente, pensaram que outros homens poderiam aparecer e levar embora seu último escravo cristão, mas não carregariam junto a valiosa roupa. As mulheres encheram de água o chapéu de Robbins e lhe deram o pedaço esfarrapado de um velho cobertor. Ele o prendeu com espinhos em volta da cintura.

À noite, o pequeno grupo chegou a duas tendas armadas em uma depressão no deserto. Assim que os viajantes foram localizados, a oitocentos metros do acampamento, membros da família saíram das tendas para saudá-los. Eles se deram as mãos, se abraçaram e se beijaram. Robbins tentava compreender aquele estranho povo com quem o destino o pusera para vagar no deserto. Considerava-o rude e bárbaro, e tal exibição de ternura o abalou. Até ele era bem-vindo. As crianças, alegres, estendiam as mãos para que ele as beijasse. Uma mulher velha e enrugada, com peitos pendendo até quase a cintura, segurou a mão dele entre as suas e levou os dedos aos lábios, na forma árabe de cumprimentar, e depois disse a ele para fazer o mesmo. Naquele rosto bruto, Robbins admitiu, havia "alguma humanidade". Mas ele logo retomou seu cinismo. Eles só estavam satisfeitos por ter um escravo novo "para servi-los, e, mais provavelmente, porque esperavam ganhar algum dinheiro com a minha venda", concluiu.[3]

Os camelos foram levados até a tenda, armada sobre um veio de areia em uma bacia de terra dura como macadame. Alguns camelos carregavam duas peles de cabra com água, outros levavam quatro, jogadas aos pares sobre o dorso.

Uma vez descarregados os animais, Robbins recebeu permissão para breve descanso dentro da tenda da família, feita de uma dúzia de peças longas de tecido trançado com crina de camelo. Esses pedaços eram costurados juntos e armados com a ajuda de estacas. Entrava-se na tenda por uma abertura de cerca de 1,30 metro que ficava a favor da corrente de vento predominante. Ganus, a mulher dele e seus três filhos — duas meninas e um menino, a criança mais velha com doze anos —, todos viviam ali, dormindo sobre uma esteira e sob um cobertor fino. Possuíam gamelas de madeira, *geddacks*, para cozinhar e comer, e algumas ferramentas, entre elas um machado e uma faca. Fora isso, a tenda era tão vazia quanto o próprio deserto. Podiam montar ou levantar acampamento em menos de meia hora.

Do lado de fora, em volta dessa tenda e da outra, onde a mãe de Ganus, Annbube, e as irmãs dele viviam, camelos mastigavam

Naufrágio do Commerce *na costa da África* (*de* An Authentic Narrative of the Loss of the American Brig *Commerce, 1817*)

arbustos de pequeno porte espalhados por ali. As enormes criaturas, com suas mandíbulas exageradas, pareciam particularmente surreais ao lado dos arbustos, já despidos de sua escassa folhagem. O cheiro de fezes secas e urina de camelo infestava tudo.

A miséria do acampamento desconcertou Robbins. Ele não estava mais a caminho de algum lugar, havia chegado — não apenas a um lugar desolado, mas a uma época passada. Uma das meninas lhe fez sinal para segui-la para fora da tenda. Ela levantou o machado e golpeou a base do talo de um arbusto, que ficava enterrada na areia, até que o talo caiu, e depois disse a Robbins que cortasse mais. Assumindo sua primeira tarefa como escravo doméstico sem pensar muito naquilo, ele produziu três feixes de talos e recebeu ordem de se sentar diante da tenda.

A mulher enrugada era Sarah, irmã de Ganus — embora parecesse velha o bastante para ser sua mãe. As mulheres, que faziam todo o trabalho doméstico e deviam cuidar das crianças enquanto acompanhavam os homens em viagens, tinham uma aparência desgastada. Não paravam nem para amamentar os pequenos. Seus seios "caídos eram tão compridos", observou Robbins, "que podiam alimentar crianças que ficavam em suas costas [...] jogando os peitos por baixo dos braços".

Sarah escavou um buraco na areia e acendeu uma fogueira com algumas raízes secas, usando uma pederneira e um fragmento de aço. Com as mãos, enrolou estrume seco de camelo e o colocou sobre a chama, soprando até que pegasse fogo. Então colocou galhos dos arbustos em cima e dispôs sobre as brasas várias pedras do tamanho de punhos fechados. Após cortar uma fatia do porco salgado de Robbins em uma gamela de madeira, tirou as pedras do fogo e as colocou dentro da gamela também. A boca de Robbins se encheu d'água enquanto a carne chiava sobre as pedras escaldantes. Os nômades árabes raramente cozinhavam e comiam poucos alimentos sólidos. Durante períodos de escassez, viviam quase que exclusivamente de leite de camela. Como era muçulmana, Sarah não podia comer porco, mas deu a carne a seu filho, Elle, e a suas duas filhas, e pôs um pedaço para Robbins dentro de seu chapéu. Robbins, não sendo muçulmano, nunca seria servido nas vasilhas de beber e comer dos árabes. Mais de uma vez, ele perdeu a oportunidade de beber água por falta de uma tigela.

Robbins passou a noite sobre a areia em um canto da tenda da família de Ganus — a primeira noite em que ele ou qualquer um dos marinheiros teve abrigo desde o naufrágio. Por volta das onze horas, após as fêmeas dos camelos terem descansado o suficiente para serem ordenhadas, os árabes despertaram Robbins e lhe deram uma tigela de *zrig*. Dos vinte animais de seu amo, três fêmeas estavam lactantes, e toda noite produziam pouco mais de seis litros de leite, que eram misturados com uma quantidade igual de água e serviam cerca de oito pessoas. Robbins recebeu pouco menos de um litro — a menor porção de todos ali e apenas uma fração de que um homem necessita para sobreviver no deserto.[4] Ele não podia fazer nada a não ser aceitar o que lhe davam. E Robbins era o mais bem tratado de toda a tripulação.

Ganus retornou mais tarde naquela noite. Robbins ficou espantado pelo fato de seu amo ter conseguido chegar à remota faixa de terra onde a tripulação abandonara o escaler maior e voltar com tanta rapidez. Mas Ganus trazia despojos como prova. Ganus e, provavelmente, o amo de Williams e Barrett, com quem Ganus havia saído, foram os primeiros árabes a alcançar o lugar do naufrágio do escaler, e os dois haviam pegado tudo o que encontraram. De acordo com Robbins, o botim de Ganus incluía um saco de arroz que a tripulação havia desprezado porque se estragara com a água do mar.

Ganus recuperara um naco de carne de porco que os marinheiros não tiveram como levar com eles, bem como vários materiais, entre eles uma tira de vela, pedaços de corda e algo que tocou Robbins com profunda nostalgia: a bandeira vermelha, branca e azul do brigue.

Na manhã seguinte, Riley e seus três companheiros não receberam coisa alguma a não ser meio litro de leite para dividir entre eles, o que mal deu um gole para cada um. Assim que amanheceu, as mulheres árabes lhes ordenaram que conduzissem os camelos. Ao partirem, seus pés nus e lacerados lançavam ondas de choque de dor através do corpo. Logo estavam caminhando com as solas dos pés ensangüentadas para conseguir acompanhar a manada.

Após algum tempo, chegaram a um conjunto de três ou quatro tendas em uma depressão do terreno, onde seus amos esperavam por eles. Foram misturados a outros homens, fortemente armados, com mosquetes de cano duplo, cimitarras e adagas. A despeito dos sorrisos e do decoro aparente, a situação ali não estava muito boa. Riley sentia os olhos cobiçosos dos estranhos examinando a ele e sua tripulação e percebia a tensão se revolvendo sob a superfície. Quatro coelhos haviam acabado de entrar em um covil de lobos.

Não se passou muito tempo até que os lobos começassem a morder — uns aos outros. À medida que os gritos e a discussão se tornavam mais veementes, os árabes desembainhavam e brandiam armas. Cada lado agarrava os marinheiros, que se tornaram o prêmio de mais um cabo-de-guerra.

Enquanto a luta prosseguia, Riley tentava compreender as leis que governavam aquele estranho povo. Não se tratava exatamente de uma luta. Ele percebia que, ao mesmo tempo que puxavam os marinheiros de um lado para outro, os árabes competiam verbalmente para ver quem tinha razão. A posse era importante, mas o fato de um dos nômades ter se apossado de um marinheiro não significava que, só por causa disso, conseguiria ficar com ele. Os árabes continuaram a discutir raivosos enquanto viajavam na mesma direção.

Ao longo de várias horas, os marinheiros foram transferidos para árabes diferentes. No fim, Clark e Horace acabaram sendo levados por novos donos. Riley, que havia jurado a si mesmo proteger Horace como a um filho, não pôde fazer nada. Ele e Deslisle ficaram com seu amo original.

Chegaram a mais tendas por volta do meio-dia. As mulheres do acampamento olharam para os andrajosos cristãos, cuja pele se esfarelava com a exposição ao sol. Em vez de despertar simpatia, o espetáculo desencadeou um acesso de repugnância naquelas mulheres, profundamente assoladas por medos supersticiosos. Em uma cultura onde as mulheres são por tantas vezes denunciadas como instrumentos do mal, qualquer contato com cristãos era perigoso. Elas injuriaram os homens com maldições estridentes e cuspiram neles.

Esse comportamento atemorizante fora relatado por Pierre de Brisson antes de Riley: "Dois de meus companheiros de desventura foram reduzidos ao mais pavoroso estado; as mulheres em especial, muito mais ferozes do que os homens, tinham prazer em atormentá-los". Charles Cochelet, sobrevivente francês de um naufrágio na costa oeste da África em 1819, também notou que se as mulheres, "por qualquer circunstância, acidentalmente [nos] tocavam [...] no mesmo instante cuspiam nas mãos para limpá-las, dando testemunho do horror e do nojo que nossa presença inspirava".

O potencial das mulheres saarianas para a brutalidade ainda era relatado em 1934. Durante uma batalha perto do forte espanhol de cabo Juby, um avião de correio chegou e espantou uma tribo atacante. As mulheres izarguiens — membros de tribos que alguns consideravam as mais civilizadas da região — aproveitaram a oportunidade para se lançar ao campo de batalha e arrancar os olhos dos inimigos mortos.

Ao cair da noite, os marinheiros e seus captores alcançaram uma grande depressão, ocupada por dúzias de tendas. Pareceu a Riley que, durante todo o tempo, eles tinham em vista chegar àquele lugar, com o propósito de resolver os conflitos em torno da posse dos marinheiros. Se aquele grupo belicoso estava unido por algum laço, mesmo o mais tênue, era quase impossível perceber. Para Riley, havia apenas um símbolo externo de parentesco: quatro éguas brancas muito magras, que pareciam ser de propriedade comum e seu maior orgulho. Para os nômades, os cavalos representavam velocidade e mobilidade na batalha e na caça a avestruzes, muito apreciados por suas plumas, usadas como moeda no Saara. Entretanto, como não tinham as defesas naturais do camelo contra a areia, o calor e a sede, as éguas tinham de ser protegidas. Na verdade, eram muito mais bem tratadas do que os marinheiros.

Ao grupo de Riley se juntou o de Robbins, que chegou a pé, parecendo um homem das cavernas, com o rosto sem barbear e o cabelo agora mesclado com uma capa de pedaços de peles emendadas que lhe chegava aos joelhos. Ganus fizera suas irmãs devolver as calças de Robbins, que estavam então cortadas pelos joelhos, e lhe dera sapatos e um pedaço da bandeira do brigue. O filho de Ganus forçara Robbins a trocar o fragmento da bandeira pela capa de peles. Em seu bolso, Robbins manuseava nervosamente uma corda com nós: ele já começara a contar os dias de cativeiro. Durante todo o dia chegaram outros da tripulação, exaustos, desanimados e com pele queimada se desprendendo do corpo, e foram mantidos ao abrigo de uma tenda enquanto o grupo de árabes se preparava para decidir o destino deles.[5]

Riley calculou que 150 nômades, de todas as idades, entre eles alguns notavelmente mais velhos, tinham se reunido ali para o *yemma*, ou conselho tribal. Pela primeira vez, conseguiu ouvir com atenção a conversa deles e distinguir de modo claro palavras e nomes. Seu próprio amo era Mohammed. Os outros se chamavam Hamet, Abdallah, Seid e Sideullah. Ele também ouvira os nomes Fatima, Ezimah e Sarah para as mulheres. Por esses nomes, achou que eles eram "maometanos", portanto "árabes ou mouros".[6]

É freqüente que povos falantes de árabe sejam definidos apenas como árabes; Riley então estava certo. Eles também eram muçulmanos, o que os unia mais ao mundo árabe. Seus ancestrais haviam sido convertidos por ondas de árabes islâmicos que cruzaram o Norte da África oriundos do Oriente Médio desde o século VII d.C. No oeste, em especial pela Beni Hassan — uma divisão de beduínos *maqil* do Iêmen que montavam camelos —, que atacou e saqueou todo o norte do Saara, parando apenas quando chegou ao Atlântico, em Oued Draa,* em 1218. No início, as tribos *sanhaja* que viajavam entre os montes Atlas e o Saara chamaram os *maqil* de "gafanhotos", uma peste que devorava e partia, mas aqueles guerreiros *maqil* tinham vindo para ficar.

Com o tempo, os *maqil*, violentos por natureza, mas em menor número, foram absorvidos e dominados pelas tribos *sanhaja*, povo berbere que foi também o primeiro ancestral dos saaráuis — incluindo os cabilas, da Argélia, e os tuaregues, do deserto central. No entanto, algo estranho aconteceu: a cultura do grupo menor sobrepujou a do maior. O povo *sanhaja* do deserto ocidental se tornou árabe em sua maioria, adotando o Islã e o dialeto arábico hassani. Por volta de 1800, essas tribos arabizadas estavam espalhadas pelo oeste do Saara e para o sul, entrando pela Mauritânia, impondo vassalagem aos povos mais fracos e criando um sistema de castas.

* Oued Draa, ou Uádi Dra, vale do Dra. (N. T.)

Na base ficavam os escravos, em geral negros africanos; artesãos, de ascendência judaica; músicos itinerantes; e as tribos vassalas, conhecidas como *zenaga* ou *lakhme*, "carne sem ossos". Esses grupos eram dominados pelos *chorfa* — tribos religiosas que adotaram a linhagem dos *maqil* e cujas raízes supostamente remontavam ao profeta Maomé — e pelas tribos guerreiras, ou "filhos da arma". Em outra das peculiaridades do Saara, era a classe guerreira que tinha a mais pura linhagem *maqil* e, assim, a alegação mais forte de descender de Maomé; e os *chorfa*, cujas pretensões de linhagem eram em grande parte inventadas, estavam entre os mais brutais e violentos.

As tradições animistas e a adoração de homens sagrados, que se supunha terem poderes sobrenaturais, eram fortes no deserto, mesmo entre os *chorfa*. Os saaráuis não tinham como panorama a mesma terra devastada e desalentadora que os marinheiros viam, mas um reino multifacetado de bons e maus *yenun*, ou espíritos; de homens santos com boa magia, *baraka*; e de inimigos capazes de invocar o mal contra eles. A superstição permeava o dia-a-dia. Bons *yenun* em poços e árvores mereciam adornos e sacrifícios de sangue de pássaros e pequenos animais. Os maus espíritos, sob a forma de hienas ou tempestades de areia, deviam ser cautelosamente evitados. Era preciso se esquivar das sombras e ficar atento aos maus presságios, como ser saudado no início de uma viagem ou avistar um corvo no caminho (ver dois corvos era bom). Os recém-nascidos, em especial os de boa aparência, eram particularmente vulneráveis ao mau-olhado, por isso seus pais os escondiam de estranhos, os mantinham sujos e não os chamavam pelo nome verdadeiro.

Quando o *yemma* começou, os homens da tribo se sentaram no chão para deliberar, em círculos de dez a vinte indivíduos, com as pernas cruzadas sob o corpo. Riley observou que os elegantes e fluentes sons do árabe, falado com tranqüilidade, "pareciam sopros de uma suave música do vento", mas, pronunciados com raiva, soavam "tão ásperos quanto os rugidos de leões irritados". Após intensa discussão, um dos anciãos se aproximou da tenda onde os marinheiros aguardavam e falou com eles. Embora nem Riley nem seus homens conhecessem a língua, Riley tinha bom ouvido para idiomas estrangeiros, que desenvolvera em portos de ambos os lados do Atlântico e sobretudo durante sua longa estada no continente. O velho falava distintamente, parecendo um espanhol para Riley. Com a ajuda de gestos, o capitão conseguia compreender o que ele dizia. Era sua primeira lição de árabe. Como a vida dele e de seus homens estava em jogo, Riley aprenderia rápido.

"De que país vocês vêm?", perguntou o velho.

"Somos ingleses", respondeu Riley, experimentando o espanhol. Declarou ser inglês porque sabia que os saaráuis nunca teriam ouvido falar nos Estados Unidos nem fariam a menor idéia de que existisse terra do outro lado do Atlântico. Seria o mesmo que tentar explicar que ele era do Pólo Norte, onde as montanhas eram feitas de gelo.

"Françá, Espaniá", replicou o velho, indicando ter conhecimento dos europeus.

"Sí, ingleses", repetiu Riley, descrevendo um círculo no ar para mostrar que eram do norte.

"Vimos o seu barco", ele disse a Riley em uma mistura de gestos e árabe, chamando o barco de *zooerga*. "Vocês fizeram todo esse caminho naquilo?"

Riley fez que não com a cabeça. Em sua explicação, amontoou areia para formar a linha da costa e usou gravetos para indicar o tamanho e a forma do brigue. Mostrou que tinham naufragado ao norte, no cabo Bojador, devido ao forte vento. Depois, desfez a imagem com a mão para indicar que o navio se destruíra e a perda fora total.

Uma multidão de nômades tinha se reunido em torno dos dois homens. Ouviam Riley atentamente e ajudavam o velho a interpretar o que o homem do mar dizia. Riley, concentrado no esforço de apreender o vocabulário deles, observou que chamavam o brigue de *Sfenah*. Quando lhe indagaram, Riley disse qual era a rota do *Commerce* e que carga levava. Eles lhe deram uma tigela para que mostrasse quantos dólares tinha a bordo. Empilhando pedras, ele encheu e esvaziou a gamela três vezes.[7]

"Eles ficaram muito surpresos com a quantidade", observou mais tarde Riley, "e pareciam descontentes por não ter obtido nenhuma parte daqueles dólares." Quando perguntaram se outros haviam visto as moedas, Riley contou como ele e a tripulação foram tratados pelos habitantes da região, que roupas, dinheiro e provisões tinham sido roubados e que um dos homens fora espancado e levado embora.

Em troca, os árabes informaram Riley do recente naufrágio de um navio espanhol na costa. Perguntaram se conhecia alguma coisa sobre "Maroc", que ele interpretou corretamente como a cidade de Marrakech. Disse que sim, que a conhecia. Perguntaram se conhecia o "sooltã". Riley cacarejou que sim, à maneira deles.

"Soo mook", pediram, tentando fazer com que Riley dissesse o nome do sultão, mas ele não compreendeu. Quando pronunciaram o nome do mulei Suleiman, Riley garantiu que o conhecia, que o havia visto com seus próprios olhos, que o mulei Suleiman era seu amigo pessoal, bem como amigo da Inglaterra. Eles indagaram a Riley onde ficava o Marrocos, e ele apontou corretamente na direção nordeste, o que aumentou sua credibilidade. Se levassem a ele e a seus homens até lá, prometeu, o pagamento seria muito generoso.

Os nômades franziram a testa e sacudiram a cabeça. "A distância é muito grande", explicaram, "e, nesta época do ano, não há comida ou bebida para os camelos no caminho."

A discussão acabara. Os árabes voltaram para a sua reunião, e Riley, para seus homens, que não tinham acompanhado a conversa. A despeito da recusa dos árabes de ir para o norte, Riley ficou otimista pelo fato de que o haviam consultado. Disse aos homens que tinha esperança de que eles pudessem ser resgatados. "Mas eles pareciam pensar que eu os estava enganando com falsas expectativas", admitiu Riley. Não conseguia convencer os homens do contrário.

Para Robbins, assim como para os outros membros da tripulação, não havia muita racionalidade nas ações dos nômades. Ele considerava o *yemma* caótico e confuso, mais parecendo um palco para rixas pessoais do que o fórum de um governo comunitário. Observou, laconicamente, que o "capitão Riley parecia ter alguma esperança de sermos libertados, e nos disse para manter o ânimo". Mas Robbins não conseguia afastar o desânimo. Quando partiu com Ganus — de acordo com seu calendário, que divergia um pouco do de Riley — por volta das três da tarde do terceiro dia, Robbins "se despediu com tristeza" de seus companheiros, acreditando que nunca mais os veria.

Durante o *yemma*, Riley fora passado adiante para um novo amo, um homem chamado Bickri, que lhe ordenou que se deitasse para dormir na poeira, do lado de fora da tenda, como se ele fosse um camelo. Sozinho, Riley ficou deitado, tremendo no escuro, durante várias horas. À meia-noite, Bickri levou para ele uma tigela de leite e água. Depois de beber, Riley caiu em sono profundo.

Sonhou que estava nu e era um escravo. Árabes com lanças de ferro em brasa o conduziam em meio a uma tempestade causada por um incêndio que lhe irritava os olhos e queimava a pele. Carne carbonizada pendia de seus ossos, caindo em pedaços ao solo. Ele levantou os olhos para o céu e pediu a Deus que levasse sua alma. A única coisa que desejava era acabar com o sofrimento. Mas as chamas não desapareciam. Então um clarão apareceu por entre as nuvens acima dele. Raios de luz vinham do céu. Era um olho, e lhe indicava a direção nordeste. Ele se virou, e o fogo desapareceu. Os árabes corriam lentos a seu lado e o espetavam com a ponta de suas lanças, enquanto o forçavam a subir dunas e atravessar vazios rochosos. Sua pele seca continuava a se desprender. Ele correu para dentro de um vale verde. Surgiram árvores e arbustos floridos; vacas, cavalos, ovelhas e jumentos pastavam, e à frente havia um riacho rumorejante. Ele se jogou à beira da corrente e bebeu água cristalina e fresca. Bebeu até parecer que o estômago ia arrebentar. Bebeu até a garganta latejar de frio. Bebeu por seus membros lacerados, por seus pulmões ressecados, seu cabelo queimado. Então rolou para dentro do regato e extinguiu seu corpo, que se consumia.

Agradeceu a Deus pela libertação.

Mas os árabes ainda estavam ali. Eles o levantaram e o for-

Mulei Suleiman: Filho do Imperador (*de* Sequel to Riley's Narrative, *1851*)

çaram a seguir adiante. O olho que tudo via ainda se encontrava acima deles, apontando o caminho. O caminho não estava mais em chamas, mas era sinuoso, espinhoso e estreito. Subia por montanhas altas e despencava em vales profundos. Riley se sentia exausto, mas não havia pausa. Homens armados a pé e a cavalo faziam fila ao longo do curso. Imponentes cidades fortificadas esperavam para sugá-lo se parasse. Em outro regato, um homem alto, jovem, vestido com roupas ocidentais e montado em um nobre cavalo esperava por ele. Ao vê-lo, o homem apeou, correu na direção dele, demonstrando enorme alegria, o abraçou e se dirigiu a ele em sua própria língua: "irmão".

Riley se viu então em um opulento salão de jantar, estimulado a compartilhar o vinho e a comida. "É vontade de Deus que você volte a abraçar de novo sua amada esposa e seus filhos", disse-lhe o homem. Em seguida, Riley ouviu outra voz, a voz de Bricki, e abriu os olhos para a frígida *hammada*.

9. Os filhos do Pai dos Leões

Em junho de 1785, quando o *Ste. Catherine* naufragou na costa do Saara, o enviado Pierre de Brisson rezou para que o navio tivesse alcançado os arredores da povoação francesa de Saint-Louis, no Senegal. Ele conhecia as tribos de lá e acreditava que conseguiria ajuda. Embora não pudesse dizer onde estavam só pela costa, sem características distintivas, suspeitou que não tivessem conseguido ir tão longe e advertiu a tripulação: "Temo que nos encontremos com alguma horda das tribos *wadelim* e *labdesseba*, uma raça selvagem, cujo único alimento é o leite das camelas e que vaga sem cessar pelo deserto".

Quando eles afinal encontraram os nômades, alguns homens de sua tripulação, incluindo o primeiro e o segundo imediatos, entraram em pânico e fugiram. Armados de cimitarras e porretes, os árabes "se atiraram em cima deles com incrível violência", Brisson escreveu, "e logo eu estava amparando alguns feridos e outros cujas roupas tinham sido arrancadas e que jaziam estendidos na areia quase sem poder respirar".

Calmo, Brisson se rendeu a um homem bem vestido e de

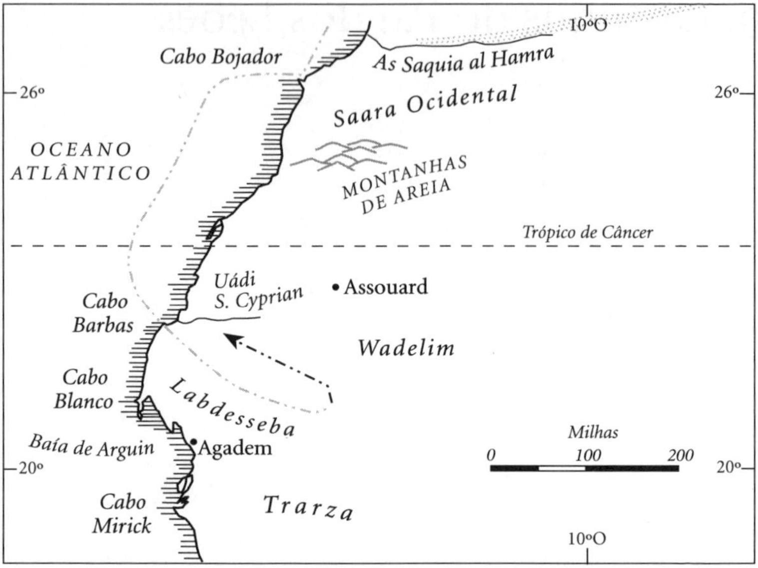

olhar tranqüilo. Deu a ele relógios e ouro que havia escondido nos bolsos e perguntou quem ele era. "*Sidi* Mahammet del Zouza", foi a resposta. "Sou da tribo dos *labdesseba*."

"Havíamos caído nas mãos dos mais ferozes habitantes dos desertos da Arábia", lamentou o francês, que estava certo ao prever que só encontrariam "dificuldades e problemas". Durante o cativeiro de um ano de duração, foi espancado, passou fome e quase sucumbiu em um ataque tribal. Ele testemunharia a morte brutal de dois homens de sua tripulação e veria um terceiro estrangulado, ao ser apanhado sugando leite de uma camela.

Fora essa mesma tribo, que se encontrava amplamente espalhada — mais conhecida hoje pela transliteração francesa de seu nome, *oulad bou sbaa* —, que havia capturado os homens do *Commerce*.[1]

Os *oulad bou sbaa* eram uma tribo *chorfa*, e suas raízes remontavam a um príncipe do século XV, habitante dos montes Anti-Atlas, chamado Ahmer Ould Hamel. Ahmer, que era descendente de Idris, fundador do Estado de Marrocos, pressentiu uma noite que seu rebanho ia ser roubado em um *ghazu*, ou ataque tribal, e rezou para que Alá transformasse suas ovelhas em leões. O pedido foi atendido, e os leões afugentaram os atacantes. Dali em diante, *sidi* Ahmer ficou conhecido como "o Pai dos Leões" e passou a ser reverenciado como um homem agraciado com *baraka*, poderes mágicos benignos, por sua devoção. *Oulad bou sbaa* significa "filhos do Pai dos Leões" e se refere aos três filhos de Ahmer: Amar, Amran e Numer, patronos de muitos ramos da tribo baseados em torno da cidade de Marrakech. No início do século XVIII, a tribo se rebelou contra o sultão, Ismail. Temendo retaliação nas mãos do formidável exército de Ismail, formado por negros africanos treinados pelos franceses, o ramo de *oulad el-hadj* dos *oulad bou sbaa* fugiu no rumo nordeste, para Oran. Eles acabaram sendo perdoados e voltaram para a região de Marrakech.

O *oulad brahim*, ramo que capturara Riley e seus homens, fugiu para o deserto, onde cresceu em número e finalmente se espalhou a partir da ravina As Saquia al Hamra, perto do cabo Bojador, para a vasta extensão do deserto do sul da Mauritânia. As várias facções passaram a se considerar tribos independentes, embora todas usassem o nome *oulad bou sbaa*. Sem nunca receber o perdão do sultão, essas tribos vagaram durante um século. Compartilhavam uma natureza feroz, austera; progrediam e pereciam pelos *ghazu*, e mediam sua riqueza em camelos e escravos.

Para os homens do *Commerce*, as migrações dos *bou sbaa* pelo deserto, das quais agora participavam, eram tão inescrutáveis quanto as manobras de uma esquadra de veleiros mercantes teriam sido para os nômades. A tribo era dividida em *friqs*, grupos de meia dúzia de famílias ou menos, unidades grandes o suficiente para proteção mútua, e pequenas o bastante para que os animais tivessem a quantidade necessária de pasto. No *friq*, as famílias sem escravos viajavam com seus camelos, algumas vezes se bandeando para outra família e juntando as manadas, podendo tornar a se separar com uma facilidade que os marinheiros achavam estranha. As famílias com muitos camelos e escravos para conduzi-los às vezes vagavam com mais liberdade longe dos animais. Os *friqs* não se movimentavam juntos, mas separados, em uma espécie de caos harmônico. No entanto, para os Commerces, que estavam distribuídos entre esses grupos pequenos, os arranjos pareciam aleatórios. Eles nunca sabiam com quais de seus companheiros poderiam se encontrar naquela noite ou se algum dia os veriam de novo.

Os marinheiros não viam muito propósito em vagar de um capão de espinheiros para outro, parando no meio do caminho em trechos menores de espinheiros para alimentar os camelos. Tinham a impressão de que, quanto mais longe iam, pior ficavam. De fato, à medida que se deslocavam para oeste, junto com os nômades, parecia que seguiam viagem só para encontrar arbustos cada vez mais escassos para alimentar os camelos, que produziam cada vez menos leite, o principal alimento dos nômades. Em vez de viverem da terra, a terra parecia viver deles, consumindo seus corpos e suas mentes.

Os nômades deviam muito ao camelo árabe. Na época em que seus ancestrais *sanhaja* haviam obtido no leste as peculiares criaturas de corcova — entre os séculos I e IV d. C. —, a desertificação se intensificara fazia bastante tempo, reunindo as pessoas em torno de oásis, onde era possível plantar. À medida que a terra se tornava mais árida e infértil, as tribos negras migravam para o sul, enquanto os *sanhaja* se adaptavam à vida nômade com os camelos, vivendo como beduínos muito antes que a primeira onda de beduínos chegasse. Embora não sejam considerados ruminantes, os camelos, com estômagos complexos de três compartimentos, regurgitam e tornam a mastigar a forragem, transformando vegetação pobre em proteína e energia até melhor do que os ruminantes o fazem. Foi o camelo, por converter arbustos raquíticos em leite altamente nutritivo, que permitiu aos *sanhaja* progredir no deserto.

Curiosamente, os camelos não tiveram origem na África, mas na América do Norte. Durante o Pleistoceno, os ancestrais do lhama — a alpaca, a vicunha e o guanaco — migraram para a América do Sul, enquanto os ancestrais do camelo cruzaram para a Ásia por uma antiga passagem de terra hoje conhecida como estreito de Bering. Enquanto os camelídeos morriam na América do Norte, os camelos migraram pela Europa Oriental, pelo Oriente Médio e pelo Norte da África. Por volta de 3000 a.C., entretanto, os camelos selvagens também se haviam extinguido na América do Norte. Foram reintroduzidos no Saara à medida que a desertificação aumentou sua utilidade lá e logo se tornaram o bem mais importante de um homem. Quem possuía camelos dominava a terra.

No amanhecer de 12 de setembro, os *bou sbaa* seguiram viagem. Bickri ordenara que Riley conduzisse os camelos. Separado de sua tripulação e até sentindo falta de Mohammed, seu captor original, com quem já sabia lidar, Riley estava especialmente triste. Bickri não mostrava sinais de cordialidade, e Riley não esperava nada dele. O capitão arrastava os pés, cautelosamente curvado, pronto para mudar o peso do corpo sempre que sentia outro golpe vindo por baixo, contra a sola de seus pés mutilados.

Riley nunca explicou como Bickri conseguira tomar posse dele — é provável que não soubesse. Alguma coisa havia acontecido no encontro. Mohammed, que ficara com Deslisle, tinha sido forçado a passar o capitão adiante ou decidira vendê-lo a Bricki. Mohammed então viu Riley se arrastar pela planície. Ele veio com seu camelo e regateou com Bickri. Após um momento, puxou o cobertor de suas costas e o entregou a Bickri. Depois, veio para o lado de Riley, dizendo que parasse de caminhar, e fez seu camelo se ajoelhar. Mohammed colocou uma pele sobre o dorso do animal, atrás da sela, e a prendeu com cinturões; ajudou Riley a montar e a manter o equilíbrio enquanto o animal se levantava. Bickri seguiu caminho na companhia de um grupo de homens pesadamente armados. Riley tinha sido trocado por um cobertor.

Mas lhe foi impossível desfrutar essa pouca sorte. O sangue pulsava em suas pernas inchadas em batidas surdas, enquanto o sol fustigava seus ombros e a cabeça, até ela ficar "atormentada e latejante, com uma dor pungente". Para fugir de tal angústia, Riley se lembrou do sonho da noite anterior. À diferença da maioria dos homens do mar, nunca pusera muita fé em profecias, visões ou sonhos, mas aquele sonho se agarrou a ele, ou o contrário. Analisando-o, teve a certeza de que se tratava de uma mensagem, que o "olho-que-tudo-vê" o estava guiando para o norte. Se conseguisse encontrar o caminho para Marrakech, alguém os salvaria. O fato de ele e a tripulação terem algumas vezes escapado por um triz levou Riley a ter a certeza de que havia uma determinada razão nisso tudo. Deus estava olhando por eles.

Essa crença o sustentou durante os muitos quilômetros de caminhada que se seguiram, até que, no início da tarde, chegaram a um *friq*, seis tendas em uma depressão com arbustos espalhados. Mohammed fez o camelo se ajoelhar e foi cercado por seus filhos sorridentes. Riley precisava de sombra e caminhou passo a passo em direção a uma tenda. Mas foi detido pela animosidade súbita e espantosamente palpável das mulheres e meninas, que o ameaçaram com paus e pedras. Embora tivesse dito a Riley que fosse para a tenda, Mohammed não foi em seu auxílio, e o capitão não pôde entrar. Riley não teria abrigo dos raios intensos da tarde e, por certo, nenhum alívio em suas tarefas.

À noite, Deslisle voltou para o acampamento de Mohammed com os camelos que havia levado para pastar. Mohammed logo o pusera para trabalhar como condutor de camelo. Deslisle aprendera rápido o trabalho e era recompensado com uma grande quantidade de leite todos os dias e um canto da tenda para dormir. Riley atribuía a boa saúde do cozinheiro a isso e ao fato de, por ser também escravo doméstico, ter conseguido roubar um pouco de água e leite azedo.

Na pior das hipóteses, Deslisle podia esperar mais ou menos o mesmo tratamento dado aos escravos negros africanos dos árabes, desde que desempenhasse suas tarefas de boa vontade e se convertesse ao islamismo. Isso poderia representar uma razoável liberdade dentro do acampamento e alimentação compatível com a da família. Poderia, afinal, após um longo período de escravidão, ou por ter prestado a seu amo um serviço excepcional, ser libertado, admitido na tribo e ter permissão para se casar e possuir camelos.

Adotar a fé islâmica, no entanto, não significava apenas fazer um juramento e rezar junto com eles; o homem tinha de ser circuncidado para se tornar muçulmano, e esse procedimento o marcava para sempre como um apóstata do cristianismo. Representantes dos Estados do Ocidente evitavam tais homens. Os árabes lutavam para mantê-los.

Mohammed ainda comprara Hogan, que se juntou a eles naquela noite e disse a Riley que Horace também estava no acampamento. O capitão foi à procura de Horace e logo encontrou o amo do companheiro, a quem descreveu como um "velho patife de aparência maligna". O árabe chamou Riley de *rais*, ou capitão. "Qual é o nome do garoto, *rais*?", perguntou.

"Horace", respondeu o capitão.

"Hoh-*Rais*", imitou o *bou sbaa*, satisfeito com sua pronúncia, que, para ele, provava o parentesco do garoto com o chefe branco. Deu para gritar o nome do garoto com freqüência. Mas, quando Riley tentou falar com Horace, o mal-humorado árabe o afugentou, ameaçando bater nos dois com uma vara.

Riley, que não estava acima dos preconceitos raciais típicos de sua época, tinha maiores esperanças em Mohammed, em parte por causa de sua pele mais clara. No Saara, muitas das idéias preconcebidas de Riley seriam postas à prova. Quaisquer ilusões que tivesse acerca da benevolência de Mohammed foram despedaçadas naquela noite. Embora um trecho de areia ficasse a não mais de cinqüenta metros das tendas, Mohammed forçou Riley e Hogan a dormir na *hammada*. Os dois cavaram até as pontas dos dedos sangrarem, na tentativa de remover as pedras do lugar onde iam se deitar. Riley, aproximando-se de seu amo, apontou para as feridas em seu corpo e estendeu as mãos, que sangravam. Indicou que gostariam de dormir na areia, mas Mohammed ficou impassível. "Fiquem aqui", avisou, "senão não tomarão leite hoje à noite."

Riley e Hogan tentaram dormir sobre a terra dura, mas as pedras espetavam as feridas, e o ar noturno, frio e úmido — "tão salgado quanto o oceano", segundo Riley —, as fazia arder. Eles tremeram e se mexeram até meia-noite, quando Mohammed trouxe para cada um meio litro de leite e depois se retirou para sua tenda. Após beber o leite, que Riley descreveu como "puro e quente das camelas", ele e Hogan caíram na areia e dormiram profundamente.

Robbins montava do amanhecer ao anoitecer a traseira do camelo de seu amo. Ao preferir suavizar o choque de seu corpo contra o do camelo, usando a pele de animal que tinha consigo, em lugar de vesti-la, Robbins ficara com o torso exposto, e o sol tropical o devastara. Após viajar quase cem quilômetros para oeste, até os nômades estavam exaustos demais para armar as tendas. Em vez disso, ficaram passando o tempo e visitando outros acampamentos próximos. Quando Muckwoola, irmã de Ganus, voltou para a tenda e disse a Robbins que sabia onde estavam dois de seus companheiros, ele tornou a se levantar. Tagarelando incompreensivelmente com ele durante todo o caminho, ela o levou a um acampamento por um caminho de arbustos secos.

Lá ele encontrou Williams e Barrett agachados junto a um fogo baixo, cozinhando o que sobrara de um pedaço de porco salgado que o amo deles havia encontrado na praia onde o escaler se espatifara. Eles se levantaram e apertaram a mão de Robbins, cuja alegria logo se transformou em nojo assim que olhou detidamente para seus camaradas. "Vocês viram hoje os veados de pernas compridas que eles chamam de gazelas?", perguntou, conversando com a intençao de encobrir seu abalo. "Elas vieram na nossa direção, mansas como ovelhas, mas meu amo não quis atirar nelas. Disse que não é a estação certa para tirar suas peles." À luz rubra do fogo, Williams parecia um demônio leproso, seco e intumescido ao mesmo tempo. O sol, a fome, a sede e o choque com o lombo dos camelos lhe davam a aparência de quem estava se desmanchando. Grandes porções de pele descascada pendiam de seu corpo; a nova camada de pele embaixo já se cobria de bolhas vermelhas. Seu rosto estava aflito.

Atento ao que fazia, Williams não falou a princípio. Sabia que seu aspecto era medonho e parecia resignado a morrer. Aos 48 anos, já havia perdido os pais e vários filhos. Ao se alistar no *Commerce*, deixara para trás não apenas a mulher, mas duas sobrinhas órfãs: Almira, de doze anos, e Elizabeth, de seis, filhas de seu irmão mais jovem, Richard, e da mulher dele, Hannah, que haviam morrido na recente guerra. Williams falou com amor de suas meninas e expressou grande preocupação pelo futuro delas. À luz vacilante do fogo, continuou a falar até que o pesar o deteve.

No amanhecer de 13 de setembro, Riley e Hogan tiraram com cuidado a areia de suas feridas e partiram na direção sudoeste, atrás de Deslisle e dos camelos. Eles estavam tão doloridos em conseqüência da desidratação e da noite difícil que mal conseguiam evitar gemer a cada passo que davam. Enquanto a manhã avançava, o causticante sol do Saara açoitava suas costas.

Três horas depois de partir, Riley localizou ao longe um de seus homens, montado sobre um grande camelo, parecendo flutuar de forma esquisita acima da montaria e da poeira. Riley desviou na direção dele. Alguma coisa não estava certa, percebeu, à medida que se aproximava mancando, com os pés machucados. O cavaleiro se movimentava a esmo, como o pau de carga de um navio à deriva. Cabeça e braços se sacudiam, acompanhando os sacolejos do camelo. Riley mancou mais rápido, alcançando o camelo quando este parou para mastigar um arbusto. O cavaleiro estava sentado ereto sobre a besta como um cadáver inchado. Sua pele estava queimada, e o reflexo do sol se irradiava bizarramente de seu corpo, como se aquele indivíduo estivesse aceso por dentro. Cheio de horror, Riley examinou um rosto desconhecido. O homem, totalmente nu, balbuciou em voz quase inaudível suas desgraças. Era Williams. Naquela manhã, a mulher de seu amo lhe cobrira o corpo com gordura animal para tentar salvá-lo, mas agora a gordura estava cozinhando sua pele. "Não viverei outro dia", arfou para Riley, que, com brandura, segurou a mão trêmula de Williams. "Se algum dia você deixar este lugar tenebroso e voltar para nosso país, diga à minha querida esposa que rezei por sua felicidade com meu último alento." Ele começou a soluçar.

Riley procurava palavras para consolar seu primeiro imediato, mas, de repente, antes que conseguisse falar alguma coisa, por mais inútil que pudesse ter sido, o amo de Williams apareceu, os repreendeu com veemência e fustigou o camelo. Quando a criatura se afastou, Riley viu listras vermelhas na pele do animal, onde a parte interna da perna de Williams "se encostava, marcada por vergões de carne rasgada e esfolada pelo atrito".

"Deus Todo-Poderoso o abençoe", Riley gritou para o homem que morria. Em um instante, seu primeiro imediato se fora. Riley foi deixado sozinho para pensar naquela horrível visão e em sua incapacidade de ajudar.

Os pensamentos foram abreviados por seus próprios problemas. O encontro não durara mais do que quinze minutos, mas, durante esse tempo, o deserto engolira a manada de seu amo sem deixar rastro. No súbito isolamento, Riley chegou ao limite da desesperança. "Meu Deus", gritou, "não me deixe mais viver sob esta tortura!"

Inclinando-se, correu, fazendo caretas de dor, na direção em que rumavam os camelos de seu amo. A cada batida dos pés sobre as pedras, dava gritos de sofrimento, mas não diminuía o passo. Tendo testemunhado a agonia de seu primeiro imediato, estava quase indiferente à própria dor física. Mohammed o viu e deteve a manada. Quando Riley se aproximou, ziguezagueando como um demente, o árabe levantou a vara para golpeá-lo. Então, quase como se não valesse a pena o esforço, mudou de idéia. Em vez de bater, reprovou-o por pensar que podia fazer o que bem entendesse. Ordenou a Riley e Hogan que conduzissem os camelos o mais rápido que conseguissem, e foi embora bufando de raiva.

Quando Mohammed retornou, uma hora depois, estava acompanhado de um homem alto e velho, de feições atemorizantes, que Riley descreveu como "tão preto quanto um negro". O velho estava com os dois filhos e um grupo de homens a pé, fortemente armados. O homem escuro, que era o amo de Clark e cuja aparência, segundo Riley, "mostrava todos os sinais da mais entranhada maldade", olhou para ele e fez uma oferta a Mohammed. Os dois logo chegaram a um acordo. Riley nunca mencionou pelo que foi trocado, mas Mohammed provavelmente recuperou seu investimento — um cobertor — e ficou satisfeito em se livrar de uma dor de cabeça. Ele ainda tinha Hogan e Deslisle.

O novo amo de Riley — cujo nome era Sideullah — e seu grupo caminhavam ainda mais rápido do que os camelos, e Riley não conseguia acompanhar o passo.[2] Sideullah, zangado, ordenou que andasse mais depressa e bateu em suas costas com uma vara. Riley cambaleou, mas seu instinto animal de sobrevivência predominou, e ele se manteve junto com o grupo, até que um dos filhos de Sideullah pendurou nele seu mosquete e o chifre de pólvora. Sob o peso, intensificado pela fadiga, Riley começou a ficar para trás de novo, odiando o jovem e esperando que Sideullah viesse e o golpeasse uma vez mais. O velho, entretanto, estava ocupado com outros assuntos. Ele se adiantou, deixando que os demais chegassem sozinhos ao acampamento.

Assombrado pela imagem de Williams moribundo, mas também impelido por ela, Riley manteve os pés em movimento. Como ter pena de si mesmo com seu imediato em tal estado? Avistava o longínquo horizonte em todas as direções, interrompido apenas por camelos, que se recortavam contra o céu como navios distantes. Os animais estavam por toda parte. Às vezes alguns deles ficavam visíveis no horizonte, como cascos de embarcações. Para manter o rumo, precisava apenas segui-los. Tinha de continuar movendo os pés. Rezou por Williams, desejando a ele e a si mesmo ânimo e força.

Era tarde da noite quando chegou ao acampamento de Sideullah. Os nômades o aliviaram de sua carga e disseram que se deitasse à sombra da tenda. Ele implorou por água, sem resultado. Sideullah e o filho rezaram e depois saíram para visitar outras tendas. "Tentei comover o coração das mulheres, para que me dessem um pouco de água", ele disse, "mas apenas riram e cuspiram em mim." Impiedosamente o afastaram da tenda. Riley sentou sobre a terra dura e quente, absorvendo os últimos raios de sol. Não conseguia pensar em nada a não ser na sede que sentia.

Ao pôr-do-sol, o novo amo de Riley voltou com os filhos e duas dúzias de homens e rezaram juntos. Ele parecia ser o líder espiritual do grupo. Riley se perguntava como os árabes, sendo tão religiosos — rezavam com regularidade e devoção, como sua crença exigia —, eram capazes de ignorar o fato de que, sob seus cuidados, ele e seus homens não tinham atendidas as mais básicas necessidades e sofressem de modo desumano?

Riley foi distraído de sua cisma quando James Clark chegou com os camelos de Sideullah. Esses encontros se haviam transformado em algo que os homens aguardavam ansiosos e que os fazia seguir em frente, mas ali estava outro companheiro cujas condições não eram apenas deploráveis, mas de cortar o coração. Clark deixara dois filhos jovens em casa. "Estava quase sem pele", Riley recordou mais tarde. "Todas as partes de seu corpo estavam expostas; a carne, excessivamente mutilada, queimada e inflamada." Ele parecia quase tão mal quanto Williams. "Estou feliz em vê-lo, senhor", disse Clark, "porque temo que não passarei desta noite. Se o senhor regressar para nosso país, por favor, diga a minha mulher, meus irmãos e irmãs como eu morri."

"Você não vai morrer agora", assegurou o capitão de maneira quase automática. "A comida que temos, embora pouca, é suficiente para nos manter vivos, e o deserto, ainda que nos esteja assando, ao mesmo tempo nos preserva. Veja nossos ferimentos. Mesmo nos piores não há sinais de putrefação. Estamos sendo salvos para ter outro destino."

Clark parecia com medo. Riley buscou outras palavras encorajadoras, palavras em que ele próprio não acreditava, qualquer coisa para fazer Clark resistir por mais um dia. Disse-lhe, de forma convincente, que um velho comentara com ele que, quando chovesse, todos iriam para o nordeste, para vender os marinheiros. "Assegurei ao velho", disse Riley a Clark, "que um grande resgate seria a recompensa deles por levar toda a tripulação para a terra dos mouros."

Riley implorou a Sideullah que os deixasse dormir em um canto da tenda, como os dois escravos negros, que cuidavam do rebanho. O *bou sbaa* concordou, apontando para um lugar onde eles podiam deitar, mas de novo as mulheres objetaram e os puseram para fora. Sideullah não as contradisse, mas, à noite, ele e seus filhos levaram leite quente para Riley e Clark, meio litro para cada um. E, depois que as mulheres dormiram, Omar, o filho que sobrecarregara Riley com seu mosquete, foi até eles e os levou para dentro da tenda, onde puderam dormir sobre areia macia. Fez isso de um modo que levou Riley a pensar que se equivocara a respeito de Omar e que este o fizera carregar sua arma não por preguiça ou crueldade, mas para dar a Riley uma desculpa para se atrasar, para poder caminhar em paz. Omar demonstrava ter ao menos alguma gentileza.

O grupo permaneceu ali no dia seguinte. Pela manhã, as mulheres da tenda desaprovaram a presença dos dois e bateram em Riley e Clark, que fingiram dormir até os golpes se tornarem dolorosos demais. Embora as mulheres árabes tivessem autoridade dentro da tenda, Sideullah, que queria que os marinheiros recobrassem as forças, censurou-as. Riley e Clark ficaram debaixo da tenda durante todo o dia, compartilhando meio litro de leite de camela pela manhã e bebendo cada um meio litro de água ao meio-dia. À tarde, Riley sentia que o inchaço do corpo ainda persistia, em especial de seus pés arrebentados.

Enquanto os marinheiros permaneceram na tenda, Boireck — o fortíssimo escravo negro de Sideullah — e dois meninos árabes haviam passado o dia fora com os camelos à procura de arbustos para os animais pastarem. À noite, Boireck se sentou, esticando as pernas longas e cansadas, uma de cada lado do fogo. Vendo Riley e Clark dentro da tenda e ressentido pelo fato de eles terem descansado o dia inteiro, levantou para expulsá-los dali. Quando Sideullah o impediu, Boireck ficou mais irritado ainda.

Naquela noite, ele divertiu a família e alguns visitantes ridicularizando os cristãos. Apontou para os órgãos genitais murchos deles e, rindo, comparou-os aos seus. Suas desdenhosas referências ao abatido Riley como "*el rais*" provocaram uivos de gargalhadas. Ele lhes cutucou as feridas com uma vara e zombou da pele deles, que morria e se tornava nojenta na própria presença de Alá, o sol. Que outras provas eram necessárias de que aqueles miseráveis idólatras brancos só mereciam a escravidão e o desprezo?

Clark ficou furioso. "Já é bastante ruim ser deixado nu, esfolado vivo e mutilado", sussurrou para Riley, "e depois ainda ser obrigado a suportar as zombarias de um maldito escravo negro."

"É bom saber que você ainda está vivo, Jim", respondeu Riley com um aceno de cabeça. O leite e a água que haviam consumido naquele dia, o descanso e a sombra tinham levantado seu ânimo. Riley não permitiria que as zombarias de Boireck o abatessem justo agora. "Você sente a necessidade de vingar um insulto, mas deixe o pobre negro rir, se ele tem algum prazer com isso", disse a Clark. "Deus sabe que há muito pouco aqui com que se alegrar. Ele está apenas tentando agradar a seu amo e às patroas. Não me importo que ele faça isso, mesmo que seja à nossa custa."

Durante os três dias seguintes, prosseguiram na direção sudeste, entrando mais a fundo no deserto, a um ritmo de cerca de cinqüenta quilômetros por dia. O terreno se tornou mais plano, com depressões mais rasas e menos arbustos, quase todos mortos e secos. Os poderosos molares dos camelos trituravam os talos de madeira com a força de rodas de moinho, mas ainda assim não conseguiam encher o estômago. As plantas que os nômades usavam para suplementar sua própria dieta também se tornaram mais escassas. "Em todos os vales onde entrávamos, os nativos corriam e procuravam debaixo de todos os arbustos, na esperança de achar alguma erva, pois estavam quase tão famintos quanto nós." Riley ficou desapontado com o amargor e o gosto salgado de uma planta miúda parecida com bolsas-de-pastor.* O sabor agradável de uma planta cuja raiz lembrava uma cebola e que os *bou sbaa* chamavam de *taloe* era raro. Debaixo de sua única folha, parecida com um talo de grama, da altura da mão, se escondia uma raiz do tamanho de uma noz, que escavavam com um pau; em um dia bom não se achava mais do que meia dúzia delas, de valor nutritivo insignificante. Riley e Clark ficavam cada vez mais fracos. Na verdade, Riley havia comido tão pouco que nada sólido havia passado por seus intestinos desde sua captura.

Falta de comida não era o único problema. Os estoques de água estavam quase no fim, e o leite começara a faltar. Os marinheiros, naturalmente, foram os primeiros a sofrer. Sua ração foi reduzida a uma xícara de leite por dia, sem água. Até os nômades pareciam nervosos; paravam mais cedo, armavam as tendas para a noite no meio da tarde e prestavam pouca atenção aos marinheiros, desde que estes juntassem gravetos para o fogo. Riley e Clark passavam tardes e noites em um canto da tenda.

Por ironia, a falta de alimento fez com que caminhar se tornasse mais fácil, porque, à medida que perdiam peso, conseguiam

* *Caspsella bursa-pastoris*, planta medicinal, anual ou bianual, de cerca de quarenta centímetros, difundida em todo o mundo, especialmente pela Europa e pelo Norte da África, de efeitos adstringente e diurético, além de desinfetante. (N. T.)

suportar melhor o atrito dos pés sobre as pedras. Mas, com o agravamento da desidratação crônica, as articulações se endureceram, e eles começaram a ter muita dificuldade em ficar de pé. Riley notou que estava, literalmente, encolhendo. Todos os dias que passou no deserto aliviou parte da sede continuando a colher e beber a própria urina. "Mas aquela fonte", ele escreveu, "agora escasseava, pela falta de umidade."

A situação de Robbins não era melhor. O suprimento de água de Ganus também estava acabando, e as súplicas de seus escravos só produziam duras repreensões. Robbins estava convencido de que cada passo que davam os levava para mais longe da civilização. Não encontrara nenhum de seus companheiros durante dias e tinha a certeza de que nunca mais os veria.

Quando Savage de repente apareceu atrás dele em companhia de dois árabes, Robbins quase não acreditou. Não via o segundo imediato desde o poço e procurou ficar para trás da manada de seu amo para falar com ele. Savage estava esquelético. Disse que não comera nada sólido desde que fora capturado. Robbins lamentou não ter meios de ajudá-lo. "Eu dividiria com você os escassos restos do meu quinhão de carne de porco", disse, "mas meu amo nunca permite que eu mesmo os carregue." Eles não podiam mais falar. Robbins tinha de alcançar Ganus novamente.

Dois dias depois, Ganus se distanciou para explorar o terreno à frente e deixou Robbins esperando perto de um arbusto. Nas quatro noites anteriores, os nômades não se haviam incomodado nem sequer em armar uma tenda, e a exposição à natureza começava a cobrar seu preço. A cada manhã, Robbins se levantava molhado de orvalho e com as juntas duras. O frio, a umidade e a areia irritavam seu corpo ferido. Naquela manhã, perdeu os sentidos.

No meio da tarde, foi acordado — não pela ameaçadora ordem de um árabe, mas por Savage. Robbins ficou feliz por tornar a ver o segundo imediato e ter a oportunidade de passar algum tempo com ele e conversar. O estado de espírito de Savage melhorara, mas ele disse a Robbins, sem rodeios, que estava próximo da "fome absoluta" e amaldiçoou amargamente seu amo cruel. Os dois vagaram em busca de lesmas, que descansavam suas conchas redondas, em forma de trombeta, nas eufórbias de formato hemisférico e nos espinheiros. Cada uma daquelas conchas — de cerca de dois centímetros e meio de diâmetro —, esbranquiçada pelo sol e grossa o suficiente para proteger contra a ação dos elementos naturais, guardava um conteúdo mastigável, de forma cilíndrica, com gosto de lodo. Savage engoliu alguns, mas nenhum dos dois marinheiros tinha energia para prosseguir com a busca. Logo ficaram exaustos, e o calor os fez procurar uma sombra, onde se sentaram sem nada para fazer a não ser falar mal dos nômades. Antes de retornar às tendas, os dois fizeram uma breve oração.

Nenhum dos grupos se mexeu no dia seguinte. Robbins visitou a tenda de Savage, onde os dois roubaram um pouco de água de uma pele de cabra. Savage disse a Robbins que seu amo havia removido um cisto de um camelo naquela manhã e que ele sabia onde estava. Foram buscá-lo e o encontraram sobre a areia, já cortado em dois pedaços, "não muito diferente", segundo Robbins, de uma "ova de sável".* Começaram a cozinhá-lo às escondidas, na areia, sob carvões em brasa que retiraram do fogo, mas, quando viram a patroa de Savage se aproximar, eles o retiraram da areia e o engoliram.

Na noite de 18 de setembro, os *bou sbaa* se reuniram para outro *yemma*. Enquanto a lua cheia iluminava a areia em torno

* Peixe marinho clupeídeo (*Clupea alosa*), maior que o arenque, e que só se reproduz em águas doces. (N. T.)

deles, decidiram fazer o perímetro completo de volta ao poço próximo do mar. Riley ficou arrasado com a notícia, que confirmou para ele que os nômades não haviam conseguido encontrar água onde estavam. Segundo suas estimativas, teriam de voltar quase quinhentos quilômetros, sete dias e meio de viagem. "Como os camelos estavam quase secos", ponderou, "temi que eu e meus companheiros morrêssemos antes de chegar ao poço."

De manhã, antes de partir, Sideullah deu água às quatro éguas. Dia sim, dia não, uma das famílias da tribo, cada qual por sua vez, dava às éguas toda a água que os animais conseguissem beber. Sideullah esvaziou sua última pele de cabra em uma gamela. Quando os animais terminaram, Riley, que não bebia água havia dias, implorou a seu amo que o deixasse lamber o que restara, mas ele não permitiu. Em vez disso, espalhou os restos sobre o solo como um sacrifício a Alá, enquanto os árabes rezavam para que chovesse.

Durante os dias que se seguiram, andaram e escavaram. Riley não conseguia entender como os árabes mantinham aquele passo diante do pouco que o deserto lhes oferecia para consumir. Ele e Clark recebiam menos ainda. Em uma depressão arenosa, que os camelos não exploraram, encontraram lesmas em arbustos baixos. Muitas eram tiradas da concha com um ruído crocante, indicando que estavam mortas havia tempo, ressecadas, impróprias para serem comidas, mas depois aparecia alguma ainda aderida à concha e depois outra. Eles esconderam as lesmas vivas em suas roupas até o anoitecer, e depois discretamente as assaram, mas perceberam que mal conseguiam comê-las. O corpo necessita de fluido para digerir a comida, e eles não haviam bebido mais do que 120 mililitros de leite naquele dia. Queimando de sede, Riley e Clark procuraram um camelo que estivesse urinando, tomaram o filete cor de âmbar em suas mãos e beberam. "Tinha um gosto amargo, mas não salgado", disse Riley, "e aliviou nossa prostração."

A fome começou a deixar os homens mentalmente perturbados e ameaçou tornar verdadeiro o mito — ironia final — de que canibais ocupavam o Saara. No ponto mais crítico a que chegaram, alguns dos homens comeram a pele que se soltava de seus braços, saciando-se com a própria carne. Riley, horrorizado, amarrou o braço de um dos homens às costas. Dois outros atraíram uma criança árabe para longe das tendas. Riley os descobriu e correu até eles quando estavam a ponto de matar a criança com uma pedra. "Eu os convenci de que seria mais digno morrer de fome do que se tornarem canibais e comer a própria carne ou a de outro ser humano", escreveu mais tarde, e lhes assegurou que seus amos os alimentariam ao menos o suficiente para mantê-los vivos até que pudessem ser vendidos. Por algum tempo, Riley conseguiu que continuassem acreditando nisso.

O dia 21 de setembro trouxe uma mudança de atitude talvez mais inexplicável do que a súbita decisão de chegar a um poço que Riley acreditava que jamais alcançariam. Os árabes errantes, desesperados por água, não vagavam mais. Sideullah e alguns dos homens de sua tribo armaram suas sete tendas, e nelas descansavam ou cuidavam dos camelos, e rezavam o habitual número de vezes, limpando-se com areia. Riley se perguntava se eles teriam tomado o caminho errado. Não conseguia encontrar uma explicação razoável para, simplesmente, parar. Os *bou sbaa* haviam perdido as esperanças também? Estariam se rendendo ao deserto?

10. O banquete de *sidi* Hamet

Ao meio-dia, depois que os nômades se refugiaram do sol em suas tendas fechadas, dois estranhos, montados em camelos que levavam muita carga, entraram no vale. Pelos costumes do deserto, deveriam ter parado bem perto das tendas, apeado e aguardado que o chefe da família saísse e os cumprimentasse. Mas aqueles homens, que espiavam pelas frestas dos mantos que lhes cobriam a cabeça e mantinham as mãos próximas de mosquetes de cano duplo que traziam nas selas, entraram sem se deter e foram direto para o meio do *friq*.

Do canto de uma tenda, Riley, entorpecido pelo calor, os olhava com suspeita. Ele aprendera que sempre era possível as coisas piorarem no Saara, por mais terríveis que estivessem. Ao lado dele, na parte mais escura da sombra, jazia Clark, agonizante, quase inconsciente. "Ele era uma perfeita ruína de ossos quase descarnados", nas palavras de Riley. "Sua barriga e as costas quase se juntavam, e ele respirava como uma pessoa em seus estertores."

Era de praxe os donos das tendas oferecerem água aos viajantes, mas não havia água.

Ninguém saiu das tendas. Os dois homens, de aparência feroz, cujos *haiks* escondiam cicatrizes de feridas infligidas durante duas caravanas fracassadas para Timbuktu — tendo ambas custado a vida de muitos homens e camelos —, fizeram seus animais sentar-se em frente à tenda de Sideullah. Desmontaram e sentaram no chão, cada um com seu mosquete sobre o joelho para mantê-lo afastado da areia. Riley queria que seu amo estivesse ali, mas ele e os filhos haviam pegado as armas e partido com outros homens antes do amanhecer. Ou talvez tivessem chegado ao fim da linha e resolvido abandoná-los, junto com as esposas e os filhos. Se isso tivesse acontecido, morreriam em questão de um ou dois dias.

Riley sentiu as palpitações de seu corpo fraco e ouviu o ruído áspero da respiração de Clark. Às vezes, ela parecia a Riley o som distante do corte de madeira na floresta, o que o deixava confuso sobre o lugar em que estava e fazia sua mente rodar. A cruz tatuada de Clark parecia levitar sobre a pele nova de coloração carmesim. Os dois marinheiros haviam chegado à zona onde a morte, inexplicavelmente, reclama alguns homens e poupa outros. O corpo humano é constituído de 60% a 70% de água. Há pessoas que morrem por perder apenas 20% da água do corpo (ou 12% de seu peso). Outros sobrevivem a perdas de até 40% (ou 28% do peso corporal). O declínio relativamente longo e ininterrupto de Riley e Clark para uma grave desidratação talvez lhes tenha permitido resistir até o extremo final do espectro.

Clark estava no limite, e Riley também entrara nos estágios mais severos da desidratação, nos quais o corpo retira água de sistemas secundários a fim de canalizar fluido para o sangue, para que este possa exercer tarefas de alta prioridade, como levar oxigênio e nutrientes para as células e o calor do interior do corpo para a pele, para refrescá-lo. O sistema circulatório de ambos os homens estava sugando o lubrificante de suas articulações, o que os fazia mover-se de um jeito hirto, aos arrancos. A boca não produzia saliva, os olhos não produziam lágrimas.

"É como se se estivesse sob lentes que concentram os raios solares", escreveu uma pessoa que sofreu sede severa em certa ocasião. "Os globos oculares queimam como se estivessem próximos de um fogo abrasador. A língua e os lábios incham, racham e ficam negros." Nos momentos finais e agônicos da sede, o sangue se torna viscoso e perde a capacidade de transportar o calor para a pele. A vítima é consumida pelo calor do próprio corpo, sofrendo uma espécie de derretimento interno.

As mulheres nômades mantinham uma indiferença de esfinge para com o sofrimento dos marinheiros. A esposa e a filha de Sideullah emergiram da tenda carregando um grande pedaço de pele e um rolo de tecido de tenda feito de crina de camelo e foram na direção dos estranhos. Os homens se levantaram e cumprimentaram as mulheres: "Labez, Labez-salem", disseram. "Labez-alikom." Paz, a paz esteja com vocês.

As mulheres buscaram estacas e fizeram um abrigo. Descarregaram os camelos dos estranhos e arrumaram seus pertences e as selas na sombra. Em seguida trouxeram um suporte para a carga mais preciosa dos visitantes: duas peles de cabra cheias. Riley apurava os ouvidos para a conversa das mulheres com os estranhos, que — agora não havia dúvida — eram mercadores e faziam as perguntas corriqueiras do deserto: "De onde vêm? Há quanto tempo estão viajando? Que mercadorias trazem?".

O mais velho dos dois, um homem alto, de barba cinzenta e orelhas pontudas, encobertas por um turbante volumoso que lhe sombreava os olhos, fez sinal para o outro, que remexeu nos pacotes e trouxe cobertores, plumas de avestruz e linho azul para as mulheres examinarem. O linho azul, que as mulheres saaráuis usam para cobrir a cabeça e de que têm muito orgulho, surtiu o efeito desejado: elas não pararam de sorrir enquanto o manuseavam com ar de aprovação.

Depois a mulher de Sideullah enfiou a cabeça para dentro da tenda onde Riley e Clark estavam prostrados, no ar estagnado. "*Sidi* Hamet veio dos domínios do sultão", ela disse sugestivamente. "Ele pode *comprar* você." Ela partiu, e Riley ficou remoendo aquelas palavras. Não confiava em ninguém. Um movimento errado e ele seria mandado para uma dimensão inferior — embora não muito distante — desta existência: o inferno.

Durante algumas horas ficou quieto, avaliando a questão: deveria se aproximar dos mercadores? Sua cabeça estava muito confusa para ele conseguir raciocinar. Por fim, a sede o empurrou, de gamela na mão, para a tenda. Sujo, trêmulo e incapaz de emitir qualquer som, ficou de pé diante deles e apontou para sua boca, cheia de feridas. Ele sabia que aos olhos deles era um infiel repulsivo. Com a pele descascando e o corpo coberto de cicatrizes, tinha o mesmo charme de um rato tentando almoçar com eles. O irmão mais novo de *sidi* Hamet, Seid, quis bater nele e enxotá-lo pela ousadia, mas Hamet olhou firme para Riley. "*El rais*?", perguntou. Você é o capitão?

Riley fez que sim com a cabeça. Depois de um momento, Hamet deu sinal para que seu irmão pegasse a gamela. Seid se recusou. Hamet levantou e a encheu ele mesmo. Riley segurou a gamela com as mãos ossudas e, maravilhado, examinou o conteúdo: quase meio litro de água limpa.

"Sherub, *rais*", ordenou Hamet, levantando as mãos em concha. Beba, capitão.

Riley engoliu metade da água. Era a melhor que havia tomado desde o naufrágio do brigue. Ela picou seus lábios ressecados e despertou os nervos dormentes de sua língua. "Besmillah, *sidi* Hamet, e Deus o abençoe", grasnou em árabe rudimentar, baixando a tigela.[1] Tencionava levar o resto para Clark. Quando se virava para ir embora, Hamet o deteve e fez sinal para que acabasse de beber a água.

Riley apontou para sua tenda e explicou o melhor que pôde que desejava dar a água a um companheiro moribundo. Temia a repreensão habitual, mas a expressão de Hamet não revelava raiva. Ele fez um sinal de aquiescência. Riley se surpreendeu. Presenciara árabes — mesmo os mais brutais — darem água a escravos de outros homens, como Hamet acabara de fazer, mas ainda não havia visto nenhum tolerar qualquer tipo de afronta de um escravo cristão.

Clark jazia de rosto voltado para baixo em sua esteira. Riley o virou e amparou seus ombros. "Aqui tem água", disse. Levou a gamela aos lábios de Clark, que bebeu, os olhos fundos brilhando.

"Isso deve ter vindo de um país melhor", Clark ofegou para seu capitão. "Se estivéssemos lá, e eu pudesse tomar um bom gole desta água, morreria com prazer."

Sideullah retornou no fim da tarde. Riley não ficou surpreso por ele nada trazer de sua excursão do dia. Era típico do que Riley vira até então. Por mais ostensivas que fossem suas exibições de diligência, os homens da tribo pareciam não produzir nada, nem juntar nada, exceto quando tiravam leite das camelas ou decidiam encher as peles de cabra — esta última uma obrigação agora abandonada de uma forma que causava perplexidade. Nenhum deles via um poço fazia mais de uma semana.

A notícia da chegada dos mercadores do norte se espalhou, e outros *bou sbaa* começaram a se materializar como por mágica no deserto vazio. Pela poeira, Riley estimou que haveria uns duzentos homens, mais do que vira em qualquer reunião anterior, andando pelo acampamento de seu amo, conversando com os mercadores e uns com os outros, gesticulando à sua maneira entusiástica.

Ao pôr-do-sol, Sideullah os guiou nas preces. Primeiro tiraram os *haiks* e se lavaram com punhados de areia.[2] Depois, curvando-se repetidas vezes para o leste, entoaram: "Allah Houakibar" — Deus é grande. Isso foi seguido do *Shahadah*, sua declaração de fé e um chamado à oração: "Hi el Allah Sheda Mohammed Rahsool Allah" — Dou testemunho de que Maomé é o profeta de Deus.[3] Em seguida, Sideullah fez uma grande oração. Terminaram recitando juntos um capítulo do Alcorão. Riley tornou a se questionar sobre a inerente contradição entre a religiosidade e a indiferença deles em relação ao sofrimento de seres humanos iguais a eles, em especial Clark, cuja luz se desvanecia com o crepúsculo.

Por volta das dez horas o *friq* estava quieto de novo. Riley e Clark foram expulsos da tenda. Riley ajudou o companheiro a ir para um ponto não muito afastado, onde desmoronaram na areia nua e tiveram um sono agitado, trêmulos de frio, sem o combustível necessário para manter o calor do corpo. Eles se alimentavam apenas de lesmas e raízes havia três dias. À meia-noite, Sideullah os acordou e lhes deu pouco mais de meio litro de leite fresco de camela. Riley afirmou tempos depois que isso salvara a vida de Clark.

Pela manhã, Hamet puxou Riley de lado e o interrogou. Novamente, Riley não tentou explicar que viera do outro lado do Atlântico, mas disse que ele e seus homens vinham da Inglaterra. Hamet assentiu, em sinal de compreensão. Usando as mãos, o rosto expressivo, os rudimentos de árabe que havia captado, junto com um pouco de francês e espanhol, Riley relatou os acontecimentos que o haviam levado até ali, apontando na direção do naufrágio. Falou de sua mulher e dos filhos, deixando escapar do peito uma onda de emoção. Disse que Horace era seu filho mais velho.

Para os árabes, empedernidos pela vida no deserto, chorar era vergonhoso para um homem. Quando o francês Brisson chegou ao ponto de soluçar diante dos *bou sbaa*, escreveu que, "ao perceber isso, algumas mulheres, em vez de mostrar compaixão, jogaram areia nos meus olhos, para secar minhas lágrimas" (p. 369). Riley não esperava solidariedade, mas Hamet acabara de retornar de uma desastrosa caravana de dois anos miseráveis, vira apenas brevemente sua família — a mulher, dois filhos e uma filha — antes de voltar ao deserto para tentar saldar as dívidas. Comovido pelo sofrimento de Riley, tão semelhante ao seu, o mercador chorou também.

"Homens como eu, que têm barba, não devem chorar", disse Hamet, passando o braço pelo rosto antes de ir embora.

Isso encorajou Riley. Ali estava um homem que poderia ter boa vontade para ajudar. Começou a arquitetar um plano.

Pouco depois encontrou Hamet sozinho.

"Tenho um amigo no norte", disse a ele. "Se você comprar a mim e aos meus companheiros e nos levar para os domínios do sultão de Marrakech, meu amigo pagará a você uma grande soma de dinheiro."

Enquanto espiava dentro dos olhos de Riley, o árabe não revelou sentimento algum. Hamet e o irmão estavam em débito com o sogro, Ali, um sheik cruel que vivia perto de Gulimine. Hamet já havia pensado na possibilidade de os marinheiros cristãos representarem uma boa oportunidade para ele e seu irmão. Hamet — um *bou sbaa* marroquino do ramo *ben demouiss oulad el-hadj* — estava cada vez mais convencido de que Alá o havia levado até aquele humilde bando de *oulad brahim*, seus primos *bou sbaa*, para compensar suas desgraças. O instinto lhe disse para confiar no corajoso capitão.

"Não", respondeu Hamet. "Impossível. Eu poderia levar apenas *el rais* para Mogador." Essa cidade murada era o posto internacional de comércio do imperador no Atlântico.

"Eu vi o sultão", disse Riley a Hamet. "Ele é amigo do meu país."

Hamet ouviu e, depois, aumentou sua aposta. "Mohammed

Rassool?", ele perguntou. Maomé, o Profeta? Riley assentiu. Apontou para o leste e depois para o céu, indicando que sabia que o profeta viera do leste e que acreditava que havia ascendido aos céus. Isso agradou a Hamet. "Quanto vou ganhar?", perguntou.

Riley encheu uma das mãos com pedrinhas e separou cinqüenta. "Esta quantidade de dólares espanhóis por mim e a mesma quantidade para cada um dos meus homens."

"Não comprarei os outros", disse Hamet. "Quanto eu receberia a mais por você?" Riley juntou outras cinqüenta pedras à pilha.

"O dinheiro está em Mogador?", Hamet perguntou, usando suas mãos e palavras. "Ou será mandado de seu país?"

"Meu amigo em Mogador pagará", replicou Riley, embora não conhecesse ninguém lá.

"Você está mentindo", zombou Hamet.

"Não", disse Riley, pousando um punho fechado sobre o coração e sacudindo a cabeça. "*El rais* não mente."

Hamet fixou em Riley, demoradamente, seu olhar penetrante. "Se você me enganar", disse, fazendo um gesto horizontal com a mão, "corto sua garganta."

Sem se abalar, Riley balançou a cabeça, concordando. Tornou a implorar que Hamet comprasse seu "filho", Horace, mas o mercador disse que não poderia tirar mais ninguém do deserto. "Não diga nada disso a seu amo", ele concluiu, "nem para o meu irmão, ou qualquer outra pessoa."

A despeito da relutância de Hamet, Riley se sentiu estimulado por suas maneiras. Ele era direto e inteligente e falava de forma equilibrada. Riley teve a certeza de que qualquer coisa que Hamet decidisse aconteceria.

O capitão foi catar lesmas e viu Savage — a quem não encontrava havia muitos dias — e Hogan fazendo o mesmo. Andaram aos tropeções por ali em vão, porque já tinham esgotado as reservas de lesmas naquela área. Os camelos haviam mutilado os arbustos espalhados, devorando todos os ramos de menos de dois centímetros e meio.

Retornando ao acampamento, Riley buscou Clark, que se havia recobrado de maneira notável, embora andasse com dificuldade, como um velho. Os quatro Commerces se sentaram do lado de fora da tenda de Hamet. "Tenho grandes esperanças", disse Riley, apesar das negativas do mercador, "de sermos comprados por esse homem e levados para um país civilizado." *Sidi* Hamet saiu da tenda e se sentou, examinando-os em silêncio, mas sem nenhuma timidez. Até ele, que vira sofrimentos horrendos no Saara, fez uma careta diante do estado deplorável dos marinheiros, que sussurraram: "Ele não vai nos levar". Mas, como Riley imaginava, Hamet estava interessado. Começou a avaliar abertamente a resistência e o valor dos homens. Perguntou a Riley se alguém do grupo morrera, se tinham esposa e filhos, e o que haviam comido. Riley respondeu, falando bem deles, garantindo a Hamet honestamente que até Clark, que estava tão magro, era o marido de uma bela mulher chamada Ruth, pai de duas crianças e um soldado que se distinguira em batalha.

Como Riley logo descobriria, o valor de um cristão como mercadoria resgatável dependia de seu posto, da riqueza, saúde e localização. No deserto, onde uma tenda de quatro anos valia um camelo, e um camelo, doze cabras ou meia dúzia de ovelhas, um cristão se situava em algum ponto entre um cobertor rasgado e um camelo adulto, exceto em raras circunstâncias. Oficiais valiam mais do que marinheiros, embora os árabes, desesperados em busca de artesãos, retivessem indefinidamente um fabricante de pólvora, um cirurgião ou um ferreiro que, por ingenuidade, admitissem suas habilidades. Homens casados valiam mais do que solteiros, pois significavam uma riqueza maior. Os árabes prontamente avaliavam a qualidade das roupas de um homem.

Brisson, que prodigalizara relógios, fivelas de prata e dinheiro a seu primeiro captor para ganhar suas boas graças, foi vendido de um dono para outro por cinco camelos, enquanto o padeiro do navio valeu apenas um. No final das contas, Brisson lamentou os presentes, que só serviram para elevar o preço de seu resgate.

Para receber o resgate por um cristão, um saaráui precisava entregá-lo no porto imperial de Mogador, onde mercadores estrangeiros e cônsules podiam fazer o pagamento. Para chegar lá, tinham de cruzar o deserto, passar por tribos beduínas hostis, pelas cidades fortificadas berberes na região do Sous e, por fim, se defrontar com as forças do sultão de Marrocos — onde a escravidão de cristãos era tecnicamente ilegal —, que gostava dos "presentes" que as nações ocidentais lhe davam pela liberdade de seus cidadãos. Durante todo o tempo, o captor não tinha nenhuma garantia de que receberia, de fato, a soma combinada. Em vez de fazer a viagem longa e arriscada, muitas vezes o saaráui vendia seu escravo localmente, obtendo um lucro pequeno, mas seguro, de um comprador, que venderia com pequeno lucro para outro comprador.

Dessa forma, em uma torturante peristalse, o Saara aos poucos liberava os cristãos para o norte, um território por vez, e quanto mais próximo de Mogador, mais alto o preço, e em Wednoon, na fronteira do deserto, o meio de troca passava a ser moeda em vez de objetos. No Saara, o mercador francês Saugnier foi trocado uma vez por um barril de alimentos e uma barra de ferro de três metros, e depois por dois camelos jovens. Foi vendido duas vezes em Wednoon, primeiro por 150 dólares espanhóis, depois por 180 dólares. Os homens do mar que estavam com ele renderam de cinqüenta a 95 dólares. Robert Adams, do *Charles*, ficou na segunda faixa: uma vez por cinqüenta dólares em cobertores e tâmaras, e uma segunda vez por setenta dólares em cobertores, tâmaras e pólvora.

Em 1810, James Grey Jackson, mercador e escritor inglês, propôs o pagamento de uma taxa fixa por ocidentais entregues em Mogador. "Bastaria uma soma insignificante", sustentava, que estivesse sempre à mão e que a política fosse bem conhecida. Isso eliminaria a incerteza que levava às sucessivas revendas de cristãos e aos extorsivos pagamentos de resgate. Jackson estimava que 150 dólares por homem seriam o bastante, "um valor bem acima do preço de um escravo negro". Os britânicos adotaram a prática no sul, em Saint-Louis, no rio Senegal, onde, em 1816, a rápida recuperação de alguns passageiros do *Méduse* comprovou sua eficácia, mas tais padrões não existiam para os cristãos transportados para o norte.

Na manhã de 24 de setembro, os *bou sbaa* levantaram acampamento e rumaram na direção noroeste durante todo o dia. Quando pararam, ao anoitecer, as mulheres de Sideullah armaram tendas para a família e para Hamet e Seid, que se juntaram a eles. No dia seguinte, o grupo ficou parado, e Hamet e Sideullah discutiram negócios. Regatearam pelos artigos que Sideullah queria dos mercadores, e por Riley. Por este, Sideullah exigiu dois *haiks* grosseiros, um maço de plumas de avestruz e o linho azul que sua mulher cobiçava. No deserto, onde tais bens eram raros, era um preço alto e refletia o posto de capitão de Riley. Hamet afinal concordou. Na costa, aqueles bens valeriam menos da metade de uma libra inglesa, ou dois dólares espanhóis. Riley prometera pagar *cinqüenta* vezes aquela quantia por sua liberdade.

Mais tarde, Horace, seu amo e Savage foram à tenda de Hamet. Com lágrimas nos olhos, Riley abraçou Horace e deu a ele e a Savage algumas lesmas que encontrara naquela manhã, o que deixou Hamet ainda mais convencido do parentesco de Riley com o menino. Depois que os visitantes se foram, Hamet disse a Riley que partiriam em dois dias e que o amo de Horace, cuja crueldade e natureza possessiva Riley já havia testemunhado, não se dispunha a vender o garoto de jeito nenhum. Essa notícia abalou o capitão, cuja determinação de cuidar de Horace o salvara do desespero em outra ocasião. "Deixe-me ficar no lugar dele", implorou. "Serei um escravo leal a seu amo enquanto viver. Por favor, leve *Horace* com você para Mogador. Meu amigo pagará por ele e o enviará para casa, para junto de sua mãe. Eu jamais teria como encará-la sem ele."

A angústia de Riley comoveu Hamet. "Por Alá, você terá seu filho", jurou. Hamet levou a questão para os membros mais velhos da tribo, que convocaram um conselho. Hamet e o amo de Horace expuseram de modo apaixonado seus pontos de vista e depois começaram a gritar e trocar socos. Por fim puxaram suas cimitarras, mas antes que houvesse derramamento de sangue foram separados. Como Riley previra, Hamet acabou prevalecendo. "Mas", disse Hamet a Riley, "o preço que o conselho estipulou foi alto. Você terá de pagar pelo menino o mesmo que por você."

Sem desanimar, Riley então insistiu com Hamet para comprar Savage e Clark. "É impossível", disse Hamet novamente, "dois homens transportarem quatro cristãos para Mogador. Seria mais fácil levar gazelas pela cova de leões." Para chegar a Mogador, teriam de passar por um cinturão de cerca de mil quilômetros de bandidos e senhores da guerra, que não hesitariam em matar Hamet e Seid para roubar os escravos. Não era apenas uma questão de cobiça, era também uma questão de poder e de controle das terras. Nenhum sheik permitiria que passassem com uma carga tão valiosa sem pagar tributo, pois isso diminuiria seu poder. Hamet e Seid tinham só uma pequena quantia em dinheiro e nenhuma base de apoio que lhes permitisse forjar alianças ou obter benefícios práticos. Os dois sozinhos não seriam a presa de ninguém, mas, quanto mais cristãos levassem, viajariam mais devagar e certamente mais atenção atrairiam.

Riley fez ouvidos moucos aos argumentos. Caiu de joelhos e implorou a Hamet que comprasse Savage e Clark. Dessa vez, no entanto, foi longe demais. "Cale-se. Deixe-me em paz!", Hamet rosnou. Ele bateu em Riley com a parte chata da lâmina de sua cimitarra como advertência.

Na manhã seguinte, entretanto, Riley, como um buldogue, foi atrás de Hamet. Recitou os nomes de todos da tripulação, mesmo daqueles cujo paradeiro ninguém sabia, pressionando o mercador a perguntar por eles. Hamet então insistiu apenas em que não compraria Clark, que, segundo ele, morreria dentro de três dias. Riley jurou que pagaria a mesma quantia por Clark se este morresse na viagem.

Aquilo parecia provável. Embora tivesse melhorado um pouco da desidratação, a pele da cabeça de Clark, escaldada pelo sol, se abria em feridas em carne viva que ressumavam. Hamet e Seid afastaram o cabelo sujo de Clark com gravetos e cutucaram a carne em frangalhos. Isso levou a uma inspeção mais acurada também em Riley e a uma conversa murmurada entre os irmãos. Seid não estava convencido de que devessem comprar qualquer um dos marinheiros. Eles estavam muito magros e a pele estava tão escalavrada quanto uma tenda em seu quinto ano.

Percebendo que os esfomeados marinheiros tinham de ser alimentados antes da viagem, Hamet comprou um velho *jmel* — ou camelo macho — de Sideullah por apenas um cobertor. No deserto não havia pechincha. Ambos os homens sabiam que aquele animal, que não mais conseguia acompanhar a manada, só servia para ser carneado, e, uma vez que, pelos costumes islâmicos, as refeições eram comuns entre os habitantes do deserto, qualquer um que chegasse lá teria o direito de participar. Na realidade, Hamet não havia negociado um camelo, mas o direito de fazer o papel de anfitrião: decidir a hora e o lugar do abate, alimentar seus escravos e ficar com tudo o que sobrasse, que dessecaria para a viagem que tinha à frente. Mesmo encarquilhado, o *jmel*, com a corcova flácida, forneceria várias centenas de quilos de sangue nutritivo, tutano, carne e órgãos — uma abundância de comida para os nômades, acostumados a viver de leite de camela, água e raízes por semanas e meses a fio. Mas isso não queria dizer que Hamet não tentaria fazer os preparativos para o abate o mais silenciosamente possível.

À meia-noite, ele despertou Riley e Clark com um cacarejo. Comprara Clark por uma bagatela e também Savage, de quem ainda não tomara posse. Hamet orientou os dois homens a trazer a crina e o estrume de camelo que haviam recolhido. À luz da lua e das estrelas, Hamet, Seid e Sideullah, sem dizer uma só palavra, conduziram os dois homens e o camelo a uma pequena ravina isolada, onde forçaram a criatura a se ajoelhar. Seid fez um nó corrediço, passou-o sob a gordurosa mandíbula do camelo e puxou a cabeça do animal para trás até o focinho ficar encostado no traseiro. Em seguida, prendeu a ponta solta da corda à base firme do rabo. Hamet pôs uma panela de cobre sob o pescoço do camelo, a uma distância de uns trinta centímetros do peito. O idoso animal estremeceu ligeiramente quando Hamet passou a cimitarra em sua pele, abrindo uma veia do lado direito do pescoço, perto dos ombros. Um jorro escuro tamborilou dentro da chaleira, o som melancólico ecoando pelas dunas silenciosas, enquanto Riley observava uma chama de gravetos e estrume se acender e soltar faíscas, crescendo e lançando fagulhas na noite, como fogos de artifício.

Quando a panela já continha quase seis litros de sangue, Hamet e Sideullah a puseram no fogo. Riley se agachou perto da cintilação alaranjada da brasa, aquecendo as pernas, que estavam quase no osso de tão magras, enquanto os mercadores mexiam a panela com o sangue ainda quente.

O cheiro pairou por cima da colina em direção às tendas, acordando os famintos nômades, que começaram a vir pela duna. Primeiro deram mostras exageradas de ajudar na carnagem, mas quando Hamet pôs a panela na frente do capitão, dizendo "Kul, Riley" — Coma, Riley —, se postaram em volta como hienas. Riley e Clark enfiaram as mãos nuas no sangue fumegante. A multidão deu um passo à frente. Hamet e Seid tentaram se defender, mas havia muitos intrusos. O mais rápido que conseguiram, os dois marinheiros devoraram o sangue, que coagulara e estava tão espesso quanto fígado de bezerro, enquanto os nômades batiam neles, arrancando-lhes grandes nacos do nutritivo alimento. Quando o sangue acabou, o frenesi parou, tão rápido quanto havia começado. Os nômades voltaram a atenção para a retirada da pele e das entranhas do camelo. Puseram o intestino delgado com o que ainda continha dentro da panela, junto com o fígado e os pulmões. Um homem abriu a pança do camelo — seu primeiro e maior estômago, onde o animal digere parcialmente a comida antes de regurgitá-la como ruminação —, enfiou dentro dela uma gamela e tirou um pouco do espesso líquido verde. Logo aquela mistura borbulhava no fogo.

Em nenhum momento houve menos de meia dúzia de *bou sbaa* trabalhando na carcaça. Os que haviam chegado primeiro afastavam os que vinham depois. Aqueles desapareciam com seu despojo e eram substituídos. Na escuridão do início da manhã, conseguiram levar mais da metade da pele, dos ossos e da carne do camelo. Hamet e Seid trabalhavam e vigiavam. Sua presença impunha um certo limite à roubalheira, mas eles também evitavam criar confrontos que pudessem iniciar uma batalha generalizada que não teriam como vencer.

Riley nunca vira nada parecido, e mais tarde expressou sua consternação:

> Embora nossos amos vissem os nativos roubar e levar embora a carne, eles não podiam impedi-los, pois temiam conseqüências piores do que a perda dos bens: era uma máxima respeitada entre os árabes alimentar os famintos e lhes dar de beber, mesmo que o dono das provisões fosse obrigado a tirar de si mesmo e de sua família.

Wilfred Thesiger, famoso explorador britânico do Grande Deserto da Arábia, nos anos de 1940, também ficou perturbado com essa prática. "Aprendi, de uma maneira cruel, que, enquanto estivéssemos em região despovoada, todos os beduínos num raio de quilômetros viriam se alimentar à nossa custa", escreveu. "Era impossível recusar-lhes comida: no deserto, não se pode mandar um convidado embora, por mais indesejado que ele possa ser" (p. 79). T. E. Lawrence observou que "o deserto se organizava em uma espécie de comunismo insano, no qual a natureza e os elementos se destinavam ao livre uso de qualquer pessoa amistosa para seus próprios propósitos e nada mais" (p. 84).

Riley achava o costume bárbaro, mas Hamet entendia a realidade do deserto e não se sentia ofendido. Justo ou não, os saaráuis compartilhavam seus destinos, os fortes provendo os fracos, inclusive crianças, idosos e escravos. Esse pacto social permitia que sobrevivessem no terreno mais inóspito do planeta. De acordo com os ensinamentos do Alcorão, Hamet não esperava nada em troca, e nada recebeu. Quando as entranhas estavam cozidas, ele e Seid disputaram seu próprio quinhão.

Fora do alcance da luz, Riley e Clark dormitavam agitados. Enquanto seus corpos desidratados lutavam para digerir o sangue coagulado, o calor que sentiam aumentava, e uma sede terrível os dominou. À claridade amarelada da manhã, Riley viu um garoto enfiar a cabeça dentro da pança aberta do camelo e beber. Percebendo o interesse de Riley, Hamet lhe disse para afastar o garoto e tomar o lugar dele.

Riley explorou a repugnante cavidade com uma tigela e despejou o pegajoso líquido verde garganta abaixo. O que bebeu foi tão refrescante quanto a água cristalina da fonte que uma vez ele sonhara transformar em balneário. "Embora tivesse um gosto extremamente forte", escreveu mais tarde, com seu habitual equilíbrio, "não era salgado e aliviou minha sede."[4] Clark fez o mesmo.

Enquanto Hamet, Seid e seus tenazes ajudantes continuavam a estripar o camelo e espalhar a carne ao sol para secar, os outros nômades e suas crianças pairavam em torno, lisonjeando, implorando e roubando. O resultado foi tão inevitável quanto o *irifi*. Ao cair da noite, Hamet ficara com menos de sete quilos de carne. Qualquer esperança de viajar de estômago cheio se fora.

A notoriedade do banquete de Hamet teve, no entanto, um resultado positivo para os marinheiros. À medida que se difundia pela tribo a notícia de que os mercadores se preparavam para partir e estavam comprando os marinheiros, outros donos de membros da tripulação do *Commerce* tentavam chegar até eles. Por volta do meio-dia, Horace foi entregue por seu antigo amo, que havia parado de alimentá-lo depois de ter sido forçado a vendê-lo. Em três dias, Horace bebera muito pouco e não comera nada além de algumas lesmas — uma dieta miserável até para os padrões do Saara. Hamet guardara para ele um pouco de carne e das entranhas cozidas do camelo, e Riley lhe trouxe uma tigela de água da pança do animal.

O garoto estava sendo esperado, mas Burns não. Pouco após a chegada de Horace, um árabe apareceu com um homem do mar muito magro, vestido de andrajos. Hamet perguntou a Riley se era um de seus homens. Riley fez que sim com a cabeça. "Ele está velho e não serve para nada, e posso trocá-lo apenas por este cobertor", disse Hamet a Riley, segurando um cobertor em estado pior do que o que fora oferecido pelo velho *jmel*. Riley assegurou a Hamet que pagaria por Burns o mesmo que daria pelos outros. A despeito da aparência, Burns ainda tinha ânimo. Sua alegria por trocar o infeliz isolamento pela companhia dos amigos — mais uma refeição das sobras do animal e a esperança de liberdade — era contagiosa e levantou o ânimo de todos.

O próximo *oulad brahim* a chegar foi Mohammed, ex-amo de Riley, o primeiro a reclamá-los em cabo Barbas. Trazia Hogan consigo. Hamet negociou pelo marinheiro natural de Portland e o comprou por um belo cobertor. Mas, enquanto Riley se congratulava com Hogan, e Hamet o alimentava, outro árabe apareceu e começou a discutir com Mohammed, alegando ser dono da metade de Hogan. Depois de uma acalorada discussão, ele e Mohammed se viraram para Hamet e exigiram outro cobertor. Hamet se sentiu insultado. Não tinha nada a ver com a briga deles. Mas os dois *oulad brahim* insistiram. "Ele é um homem robusto", diziam. Logo os três estavam gritando. As mãos desceram para o punho das armas, mas, com Seid presente, nenhum dos lados tinha uma vantagem decisiva. Ninguém puxou as armas. Naquele momento de impasse, Riley interveio, implorando por Hogan, mas os dois *brahim* e o mercador fizeram pé firme. Agora era uma questão de orgulho, e nenhum dos lados recuaria.

Mohammed acabou atirando o cobertor de Hamet de volta para ele e segurou Hogan. Agarrando o longo cabelo do marinheiro, bateu em suas costas com o chicote que usava nos camelos, uma vareta fina de meio metro, e o conduziu para fora do acampamento.[5] "Meu coração doeu por ele quando vi os golpes caírem sobre sua figura esquálida e mutilada, mas não tive como ajudá-lo", lamentou Riley. "Tudo que pude fazer foi virar de costas e esconder meu rosto, para não presenciar as torturas posteriores."

Na manhã seguinte, o capitão fez outra marca em sua perna com o espinho que usava para isso. Segundo esse rude calendário, era 27 de setembro. Após dezoito dias longe de uma fonte de água, os *oulad brahim* planejaram partir no amanhecer do outro dia em direção a um poço que ficava dois dias para o noroeste — o mesmo poço em que Riley e seus homens haviam bebido o primeiro gole que lhes salvara a vida no deserto. Hamet, desejando evitar esse local de reunião, iria para o leste, para outro poço que conhecia, e dali retomaria a marcha para noroeste.

Riley tanto desejava quanto temia a partida. Cinco deles — Riley, Burns, Clark, Horace e Savage — estariam deixando para trás seis companheiros. Ele não via Williams, Barrett ou Deslisle fazia dias e duvidava que Williams estivesse vivo. Riley também não cruzara com Porter desde o poço, nem com Robbins, desde o conselho. E, claro, Hogan também se fora.

Naquela manhã, Hamet chamou Riley de lado e lhe disse que agora era o responsável por suas posses, pelos camelos e pelos marinheiros. Como sinal de confiança, deu-lhe uma faca pequena, para levar dentro de um coldre pendurado no pescoço. O capitão logo sentiu o peso de suas responsabilidades. Hamet esperava que ele delegasse tarefas, mas seus homens, na maioria das vezes, estavam sem condições de executar qualquer trabalho pesado. O otimismo do dia anterior diante de suas novas possibilidades havia se exaurido com o calor do meio-dia. Prestes a partir no que parecia ser uma viagem impossível, eles estavam tão moribundos quanto antes. Riley enfrentou os problemas da forma que fazia quando estava no mar. Trabalhava incansavelmente, supervisionando as tarefas dos outros até os menores detalhes; nenhum desses detalhes, isolados, parecia tão importante, mas somados poderiam representar a diferença entre a vida e a morte. Consertou suas andrajosas roupas e as de Clark com fios de crina de camelo que roubara da tenda, limpou com areia as vasilhas em que bebiam, drenou as bolhas de seus pés e rezou.

Entre os preparativos que Hamet e Seid faziam para o dia da partida estava transferir cerca de dois galões do líquido da pança do camelo para dentro de uma pele de cabra. Usando os dedos como peneira, tiravam a sujeira mais grossa daquilo que seria para eles, durante uma semana, a única fonte de fluidos, além da urina de camelo. Fizeram sandálias de pele de camelo para os marinheiros descalços, dando a Riley e Horace as melhores, com duas camadas, enquanto as de Burns e Clark tinham apenas uma camada.

Naquela noite, Hamet chamou Riley e o informou de que Savage logo chegaria e que agora ele havia arriscado tudo o que possuía no capitão e em seus homens. Não podia comprar mais nenhum, disse. Hamet confidenciou a ele que o dinheiro do resgate lhe permitiria pagar o sogro pelos prejuízos na caravana a Timbuktu que se perdera. Baixando a voz, disse que precisava da ajuda de Riley não apenas contra ameaças externas: "Seid é um homem mau", advertiu. Então chamou o irmão, que continuava a externar desprezo pelos marinheiros e desconfiança em relação ao esquema todo. "Riley, repita seu juramento", exigiu Hamet.

Riley disse que seu amigo em Mogador pagaria o resgate. "Se estou mentindo", afiançou a eles, "podem cortar minha garganta."

A chegada de Savage tarde da noite deveria ter levantado o ânimo de todos, em especial de Riley. Filho de um dos donos do brigue e segundo imediato do *Commerce*, Savage era o que mais se parecia com o capitão e seu mais provável confidente entre os homens da tripulação. Mas, enquanto os outros exultaram, ainda que brevemente, por se juntar aos companheiros, Savage demonstrou aborrecimento. Soubera por rumores, na semana anterior, da presença dos mercadores, mas seu jovem amo, Abdallah, não lhe dissera nada. Savage ficara atormentado com a crença de que seus companheiros o haviam deixado para trás. A perspectiva de liberdade e os intestinos de camelo que Hamet guardara para ele comer pouco o animaram. Furioso e atemorizado, talvez à beira da loucura, Savage se tornara irritadiço e grosseiro. Sua rigorosa educação batista aumentara a humilhação do cativeiro. O ramo religioso de sua mãe não admitia conciliações, nem tolerava "nenhum amigo da Babilônia [*sic*] ou anticristãos", como uma vez ela escrevera em uma carta em que passava um sermão no pai de Savage, que estava no mar. Apontando com a cabeça para Hamet e Seid, ele grunhiu: "Não acredito em uma só palavra que esses desgraçados dizem". Savage chegou a acusar Riley de inventar aquelas possibilidades de libertação. "Não consigo entender nada do que eles dizem", resmungava, "e também não acredito no capitão."

Savage questionou o plano que Riley formulara e até criticou o volume do resgate que havia sido acordado. "Ele não vai encontrar ninguém disposto a emprestar essa soma de dinheiro porque é pobre", zombou Savage — uma facada pelas costas, pois Savage era o único que sabia da gravidade dos apuros financeiros de Riley.

Riley ficou furioso. Savage não apenas era impertinente, mas suas palavras minavam a autoridade do capitão. A bordo do brigue, aquilo poderia ser considerado motim. Mesmo naquelas condições, Riley poderia ter quebrado Savage como a um galho seco. Mas percebeu que isso seria ainda pior e sem sentido. O que de fato interessava era o efeito que o dissenso nas fileiras poderia ter sobre Hamet e Seid. A confiança deles em Riley era o elemento fundamental do acordo. Se ela fosse abalada, a fuga estaria em perigo. Riley ficou calado.

Naquela mesma noite, às dez horas, Robbins ainda estava no deserto. A temperatura baixara cerca de oito graus desde o pôr-do-sol, e a lua não se levantaria em menos de duas horas. Vestido apenas com as calças cortadas e o chapéu de couro de aba larga, Robbins tremia, montado atrás de Ganus no camelo. A única parte do corpo que estava aquecida eram suas pernas, na parte em que encostavam no pêlo do camelo. Enquanto rumava para o norte sobre terreno irregular, o vento do nordeste fustigava seu rosto. A mente de Robbins girava por causa da fadiga. As estrelas se estendiam de um lado a outro da linha plana do horizonte, dando a estranha e irônica sensação de cavalgar pelos céus.

Ele não sabia para onde iam, apenas que Ganus lhe perguntara se queria ver "Aarone", que interpretou como sendo Aaron Savage. Respondera que sim, mas depois começou a suspeitar de que Ganus tinha outras intenções. Durante dezessete dias, seu amo prestara pouca atenção a ele e nunca pedia que o acompanhasse para fora do acampamento. Agora, Robbins temia que seu amo estivesse planejando vendê-lo, algo que o amedrontava, pois Ganus, à diferença de outros amos, se mostrava diligente em prover comida e bebida.

Durante as três horas seguintes viajaram rápido, cobrindo cerca de 32 quilômetros. Por fim, pararam em uma área de espinheiros para que o camelo pudesse se alimentar. Robbins deitou na areia para descansar. Uma hora ou pouco mais antes de amanhecer, Robbins sentiu um cutucão do lado. Acordou com areia emaranhada na barba até o queixo, e Ganus em pé a seu lado, pronto para partir. Embora Robbins estivesse em melhores condições do que a maioria de seus companheiros, seu corpo latejava com os efeitos de um longo período de desidratação, agravado pela dura jornada e pela noite fria. Levantou-se sentindo o corpo rijo.

Montaram no camelo e seguiram viagem até pouco antes do nascer do sol, quando adentraram um *friq*, onde homens assavam um camelo. A boca de Robbins ansiava pela carne chamuscada, mas tudo o que Ganus lhe arranjou foi uma porção de sangue cozido. Robbins o guardou na copa do chapéu. "Kul, Robbins", Ganus o incentivou. Mas ele sentia a boca tão ressequida que temeu não conseguir engolir.

Partiram de novo quando o sol se aproximava do horizonte, e uma oblíqua luz matutina incidia sobre as cristas onduladas das dunas de areia, deixando as depressões na escuridão. A fadiga e o frio entorpeciam Robbins e o colocavam em transe. Sua mente vagava. Se estivesse em pleno mar, a bordo do *Commerce*, seria a hora da vigília matutina, quando a proa subia e descia sobre ondas agitadas, e as pontadas de fome em suas entranhas estariam prestes a ser apaziguadas com o desjejum e o café quente preparados por Dick.

Quando o camelo chegou ao topo de um monte, Robbins foi subitamente acordado de seu devaneio. A leste, o sol, uma esfera laranja-rósea vibrante, se erguia acima do horizonte, uma cintilante cabeça ocre que se aproximava do outro extremo do mundo. Diante dele, uma silhueta de camelos se estendia sobre um vale e uma duna. Em um lugar onde os pontos de referência eram poucos, e os mapas, mais raros ainda, a medida de distância-padrão do nômade era até onde um camelo podia ser visto com clareza — pouco mais de 1,5 quilômetro. Robbins, habituado a discernir um objeto e calcular sua direção e distância do topo de um mastro oscilante, logo concluiu que os animais estavam longe cerca de "um camelo".

Após uma breve pausa para observar melhor o que via, Ganus cutucou seu animal no pescoço, levando-o em direção ao local de origem da fileira de camelos. Menos de uma hora depois, chegaram a um vale estreito repleto de tendas, onde Robbins ouviu, atentamente, Ganus perguntar a uma velha mulher: "Onde estão os *kelb en-Nasrani*?" — os cães cristãos.[6]

A velha apontou para uma colina a leste. Quando se aproximaram do local, Robbins viu fumaça subindo de uma fogueira. O camelo, que percorrera mais de sessenta quilômetros na noite anterior, tropeçou no alto da duna, afundando na areia, enquanto, por instinto, cambaleava em direção ao acampamento, junto ao sopé de outro vale estreito. Pela segunda vez naquela manhã, Robbins sentiu o cheiro de carne assada, e a fome quase o levou à loucura.

Saltando do camelo logo depois de Ganus, chegou perto do fogo às cegas, um pouco fora de si, com a intenção de implorar ou roubar. O que viu, entretanto, o fez parar de chofre: espalhados pelo acampamento, ocupados com a tarefa de empacotar coisas, estavam Clark, Burns, Horace, Savage e Riley.[7] No mesmo instante, Robbins esqueceu a fome, a sede, a miséria, e caiu de joelhos. "Algo me disse que minha libertação estava próxima", recordaria tempos depois; "que o dia de minha redenção havia chegado."

Ganus, um homem de baixa estatura, se aproximou de Hamet e Seid, muito mais altos do que ele, e os três deram início a uma conversa. Ganus planejava vender Robbins. Enquanto discutiam seu destino, Robbins, ainda maravilhado por rever seus amigos, trocou com Horace um pouco do sangue cozido que trazia no chapéu por um pedaço de cartilagem de carne. Como a cartilagem era difícil de mastigar, ele a engoliu de uma só vez.

Riley aos poucos se avizinhou de seus novos amos e de Ganus. Quando ficou claro que Hamet se recusara a comprar Robbins, Riley se ajoelhou e implorou a seu amo que o fizesse. Hamet ordenou a Riley que levantasse e insistiu em que não dispunha de mais nada com que negociar. Mas, embora não tivesse conseguido chegar a um acordo sobre Hogan um dia antes, o árabe, desde então, comprara um filhote de camelo. Sua justificativa era sincera. Hamet acabou se enfezando, chutou areia na direção de Riley e ordenou que seus homens, inclusive o amo de Savage, Abdallah, que se havia juntado ao grupo como sócio, retomassem a viagem duna acima.

Robbins ficou atordoado. Os companheiros de naufrágio desviaram o olhar, como se ele fosse um condenado a quem não podiam encarar em seu pior momento. Robbins chegara torturantemente próximo de ser salvo. Mas, em vez disso, se encontrava prestes a ser deixado para trás.

Riley não tinha mais como interceder junto a Hamet. Como sabia que seria perigoso protelar por mais tempo, o capitão abraçou Robbins. "Tenha coragem", disse Riley, num sussurro angustiado. "Faça o possível para se manter saudável e encorajar os demais. Você vai encontrar uma maneira de se libertar. Se eu conseguir minha libertação, farei de tudo para reaver você."

Enquanto os cinco homens do mar se arrastavam para vencer a duna e começar uma exaustiva viagem pelo deserto, Robbins teve um acesso de choro. "Embora me alegrasse com a boa sorte deles", escreveria depois, "fiquei angustiado e na mais profunda tristeza com minha própria desgraça." Sua melhor oportunidade de escapar do deserto acabara de passar diante de seus olhos, e, mais uma vez, Robbins estava sozinho.

PARTE III

Jornadas e tempestades de areia

11. É doce?

Phoebe Riley nunca vira nada igual antes. Um calor sufocante, como se uma misteriosa visita de distantes regiões equatoriais tivesse assolado Middletown por vários dias. Então, na sexta-feira, 22 de setembro, o temporal de 1815 atingiu a costa da Nova Inglaterra como uma rajada de metralha. Ondas de quase dois metros arrebentavam nas ruas de New London. Em Potapaug, uma árvore caiu e destruiu parte da cordoaria, o telhado de uma igreja episcopal saiu voando e dois navios afundaram. Enquanto o vento furioso chicoteava o mar, uma chuva salobra salgava os campos por mais de 1,5 quilômetro e recobria com flocos de gelo salgados as maçãs que pendiam das árvores. Os ventos subiam o rio Connecticut, erguendo telhados, derrubando celeiros e espalhando feno pelas campinas. Ao longo de toda a costa, marinheiros mercantes, que já haviam amarrado ou guardado tudo o que pudesse ser levado para longe, praguejavam e rezavam por suas embarcações.

Sozinha com cinco filhos, um deles ainda bebê, Phoebe já tinha muito com que se ocupar em dias normais. Ver o vale ser

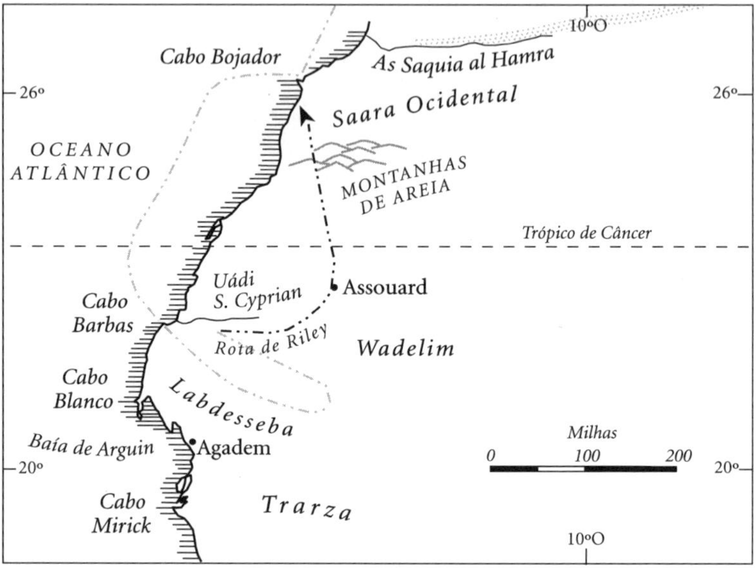

inundado e destruído a sua volta, enquanto tentava acalmar as crianças, era quase insuportável.

O vento começara a soprar na quarta-feira. Úmido e persistente, entrava pelas chaminés e extinguia as chamas na lareira. Na quinta-feira, Phoebe e o jovem James fecharam as venezianas, levaram os animais para o celeiro e trouxeram para dentro tudo o que pudesse ser carregado pelo vento. Na sexta-feira, o vento uivava a mais de oitenta quilômetros por hora. Ainda jovens e flexíveis, os álamos de seu marido — aqueles que ele plantara na colina Prospect e depois tivera de abandonar — se curvavam até o chão, mas as plantas já não eram mais problema dela. Haviam sido tantos os sonhos: um grande balneário com uma mansão de quatro andares, feita de tijolos, piscinas de água mineral borbulhante para os banhos, amplos calçadões para caminhadas e jardins solenes, mas aquela visão quimérica parecia agora tão distante quanto seu marido.

No rio, os homens lutavam contra a maré que subia. Protegiam o cais e içavam as embarcações para evitar que fossem levadas pelo mar. As casas da vizinhança ficavam sobre fundações de arenito, mas, se as margens se inundassem, logo estariam submersas e, assim como os barcos, sofreriam a colisão de árvores tombadas e outros grandes objetos arrastados pela correnteza.

No fundo de sua mente, entretanto, Phoebe tinha pensamentos ainda mais sombrios. Alguns diziam que a tempestade e seu vento tórrido haviam partido da África e atravessado todo o Atlântico. Seu marido estaria em perigo constante em meio a um clima como aquele. Todos comentavam o desaparecimento do *Épervier*, que havia partido de Gibraltar no início de julho. Decatur despachara o brigue com uma cópia do novo tratado entre Estados Unidos e Argel, dez prisioneiros recém-libertados, o capitão Lewis e o tenente Neale, que haviam acabado de desposar uma dupla de irmãs antes de embarcar para o Mediterrâneo. Os rumores diziam que a frota da British West India chegara a avistar o brigue durante uma forte ventania que afundara muitos navios mercantes. Depois disso, nunca mais se ouvira falar do *Épervier*.

O *Commerce* havia cruzado o Atlântico exatamente na mesma época. Phoebe não recebia cartas de James desde Nova Orleans. O fato em si não era motivo de preocupação, mas agora ela não conseguia parar de imaginar o que poderia ter acontecido. Será que a ventania atingira o *Commerce*? Se, mesmo após percorrer toda a distância desde a África, o temporal continuava tão violento, o que teria acontecido a Riley e sua tripulação?

Quando os cidadãos de Middletown começavam a consertar os estragos causados ao vilarejo, parte da tripulação do *Commerce*, com o coração cheio de visões dos imaculados campos de Connecticut, já caminhava pelo Saara. Riley, obviamente, não soubera nada sobre a tempestade ou os recentes temores de Phoebe, mas ardia de saudade da esposa e dos filhos, ainda mais agora que tinha uma centelha de esperança de um dia retornar para eles.

Um grupo de *oulad brahim* acompanhou Hamet, Seid, Abdallah e os cinco marinheiros por alguns momentos antes de se despedir de maneira estridente e garantir uma vantagem em futuras transações que poderiam nem vir a ser concretizadas. Sideullah e sua família evitavam Riley "como a uma peste" desde o instante em que o venderam. O tumulto deu a Sideullah a oportunidade de cometer uma última maldade contra Riley. Enquanto o capitão cuidava do rebanho, seu antigo amo se aproximou sorrateiro de um dos camelos e cortou uma corda em que estava pendurado um grande pedaço da carne do animal recém-abatido. Riley tentou impedir que ele a levasse, mas seus gritos não foram ouvidos. Sideullah apenas o olhou com desdém e partiu com o prêmio, deixando Riley aturdido com o fato de que o ex-amo, líder idolatrado e respeitado membro da tribo, tivesse roubado, com o maior descaramento, o alimento de outro homem. Ao capitão também preocupava a punição que teria de enfrentar quando a perda fosse descoberta.

Enquanto Riley divagava, o grande camelo de Hamet se afastava, seguindo uma manada que se dirigia para o noroeste. O velho *jmel* se destacava como um navio em meio a fragatas. Riley saiu em disparada atrás do camelo e só conseguiu alcançá-lo depois de uma corrida exaustiva. Hamet pôs Horace, Burns e Savage sobre a imponente criatura. Eles se agarraram à sela de carga do animal e uns aos outros numa confusão de corpos e suor, cabelos emaranhados e barbas lanosas. Burns, vestido com uma velha jaqueta, e Horace e Savage, cobertos por andrajosas peles de cabra, pareciam bandidos. Riley, sem camisa, e Clark, enrolado em um pedaço de vela, seguiram no camelo de Seid, enquanto este compartilhava o animal de Abdallah. Hamet montava sem sela, logo atrás da corcova, o filhote de camelo que vinha treinando.

Prosseguiram rumo leste em uma viagem propositalmente longa e angustiante, que se tornou um castigo para os enfraquecidos marinheiros, agravado pelo sol constante que batia em suas costas. Ao meio-dia pararam em uma pequena depressão na areia para ajustar as selas. Hamet puxou uma camisa xadrez do alforje e a entregou a Riley, dizendo que roubara a peça para ele e que tentara, sem sucesso, arranjar outra para Horace. "Vista-a, *rais*", disse, observando a pele em carne viva de Riley. "Suas pobres costas precisam de proteção." Riley beijou a mão de Hamet e vestiu a camisa. Embora estivesse surpreso de que Hamet, a cuja probidade confiara seu destino, fosse capaz de roubar de um companheiro de tribo, Riley não podia negar que estava agradecido por aquele gesto.

No resto da tarde e no dia seguinte, Hamet os guiou rumo ao leste pela *hammada*, parando apenas para alimentar os camelos num espinheiro, e, à noite, para acampar junto aos arbustos de espinhos. Na segunda noite, os oito homens dividiram em porções iguais o resto da malcheirosa água da pança do camelo — cerca de quatro litros. Mogador ficava entre o norte e o nordeste, mas Hamet se mantinha na direção leste, deserto adentro.

Riley imaginou a princípio, com base em observações da altura do sol ao meio-dia, que viajaram para o sul a vinte graus de latitude norte, rumo à localidade mais erma e seca do Saara Ocidental. Isso significava que estariam na região hoje conhecida como Adrar, na Mauritânia. Mas esse é um território cheio de morros, e Riley não avistou morros nessa parte da jornada. Ele também não mencionou ter cruzado um longo vale que divide a rota em duas partes.

É provável que o trajeto de Hamet tenha sido mais para o norte do que Riley pensara originalmente (na verdade, um mapa que acompanha edições mais recentes de sua autobiografia indica uma rota na direção noroeste). Hamet podia estar a caminho do granito de Zug, onde havia uma fonte de água, ou, o que era ainda mais provável, de Assouard, um vale distante onde os *oulad bou sbaa* costumavam se reunir.

É certo que o caminho de Hamet, que atravessava colinas de areia baixas e largas e vales pouco profundos, os levava, às vezes, na direção de todos os pontos a leste. Teria sido impossível identificar o percurso exato sem aparelhagem científica ou meios adequados para manter os registros. Como a região não fora mapeada, Riley não tinha nem sequer um esboço para o qual pudesse transferir suas memórias.

Parece provável também que não tenham viajado tão rápido ou para tão longe quanto Riley acreditara. Ele registrou que os camelos percorriam até onze quilômetros por hora e que, em dias seguidos, cobriram distâncias equivalentes a 101, 169 e oitenta quilômetros. Embora os camelos sejam justamente valorizados pela resistência, pela velocidade que alcançam e pela distância que percorrem, há muito esses animais têm sido objetos da crendice popular. Em 1791, William Lempriere relatou que os camelos avançavam tão rápido que os homens que os montavam eram "obrigados a amarrar uma faixa ao redor da cintura para preservar a capacidade de respirar" (p. 708). Mas Lempriere, que dizia ser normal os camelos percorrerem 804 quilômetros em quatro dias, se enganou consideravelmente. No clássico de 1959 *Arabian Sands*, Wilfred Thesiger, explorador de desertos, falou de uma vez em que percorreu 185 quilômetros a camelo em 23 horas e cobriu 724 quilômetros em nove dias, mas que isso ocorrera sobre "as melhores montarias do Sudão".

Com apenas quatro camelos para oito homens — sendo que cinco dos cavaleiros estavam debilitados, doentes e não tinham experiência —, o ritmo do grupo de Hamet não poderia se aproximar do de Thesiger, e nem mesmo do passo do aventureiro francês Michel Vieuchange, que viajou para Smara, a cidade proibida do sheik guerreiro Ma el Anin, em As Saquia al Hamra, em 1930. "Agora sei que é possível fazer de 177 a 193 quilômetros em 48 horas, viajando dia e noite, a camelo e a pé", anotou em seu diário, embora os camelos não tivessem conseguido acompanhar o ritmo dele. Ao escapar de volta para a civilização, Vieuchange teve de abandonar duas de suas três montarias, muito cansadas para seguir viajando. Em 1817, Robert Adams, do *Charles*, fez a avaliação mais realista sobre a velocidade dos camelos e uma referência mais aplicável ao compasso da viagem de Riley: um camelo descansado e pouco carregado, disse ele, viaja de 29 a quarenta quilômetros por dia, mas, quando sobrecarregado e mal alimentado, como costuma ser o caso, percorre apenas entre dezesseis e 24 quilômetros.

No segundo dia, 29 de setembro, Hamet guiou o bando por outro trecho de tamargas retorcidas, barrilheiras e pedras.[1] Depois de os árabes rezarem ao meio-dia, todos apararam um pouco de urina de camelo com as mãos e beberam. Hamet garantiu a Riley que os árabes consideravam a urina de camelo boa para o estômago. De fato, como está registrado no *Sunnah*, o livro de tradições referente ao profeta Maomé, o próprio Maomé recomendou o uso de urina para fins medicinais. Riley notou que os marinheiros preferiam a urina dos animais à deles.

Naquela noite, Hamet procurou, sem êxito, um lugar seguro que tivesse forragem para os camelos. Quinze horas após a partida, pararam em uma pequena depressão, que não oferecia nem uma coisa nem outra. "A carne que ainda restava em nossos traseiros e na parte interna das coxas e pernas estava tão lacerada, e literalmente triturada, que pouca coisa ainda havia", Riley escreveu. Seus ossos "pareciam desconjuntados" em conseqüência da constante trepidação. Soltando grunhidos e balbuciando pragas, os marinheiros despencaram de quatro dos camelos, que se ajoelharam. Ergueram-se como ébrios e cambalearam, as juntas estalando, enquanto tentavam recobrar o domínio das pernas.

Usando uma pederneira para produzir faíscas, os *bou sbaa* acenderam uma fogueira, apesar do forte vento. Assaram cerca de meio quilo da carne seca de camelo e a dividiram entre os oito homens. Nutridos de maneira tão precária, sem reservas de gordura ou fluidos no corpo, comer e beber, para os marinheiros, se tornara uma experiência biologicamente intensa. A fome e a sede agiam como um pêndulo, que enviava um sinal agudo a cada movimento. Mesmo pequenas, as porções de carne chamuscada exigiam mais líquido do que seus corpos tinham para a digestão. Os homens comeram com voracidade. Em seguida, afogueados pela sede, cercaram um camelo que urinava, beberam a urina e logo se sentiram famintos de novo. Deitando no chão, se aconchegaram buscando proteção contra a ventania. Seus músculos contundidos doíam tanto que Riley comparou a agonia às torturas do suplício medieval. Apesar de exaustos, não conseguiram dormir, pois estavam demasiado expostos ao vento. Um século mais tarde, Michel Vieuchange confirmaria a experiência de Riley com palavras simples mas categóricas: "As frias noites do Saara", anotou em seu diário. "Sofro muito mais com o frio do que com o calor" (p. 223).

Na manhã de 30 de setembro, Riley mostrou a Hamet as feridas ensangüentadas e outros sinais da situação precária em que seus homens se encontravam. O *bou sbaa* ficou de fato contrariado e um tanto perplexo com a debilidade dos marinheiros, mas via com os próprios olhos que não se queixavam à toa. Clark e Burns estavam jogados no chão como cestos vazios, totalmente sem energia. Mas precisavam prosseguir, como disse Hamet. "Logo deveremos encontrar água boa. Depois disso, não viajaremos mais em ritmo tão rápido."

Enquanto prosseguiam, Riley pensava nos companheiros

que deixara para trás. A angústia que Robbins sentira quando da separação do grupo ficara gravada de maneira indelével em seu coração. Quanto a Williams, acreditava que ele morreria logo, se é que já não havia morrido. Porter era forte e esperto e talvez conseguisse resistir, e os dois marinheiros de Portland, Hogan e Barrett, também tinham alguma probabilidade de sobreviver. Ainda assim, para todos, com exceção de Deslisle, a margem entre ganhar e perder a oportunidade de deixar o deserto era mínima. Deslisle — que Robbins dizia ser "estimado pela tripulação por ser um cozinheiro leal e diligente" — não tinha a menor chance. Para um negro como ele, em um lugar onde a maioria dos negros eram escravos, vindo de um país onde o mesmo ocorria, e sem riquezas ou um protetor empenhado, praticamente não havia esperança de escapar da escravidão, fosse no Saara ou nas redondezas.

Passadas quatro horas de viagem rumo ao leste, desceram por um vasto cânion perpendicular — "um abismo medonho", segundo Riley. Depois de conduzir os camelos pelo trecho mais íngreme, Hamet mandou Seid e Abdallah em busca de uma nascente no paredão distante. Quando os demais chegaram ao fundo, os dois *bou sbaa* haviam desaparecido por um caminho repleto de calhaus e sem trilhas, que Riley julgou, à medida que o atravessavam, ter sido um dia um rio ou talvez "um braço de mar". Embora a água que lá correra tivesse desaparecido havia muito tempo, os cascos dos camelos trituravam ruidosamente uma crosta de sal — tudo o que sobrara, imaginou, de um mar evaporado, que, de modo cruel, se assemelhava à neve recém-caída.

Riley se admirou com o aspecto sobrenatural do leito de rocha pré-cambriano, que passava dos 2,5 bilhões de anos, e com a vastidão do abismo, que, em alguns pontos, chegava a ter treze quilômetros de largura e avançava, segundo seus cálculos, 480 quilômetros a sudoeste em direção à costa. Como Riley havia deduzido, o mar já ocupara aquela área e retrocedera, retornando em outras eras, muitas outras vezes. Cada passagem do mar tinha deixado uma camada de sedimento marinho que se tornaria um novo estrato de rocha, alguns menos porosos do que outros e capazes de reter água. Diz-se que, quando a chuva cai no Saara Ocidental, um terço dela evapora, outro terço vai para o mar e o último terço permanece no subsolo. Sob aquela região havia bolsões de água espalhados — alguns enormes, muitos deles antigos, outros extremamente profundos, e outros tão pouco profundos que atravessavam fendas tortuosas e borbulhavam na superfície. Ocasionalmente, onde o solo cedera, formando um cânion, a água de um desses bolsões gotejava por uma falha na parede vertical.

Seguindo Hamet, os marinheiros mantiveram os camelos em fila. Atravessaram um leito menor e mais recente, escavado no leito maior, que, como o anterior, se caracterizava por uma quietude sinistra. O fato de seguirem para o leste, e não para o norte, na direção onde ficava Mogador, deixara os marinheiros ansiosos. Savage rosnava, e suas insinuações perduravam como o gosto amargo da boca-de-algodão.

Enquanto andavam, Hamet fez um gesto a Riley para que se juntasse a ele mais à frente. Desde que se separara dos *oulad brahim*, o negociante tivera tempo de pensar no acordo que haviam feito e queria deixar claro para *el rais* a importância da promessa que fizera. Hamet e Seid trocaram tudo o que possuíam pelo capitão e seus homens, lembrou a Riley, fixando nele seus olhos escuros. "Seja sincero comigo, *rais*", disse. "Você já esteve em Mogador?"

Esperto, o árabe havia deixado para fazer a pergunta no momento exato. As órbitas vazias da caveira de um carneiro descorada pelo sol os observavam passar. Logo adiante, o pescoço de um esqueleto encolhido de camelo que não conseguira vencer a subida se arqueava em uma agonia eterna. Riley se sentia tão cansado, sedento, quente e oprimido pelo cânion quanto os demais. Estava claro que a vida deles dependia de Hamet. Se fossem abandonados pelo árabe, jamais encontrariam a fonte. Será que Riley deveria se abrir com o árabe que demonstrara ser amigo? E se não o fizesse, será que Savage, instável e irritadiço, não o poderia entregar a qualquer momento?

Riley estava ciente de que a expressão de seu rosto seria tão crucial quanto as palavras que proferisse. "Estive, sim, em Mogador."

Hamet, que ganhava a vida perscrutando outros homens, estudou Riley em busca de um sinal de culpa, por menor que fosse. "Você está sendo sincero quando afirma ter um amigo que pagará por você?", perguntou.

"Sim, *sidi* Hamet."

"Você dispõe de posses em seu país? Diga-me", Hamet perguntou, de maneira mais enfática. "Sou seu amigo. Alá irá tratá-lo da mesma forma que você me trata!"

Riley refletiu por um instante, fazendo uma pausa quase imperceptível, para dar a estas palavras o tom certo e poder de persuasão: "Tenho um amigo em Mogador" — disse, sereno, olhando direto nos olhos de Hamet — "que me adiantará qualquer quantia de dinheiro que for necessária".

Hamet persistiu. Mas Riley também, apesar de evitar perguntas específicas, que fingia não entender. Havia algo em que Hamet achava particularmente difícil de acreditar. "Você vai mesmo comprar Clark e Burns?", perguntou. "Ambos são imprestáveis."

"Eles são meus conterrâneos e irmãos", Riley respondeu. "Eu os compro, se você nos levar ao império de Marrocos e ao sultão."

"Não", disse Hamet. "O sultão não pagará por vocês, mas eu os levo até seu amigo em Mogador. Qual é o nome dele?"

"Cônsul", respondeu Riley.

O árabe balançou a cabeça para indicar que a resposta o satisfizera. Usando as mãos, Hamet mostrou a Riley como contar até vinte (*ashreen*) em árabe. Tirou de seu *djellaba* os sete dólares em moedas que ele e Seid ainda possuíam. "Riley, você terá de pagar dez vezes o equivalente ao valor de vinte dólares por você e o mesmo por Horace, e, pelos demais, dez vezes o valor de dez dólares por homem. Além disso, deverá pagar por todas as provisões do caminho." A soma estava crescendo, mas àquela altura isso pouco importava para o capitão, que assentiu sem protestar. Hamet lhe pediu que indicasse para que lado ficava Mogador. Riley, cada vez mais acostumado a se comunicar com os árabes, usou seus conhecimentos da costa, assim como a posição do sol e a direção do vento prevalecente, e apontou corretamente para o noroeste.

"Agora, se você concordar diante de Deus todo-poderoso em pagar o que estabeleci, em dinheiro, além de me dar uma arma de cano duplo, eu os levarei até Mogador", Hamet concluiu, acrescentando outra exigência: "Caso contrário, eu os levo naquela direção", disse, apontando para o sudeste, "e vendo vocês pelo valor que conseguir, em vez de fazer a travessia deste longo deserto, onde teremos de arriscar a vida todos os dias por sua causa".

"E fique sabendo", acrescentou com uma franqueza de arrepiar, "que, se conseguirmos chegar lá em segurança e você não cumprir sua parte do acordo, cortaremos sua garganta e venderemos seus camaradas pela quantia que oferecerem."

Riley meneou a cabeça, assentindo, e Hamet tomou a mão do capitão. "Você irá para Mogador", disse, "*inshallah*."

A tarde ia avançada quando chegaram ao outro extremo do cânion, a cerca de oito quilômetros do ponto onde haviam entrado. Hamet gritou, "Ô, Seid! Ô, Abdallah!". Seus nomes ecoaram da saliente parede ao norte, que a água corrente erodira muito tempo atrás. A escarpa descia cerca de cem metros precipício abaixo, formando um declive que terminava a poucas dezenas de metros da borda do cânion. Hamet gritou de novo enquanto caminhavam ao longo da base do precipício.

Afinal veio a resposta: "Hamet, amet, amet!", e Seid surgiu detrás de grandes rochas perpendiculares. Ele e Hamet chamaram um ao outro. "Fique aqui", Hamet disse a Riley. "Eles ainda não a encontraram." E o árabe prosseguiu a pé ladeira acima para procurar a nascente, enquanto os camelos se alimentavam de forragem, e os marinheiros repousavam a cabeça sobre as pedras.

Uma hora depois, Hamet gritou para baixo e pediu a Riley que subisse, e o capitão deu início a uma escalada desajeitada em meio a uma profusão de pedregulhos. Preocupado com a possibilidade de suas pernas esmorecerem, Riley se içou entre as rochas maiores com os próprios braços. As feridas voltaram a abrir à medida que ele se esticava e curvava. As mãos e os pulsos tremiam de tão tensos.

Quando conseguiu chegar ao local onde Hamet se encontrava, não viu nada além de rochas e poeira. A fonte estava seca. Do mar aberto até a costa, o deserto e agora o cânion empoeirado, fora uma descida constante e psicologicamente extenuante. A cada etapa, Riley imaginava que era impossível as coisas serem piores. Mas aquele era o pior lugar de todos. Parecia que sua sorte havia acabado. Então, o capitão começou a soluçar.

"Veja", disse Hamet, apontando para uma estreita fissura nas rochas. Riley olhou para uma fenda escura. À medida que seus olhos se acostumaram às sombras, percebeu um reflexo. *Havia* água logo abaixo. Mas como chegar até ela?

Hamet indicou um lugar cercado de calhaus mais abaixo, mas não muito distante, onde a nascente subia à superfície formando um sulco mais acessível. "*Sherub*, Riley. Beba", disse. "É doce."

Riley pegou um caminho tortuoso que passava sob e por

trás de calhaus de alturas que variavam entre cinco e 6,5 metros antes de se espremer por uma estreita passagem ao longo da superfície do cânion. Ele experimentou a água — "fria, limpa e fresca" — e soltou um grito. Logo em seguida, Burns, Clark, Savage e Horace se apressaram ladeira acima. "Onde está a água?", perguntaram com ansiedade. "Pelo amor de Deus, onde está? Ah, é doce?" Sim, era doce como nem mesmo a imaginação poderia conceber.

Não muito longe de onde Riley o deixara, Robbins examinava o lugar em que Ganus e outras três dúzias de árabes haviam montado suas tendas e concluiu que aquele era o vale da Sombra da Morte — sem a vantagem, entretanto, de oferecer uma sombra de verdade. Seus méritos se resumiam a uns poucos arbustos que serviriam de alimento para os camelos e morros que bloqueavam a circulação do vento. Deitando no canto de uma tenda sufocante, Robbins se entregou ao desespero, em meio a momentos de devaneio. Seu subconsciente entrelaçava fiapos do passado e do presente, que o faziam se lembrar da casa de seus pais, do cheiro de pão assado e do gosto de geléia de amora, e o traziam de volta para o odor gorduroso da carne de camelo fervida que restava na copa de seu chapéu e para o nó que sentiu no estômago ao ser deixado para trás.

Ele e Ganus haviam encontrado as tendas transferidas da família no fim de uma noite, dois dias antes. O choque de ver partir seus companheiros deixara naquele longo dia uma marca bizarra. Na manhã seguinte, logo após a prece, Robbins soube por Sarah, através de sinais e palavras, que não rumariam para o norte antes da estação das chuvas, que deveria começar em janeiro. A notícia o deixou ainda mais desanimado. Sob um sol escaldante, praticamente a pino quando chegava o meio-dia, seguiram mais de 25 quilômetros na direção leste, atravessaram morros e desceram para o extremo sudoeste de um grande cânion. Após se arrastarem por um empoeirado chão de pedregulhos, avistaram, no fim da tarde, três tendas numa vala da superfície sul do cânion.

Conduziram os camelos para a vala, onde Robbins sentiu uma queda imediata da temperatura, mas nada que o aliviasse muito. Ganus e sua família foram convidados para a ceia pelos árabes das tendas. Sozinho, observando os camelos, Robbins sentiu um profundo abatimento. Enquanto via os árabes levar a tigela à boca para em seguida passá-la aos demais, sua garganta afogueada o levou a pensar no impensável: se se tornasse muçulmano, como a todo momento lhe propunham, passariam a dividir com ele, sempre, qualquer alimento ou bebida de que dispusessem. Alguma coisa poderia ser pior do que o que ele já vinha passando? Esse pensamento foi interrompido quando Ganus lhe acenou para que trouxesse os camelos para mais perto. Enquanto cumpria a tarefa, um garoto apontou para uma tenda, indicando que um de seus companheiros estava ali.

Dentro da tenda, vestindo os restos de um velho casaco e calças rasgadas nos joelhos, estava Porter, que cumprimentou Robbins como a um irmão que perdera, cheio de alegria por descobrir que não estava sozinho e que outro marinheiro sobrevivera. Robusto por natureza, Porter estava menos debilitado do que os demais. Mas os dois mal tiveram tempo de se cumprimentar, pois Ganus gritou "Robbinis!", e eles prosseguiram viagem.

No dia seguinte, Robbins foi mais uma vez consumido pela frustração e pela desesperança. Porter, seu amigo mais íntimo entre os companheiros da tripulação, ficara apenas um vale para trás, mas talvez os dois nunca mais se vissem de novo. Porter lhe contara que Hogan e Deslisle estavam no vale onde Robbins agora se encontrava, mas o marinheiro não tinha como ir procurá-los. Os sons do acampamento, das vozes indiferentes das mulheres que penteavam e trançavam os cabelos umas das outras — para "livrá-los dos piolhos que costumavam infestá-los" — o irritavam. Era incapaz de compreender tanta complacência. Vez por outra, fiavam lã ou teciam, mas, de um modo geral, Robbins reclamava, eram "desatentas, preguiçosas e burras". Na raiva que sentia pela crueldade daquelas mulheres, e em seu desespero, não ocorria a ele que os habitantes do Saara podiam ter optado por aquele estilo de vida por amor ao deserto, apesar de seus tormentos, ou que tivessem, surpreendentemente, se adaptado a ele. O marinheiro amaldiçoou o mundo daquela gente. Amaldiçoou também o Deus deles e seu próprio Deus. E lamentou o dia em que nasceu.

Por volta do meio-dia, do local onde resmungava para si mesmo, Robbins notou uma figura encurvada que se arrastava e vestia uma pequena pele de animal e um pedaço de vela. "Hogan?", chamou. John Hogan olhou para cima e foi até ele. "Robbins, como está você?", perguntou, em voz áspera e baixa.

Olhando fixo para o rosto descarnado de Hogan, Robbins não conseguiu dizer uma só palavra. A boca daquele marinheiro de Portland se contorcera de um jeito estranho e feio, que o fazia parecer demente. Queimadas e rachadas, suas pálpebras não passavam de meras crostas retráteis de ferida, sendo seus olhos a única parte sadia do ferimento. Robbins sentiu o estômago vazio embrulhar. Abraçou o companheiro, o forte e audacioso jovem que, em uma noite de tempestade — que agora parecia ter ocorrido décadas antes —, havia liderado os marinheiros em seu trajeto pela espia do navio naufragado até a praia.

Robbins levou Hogan de volta a sua tenda e implorou a sua senhora que os deixasse entrar. A princípio, ela recusou. Depois, ao olhar para Hogan, voltou atrás. Na tenda, eles trocaram notícias. Hogan contou a Robbins sobre como, em um dia fatídico, os comerciantes o haviam comprado de Mohammed e de como fora devolvido quando irrompera uma disputa com o amo de Porter. A rixa foi se arrastando até que os dois partiram para a agressão física. Desde então, Mohammed o vinha tratando pior, reduzindo ainda mais sua alimentação e o proibindo de dormir dentro da tenda. Mohammed também era dono de Deslisle, que cuidava dos camelos do amo desde o amanhecer até o anoitecer. O cozinheiro se alimentava melhor do que Hogan, mas, muitas vezes, era espancado por Mohammed.

Além das novidades sobre Porter, Robbins contou como quase se perdera dos negociantes e compartilhou com Hogan o resto do sangue de camelo — recolhido três dias antes — que trazia consigo. Hogan, agradecido, engoliu com avidez o delicioso bocado de sangue. Sarah lhes deu *zrig*, levando Hogan a comentar que, comparada a sua senhora, ela era um "anjo de compaixão". Os dois marinheiros permaneceram juntos, levantando o moral um do outro até o anoitecer. Fizeram planos de sair para procurar comida no dia seguinte, e Robbins insistiu com Hogan para que trouxesse Deslisle com ele. Hogan respondeu que Mohammed jamais permitiria isso.

Na manhã seguinte, Robbins levantou logo cedo, no mesmo horário em que a família. Foram para a areia em frente à tenda e, os poucos que os tinham, descalçaram os chinelos de pele de camelo. Voltados para o leste, se ajoelharam, com o que Robbins chamava de "peculiar solenidade", para a primeira de suas cinco preces diárias.[2] Robbins sabia que, após o culto da manhã, as mulheres removeriam as cestas de junco que cobriam os úberes das camelas para que seus filhotes mamassem. Depois, ordenhariam o que tivesse restado de leite para dividir com os demais que haviam orado. Tudo o que ele precisava fazer era se juntar a eles.

"Meu amo, Ganus, me ordenou que imitasse seus gestos", relatou Robbins. Ganus e os demais se ajoelharam e, na ausência de água, esfregaram areia nas mãos, nos braços e no rosto, como parte do ritual de ablução, ou purificação religiosa. "Eu fiz o mesmo", confessou. Sempre voltado para o leste, Ganus se ergueu e fez, em alto e bom som, o chamado para a prece, que Robbins gravou na mente: "Sheda el la lah, Hi Allah — Sheda Mahommed — Rah sool Allah". Embora não soubesse o significado das palavras, Robbins as repetia e seguia o exemplo do mestre. Ganus ficava encantado.

No desolado cânion no extremo leste, Riley e seus homens se regozijavam com a água, tão pura quanto um córrego de Connecticut. Beberam e beberam cada vez mais, a ponto de ficarem tontos e saciados de tanta água. Ao mesmo tempo que aconselhava os companheiros a não beber tanto e tão rápido, Riley continuava a tomar a água avidamente. Seus estômagos se contorciam como nó de turbante, e eles se dobravam de dor, mas, mesmo assim, continuavam a beber, sem se importar. Da mesma forma que fizeram no poço em seu primeiro dia de viagem, eles evacuaram como crianças, se borrando, enquanto os *bou sbaa*, muito exigentes nessas questões, contemplavam a cena com asco.

Seid e Abdallah conduziram os camelos por um caminho em ziguezague até cerca de 45 metros da nascente. No topo, Riley encheu uma pele de cabra com capacidade para dezesseis litros e a repassou a seus homens, que, dispostos em fila, a levaram de mão em mão até o *selaï*, a grande gamela usada para dar de beber aos camelos. Nem mesmo as cólicas estomacais e as cãibras que sentiam tolhiam o sentimento de satisfação enquanto trabalhavam.

Os camelos não se hidratavam fazia vinte dias. Suas fezes haviam se tornado tão secas que, assim que as bolotas caíam ao chão, podiam ser usadas como combustível para a fogueira. Os marinheiros tiveram de encher a pele de cabra quinze vezes só para saciar a sede do grande camelo de Hamet e ficavam ainda mais surpresos quando se viam obrigados a tornar a enchê-la. "Ele ainda não está satisfeito?", gritavam. "Vai acabar tomando sozinho toda a nascente!" Ao contrário dos homens, o grande camelo iria reter com grande eficiência os quase 230 litros que absorvera.

A habilidade incomum do camelo para suportar a sede só seria explicada com detalhes pela ciência no século XX. Quando se desidratam, os camelos retêm seu volume de plasma, perdendo primeiro o fluido dos tecidos, enquanto a circulação sangüínea se mantém. Mesmo quando o sangue de um camelo engrossa, os glóbulos vermelhos circulam com eficiência. Quando há água disponível, os camelos podem beber grande volume porque o líquido é absorvido de forma gradual pelo estômago e pelos intestinos, evitando o estresse osmótico, e, enquanto as hemácias de outras espécies são capazes de inchar de água até 150% de seu tamanho normal, as de um camelo podem se expandir até 240%.

Quando todos os camelos terminaram de beber, os homens encheram as peles com a água calcária que sobrara no poço.[3]

Riley agradeceu a Deus pelo profundo conhecimento que *sidi* Hamet possuía do deserto e por tirá-los das mãos dos nômades errantes. Como Hamet descobrira a nascente oculta naquele cânion remoto? Riley não vira "o menor sinal de que aquelas poças tivessem transbordado de suas nascentes" ou qualquer outra pista de sua existência. Ele olhava para Hamet com um respeito ainda maior.

De volta ao deserto, a dura realidade logo se fez perceber. Eles estavam vivos, dispunham de água, mas sentiam uma fome ainda mais pungente, e a paisagem não era mais promissora do que aquela que haviam deixado para trás no cânion. Não se via nada nos arredores, "nenhuma elevação do terreno, nenhuma rocha, árvore ou arbusto", escreveu Riley. "Tudo não passava de um deserto lúgubre e ermo." Um fator crucial mudara, entretanto. Eles alteraram a rota e seguiam agora para o noroeste.

Viajaram por muitas horas enquanto o sol descia rumo ao horizonte, tornando-se, por um momento, um agradável e incandescente fantasma de si mesmo, lançando sombras às costas deles antes de deixá-los com uma melancólica sensação de vazio. Não tendo encontrado abrigo para a noite, pararam no meio da planície. Antes de deitarem, comeram o que restava da carne de camelo ressequida, cerca de trinta gramas para cada homem. Como as camelas de Hamet não davam leite, os homens já não tinham mais como se nutrir e teriam então de recorrer à forragem. Naquela noite, o frígido vento do norte os surrou como cabos a se debater contra velas infladas pelo movimento do ar. A ventania continuou no dia seguinte, soprando em seus rostos. Revigorados, os camelos andavam com tanta agilidade que os que seguiam a pé eram forçados a apertar o passo para acompanhar o ritmo dos animais. Os marinheiros lutavam contra a fome e o tédio até que, à tarde, Hamet gritou: "Riley, shift jmel" — Vejo um camelo.

Riley examinou o horizonte e nada viu. Os demais marinheiros tampouco conseguiram distinguir quaisquer sinais de viajantes, mas Hamet parecia extasiado, ao mesmo tempo que alterava a rota para leste. Duas horas depois, os marinheiros avistaram a pequena silhueta de um camelo no horizonte. Ao pôr-do-sol, depararam com um grande grupo de camelos e pastores, que os convidaram a passar a noite em seu acampamento. Já escurecia quando chegaram a quatro tendas na planície. Pararam a uma certa distância e recolheram lenha para a fogueira.

Depois de percorrer cerca de 64 quilômetros em catorze horas, sem comida ou água, os marinheiros estavam em um estado lastimável. As feridas reabriram em conseqüência dos solavancos, e "sofrimentos diversos e agravados", relatou Riley, lhes causavam muito desconforto. Por certo já sentiam os efeitos do escorbuto ou de alguma outra doença decorrente da desnutrição. Não tinham como se abrigar do vento, nem areia para se deitar, apenas o chão duro e irregular. Haviam prometido comida a eles, mas sabiam que tais promessas eram fugazes no deserto. À medida que as horas passavam, perdiam a esperança de receber qualquer coisa, a não ser leite, que seria servido à meia-noite, se fosse o caso.

Uma hora antes disso, Hamet chamou Riley para o círculo de luz e lhe entregou uma vasilha. Riley voltou para seus homens e, alegre, exibiu seu conteúdo: carne cozida. Eles a dividiram em cinco porções, cada um pegando sua parte, e a comeram com voracidade. A carne era macia e cheirava bem, não estava coberta de cinzas ou queimada e foi suficiente para encher o estômago de todos. Quando os marinheiros voltaram a se deitar para dormir, os árabes lhes trouxeram uma grande gamela de *zrig*. "Aquilo foi, de fato", Riley comentou radiante, "esplêndido."

Pela manhã, um dos generosos nômades exibiu com orgulho algo que encontrara na costa. Era um objeto novo e brilhante e, julgando por sua aparência que conseguiria uma boa soma por ele, o árabe mostrou a misteriosa novidade a *el rais* para perguntar seu valor. Era um pequeno telescópio que Riley comprara em Gibraltar. Ele disse ao homem que a peça valia cerca de dez dólares espanhóis, uma soma não muito considerável. Hamet quis comprá-la, mas não pôde, pois dispunha apenas de sete dólares.

O grupo de Hamet deixou o bando de nômades e prosseguiu viagem rumo ao noroeste pela *hammada* até o fim da tarde, quando encontrou outro grupo de árabes, cujos camelos usavam *selaïs* dos lados como proteção e transportavam peles cheias de água. Outro convite lhes foi feito e prontamente aceito. Eles seguiram os homens por duas horas na direção sudoeste até chegar a um acampamento de cinqüenta tendas onde circulavam carneiros, os primeiros que os marinheiros viam no Saara. Ao sair em busca de lenha, uma multidão se juntou para ver os homens pálidos de barba loira que vinham do outro lado do oceano. Identificaram Riley como *el rais* e lhe fizeram perguntas sobre seu navio, o país de onde vinham e suas famílias.

Hamet e os demais permaneceram com os nômades por mais dois dias, viajando em sua companhia por 24 quilômetros na direção norte. A tribo tratava tanto os *bou sbaa* quanto seus cativos como convidados de honra, montando tendas até mesmo para os cristãos. Embora os carneiros estivessem morrendo, com dificuldade para se manter de pé e se alimentar, os árabes ofereceram leite à vontade a seus hóspedes à noite. Sem saber quando voltariam a comer, os marinheiros se empanturraram até vomitar.

Em 5 de outubro, deixaram aquele grupo de árabes, que haviam impressionado Riley e sua tripulação com uma generosidade que se estendia do mais humilde escravo a seu amo. Hamet comprou um carneiro e trocou seu jovem camelo por um animal mais velho e um filhote. O camelo velho logo mostrou ser manco da pata dianteira direita. Eles o batizaram de Coho, ou "Manco", e o filhote, de Goyette, ou "Pequena Criança", embora fosse grande o suficiente para carregar em seu lombo um marinheiro debilitado.

Riley conduziu o carneiro com uma corda atada ao redor do pescoço do animal até o meio-dia, quando chegaram a um pequeno vale com um *bir* localizado entre arbustos de raízes grossas. Não era uma descoberta qualquer. Pouco tempo antes, o Saara Ocidental, uma região do tamanho do estado do Colorado, tinha apenas algumas centenas de fontes de água potável. Os poços que a continham — classificados segundo a profundidade, sendo que um *hassi* tinha cerca de treze metros, e um *bir* um pouco mais do que isso — eram tão essenciais, e a região tão destituída de pontos de referência, que até mesmo os mapas modernos indicam sua localização.

Eles tiraram balde após balde do poço profundo, e cada homem tomou quanto quis de água. Depois de dar de beber aos camelos e encher duas peles de cabra, sacrificaram o carneiro, que já não se mantinha de pé. Quando Riley começou a limpar as entranhas, os *bou sbaa* o interromperam, as puseram de volta, ainda intactas, na carcaça do animal e em seguida o amarraram a um camelo. Retomaram viagem e seguiram rumo ao noroeste, tangendo Coho, com o dorso sem nenhuma carga, logo à frente.

Naquela noite, os *bou sbaa* assaram e comeram duas das quatro coxas do carneiro, enquanto os marinheiros devoraram as vísceras ao estilo nômade — com as gramíneas parcialmente digeridas ainda em seu interior. Na manhã de 6 de outubro, partiram a pé, tangendo os camelos diante de si. Desde que haviam deixado o precipício, Riley notara que Hamet, Seid e Abdallah mostravam dificuldade de se orientar. Antes se guiavam pelos pontos de referência do deserto. Agora, pareciam mais preocupados com sua localização, verificando com freqüência o sol e o vento e desmontando em trechos arenosos da *hammada* para cheirar a areia. No meio da manhã, até mesmo os marinheiros começaram a perceber os sinais de mudança. A areia, que antes só se via em pequenos montes isolados, aparecia agora em maior quantidade. O terreno remoto assumira um aspecto desagradável e encrespado, como o mar sob uma tempestade que se aproxima. No começo da tarde, os pedregulhos carregados pelo vento lhes aguilhoavam a pele.

Por uma semana mais, a família de Ganus permaneceu na região chamada por Robbins de vale da Sombra da Morte, onde, sem provisões, procuravam por alimento cada vez mais longe do acampamento, desrespeitando os limites do compromisso tribal, pedindo emprestado, adulando ou surrupiando daqueles que dispunham de leite ou de uma porção de comida ou água. Uma das camelas de Ganus se desidratara, reduzindo sua produção de leite a cerca de quatro litros por dia.

Robbins e Hogan cruzaram a colina na direção leste para dentro de outro vale, onde encontraram lesmas. Robbins escondeu as suas em uma sacola feita de tecido de vela até que conseguissem arranjar fogo para assá-las. Os árabes se rebaixaram tanto que, quando a dupla retornou à tenda de Ganus em busca de *zrig*, Ganus já descobrira e comera o que os dois haviam encontrado e os repreendeu por não terem compartilhado as lesmas. Foi uma reprimenda justa, Robbins teve de admitir, uma vez que Ganus era sempre generoso, dentro de suas limitações.

Se havia algo com que Robbins não conseguia se conformar era a resignação dos saaráuis diante da fome. Como disse, "definhar e acabar no túmulo por falta de comida era um pouco demais para suportar com coragem do que permitia o pouco de filosofia que me foi transmitido". Que coisa mais insana persistir na estéril região do Saara e não se esforçar para deixá-la enquanto ainda tinham forças. Nenhum marinheiro que ficasse à deriva pela calmaria do mar deixaria de se empenhar ao máximo para pôr sua embarcação em movimento de novo. Incapazes de encher o estômago apenas com lesmas, Robbins e Hogan passaram então a vasculhar o refugo em torno dos acampamentos. Acharam uma pilha de ossos de camelo em putrefação, que já tinham sido roídos pelos cães, mas que o sol amolecera. Robbins meteu os dentes numa rachadura na tentativa de conseguir um pouco da cartilagem e quase deslocou o maxilar.

No dia seguinte, Robbins encontrou Deslisle pela primeira vez desde que deixara o poço próximo ao cabo Barbas. O cozinheiro retornava do alto da colina onde cuidava dos animais. Parecia um tanto animado e vestia roupas melhores do que as de Hogan. Robbins e Hogan cumprimentaram Deslisle efusivamente, mas a patroa do negro o viu no mesmo instante e ordenou que ele continuasse a caminhar. Ansioso para falar com Robbins, Deslisle se deteve, enfurecendo a mulher. Ela o atacou, socando-o e lhe unhando a cabeça. Deslisle não se atreveu a revidar. A mulher o arrastou de volta para o alto da colina, debaixo de xingamentos, e, ao chegar ao topo, Mohammed o jogou ao chão e o golpeou, repetidas vezes, com um porrete. Deslisle nada podia fazer para se defender. Enquanto o companheiro chorava de dor, Robbins teve um acesso de cólera. "Eu nunca desejara tanto vingar a injúria feita a um marinheiro", recordaria depois. "Eu estava desesperado, mas sabia que devia ser humilde e ver meu companheiro ser espancado até o limite."

Pouco antes de anoitecer, Robbins foi ao encontro de Hogan e Deslisle. O marinheiro vestia uma peça nova de roupa que fizera para proteger sua pele do sol. Dobrou um quadrado de um metro e meio que tirara da bandeira do brigue, cortou um buraco no meio e costurou as laterais, deixando aberturas para os braços, como uma camisa. Sua patroa tinha feito um vestido com um pedaço maior da bandeira e circulava vaidosa pelo acampamento, usando a última moda do "pavilhão listrado". Apreciando a ironia, Robbins refletiu que talvez aquela fosse a primeira bandeira a tremular no Saara. Ao chegar à tenda do amo de Hogan, Robbins soube que Deslisle ainda se encontrava fora com os camelos. Hogan estava moribundo. Robbins andou de um lado a outro em seus trajes absurdos, tentando fazê-lo rir. "Se você gostou desta roupa", brincou, "precisava ver a minha patroa. Ela também *se cobriu de glória*." Robbins riu de si mesmo, mas Hogan não conseguia espantar o mau humor. Sua tentativa de risada acabou saindo como um lamentável soluço de desespero.

"Ontem", murmurou para Robbins, "Dick me trouxe umas

lesmas cozidas, mas nosso maldito amo não me deixou comê-las. Logo morrerei de fome." Robbins tentou tranqüilizá-lo, mas de nada adiantava. Ele esperava que Deslisle aparecesse, porém o cozinheiro ainda não havia retornado quando Robbins precisou voltar para as tendas de seu amo. Robbins nunca mais tornou a ver Deslisle.

Uma onda de calor atingiu Riley, como uma rajada repentina de fumaça de um fogo de acampamento, provocando um suor pegajoso. Apenas três dias se haviam passado desde que ele, Savage, Horace, Clark e Burns se fartaram de água, rindo como crianças. Agora que atravessavam areias escaldantes, uma diarréia crônica os afligia. Clark, Burns e o imediato rebelde tinham um aspecto doentio apesar do bronzeado que ganharam no deserto. Magros como espantalhos, davam a impressão de que iriam entrar em combustão e desaparecer em um piscar de olhos. Horace era pouco mais que pele e osso.

Antes que o grupo caminhasse por muito mais tempo, Hamet ordenou que montassem nos camelos. Quando os animais se levantaram, os marinheiros tiveram uma visão intimidadora. Para o norte e para o sul, até onde a vista alcançava, só se viam dunas de muitos metros de altura. Seus cumes varridos pelo vento lhes davam a aparência de ondas do mar agitadas por uma tempestade, a fúria de Poseidon escrita na areia.

Os ventos alísios, que antes esfriavam o corpo sob o sol abrasador, "agora sopravam como em uma tempestade", transformando-se em um "terrível inimigo" do grupo, escreveu Riley. "A areia solta voava com o sopro do vento, ferindo nossa carne como granizo e, muitas vezes, nos impedindo de ver uns aos outros, enquanto as lufadas (que se seguiam uma após a outra em rápida sucessão) passavam com violência."

Nas colinas deslizantes, os camelos cambaleavam e afundavam na areia. Nervoso, Hamet ordenou a todos que apeassem. Ele, Seid e Abdallah seguiram na frente para procurar uma rota. A pé, os marinheiros se esforçaram para acompanhar o ritmo dos camelos, sobretudo ao descer as encostas. Ao mesmo tempo, tinham de prestar atenção para que o velho Coho, que não carregava carga, não ficasse para trás. Caso contrário, seriam espancados.

Vento e areia. Areia, vento. Não viram mais nada por dois dias, enquanto o *irifi*, o legendário vento do deserto, desencadeava sua fúria sobre eles. Os dois elementos sugaram e retiraram toda e qualquer umidade de seus corpos e rasgaram suas peles em busca de mais fluidos. No primeiro dia, eles resistiram durante cerca de cinco horas, até por volta do anoitecer, quando descobriram uma vala plana, como um "lago cercado de montanhas", onde cresciam alguns arbustos. Enquanto os camelos mastigavam as folhas e os ramos das plantas, os homens empilharam areia ao redor da vala para se proteger do vento. Cozinharam o resto da carne de carneiro e moeram os ossos com pedras para comê-los também. "Era agradável ao nosso paladar, embora não fosse mais que um pedacinho", Riley escreveu.

Ao amanhecer do dia seguinte, Hamet ordenou a Riley que reunisse os camelos. Ele, Savage e Clark logo localizaram os dois animais mais fortes, que estavam peados, com as patas dianteiras amarradas a cerca de trinta centímetros uma da outra, de forma que pudessem circular para se alimentar, sem se afastar em demasia. Riley foi atrás do camelo de Seid, o mais impetuoso, deixando o maior para Savage. Tendo aprendido rápido a lidar com os animais, que nunca traziam rédeas nem cabresto, Riley fez o camelo se ajoelhar, tirou-lhe a peia e montou nele, usando uma vara e palavras suaves para guiá-lo.

Enquanto Riley se ocupava do animal, Savage cometeu o erro de tirar a peia do camelo grande antes de fazê-lo se ajoelhar.

Naquele mesmo instante, o manco e obstinado Coho, que tanto trabalho dera aos homens ao ficar para trás, disparou na direção sul. Goyette, o filhote, foi atrás. Berrando, o grande camelo de Hamet se livrou de Savage e fugiu a toda a brida. Assim como o camelo de Abdallah.

Riley golpeou seu veloz animal com a vara, logo alcançou os fugitivos e fez manobras diante deles. Tentou interceptá-los, mas os animais trombaram com ele e se evadiram em disparada, dando voltas em torno das dunas. O impulso de fugir era contagioso. De repente, o camelo de Seid se enfureceu, na tentativa de se livrar de Riley. Corria, pulava e curvava o corpo repentinamente flexível, berrando e rosnando como um animal selvagem. Jatos de espuma malcheirosa voavam de sua boca em direção ao rosto de Riley. O capitão, desesperado, se segurou ao animal. Em resposta, o diabólico camelo deitou e rolou no chão, forçando Riley a sair de cima dele, e, em seguida, voltou a cabeça para trás e rangeu os dentes na direção das coxas de Riley. O capitão saltou de novo em cima do animal antes que ele pudesse se erguer.

A fúria do camelo havia passado. O capitão o dominara. Riley o guiou para perto dos outros animais, agora a uma boa distância do acampamento, mas não conseguiu fazer com que as teimosas criaturas voltassem. Temendo estar perdido nas tortuosas colinas de areia, parou seu camelo e deu meia-volta.

Irritados, os três *bou sbaa* vinham correndo pelas dunas. Gritando, Hamet ordenou a Riley que deitasse o camelo e saísse de cima dele. Chegando junto ao animal, Hamet saltou sobre ele, o fez dar a volta e saiu em disparada junto com Seid. Abadallah os seguiu a pé. Riley tomou a trilha que os árabes haviam deixado para voltar ao acampamento, onde, pesaroso, recolheu algumas peles que Goyette derrubara. Três horas já se haviam passado desde que os árabes tinham ido. À medida que o tempo corria, Riley sentia um temor cada vez maior por Savage, que certamente seria espancado com violência pelo transtorno que causara e poderia não sobreviver, dado seu estado de fragilidade.

Quando os *bou sbaa* retornaram ao acampamento, Riley aconselhou Savage a pedir desculpas ou rogar por misericórdia, mas este se recusou, irritando ainda mais os árabes. Riley implorou clemência em nome de Savage, mas os árabes, furiosos e sedentos por vingança, o ignoraram: agarraram Savage e lhe deram uma surra com as varas de bater nos camelos. Eles o acusaram de desviar os camelos de propósito, cuspiram nele e o chamaram de *foonta*, ou imprestável. Savage sobreviveu, mas voltaria a sofrer em conseqüência de sua má reputação.

Eram nove horas quando os homens tornaram a partir, aproximando-se ao máximo da região norte-nordeste, tanto quanto as colinas de areia permitiam. Por duas horas, serpentearam em trote veloz por passagens entre as escarpas. Mas as colinas começaram a ficar tão grandes e traiçoeiras que Hamet temeu pelos camelos e disse a todos que desmontassem. Os *bou sbaa* seguiram em frente, em busca de uma trilha, indo cada um para um lado, para depois poderem trocar informações. Os marinheiros os seguiram com os camelos, tomando todo o cuidado possível para manter os animais em fila.

Eles andavam a um passo mínimo sobre a areia, que, de tão quente, lhes dava a impressão de estarem pisando "em brasa incandescente". A poeira trazida pelo vento cobria seus corpos. Marcharam por doze horas desgastantes sem nada para comer ou beber, parando afinal no alto do mar de dunas, onde não havia nenhum tipo de forragem para alimentar os camelos. Exaustos e frustrados, os marinheiros tomaram um pouco de água antes de mergulhar em um sono comatoso. Tarde da noite, Riley despertou de repente. Ouvia e sentia em seu corpo tiritante um ruído baixo e distante, vindo da direção norte, que não era apenas vento. O barulho reverberava com a força de um furacão. Deve ser uma tempestade de areia, pensou, que nos enterrará vivos a todos.

Levantou em pânico e despertou seus homens, que o escutaram em um silêncio assombrado, convencidos de que o estrondo distante era o som da morte iminente. Primeiro tiveram a certeza de que se tratava de um ruído que jamais tinham ouvido. Logo alguém percebeu que o estrondo, embora persistente, não parecia se aproximar e que o vento não aumentara. De súbito, com uma intensa consciência de seu erro, Riley anunciou: "É o mar!".

Em 3 de outubro, Archie Robbins trilhou onze quilômetros colina acima para ver William Porter e diverti-lo com o o traje que criara usando a bandeira norte-americana. Chegou em boa hora. O amo de Porter e outro árabe estavam prestes a subir o vale em direção a uma tenda onde um camelo fora sacrificado. Porter e Robbins carregaram os mosquetes dos árabes — "duas boas peças de cano duplo", Robbins notara —, enquanto caminhavam.

As narinas de Robbins palpitaram de fome quando o cheiro de fumaça e de camelo assado invadiu o acampamento. O amo de Porter e seu amigo devoraram a carne que receberam e jogaram os ossos, ainda quentes, para os marinheiros, que os dilaceraram com os dentes e as unhas para raspar cada pedacinho de cartilagem que encontrassem e retirar o tutano. Logo em seguida, os árabes se serviram de leite, enquanto os marinheiros continuaram com sede.

No dia seguinte, entretanto, Robbins e Porter foram agraciados de uma forma inimaginável. Entre as crenças animistas mais primitivas dos saaráuis havia algumas que se referiam a um evento incomum, a chuva. Quando nuvens escuras despontaram no céu, os nômades fizeram o possível para não perturbá-las. Na verdade, eram proibidos até de olhar para elas, a não ser que os olhos estivessem cobertos de *kohl*. Não podiam, tampouco, falar sobre elas. Em sinal de respeito, as crianças pararam de brincar.

Naquele instante, os *bou sbaa* agiam para alegrar as nuvens. Em uma terra onde a chuva caía uma vez a cada seis anos, eles presenciaram um pequeno milagre: uma chuva curta mas violenta. Assim que começou, as mulheres apanharam *geddacks* e esponjas e correram para as pedras no topo da colina, segundo Robbins. Elas não puseram as vasilhas para recolher a chuva porque os costumes dos saaráuis não lhes permitiam fazer isso, apesar da perversidade da regra. Só depois de passada a chuva elas estavam livres para absorver a água das pocinhas com as esponjas e espremê-las sobre as *geddacks*. Displicentemente, Robbins deitou de barriga sobre as pedras e bebeu a água em pequenos e ruidosos goles. Poucos minutos depois, o sol voltou forte como nunca. Ele "lambeu e sugou" as pedras até deixá-las secas.

A excitação que tomara conta deles não se dissipou de imediato, e os nômades comemoraram a dádiva com uma conversa animada. A chuva também havia trazido para Robbins algo mais valioso do que a água: esperança. Ele talvez pudesse contar com a providência divina. O marinheiro ouvia as risadas que vinham da tenda para onde as mulheres haviam voltado para encher uma pele de cabra e, pela primeira vez, não se indignou.

Dois dias depois, Ganus e suas irmãs, Ishir e Muckwoola, saíram com os camelos em busca de água. Os que ficaram para trás dispunham apenas de lesmas e de um restinho de líquido nas peles de carneiro para sobreviver. Robbins implorou nas tendas das redondezas, invocando o nome de sua patroa para inspirar generosidade, mas os recursos do vale já se haviam exaurido, e os nômades começaram a abandoná-lo. À medida que o número de tendas diminuía, Robbins se afastava cada vez mais. A oito quilômetros das tendas, olhando para cima do trecho de terra dura em que se encontrava, viu um grande árabe de turbante, que avançava em sua direção montado em um camelo extenuado. Acima da cabeça, o homem agitava uma cimitarra cintilante, pronta para cortá-lo em dois. Um medo nauseante o dominou e, ao mesmo tempo, o deixou aliviado. O fim, ao que parecia, finalmente chegara.

12. Honra entre ladrões

O capitão Riley e seus homens haviam completado um ciclo. O Saara lhes tirara o *Commerce*, os humilhara e mandara para longe, mas agora estavam de volta. Ouviam as ondas do cabo Bojador — um fato que *sidi* Hamet confirmou — quebrando sobre os restos do *Commerce*. Haviam recuperado o terreno perdido e atingido um marco importante. A novidade levantou o moral dos marinheiros, em especial daqueles que se mostravam céticos em relação às intenções de Hamet. Silenciosamente, eles se regozijaram com a prova de que estavam, de fato, rumando em direção ao Império do Marrocos. Ao mesmo tempo, Hamet fez um comunicado desanimador. "Vocês não vão mais receber *zrig*", disse, pesaroso, a Riley, balançando a pele de cabra vazia.

No final da manhã de 8 de outubro, começaram a ver superfícies duras que surgiam entre as dunas pela ação do vento, como se as montanhas de areia fossem meras pilhas jazendo sobre um gigantesco tampo de mesa. Por volta do meio-dia, chegaram a uma clareira a nordeste, de onde observaram a *hammada*, algo que os marinheiros jamais imaginariam que ficariam gratos por

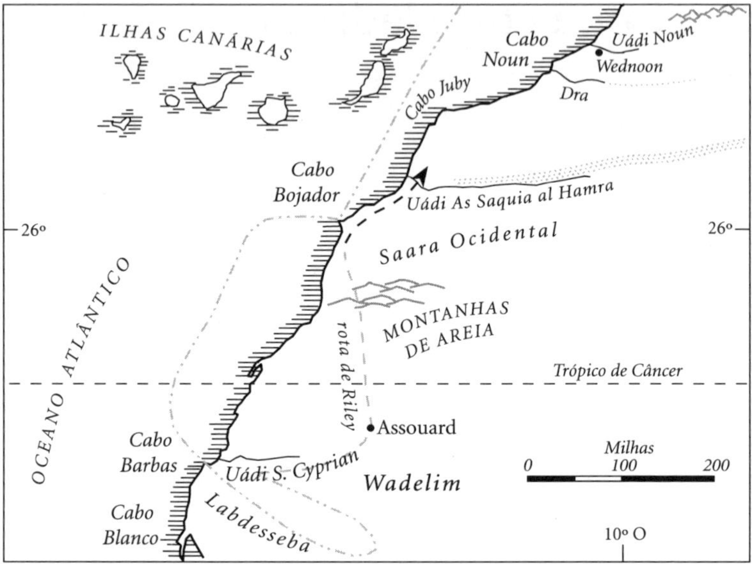

ver. Estavam agora a um dia de viagem do cabo Bojador e de entrar em uma região mais povoada do deserto, ocupada por duas dúzias de tribos. A maior parte delas, inclusive os *oulad bou sbaa* e seus rivais, *oulad delim*, era considerada "feroz" ou "selvagem" pelos marroquinos e também pelos ocidentais. Brisson descreveu os *oulad delim* como "tão [...] rapinadores que eram temidos quase da mesma forma por amigos e inimigos".

À medida que o grupo de Hamet se aproximava do limite norte do deserto, a etapa seguinte seria penetrar na região da tribo *reguibat*, próxima ao vale As Saquia al Hamra, e dos *tekna*, que viviam entre o Saquia e o Dra. Ao norte de Dra — onde o deserto dava lugar a colinas áridas e, logo depois, a vales férteis — ficava Sous, a terra que não se deixava subjugar pelo sultão do Marrocos, dominada por chefes guerreiros com tropas de mercenários que perambulavam pelo interior. Eles controlavam o tráfego de caravanas para Timbuktu e, sempre que possível, o resgate de vítimas ocidentais de naufrágio, tanto pelo lucro quanto pelo prestígio que isso lhes trazia. Hamet teria de se esquivar deles, assim como do ganancioso sogro, que vivia perto de Wednoon.

Os marinheiros esperavam poder tomar um banho de mar, ou ao menos conferir, preferencialmente do Bojador, se o brigue permanecia no mesmo lugar onde fora deixado, mas as dunas na direção oeste não diminuíam. Depois de ultrapassá-las, seguiram para o leste sobre areias profundas, mas não dispostas em pilhas. Ao passarem ao longo da parte sul de uma cordilheira de dunas, os *bou sbaa* avistaram dois camelos distantes indo para o nordeste. Diante da urgência de alimentos e água, os árabes dispararam na direção dos animais, e os marinheiros os seguiram logo atrás.

Aproximando-se dos camelos, os árabes perceberam que os animais estavam carregados de provisões dispostas em grandes sacos de lona. Amarrados aos flancos das criaturas havia panelas de cerâmica e alguns sacos pequenos de pele, mas nem sinal do proprietário. Os *bou sbaa* sentiram cheiro de cilada no ar. Vasculhando o terreno à procura de inimigos escondidos, eles desembainharam as armas e as carregaram. Desmontando perto dos camelos que pastavam despreocupados, acenaram aos marinheiros para que fizessem o mesmo. Apenas Savage, que ficara para trás com Goyette em meio à correria, ainda não chegara ao local da cena.

Com a arma pronta para disparar, Hamet andou a esmo, examinando o terreno ondulado em busca de possíveis inimigos ou do dono dos camelos, que se tratava, obviamente, de um comerciante. Ao mesmo tempo, dirigia-se a Savage, ainda vulnerável e se esforçando para avançar.

Pisando em uma elevação, Hamet quase tropeçou em um árabe envolto em faixas que dormia na areia. Sem dar um pio, Hamet parou e o observou, primeiro caçando com os olhos uma possível arma e depois um ferimento ou machucado qualquer. Não viu nada além de um pequeno saco de pertences ao lado da cabeça do homem. O comerciante devia ter viajado a noite toda. Dormia um sono tão profundo quanto o de uma cobra que tivesse engolido um ovo e se acomodado sob o sol. Hamet se aproximou dele e, com cuidado, esticou uma das mãos em direção ao saco. Apanhou-o e se afastou de maneira igualmente furtiva. O comerciante não se mexeu.

Quando Savage os alcançou, Hamet o mandou ir para trás da duna onde Seid e Abdallah saqueavam os pertences do comerciante. Ao desamarrar um saco, encontraram o que procuravam: cevada. Rapidamente, derramaram no chão cerca de 25 quilos do grão, colocando-os em seguida em uma das sacolas de couro que traziam. Guardaram o resto dos grãos como se fossem seus, amarrando a ponta do saco e o pondo de volta no lugar.

Para os marinheiros, aquele ato de ladroagem era curioso. O desaparecimento de 25 quilos de grãos seria óbvio para o dono, mesmo que os ladrões sumissem sem deixar rastro, mas eles se deram ao trabalho de fazer com que tudo parecesse estar em ordem. Poderiam simplesmente ter escapado com os camelos do homem e todos os seus bens, e nunca mais vê-lo, pensaram os marinheiros, que preferiam que assim o tivessem feito. Famintos, pouco se importavam com o estranho. Já que seriam cúmplices de um crime, pegariam o que quisessem e sairiam correndo.

Mas seus amos não pareciam ter pressa de partir. Eles reviraram um monte de outros pequenos sacos com objetos pessoais. O saco que Hamet pilhara sobre o comerciante dorminhoco continha o melhor achado: farelo de cevada, ou seja, a cevada moída, própria para o consumo. Os árabes puseram o farelo numa tigela e o misturaram com um pouco de água. Depois de devorar o mingau com as mãos, prepararam outra tigela para os marinheiros, que a comeram com igual entusiasmo.

Por fim, os *bou sbaa* montaram em seus camelos e, junto

com os demais, tomaram a direção sudeste, deixando os animais do comerciante para trás.

Menos de meia hora depois, um homem surgiu correndo pelas dunas, balançando os braços e pedindo que parassem. Hamet, Seid e Abdallah calmamente o ignoraram e incitaram os camelos a seguir em frente. O estranho, no entanto, conseguiu alcançá-los. Era o comerciante. "Pobre diabo", disse Hamet a Riley, ao ver o homem se aproximar. "Ele nem sequer tem um mosquete e deixou que eu levasse sua sacola enquanto dormia."

Tempos depois, Riley admitiria que ele, assim como os demais, tinha uma única preocupação naquele momento: que a cevada não fosse devolvida. "Se estivesse com um mosquete carregado", um dos marinheiros murmurou, "eu o teria detido imediatamente e salvaria a cevada."

Persistente, o homem conseguiu interceptá-los. Vendo que não teriam como escapar de um confronto, os *bou sbaa* prepararam os mosquetes ainda sobre os camelos. Hamet avisou ao estranho que se mantivesse afastado, mas este se aproximou destemido. Armado apenas com uma cimitarra, os interceptou e forçou a parar. O que o homem fez em seguida chocou mais os marinheiros do que se tivesse sacado uma arma escondida e apontado para eles. Lançando as mãos para o ar, o comerciante clamou por Alá. Enquanto o observavam, estupefatos, ele se curvou até o chão e começou a rezar em voz alta. Depois, afirmou ter perdido parte de seus bens e que sabia que eles a tinham levado. "Sou seu irmão e preferiria morrer a praticar uma má ação ou causar sofrimento a alguém impunemente", disse. "Vocês têm armas e acham que podem me matar a qualquer momento, mas o Deus da justiça é meu escudo e protegerá o inocente. Não tenho medo de vocês."

"Deixe sua cimitarra no chão", Hamet respondeu. "Você não tem nada a temer." Fez o camelo se ajoelhar e saltou do animal.

Embora aflito e receoso, o homem se adiantou e perguntou: "É paz, então?".

"Sim", respondeu Hamet, oferecendo a mão. "Que a paz esteja com você. Paz em seu lar e a todos os seus amigos."

Enquanto os marinheiros ficaram junto aos camelos, os árabes se sentaram no chão, em círculo. Hamet não negou que tivessem levado a cevada. "Mas", contrapôs, "nossos escravos estavam famintos", um fato que logo se via nos rostos descarnados que os cercavam. "Você não nos teria negado uma porção se estivesse acordado."

Depois de mais discussão, Hamet ordenou aos marinheiros que limpassem uma área do chão duro e despejou a cevada que haviam pegado, mostrando ao comerciante a parte interna da sacola de couro para satisfazê-lo. O comerciante guardou a cevada em sua própria sacola. Eles lhe entregaram o que havia restado do farelo de cevada, junto com uma pequena sacola de ópio. Hamet garantiu ao estranho que, além do que haviam consumido, aquilo era tudo o que haviam tomado. Rezaram juntos, e o homem saiu a pé da mesma forma como chegara, aparentemente dando um fim à contenda. Aquilo tudo lhes custara pouco mais de uma hora, mas eles garantiram não apenas uma boa refeição, como também uma sacola de objetos valiosos, que Hamet negou ter pegado.

Voltando a montar nos camelos, Hamet e seu bando partiram na direção leste no ritmo mais rápido possível, mas Savage, agora relegado ao manco Coho, e Horace, que ia sobre Goyette, os limitavam a uma velocidade pouco superior à das passadas de um homem. Sem levar em conta as montarias inferiores, os *bou sbaa* xingavam os retardatários e os espancavam com varas. Seguiram viagem durante toda a tarde e parte da noite, percorrendo quilômetros de distância, segundo os cálculos de Riley, até escutarem vozes que o vento trazia da direção norte. Os *bou sbaa* imediatamente pararam e ouviram em silêncio.

Depois de pear a exausta Goyette, levaram os demais camelos a um barranco, tiraram-lhes as selas e os pearam também. Os *bou sbaa* verificaram a munição de suas espingardas e seguiram pelas areias, ribanceira acima, fazendo sinal para que os marinheiros os seguissem. Sem saber se estavam na condição de caçadores ou de caça, os cinco tripulantes do *Commerce* se arrastaram de quatro até o escuro local onde a terra e o espaço pareciam se encontrar e onde a lua aparentava estar muito mais próxima do que em Connecticut. No alto, os nômades esperaram até os marinheiros os alcançarem e, de repente, irromperam em um coral de gritos de animais, incluindo os que Riley imaginou serem os sons de um leão, de um tigre e do "agudo e medonho grito de um lobo esfomeado". É mais provável que os *bou sbaa* estivessem imitando o gato selvagem do Saara, a hiena e o guepardo.

Ao amanhecer, retornaram ao barranco onde haviam deixado os camelos. Riley continuava perplexo com a atitude dos árabes na noite anterior. Depois de passar metade da noite em uma brincadeira de esconde-esconde com um inimigo invisível ou vítima em potencial, formaram um círculo e sucumbiram ao cansaço, com os *bou sbaa* segurando suas armas como se "temessem perder os escravos". À luz do dia, Riley notou que os arbustos de longos ramos que cresciam no antigo leito pareciam ser de uma espécie diferente de qualquer outra que já tivessem visto. Não tinham espinhos, eram mais altos do que o camelo grande, e seus troncos eram tão grossos quanto a perna de um homem.

Outros camelos pastavam no local, e uma mulher velha e um garoto entraram despreocupados no acampamento improvisado dos *bou sbaa*. Depois de conversar com eles, a mulher mandou o menino atrás de algo. Ele voltou com peles de cabra e restos de carne cozida de carneiro ou cabra. Os norte-americanos não sabiam o que havia acabado de se passar e pouco se importavam com isso. Os *bou sbaa* abriram a carcaça, devoraram a carne e as vísceras e jogaram os ossos para os marinheiros, que os comeram depois de esmagá-los. Engoliram as lascas com a ajuda de um pouco de *zrig*.

Ao deixar o leito do rio, o grupo de Hamet retomou a viagem ao longo de uma cordilheira de altas dunas. Os camelos também se sentiam fracos devido ao ritmo forte da caminhada e à falta de água. Burns e Clark, muito debilitados, usavam camelos, enquanto Riley e Savage seguiam a pé. Os *bou sbaa* agora agrediam os retardatários com mais freqüência e brutalidade, ignorando os pedidos de misericórdia de Riley. Sob tensão constante, alguns marinheiros deram sinais de estar à beira de um colapso mental.

Apesar da freqüente intervenção de Riley em favor dos marinheiros, um de seus homens chegou a ponto de xingá-lo na cara abertamente. Qualquer ato de bondade de Riley só servia para irritar ainda mais o homem. "No desvario de sua mente perturbada", Riley relatou, "ele disse que sentia ódio só de me ver e que meus sorrisos o feriam mais do que adagas." O capitão se recusou a revelar o nome do marinheiro problemático, mas admitiu que ele se "transformara em um perfeito selvagem", talvez na tentativa de sugerir que o já taciturno e irritadiço Aaron Savage dera outro passo na direção da insanidade, ou, ao menos, da hostilidade pura e simples.[1]

Mal-humorados, os *bou sbaa* não gostaram de ver que um homem solitário montado a camelo vinha das colinas na direção deles. Aproveitando que ainda se encontrava distante, os árabes cavaram buracos na areia e enterraram duas pequenas sacolas. Enquanto o homem se aproximava, Riley notou o que seus amos perceberam de imediato. O comerciante os seguira de novo.

O árabe solitário, mais agressivo dessa vez, acusou Hamet

de o ter enganado. Hamet não havia, como jurara, devolvido tudo o que pegara. Hamet refutou a acusação com veemência e insistiu com o homem para que ele mesmo revistasse as sacolas. "Alá é testemunha", disse, "de que não temos nada conosco que lhe pertença." O comerciante vasculhou em vão as sacolas. Derrotado, o homem se foi, e Riley, mais uma vez, ficou impressionado com a facilidade com que seu amo ludibriava os outros.

Depois de se certificarem de que o comerciante havia partido, os *bou sbaa* desenterraram as sacolas. Rindo e se voltando para Riley, Hamet comentou: "O comerciante queria as sacolas e outras coisas, mas ainda não as conseguiu de volta". Abrindo uma pequena caixa, o nômade mostrou a Riley uma substância marrom-avermelhada — ópio — e bastões ocos, da espessura do dedo de um homem, cheios de ouro em pó. A outra sacola continha tabaco e algumas raízes herbáceas, que os saaráuis fumavam em cachimbos feitos de osso de cabra para espantar mau-olhado.[2] Sob influência da erva, eles se imaginavam invisíveis, o que a tornava mais valiosa do que o ópio ou o ouro.

Enquanto o grupo prosseguia viagem e Riley refletia sobre o roubo, ele se sentia cada vez mais hesitante sobre o trato que fizera. O capitão não questionou a própria mentira — que sabia ter sido fruto da necessidade e que não fora proferida de má-fé —, mas se debatia com a trapaça de Hamet, que parecia ter cruzado a linha entre a necessidade e o lucro. Antes de Riley, o aventureiro francês Saugnier também questionara a ética dos saaráuis em relação à propriedade. Segundo ele, coisas roubadas no deserto, sem que os donos se dessem conta, passavam a ser, por direito, do ladrão, e as coisas não vigiadas, pela mesma linha de raciocínio, mereciam ser roubadas. "Não adiantava o dono reconhecer seus pertences na tenda do vizinho", observou Saugnier. "Ele não podia pedi-los de volta, pois deixavam de ser coisas suas no momento em que agia com negligência. Daí surge a tendência desse povo para a rapinagem; eles não acham que estão cometendo um crime, mas apenas seguindo, assim, um costume permitido por suas leis." Riley deduziu simplesmente que, no deserto, pelo menos, os árabes "não respeitavam nenhuma lei, a não ser a da força superior".

Viajaram num ritmo pesado até tarde da noite e, só então, montaram acampamento. Famintos e — açoitados pelo vento nordeste — sentindo muito frio, os homens deitaram na terra dura e se abraçaram uns aos outros até as primeiras horas da manhã. Levantaram cedo e, sem ter o que comer ou beber, retomaram a viagem. À tarde, descobriram trilhas. Desesperados por água e comida, os *bou sbaa* as seguiram até encontrar uma manada de camelos que pastava em um terreno côncavo, junto com carneiros e cabras que percorriam as pedras em busca de musgo marrom. Ao se aproximarem dos pastores que cuidavam dos animais, foram convidados a ficar em um acampamento nas redondezas.

Em um vale, a hora e meia de distância, avistaram vinte tendas fincadas ao lado de moitas de espinheiros. Feitas as devidas apresentações, Hamet cuidou das necessidades imediatas do grupo e negociou a compra de um cabrito. Seid e Abdallah abateram o bicho e deram as entranhas para os marinheiros. Seguindo o costume nômade, os marinheiros esfomeados não as limparam antes de assá-las. Os Commerces estavam bem cientes àquela altura de que a conduta árabe exigia o compartilhamento de refeições e que ninguém teria vergonha de reclamar sua porção. Sendo assim, ficaram nervosos ao se verem cercados de curiosos do acampamento. Após chegar a um rápido consenso por meio de sussurros e acenos de cabeça, os marinheiros tiraram o alimento enfumaçado do fogo e o dividiram com as mãos. Antes que qualquer um viesse pedir um pedaço, devoraram as vísceras, quentes, mas ainda cruas. A pressa fora desnecessária. Nenhum dos árabes os perturbou. E nenhum dos anfitriões aceitou a carne que Hamet lhes ofereceu. Riley interpretou o gesto como um bom sinal, não apenas de que a tribo estava bem servida, mas também de que se aproximavam de um território mais fértil. Os árabes lhes deram água e retornaram à meia-noite. A tigela que lhes estenderam continha 2,5 quilos do que Riley definiu como "mingau ou espécie de pudim". Os nômades o chamavam de *lhasa*: semolina cozida com um buraco no meio, cheio de leite fresco e doce.[3]

Os marinheiros comeram a sobremesa com as mãos. A papa quente queimava a boca e a garganta, mas não conseguiam controlar o desejo de continuar a comer. Riley comentou que aquele fora o primeiro "tipo de pão" provado desde o naufrágio. Além de aquecer o estômago, o doce teve o efeito salutar de aliviar a disenteria que atacava seus intestinos. A melhor refeição da viagem havia sido um presente de homens desconhecidos e que jamais voltariam a ver. Como tantas outras coisas no Saara, a atitude daquela gente abriu suas mentes para o inesperado e para pequenas gentilezas em meio à adversidade.

No dia seguinte, relutantes, deixaram para trás os amigáveis árabes e viajaram durante dez horas seguidas na direção nordeste até alcançar um poço de água salobra, ao redor do qual se encontrava um grande grupo de homens e camelos. Lá, os animais tomavam grandes goladas de água para, em seguida, encher as panças com os espinheiros em volta. O cheiro forte do alimento que lhes voltava à boca e do estrume úmido contrastava com os bafejos secos de poeira antiga da *hammada*. Quando Riley estava prestes a dar água aos camelos, Hamet, que já havia examinado o grupo de cameleiros, o deteve. E ordenou que os marinheiros ficassem de lado. No sul, Hamet se preocupara, em primeiro lugar, com a questão da sobrevivência em meio às duras condições do ambiente. Faltando pouco mais de 240 quilômetros de deserto antes de chegar a terras cultivadas, começou a se preocupar mais em transpor os clãs saaráuis. Apesar da cordialidade com que seu grupo fora recebido, eles estavam em uma região dominada pelos poderosos e briguentos *tekna*, uma fusão dos berberes *lamta*, da região do Uádi Noun, dos árabes *maqil* — alguns nômades e outros sedentários, moradores de vilarejos cercados de muros que se estendiam das margens do deserto até o sopé dos montes Anti-Atlas — e dos dominadores *reguibat*, uma tribo de sangue quase puramente berbere *sanhaja*, embora tivessem adotado o Islã, falassem arábe e reivindicassem a condição de *chorfa*, descendentes de Maomé. A fim de não provocar ninguém, Hamet ordenou que os marinheiros se sentassem e se isolassem dos demais. Depois de um longo dia, fosse no lombo de camelos ou caminhando, a determinação foi recebida com alívio por Riley. "Estávamos tão magros e fracos", escreveu, "que mal conseguíamos nos manter em pé."

Como Hamet temera, os problemas não tardaram a surgir. Seid e Abdallah tiravam água de um poço e enchiam um *selaï*. Vendo aquilo, um dos outros cameleiros conduziu seu animal até a tigela de madeira, mas Seid exigiu que o estranho se afastasse com o camelo. Lançando um olhar desafiador, o homem insistiu em que seu camelo beberia da gamela. "Continue a enchê-la", acrescentou.

Seid deixou cair o balde, pulou sobre o estranho e lhe deu um soco em cheio no rosto. O homem cambaleou, mas não caiu. Reagindo ao ataque, puxou uma cimitarra e golpeou Seid. Este se esquivou, mas o golpe esfolou seu peito e o desequilibrou. O homem arremeteu contra Seid, com a cimitarra pronta para atacar de novo, mas logo se viu sob a mira do mosquete de cano duplo de Hamet. Outros intervieram rápido, afastaram o homem e o levaram para o outro lado do poço. Lá, deram de beber ao camelo e o fizeram tomar seu rumo, praguejando em sussurros.

Hamet decidiu seguir em frente. Após uma hora de viagem

na direção leste, encontraram dois outros poços. Cavados recentemente e de água ainda mais salgada do que a daquele que tinham acabado de deixar, esses poços atraíam um grande número de camelos, mas os animais tinham um único dono. Hamet conversou com o homem e depois orientou Riley a ajudá-lo a dar de beber ao rebanho. "O dono dos camelos é um bom homem", disse. "Ele nos dará comida." Trabalharam até o anoitecer e depois seguiram a manada pelo vale, na direção leste, por quase cinco quilômetros. O homem, abastado, os tratou, entretanto, com desprezo, e pela primeira vez o poder de persuasão de Hamet falhou. Ficaram sem ter o que comer.

Uma forte ventania soprou naquela noite. Os homens levantaram cedo, rígidos, esfomeados e sentindo frio, mas continuaram de estômago vazio. Agora tocavam os camelos bem alimentados e hidratados a um ritmo mais forte, levando-os em uma ágil caminhada por 80,5 quilômetros de *hammada*. Prosseguiram até bem depois de escurecer, sem encontrar motivos para parar. Quando afinal sofrearam, não foi por muito tempo, pois todos acordaram antes do amanhecer para retomar a viagem.

Por volta do meio-dia, depararam com uma fenda inesperada na planície, pela qual entraram e seguiram por uma rampa natural que levava a um leito fundo, coberto de areia, e a uma planície aluvial. Eles haviam chegado ao As Saquia al Hamra, um famoso vale que se estendia por 338 quilômetros de deserto, como uma cicatriz bem costurada que ia dos declives das montanhas Anti-Atlas até a costa. Lá, sua foz é represada por uma profusão de dunas unidas em forma de meia-lua, esculpidas pelos ventos alísios, uma prova de que no Saara a areia triunfa sobre a água. Com largura de até quatro quilômetros em certos pontos, o As Saquia al Hamra, ou "canal vermelho" — assim chamado por suas paredes de barro, ou pelo sangue de que se impregnou durante séculos de guerras tribais —, era o berço da civilização daquela área, um oásis exuberante quando as águas subiam até as margens, ou, quando o grupo de Hamet ali chegou, o último lugar onde era possível encontrar plantas desérticas para o pasto depois de anos de seca.

Os homens seguiram na direção leste sobre um firme banco de areia acima do leito por mais duas horas, quando os *bou sbaa* anunciaram a presença de camelos. Por um bom tempo, os marinheiros não conseguiram vê-los. Na verdade, foram necessárias mais quatro horas de viagem a trote rápido, levantando poeira como invasores *ghazu*, antes de chegarem ao rebanho abandonado. Procuraram os donos dos animais, mas, independentemente de quem fossem, eles também haviam visto os *bou sbaa* e os marinheiros se aproximarem, e deviam ter se escondido ou saído em busca de auxílio. Hamet decidiu evitar qualquer tipo de confronto e seguir em frente. No fim do trecho de terra em que se encontravam, saltaram dentro do leito empoeirado, fazendo subir um pó claro de arenito, marga e calcário, ali depositado pelo mar mais de 50 milhões de anos antes. Ao longe, na luz fraca, Riley viu o que parecia ser uma ilha em um lago. Eles a alcançaram por volta das dez horas, depois de viajar, segundo o cálculo de Riley, quase 113 quilômetros naquele longo dia. Mas ele, assim como seus companheiros, fori iludido pelo deserto outra vez. O lago nada mais era do que um oásis de arbustos e árvores atrofiadas, drupas e acácias de galhos brancos, com troncos retorcidos pelo vento. A água estava toda no subterrâneo. Os *bou sbaa* alertaram os marinheiros para não fazerem barulho ao entrar no oásis.

Não encontraram ninguém enquanto, em silêncio, abriam caminho em direção a uma clareira no centro do matagal. Mesmo assim, não se arriscaram a acender uma fogueira. Os marinheiros, como os árabes, não tiveram o que comer naquela noite, mas, pelo menos, estavam protegidos do vento. Tiveram um sono pesado no abrigo que o oásis oferecia, mas despertaram de seus sonhos logo pela manhã.

Em 14 de outubro, à luz do dia, o grupo deu de beber aos camelos e encheu uma pele de cabra em um poço de água salobra próximo a alguns arbustos. Riley e seus homens tentaram comer algumas folhas, mas as acharam muito salgadas. De repente, sem mais nem menos, os *bou sbaa* exigiram que voltassem à trilha.

Não muito tempo depois, desceram um barranco íngreme até a parte mais baixa do vale, onde cada passo dos camelos rompia uma crosta de sal. Riley olhou pasmado para a vista à frente. Haviam entrado no que parecia ser uma vasta e antiga baía, com barragens de dezenas de metros de altura em alguns pontos e sinais de que aquele lugar um dia estivera repleto de água.

Riley e seus homens agora estavam no que o mercador escocês Donald Mackenzie descreveria em 1875 como um canal que ligava a "Grande Foz", na costa próxima ao cabo Juby, à "grande depressão conhecida como El Juf" (hoje chamada de Tindouf), cuja largura ele dizia atingir quinhentas milhas, e que se estendia até as proximidades de Timbuktu. Mackenzie propôs remover o banco de areia que bloqueava a foz, permitindo assim que o oceano Atlântico inundasse El Juf e criasse uma passagem navegável até o coração da África. Dessa forma, a Grã-Bretanha teria como intensificar o comércio com o interior, gerando lucros da ordem de centenas de milhares de libras, ao mesmo tempo que teriam fim as perigosas e dispendiosas caravanas através do Saara. O grandioso projeto de Mackenzie foi endossado pelos jornais de Londres, que se deleitaram com a idéia de navios a vapor navegando de Liverpool a Timbuktu, "enviando a influência da civilização para o interior daquele vasto continente" e retornando com marfim, ouro e borracha. O projeto, entretanto, nunca foi aprovado.

Esse fantasioso plano da Inglaterra vitoriana não poderia ser mais incompatível com a realidade. Depois de viajarem várias horas pelo deserto, Hamet e seu grupo avistaram dois homens conduzindo camelos pelas rampas de areia. Logo ocorreu a cada um do bando que qualquer comida de que a dupla dispusesse teria de ser compartilhada por todos. Hamet, Seid e Abdallah saíram em disparada para interceptá-los, e os marinheiros ficaram para trás, esperando. De longe, observaram o encontro. Os dois homens, então, seguiram em frente com Abdallah, enquanto Hamet e Seid retornaram.

"Eles têm cabras lá", Hamet anunciou, apontando para uma direção entre o leste e o sudeste. "Logo teremos carne." Com ameaças e palavras ríspidas, Hamet e Seid levaram os marinheiros pela rota mais direta, uma escalada sob o sol, de quase quatro quilômetros, por íngremes montes de areia. Coho tropeçou com a perna manca, levantando em seguida, devagar. Pouco depois, o animal tombou de novo. Os irmãos amaldiçoaram o pobre camelo e o classificaram sumariamente de *foonta*, e, sem hesitar, o deixaram para trás. Levados aos extremos pelo calor, pela fome e pelo cansaço, os árabes agora pareciam perigosos, Riley pensou, como "loucos desvairados".

Frustrado com o ritmo do grupo, Hamet seguiu em frente, sozinho. Os marinheiros continuaram a subir sob a vigilância de Seid. Ao ver uma cavidade na areia, Seid farejou o chão como um cachorro e disse que ali haviam cozinhado as entranhas de um camelo. Ao saírem de Saquia, de volta para a planície do deserto, ouviram um disparo de arma, e, em seguida, viram Hamet trazendo um pastor assustado e seu rebanho de cabras na direção deles.

Seid entrou no meio do rebanho, separou quatro cabras corpulentas e as levou para Riley, que, ironicamente, comentaria mais tarde que os *bou sbaa* "consideravam a posse um pressuposto muito importante" para fechar um acordo. O que eles não perceberam foi que o pastor assustado não estava sozinho. Assim como o grande patriarca *bou sbaa* convocara leões para defender seu rebanho, o pastor arrumou uma esposa, sabe-se lá de onde. Ela era tão desafiadora quanto o marido era covarde e xingava os irmãos com desdém: "Não vou me separar de nenhuma das cabras, nem que meu marido aceite. Qual é o seu nome?".

Apanhado de surpresa, Hamet respondeu.

"*Sidi* Hamet", gritou ela, "como você pode ser covarde a ponto de roubar um homem desarmado? Seu nome e suas atitudes infames vão repercutir por todo o país, *sidi* Hamet!"

Vendo o olhar feio das caras de fome de Hamet e Seid, o pastor implorou à mulher que se calasse, mas seus apelos foram vãos. Com os olhos esbugalhados, ela continuava com a arenga. "Encontrarei um homem que vingará esta injustiça, *sidi* Hamet!"

O que o pastor não conseguira, o mosquete de Seid erguido à altura dos olhos e apontado para o peito dela conseguiu. Se dissesse mais uma palavra, alertou, ele atiraria.

Hamet aproveitou o silêncio repentino para dizer a ela que, não muito atrás, haviam deixado um bom camelo que se cansara e que planejavam trocar pelas cabras. Embora não acreditasse no que ouvia e sua desconfiança acabasse se justificando se tivesse como encontrar Coho, ela não teve escolha senão aceitar, mas insistiu em trocar uma cabra diferente por uma das que Seid selecionara, e o acordo foi aceito. Hamet e Seid laçaram as quatro cabras pelo pescoço, as entregaram a Riley e seguiram em frente em busca do melhor atalho de volta à trilha.

Embora a fome, a sede, o calor opressivo do meio-dia e a areia fofa conspirassem para lhes minar as forças, Riley pressionou seus homens a manter o passo. Euforbiáceas, plantas espinhosas e bulbosas de coloração cinza, que retêm umidade num látex venenoso que nem o mais sedento animal tentaria beber, se espalhavam pelo caminho. Savage, incapaz de resistir à tentação, apanhou as folhas de uma pequena erva verde que crescia entre as euforbiáceas. "São deliciosas", disse, com voz de louco, "doces como mel."

"Savage, não coma isso", alertou Riley. "Pode ser venenoso. Espere, me deixe perguntar a *sidi* Hamet se essas folhas são boas."

Savage ignorou. Encontrou mais da erva e comeu. Riley examinou um pedaço da planta e o advertiu de que parecia tabaco indiano, mais conhecido como *gagroot*, também chamada de "semente do vômito". Nas duas horas seguintes, enquanto Riley, Horace e Savage, todos a pé, tentavam acompanhar o passo das cabras e de Burns e Clark, que estavam sobre camelos, o estômago de Savage teve convulsões recorrentes que o levaram a vomitar sangue. Ele diminuiu o passo até ficar a ponto de se arrastar. Logo os camelos desapareceram no horizonte. Riley tomou então uma decisão calculada, que, mais tarde, relatou sem remorsos: "Eu não podia esperar por ele".

Vendo-se deixado para trás, Savage encontrou forças que ignorava ainda possuir. Parava diversas vezes, para forçar o vômito, e corria para alcançar os demais. Riley, que estava ocupado tangendo as cabras e de olho nos camelos, o encorajava, mas não diminuía o passo. Quando ele e Horace chegaram ao topo de uma colina, pararam e vasculharam o terreno em busca dos camelos, mas não os localizaram em parte alguma. Continuaram a procurar na direção do horizonte, mas tudo o que viram foi uma estreita faixa escura que emitia uma luz trêmula entre as dunas e o céu. De início, não souberam do que se tratava. Riley imaginou ser um "extenso trecho de matas". Horace discordou. "É muito escuro e muito plano para ser terra", afirmou.

Riley olhou com mais atenção. O garoto estava certo. Era o oceano. Alegre, Riley lhe deu um tapinha nas costas. Por um momento, esqueceram a fome e a sede, enquanto respiravam profundamente. Sentiam o cheiro do mar. Sentiam o gosto na boca. Eles riram. Tinha sabor, pensaram, de liberdade.

* * *

Riley encontrou rastros de camelo próximos a uma fenda de um lado dos penhascos. Ele e Horace agruparam as cabras na borda e desceram as íngremes dunas, seguidos por Savage a uma certa distância. Chegaram ao que Riley descreveu como uma superfície de areia "de inclinação suportável", coberta de lustrosas pedras ovais de tom ocre, carvão e castanho-avermelhado. As pedras haviam sido polidas por mares antigos — cujas violentas ondas lá quebraram antes de retroceder —, a ponto de ficarem tão lisas quanto porcelana fina. Riley examinou a costa em busca dos outros, mas não viu nem ouviu sinal algum deles. Os intensos raios de sol que incidiam sobre o mar conferiam à linha horizontal um brilho róseo, marcado por sombras profundas. Ao norte, a superfície dos despenhadeiros recuava, no que para Riley pareceu uma regressão infinita, impregnada de inutilidade e solidão. Se não fosse tão magnífica, a paisagem o teria nocauteado.

De repente, Hamet surgiu de trás de um pequeno monte e o chamou. Eles estavam muito mais próximos do que Riley imaginara ser possível. Atrás da duna e sob uma cobertura feita de peles, Hamet, Seid e Abdallah estavam sentados com várias famílias, enquanto os camelos pastavam pelo acampamento oculto. Os árabes instruíram os marinheiros — que haviam acabado de caminhar 48 quilômetros — a recolher galhos do barranco íngreme e espalhá-los em torno do acampamento para que servissem de proteção contra o vento e também como combustível para a fogueira.

Savage ainda sentia ânsia de vômito. Riley lhe preparou uma cama e o deixou descansando. Quando voltava carregado de galhos, entretanto, encontrou Seid espancando o marinheiro por este não estar ajudando os demais. Riley pediu que Savage fosse deixado em paz. O capitão tentou convencer Seid de que Savage estava muito doente para trabalhar e que ele próprio assumiria as tarefas do companheiro. Relutante, Seid acabou concordando.

Hamet matou uma das cabras, cortando a cabeça do animal e segurando seu pescoço sobre uma tigela para recolher o sangue. Cortou as pernas do bicho e retirou a carcaça da pele através da cavidade do pescoço, tomando cuidado para que a pele ficasse inteira. Picou a carne e entregou os intestinos aos marinheiros para que os cozinhassem. Eles tomaram o caldo feito com as vísceras e comeram um pouco da carne também. Riley descreveu a refeição como "um alívio razoável".

À noite, os árabes deram aos homens pudim de cevada e leite de camela, mas se recusaram a servir Savage, que continuava doente. Riley guardou para o companheiro um pedaço de carne e lhe deu um pouco do pudim. Hamet reservara a porção de pudim que cabia a Savage para dar a ele depois, mas, pela manhã, quando todos se preparavam para deixar o acampamento, Abdallah a devorou.

Eles então seguiram entre os penhascos e a costa, ao longo de uma planície de arenito e areia recoberta de limo — o fundo do mar de outras eras, repleto de fósseis de peixes e moluscos e entulhado de conchas de lesma que ali se encontravam havia séculos. Embora tivesse cinco cabras para tanger, dado que Hamet comprara outras duas aos nômades, Riley não tinha de se preocupar com a possibilidade de se perder, se ficasse para trás. Só precisava seguir a costa. Savage tinha um longo dia diante de si, mas Riley estava em melhores condições de ajudá-lo agora que todos se haviam alimentado e os *bou sbaa* estavam menos irascíveis.

Ao anoitecer, chegaram a um acampamento árabe. Hamet e Seid fizeram amizade com o líder, um homem chamado Hassar. Seu grupo também viajava para o norte. Ao longo da noite, Hamet e Hassar combinaram seguir juntos para garantir mais segurança a todos. Hassar também tinha outros motivos. Ficara intrigado com os escravos cristãos. Com o passar das horas e o progresso da camaradagem, Hassar ofereceu camelos e outros bens por Horace. Seid, que dizia ser o dono do garoto e de Savage, começou a barganhar com Hassar.

Foi uma nefasta e perturbadora virada no curso dos acontecimentos. Quando dois árabes começam a negociar, a expectativa é de chegar a um trato. Perguntar o preço de algo ou apresentar uma contra-oferta, como fez Seid, leva ao comprometimento em um processo em que duas pessoas sensatas, que estejam agindo de boa-fé, devem fechar um acordo. (Isso explica por que um ocidental que pergunta o preço de um item à venda num mercado árabe acaba achando o vendedor excessivamente agressivo, e explica também o motivo, no caso de um ocidental interromper de repente a negociação, de o vendedor se sentir insultado.) Hassar tinha agora o direito de esperar que sua oferta fosse aceita ou que lhe fizessem uma contraposta. Quando Riley notou o que estava acontecendo, se interpôs, e Seid zombou dele.

Somente a influência e a diplomacia de Hamet evitaram que Seid fechasse o negócio. Hassar, que oferecera camelos e mercadorias por Horace, recuou com calma, talvez imaginando que, viajando juntos, o tempo ficaria a seu favor. Ficou claro que Seid estava ansioso para vender o garoto.

Nos dois dias seguintes, viajaram cerca de 64 quilômetros na direção norte, passando por mais acampamentos e moitas de arbustos. Hamet abateu outra cabra e alimentou os marinheiros com carne e vísceras. A esposa de Hassar, Tamar, a quem Riley descreveu como uma "mulher de inteligência incomum", lhes preparava *lhasa* e conversava com Riley em um espanhol tosco. Quando jovem, ajudara a resgatar uns espanhóis cujo navio naufragara na costa. Seu pai mantivera então três dos marinheiros como reféns enquanto ela acompanhava o capitão espanhol a Lanzarote, nas ilhas Canárias, em busca de bens que pagassem o resgate.

Era assim que as coisas funcionavam no Saara. Tamar prometeu a Riley que ele e seus companheiros não passariam fome em sua companhia.

No segundo dia, já quando escurecia, chegaram à embocadura de um vale profundo, provavelmente o Dra — apesar de Riley não o ter identificado —, um canal de mais de mil milhas que percorria as encostas meridionais dos montes Anti-Atlas. Desceram pelo vale ao longo do mar e descobriram um acampamento na praia. Hamet parou para falar com o líder do acampamento. Em seguida o homem chamou Riley de lado e perguntou, em um patoá que misturava espanhol e árabe: "Você tem um amigo em Mogador?".

"Sim", Riley respondeu em espanhol.

"Não minta", o homem o advertiu. "Do contrário, terá a garganta cortada. Se você disse isso a *sidi* Hamet apenas para se safar do deserto e conseguir alimento, ele agora perdoará a mentira e superará a decepção, embora também vá vender você e seus amigos a quem oferecer mais. Em poucos dias, vocês vão alcançar um rio de água corrente e casas, e, se você insistir em continuar a mentir, ele vai matá-lo."

Riley não hesitou: "Sou incapaz de mentir para *sidi* Hamet", respondeu, indignado. "Tudo o que afirmei é verdade. Ele salvou minha vida e será recompensado por meu amigo e por nosso Pai Todo-Poderoso." Hamet ouviu tão atentamente quanto o velho e, imaginou Riley, com melhor discernimento.

Hamet acenou com a cabeça. "Você verá Mogador em alguns dias", disse.

Quando alcançaram os demais, o homem e seus jovens filhos os guiaram pela desembocadura do vale. Andaram cerca de cem metros com água salobra batendo na altura do quadril. Na ribanceira, sob uma elevação íngreme, Riley notou que um dos filhos do homem vestia uma calça de casimira que pertencera a Savage. A cadeia de roubos e permutas através da qual a calça ali chegara era provavelmente longa, mas, para o capitão, a única coisa que importava era que fosse devolvida a seu dono de direito e que dela precisava. Riley implorou a Hamet e Seid que comprassem a calça. Seid trocou a calça por um pedaço de tecido azul, que usava como camisa, e a entregou a Riley. Mas se opôs quando Riley repassou a calça a Savage. "Ele é *foonta*", insistiu. "Dê a calça a Clark ou ao garoto." Mas Riley a deu para o segundo imediato.

À noite, Riley e Horace acompanharam os *bou sbaa* a um *friq* à beira-mar. Lá os árabes lhes deram uma pilha de mexilhões ressecados, que os marinheiros levaram de volta para o acampamento e dividiram com Savage, Clark e Burns. Naquela noite, Hamet, Seid e Abdallah abateram as cabras restantes. Depois que os árabes brigaram por uma porção das entranhas e da carne, tudo cozido junto em uma panela, nada sobrou para os marinheiros. A única coisa que os sustentava eram as evidências cada vez maiores de que estavam prestes a deixar o Saara. Mas Hamet alertou Riley de que a região em que logo entrariam, o perímetro povoado, era, sob vários aspectos, mais perigosa do que o deserto em si. "Muitos ladrões e homens maus habitam estas partes", disse o nômade.

No dia seguinte, 16 de outubro — uma data que ganharia importância histórica pela chegada de Napoleão a Santa Helena —, eles partiram cedo para uma travessia lenta e tediosa pelo litoral erodido e rochoso, escolhendo o caminho mais discreto possível para um grupo de trinta homens acompanhados de animais. Com as armas empunhadas, os *bou sbaa* puseram Savage, Clark e Burns sobre os camelos, enquanto Riley e Horace continuaram a pé, andando e correndo. Os marinheiros nunca eram deixados sozinhos agora. Se um deles precisasse parar, um dos *bou sbaa* lhe fazia companhia. À medida que chegava o fim do dia, as forças de Horace se exauriam. As freqüentes paradas do garoto deixavam os árabes cada vez mais irritados, e a frustração dos nômades recaía sobre ele.

Quando o sol se pôs, haviam percorrido apenas 24 quilômetros. Receosos de parar naquela região, eles continuaram noite adentro. Por volta da meia-noite, à beira de um vale, Riley e Horace trocaram de lugar com Savage e Clark, que ficaram para trás com as mulheres e as crianças, andando silenciosos pelos montes de areia. Levaram mais de duas horas para atravessar o golfo. No momento em que venciam a ladeira para alcançar um plano inclinado com mais dunas, Savage já não conseguia acompanhar as mulheres e as crianças. Riley estava quase caindo de sono de seu camelo quando um grito de Clark o despertou. "Estão açoitando Savage!"

Riley saltou do camelo e correu para trás. Passando por Clark, viu Seid e Hassar atacando Savage. Embora o marinheiro estivesse inconsciente, continuavam a bater nele com a vara. Hassar agarrou a barba de Savage com uma das mãos e a puxou para expor o pescoço. Na outra mão, segurava uma cimitarra.

Riley foi na direção de Hassar a passos decididos, agachou-se e lhe deu uma forte cabeçada, derrubando-o ao chão. Rapidamente agarrou Savage e o levantou. "Água, por favor!", implorou Riley. Furioso, Hassar se pôs de pé, empunhou a cimitarra e arremeteu contra Riley. Nesse exato momento, Hamet interveio e disparou uma série de expressões rudes em árabe que fizeram Hassar parar. Os outros árabes se aproximaram. Os inimigos estavam por perto, e os *bou sbaa* pensaram que Savage fazia corpo mole de propósito, expondo-os ao perigo. Queriam matá-lo.

Riley apelou para Hamet: "Savage só desmaiou porque está exausto e doente". Hamet não conseguia entender. Para surpresa de Riley, o árabe não compreendia o conceito de desmaio. Mas, por insistência de Riley, Hamet ordenou que trouxessem um camelo e água para Savage. Quando o marinheiro recobrou os sentidos, Riley percebeu que os olhos de Hamet lacrimejavam. O nômade estava claramente bravo e assustado — teria saído caro para ele perder um dos marinheiros, cujo resgate representava o único meio de amansar seu implacável sogro —, mas Riley também notou que ele tivera alguma compaixão pelo homem que quase fora morto. Hamet ordenou que Clark e Savage fossem colocados juntos sobre um camelo, para que escorassem um ao outro, e mandou Riley montar outro animal, junto com Horace. "Os ingleses são *foonta*", zombou. "Como se pode ver, até nossas mulheres e crianças conseguem andar e correr."

Riley se irritou com o insulto. "Vou a pé", insistiu o capitão. Juntou os camelos e começou a guiá-los. Hamet riu da indignação de *el rais*, cujo caráter ganhou pontos aos olhos dos árabes, até mesmo de Hassar, pela audácia e pela forma como apoiava seus homens. "Venha e ande comigo, *rais*", disse Hamet, acenando para Riley. "Deixe que os outros cuidem dos camelos. Bom Riley, você voltará a ver seus filhos, *inshallah*."

13. Esqueletos

Do vale da Sombra da Morte, o pequeno grupo de Ganus — Sarah, Ishir, Muckwoola, sua mãe, três crianças e Robbins — começara a seguir para o sudeste, um dia depois de Robbins ter sido abordado pelo árabe solitário de cimitarra na mão. O homem correra em sua direção pela planície, brandindo a arma e perguntando com ar raivoso: "Soo-mook en tar?". Qual é seu nome?

"Robbinis, Robbinis!", o marinheiro respondeu.

"Me-nane jate?", perguntou, e Robbins apontou na direção da tenda de seu amo. "Ille-mein en tar?"

"A Ganus", Robbins respondeu.

"Por seu comportamento, ele parecia conhecer meu amo e não disse mais nada", Robbins observou, "mas me fitava com um olhar muito duro enquanto eu me afastava rápido dele." Robbins, abalado, voltou ao acampamento, que fora abandonado por todos com exceção de umas poucas famílias. Na manhã seguinte, bem cedo, Ganus e suas irmãs finalmente retornaram com água. O grupo deixou o vale naquele mesmo dia, partindo com outra

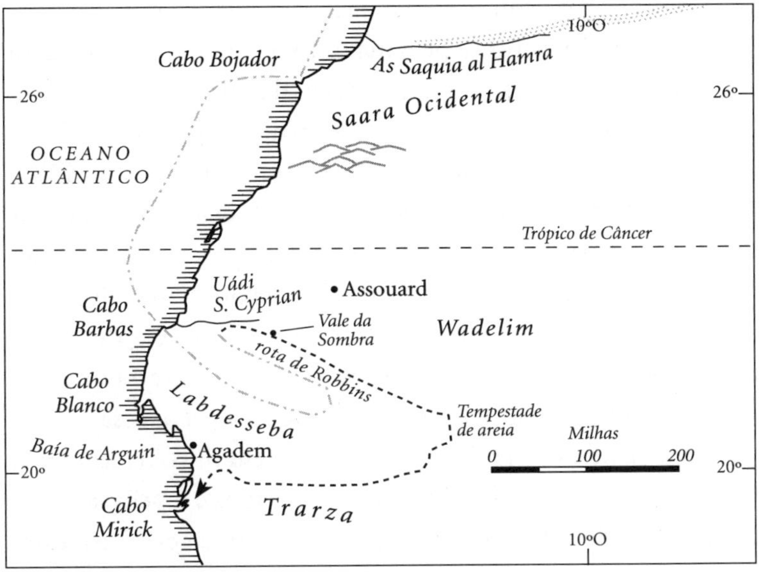

família — vinte árabes e um norte-americano, com quatro tendas e sessenta camelos.

Por dez dias seguiram na direção sudeste. Um dia conseguiram uma cabeça de camelo em um *friq* por onde passaram. Naquela noite, eles a assaram em um buraco na areia e comeram como reis. Depois, tomaram a direção leste, seguindo para uma região mais coberta de colinas, onde o pasto era melhor e havia arvoredos de acácias retorcidas, uma das plantas mais úteis do deserto. Embora Robbins não tivesse feito menção disso, os nômades extraíam a resina daquelas plantas para tratar de problemas oculares e gástricos e para melhorar a coagulação do sangue; mastigavam o caule para aliviar a tensão causada pelo ato de ingerir muita água salgada; suas bagas eram trituradas para fazer tintura.

Ali, "depois de se recolherem a um lugar mais oculto", segundo Robbins, abateram um *jmel* de dois anos. "Antes que lhe retirassem a pele, cinco ou seis árabes vieram aos saltos pelo deserto de areia para compartilhar a refeição", lembrou, tão desanimado quanto Riley ficara pela magnitude de uma ceia no Saara. Ao cortarem o camelo, fatiaram pedaços da corcunda — que Robbins descreveu "como semelhante à carne do peito do boi" — e os comeram crus. As mulheres trincharam longos bocados de carne magra para deixá-los secar ao sol. "A alegria parecia invadir o coração de cada um", Robbins observou, enquanto cozinhavam as entranhas na água da pança do camelo. Não se decepcionou com a porção que lhe coube. Pela primeira vez desde que entrara no deserto, conseguiu saciar completamente a fome.

Na manhã seguinte, Robbins ajudou na preparação e conservação da pele do camelo, que cortaram em tiras e lançaram ao fogo. Assim que os pedaços ficaram ressecados e o pêlo caiu com o calor, guardaram o charque para futuras refeições. Visitantes, alguns amigos, outros estranhos, chegavam de tempos em tempos. Ganus e Sarah compartilhavam o que tinham, oferecendo carne e *zrig*. Robbins não tinha como não se impressionar com tamanha generosidade. Pelos padrões norte-americanos, aquilo era um desperdício. O amanhã parecia não existir para eles, até que chegasse.

Entre os visitantes estavam Hogan e seu amo. Os marinheiros se abraçaram, muito entusiasmados por se encontrarem. Por um momento, conseguiram esquecer o fato de estarem sendo levados para o interior, enquanto Mogador ficava cada vez mais para trás. A Hogan, que engordara um pouco e recobrara o ânimo, foi servida uma generosa porção da ceia. "Como um tigre, ele mordeu a carne do pescoço duro e inflexível do camelo", Robbins relatou. Mas, antes de satisfazer o apetite, Hogan se conteve e separou um pedaço para Deslisle, que ficara no acampamento. Depois, chamado por seu amo, foi embora tão rápido quanto havia chegado.

Robbins nunca mais voltaria a ver Hogan.

Ganus agora guiava seu bando para o sul e o oeste, atravessando uma inóspita região arenosa, repleta de colinas. Foram surpreendidos pelo *irifi*. Soprando a 24 quilômetros por hora, o vento ergue areia e poeira e as arrasta pela planície. A 48 quilômetros por hora, reduz a visibilidade quase a zero. Quando o *irifi* chega aos 96 quilômetros por hora, como é comum acontecer, faz com que partículas do tamanho de lentilhas abram buracos em tendas e roupas, desmancha colinas de areia e força as aves migratórias a voar para a costa, onde muitas bebem água do mar em meio ao desespero e morrem. Grandes mamíferos estouram em debandada, como se fugissem de um incêndio.

O vento os castigou por três dias, lançando um demoníaco brilho avermelhado no horizonte e levando Robbins a se perguntar se afinal chegara aos portões do inferno. Mais irritante ainda era o fato de o mesmo vento, que soprava sobre o Atlântico e carregava areia por milhas mar adentro, ser parte de um vento alísio, muito querido dos marinheiros, que vinha do leste para o oeste — uma ventania constante da qual dependiam para atravessar o Atlântico. Ele teria levado o *Commerce* em sua viagem de regresso.

"A atmosfera estava tão repleta de areia quente quanto a nossa fica de neve quando cai uma nevasca", Robbins relembrou. "Os raios de sol, incidindo verticalmente sobre um corpo quase desnudo, a areia, enchendo os olhos permanentemente expostos, e os pés, que a cada passo afundavam na areia até a altura do tornozelo, faziam da viagem uma calamidade." Não havia como armar as tendas, que poderiam abrigá-los: a areia, que não parava de se deslocar, não seguraria as estacas.

Sendo assim, seguiram em frente. Com a cabeça abaixada, iam sobre os camelos ou ao lado dos animais, a todo momento bombardeados por trás. Os ouvidos, o nariz e às vezes a boca de Robbins se enchiam de pedrinhas. Ele vivia dentro de sua própria cabeça, uma vez que a visão e a audição, a não ser pelo monótono rugido do vento, eram quase nulas. À medida que andava, a areia esfolava sua pele, deixando a parte entre as pernas em carne viva. Nos intervalos em que o vento cessava, Robbins tentava desesperado se livrar da areia. Sem água, entretanto, era impossível. Já fora de si, Robbins usou a própria urina para lavar o rosto e o corpo.

Em 23 de outubro, Ganus desviou o grupo para o sul. O vento por fim diminuíra, e, ao meio-dia, o grupo parou para montar acampamento. O filho de Ganus, Elle, disse a Robbins que "Joe" — o nome que os árabes usavam para se referirem a William Porter — estava numa tenda nas proximidades e que indicaria o caminho certo. Os dois saíram na mesma hora.

A poucos quilômetros do acampamento, pararam em uma tenda onde encontraram um dos ex-amos de Savage, acompanhado de Ganus e do amo de Porter, prestes a abater uma camela. Ganus ordenou a Robbins que recolhesse galhos para a fogueira. Com um maciço sistema de raízes para captar os escassos nutrientes do deserto, as moitas cresciam a cerca de 16 metros de distância umas das outras. Robbins passou três horas juntando lenha para o fogo sobre o qual os árabes cozinharam uma caldeira de entranhas e carne. Como recompensa por seu trabalho, deram a Robbins um feto, do tamanho de um rato, que haviam encontrado na camela. Robbins não estava em condições de recusar qualquer alimento que fosse, por menos apetitoso que parecesse. Ele o cozinhou na areia e no carvão que estavam sob a caldeira. Temendo que alguém pudesse lhe tirar o prêmio, ele o desenterrou e o engoliu ainda quente. Apenas "a fome extrema era capaz de fazer daquilo uma deliciosa refeição", observou mais tarde.

A pedido do próprio amo de Porter, Ganus permitiu que Robbins fosse visitar o marinheiro, que estava adoentado. Com a anuência de Ganus, Robbins foi afinal ver o companheiro ao pôr-do-sol. Ao encontrá-lo, descobriu que Porter vinha sofrendo, entre outras coisas, de uma terrível dor de cabeça fazia vários dias. Ele também estava parcialmente cego. O brilho ofuscante do sol começara a destruir as células da camada externa de suas córneas, que recobrem a íris e a pupila. Quando essa doença — chamada ceratite ultravioleta, mais conhecida como cegueira da neve — se manifesta, as células mortas criam um efeito pontilhado e, em casos mais graves, como o de Porter, se deterioram, deixando o olho desprotegido e suscetível à poeira carregada pelo vento. Porter agora só conseguia distinguir coisas muito próximas. Seus olhos estavam inchados e estrábicos.

À medida que sua visão ia piorando no deserto, Porter se tornou incapaz de acompanhar o passo da família de seu amo. Um dia, irritado, seu senhor o espancara sem misericórdia e o deixara para trás. Porter permaneceu onde caíra por 24 horas, com o sol e o vento afetando seus sentidos, da mesma forma que corroíam os ossos. Fora deixado apenas com a agonia de sua cabeça latejante e da sede. Todas as sensações, algumas que se enfraqueciam e outras que brotavam, pareciam estar convergindo para o momento em que seu espírito abandonaria o corpo para os chacais, e seu cadáver passaria a fazer companhia aos esqueletos no Saara.

Mas, antes que o espírito de Porter o deixasse e ele se livrasse de suas misérias, o irmão de seu amo retornara em um camelo para recolhê-lo. Na tentativa de curá-lo, os árabes lhe sangraram a cabeça, fazendo cortes em sua pele com um *l'mouse*, ou canivete grande.

Porter, macilento e pálido, mergulhara em um torpor profundo e, pelo que Robbins pôde observar, perdera a vontade de se recuperar. Embora Robbins não gostasse de dar sermões, pois acreditava que o "aconselhamento em casos como aquele mais agrava do que diminui a aflição", constatou que ele mesmo estava passando por uma transformação espiritual no deserto. A única coisa que conseguiu pensar em dizer para animar Porter foi: "Estamos sofrendo pela vontade de Deus. Devemos fazer o possível para contornar a situação, por mais desgraçada que ela seja". Relutante, Robbins deixou Porter, consciente de que talvez jamais voltasse a vê-lo de novo.

No dia seguinte, o clã de Ganus recolheu as tendas e rumou para sudoeste, caminhando sobre areia profunda. Já não havia mais água, e Robbins percebeu uma certa urgência na forma como se comportavam. No fim da tarde, descansaram algumas horas, retomando a viagem após a meia-noite, seguindo apressados sob um dossel de estrelas iridescentes. Ao nascer do sol, pararam apenas o suficiente para as preces. Logo em seguida, chegaram a uma planície, que Robbins descreveu como sendo mais plana do que o mar em momento de calmaria. Até as dunas sumiam de forma abrupta antes do início da planície.

Robbins chamou os primeiros passos que deu naquele terreno fossilizado e cheio de cavidades de "a entrada mais lúgubre que já vivenciei em qualquer parte da Terra". Pedras protuberantes tornavam a caminhada mais perigosa. Apenas as patas dos camelos se moviam com facilidade sobre o solo inflexível. Não havia nenhum vestígio de vida em lugar algum — nenhum arbusto, nenhuma erva daninha, nem mesmo as intrometidas moscas. Em todas as direções, Robbins via apenas "o espírito da *penúria* e da *seca*", embora tal visão perturbadora tivesse seus consolos. Pela primeira vez, não lhe pareceu que andassem à toa, sem destino. Tinha a certeza de que Ganus sabia para onde ia; caso contrário, jamais teria entrado em um lugar como aquele. Na verdade, cruzaram aquela planície desolada com tal rapidez e desespero que Robbins se sentiu reconfortado: ele chegara ao fundo do poço, um lugar no Saara que até mesmo os árabes consideravam insuportável.

Pouco antes do pôr-do-sol, para alívio de todos, voltaram à areia. Muitas horas depois, estavam em uma depressão com espinheiros que serviriam de alimento para os camelos, e a viagem foi interrompida para ali passarem a noite. Haviam percorrido 145 quilômetros sem tomar nem sequer um gole de água.

Com o início do dia, seguiram em ritmo forte para o oeste. Enquanto os nômades não davam nenhum sinal de fraqueza, imprimindo um passo ainda mais vigoroso do que no dia anterior, Robbins morria de sede. Ao meio-dia, o marinheiro obteve um pouco de alívio ao chegar a uma tenda onde todos puderam tomar água, e encontrou raízes e brotos para comer. Ao retomarem a viagem rumo à costa, o terreno foi ficando cada vez menos lúgubre, até que alcançaram um caminho tortuoso que passava por pequenos morros de areia, barro e arbustos. Ao cair da noite, aumentou a densidade dos montes e da vegetação. Atravessaram com dificuldade um labirinto de montículos e pedras, tendo como único som ao fundo os ruídos feitos pelos camelos. Pararam à meia-noite para comer e deixar os camelos pastar. Depois de dividir um pouco de carne — que, embora tivesse sido assada no fogo, estava tão dura quanto couro —, tornaram a partir.

A noite se fundiu com a manhã enfadonha. O sol se ergueu, sem obstáculos, sozinho na casa dos deuses, incidindo sobre as costas daqueles homens enquanto eles entravam pelo lado leste de um vale cercado de altas colinas rochosas. Robbins mal acreditou em seus olhos quando viu ao longe o que parecia ser uma torre de mármore branco e liso que emitia uma luz fraca e trêmula. Imaginou que estivessem se aproximando de uma casbá* ou palácio fortificado de um príncipe mouro. Ao avançar, viu com satisfação o solo do vale recoberto de grama, que, embora se assemelhasse à palha por causa da seca, era a primeira relva so-

* Nas cidades árabes, a muralha que cerca o palácio do soberano. (N. T.)

bre a qual andava na África. Depois de algum tempo, foi possível distinguir a estrutura branca. Com mais de 23 metros de altura, 33 de comprimento e vinte de largura, era um bloco de pedra.[1]

"Eu me aproximei daquele impressionante monumento, dei a volta em torno dele, examinei-o o mais minuciosamente que pude e não descobri o menor traço de arte humana", observou. "Minhas expectativas foram varridas pelo vento que soprava ao redor."

Várias horas depois, por volta do meio-dia, Ganus localizou um *bir*. Robbins olhou para o vazio através da superestrutura triangular do poço. Estava muito escuro para saber se continha água. Como os que escavaram o poço foram fundo, até dar com a terra dura, eles alargaram a cisterna no alto e acrescentaram suportes em forma de cruz, que serviam como escada para os usuários retirarem a areia do fundo. Robbins balançou a cabeça, sem acreditar que os nômades não tomassem a precaução de tampar os poços, uma medida que não apenas evitaria o problema da areia como reduziria a evaporação da água.

Em ansioso silêncio, Ganus baixou o balde, um recipiente arredondado de madeira com uma pele curtida de cabra pendente dele. O ruído da pele endurecida batendo na água aliviou a tensão. Em meio a um palavrório animado, Ganus puxou de volta o balde, com cerca de doze litros, e examinou o líquido. Estava verde pela estagnação e, ao mesmo tempo, avermelhado pelas fezes ressequidas de camelo que o vento soprava para dentro do poço. "Foi com grande dificuldade que consegui tomá-la ou mesmo retê-la na garganta", Robbins disse. Eles encheram apenas duas peles com a água turva.

Pelos oito quilômetros seguintes, quando saíam do vale na direção sudoeste, Robbins carregou uma tigela cheia de água — o que era uma certa comodidade, pois assim podia tomar alguns goles ocasionais nos momentos que lhe conviessem, por mais repugnante que fosse o líquido. Naquela noite, eles o usaram para umedecer a carne ressequida, que ficara tão dura depois de assada que foi necessário triturá-la para que se tornasse comestível. Felizmente, no dia seguinte, Ganus soube por um viajante que havia água melhor nas redondezas. Ordenou que se montasse acampamento e levou Ishir e Muckwoola para, juntos, procurarem o poço.

As irmãs voltaram um dia depois com peles cheias de água doce e um pouco de peixe seco, mas Ganus não retornou. Na ausência dele, as mulheres deram a Robbins apenas escamas de peixe e o trataram com desprezo, enquanto vagavam na direção noroeste em busca de pastagem para os camelos. Após quatro dias, Ganus reapareceu, para alívio de Robbins, mas com nada além de um pedaço de tecido de tenda que provasse sua ausência. Na manhã seguinte, ele acordou Robbins, e partiram, junto com Ishir e Muckwoola, conduzindo os camelos na direção oeste ao longo do dia. Ganus nunca levara o marinheiro em suas buscas por água, o que fez Robbins suspeitar que havia algo errado. Chegaram ao litoral quando o sol, tingido de um tom salmão, mergulhava em nuvens no horizonte, como uma moeda que escorregasse para dentro de um monte de areia.

Assaltado por um turbilhão de emoções, Robbins olhava para o oceano pela primeira vez desde que fora carregado para o Saara. Um mês se passara desde que havia sido deixado para trás pelos companheiros de navio. As ondas do Atlântico, que nos amigos que seguiam para o norte despertaram a esperança de um dia voltarem para casa, foram para Robbins, que rumava para o sul, como uma punhalada pelas costas. Ele tinha outras preocupações também, mas mal teve tempo de refletir sobre aquilo de que já tinha certeza — Ganus estava prestes a vendê-lo —, quando os camelos tentaram dar os primeiros passos ladeira abaixo.

Sentindo os doces odores dos poços, os animais saíram em disparada em direção ao sopé.

Robbins se inclinou para trás, evitando escorregar pelo pescoço estendido de sua montaria. Pressionou o dorso do animal com as pernas, ao mesmo tempo que agarrava com as mãos a sela que torturava seu cóccix, como se estivesse em uma carruagem. O camelo que guiava os demais, enlouquecido pela presença de água, escapuliu freneticamente na direção dos poços, e, à medida que os outros vinte animais o seguiram precipício abaixo, logo ao norte do cabo Mirik, a areia que os da dianteira levantavam — nos quais montavam Ganus, Ishir e Muckwoola — parecia chumbo de caça. Robbins via o céu azul, depois o oceano negro, e depois os pêlos eriçados da cabeça de sua montaria. Então, todo o ciclo, uma mancha fulgurante, se repetia a cada solavanco do camelo. O chão subia e descia debaixo dele. Os obstáculos surgiam e desapareciam em um piscar de olhos.

Robbins atingiu velocidades que nunca experimentara antes, nem a cavalo nem de navio. Rezou para que o camelo soubesse o que estava fazendo. Não havia como controlar o animal, e, então, amaldiçoou aquelas criaturas teimosas. Mesmo em um dia bom, elas lhe provocavam emoções conflitantes. O marinheiro as considerava "odiosas e deformadas", embora reconhecesse seu valor. No deserto, eram as "nobres" salvadoras. Quando chegavam, carregadas de bolsas de *zrig* ou água, causavam uma "alegria quase delirante". Os árabes acreditavam que os camelos eram abençoados e que qualquer um que caísse de um daqueles animais seria protegido por Alá, mas Robbins não compartilhava essa fé. Se caísse agora, provavelmente quebraria o pescoço e seria pisoteado. Se o camelo tombasse à velocidade em que ia, Robbins poderia ser esmagado. O marinheiro amaldiçoou os árabes por não usarem freios, rédeas ou estribos. Em algum ponto de sua mente receosa, lembrou a voz de Porter, que havia testemunhado a travessia de seu amo pela costa íngreme de onde se via o navio naufragado: "Um árabe montado em um camelo consegue descer um precipício que mataria um norte-americano". Na desenfreada carreira ladeira abaixo, Robbins rezava para que o segredo estivesse no camelo e não no árabe.

A manada de Ganus correu em direção à multidão que se encontrava abaixo — "uma turba de camelos" — e parou de repente, berrando e espumando pela boca. Ninguém lhes deu mais atenção do que receberiam se tivessem acabado de chegar para o chá. Ao redor de vários poços, os árabes ruidosamente davam de beber a seus animais ou seguravam os bichos enquanto aguardavam a vez. Outros estavam espalhados, cozinhando, conversando ou fazendo negócios.

Trêmulo, Robbins fez seu camelo ajoelhar e desmontou, grato por estar no chão de novo e inconsciente do fato de haver chegado a uma encruzilhada. Ele estava mais próximo do que imaginava tanto da liberdade quanto da servidão permanente. Na verdade, Ganus o trouxera aos poços comunitários para vendê-lo, como se costumava fazer entre os saaráuis. Bem perto, ao sul, estava o território onde os árabes do litoral tinham um pacto com os britânicos para trocar todos os náufragos por recompensas em dinheiro.

Nos poços abundantes, Robbins bebeu quanto pôde. Absorvia o líquido com entusiasmo, como um marinheiro que voltava ao porto pela primeira vez após muitos meses, "pela sede do passado, pela sede do presente e pela sede do futuro", como disse Melville em *White Jacket*. Naquela noite, Robbins, Ganus, Ishir e Muckwoola dormiram com outros nômades sob um grande arbusto próximo a uma fogueira. Ganus e suas irmãs se levantaram cedo para dar de beber aos camelos, que tomavam água animadamente pela terceira vez em cinco dias.

Robbins vinha observando Ganus de perto, mas não conseguia distinguir nenhum sinal claro de que seu amo estivesse tentando vendê-lo. Agora, entretanto, Ganus demonstrava preocupação incomum pelo lastimável estado de seu escravo. Fez com que Robbins tirasse a calça sem pernas que usava e a desse a Ishir e Muckwoola para lavar. Desnudo, a não ser pelo pedaço da bandeira do *Commerce* que pendia de sua cintura, Robbins tangia os camelos enquanto as irmãs esfregavam sua bermuda improvisada e a penduravam em um camelo para secar. Então Gamus montou seu *jmel* e ordenou a Robbins que subisse atrás dele.

Em companhia de um estranho, partiram em ritmo veloz para o sul. Na costa, deparando com pescadores que traziam peixe fresco, Ganus comprou alguns e os assou para a primeira refeição do dia. No meio da tarde, chegaram a um penhasco sobre uma grande baía ao norte do cabo Mirik e desceram por uma trilha até a praia na ponta da baía. Até aquele considerável corpo d'água, cujo nome Robbins não soube dizer, era incapaz de escapar ao domínio do deserto. A maré baixa salpicara sua superfície com picos de areia.

Experimentaram a água de vários poços rasos que se encontravam sob os penhascos, mas era tão salgada que só os camelos conseguiam bebê-la. Enfim, chegaram a um vilarejo de tendas e cabanas com telhados de meia-água, onde saltaram dos camelos. Ao olhar para as primeiras moradias fixas que via na África, Robbins ficou desanimado. Os acampamentos nômades eram desoladores, ao mesmo tempo ascéticos e desarrumados, tão desagradáveis ao nariz quanto aos olhos. O fedor de água de esgoto permeava o lugar, e pilhas de ossos indicavam outra era. Pelo menos para os nômades, cada situação era temporária por natureza. A vida era miserável, mas mudava no dia seguinte. A penúria estática do lugar bateu fundo no coração de Robbins.

O homem que os acompanhara levou Ganus a um barraco, deixando Robbins para trás. Como que em transe, o marinheiro fixou o olhar na baía e no extremo do cabo Mirik, que se estendia mar afora. Estudou os barracos que o cercavam, feitos de galhos bifurcados enfiados na areia e distantes três metros uns dos outros, dando apoio a uma viga horizontal. Outros ramos se estendiam da viga até o chão, formando o telhado, que era coberto de algas marinhas. "Com medo de cometer qualquer asneira que lembre a comodidade e o conforto da vida civilizada", observou Robbins, tomado de cinismo, "eles têm o cuidado de construir os barracos tão baixos que um ser humano não é capaz de ficar de pé em um deles." Dentro, os moradores dormiam em camas também feitas de algas marinhas.

Logo Ganus retornou com vários árabes da tribo *oulad delim*, a mais autêntica das tribos beduínas descendentes dos *beni hassan* no Saara Ocidental. Os *oulad delim* eram guerreiros temidos — "Filhos da Arma", uma tribo com a qual os *bou sbaa* ora negociavam, ora brigavam.

Ganus adotou uma conduta austera, rígida. Já não era mais o amo relativamente atencioso que Robbins conhecera, mas um estranho. Cutucou o marinheiro e ordenou que ele desse uma volta. Um *delim*, vestido com uma túnica azul que lhe chegava às panturrilhas e com um *haik* branco, o examinou como faria a um animal que estivesse à venda. "Achei que estava prestes a abrir minha boca e olhar meus dentes para calcular minha idade, e também conferir meus pés, para ver se ficara *manco* por conta do *elegante estilo de vida* que levava com Ganus", Robbins observou com sarcasmo.

O *delim*, Mohamet Meaarah, era mais bem tratado do que Ganus e parecia de um nível social superior. Aparentava pouco mais de trinta anos e tinha um rosto aberto, franco, o que deu a Robbins mais confiança em relação às novas circunstâncias.

Meaarah disse que Robbins estava *bono*. Um acordo — o marinheiro agora percebia — já fora feito, e sua conclusão só dependia de ele ser aprovado na inspeção. Sem cerimônia, Meaarah o conduziu para outro barraco, e Ganus partiu sem nem sequer dizer adeus.

Robbins achou que Meaarah tivesse vindo para a costa para comprar peixe, mas ele provavelmente estava fazendo a coleta do *horma*, um tributo pago de família para família por uma tribo *zenaga* a uma tribo superior. A seu esquelético escravo cristão Meaarah deu peixe seco, que conseguira com pescadores. Ocorreu-lhe, então, que Robbins, trajado apenas com um trapo da bandeira norte-americana e uma tira de pele de gazela, se vestia de maneira absurda. "Você não tem outras roupas?", perguntou.

"Não", respondeu Robbins. "Hoje de manhã, Ganus mandou que eu tirasse minhas calças e sapatos, que já estavam gastos."

"Ganus é um *foonta* por tê-los levado", disse Meaarah, irritado com a avareza do *bou sbaa*. "Vou reavê-los." Embora a calça já tivesse desaparecido havia muito, Meaarah voltou com os sapatos, mas não disse como os obtivera. O árabe deu a Robbins um pedaço de *haik* para que se cobrisse e partiu deserto adentro, deixando seu novo escravo com um velho pescador *zenaga*. Por enquanto, Robbins estava livre de aborrecimentos. Mas não se sentia tranqüilo.

14. Wednoon e os Atlas

Na manhã de 19 de outubro, três dias depois de verem o oceano, Riley, Savage, Horace, Clark e Burns foram despertados de um breve e letárgico descanso. Tinham viajado oitenta quilômetros ao longo do dia anterior e durante a maior parte da noite. Pouco antes de amanhecer, partiram de novo, forçando os corpos gelados e exaustos a entrar em movimento. O caminho que seguiram passava entre o primeiro e o segundo bancos de areia diante do mar, dunas pontilhadas de pedras que abrigavam um canal de areia em aclive.

Ao norte do Dra, entraram em Sous, nos confins do Saara, onde as montanhas Anti-Atlas acabavam hesitantes, como dedos tocando em uma fornalha. Em 1815, não apenas o mulei Suleiman, como também os *makhzen*, ou classe dominante do Marrocos, eram incapazes de controlar o Saara; eles eram igualmente desafiados por aquela região sul de seu suposto reino.[1] Duas cidades independentes, Tazeroualt e Wednoon, surgiram no extremo do grande vazio, prosperando com o banditismo, a extorsão de viajantes e os resgates pelos cristãos que lá naufragavam

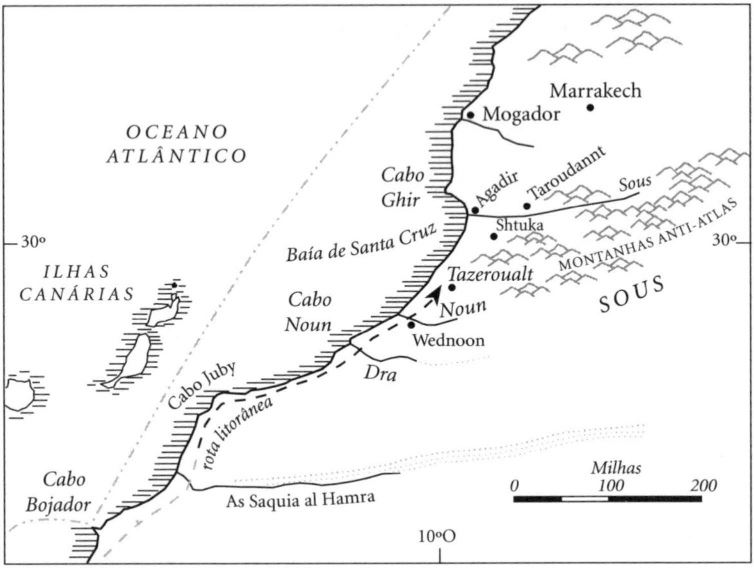

ou vinham do Saara. Os dois Estados chegaram a controlar o lucrativo tráfego de caravanas para o interior. Joseph Dupuis, que serviu como vice-cônsul britânico e agente dos Estados Unidos em Mogador antes da Guerra de 1812, disse que os nativos do Sous "eram mais intolerantes e cruéis que até mesmo os mais remotos habitantes do deserto" (Robert Adams, p. 130).

Enquanto os raios de sol se projetavam através do rochoso horizonte a leste, os cinco marinheiros surgiam como melancólicas formas indistintas acima da planície. Com entusiasmo um tanto cauteloso, cutucavam-se e sussurravam uns para os outros. A menos que se tratasse de mais uma cruel ilusão, os contornos que aos poucos se faziam visíveis pareciam ser de colinas e não de dunas.

O sol estava alto no céu, e a imaginação dos marinheiros fervilhava. O que se escondia por trás daquelas colinas? Por que não haveriam de ser correntes de água gelada? Árvores frutíferas e plantações de cebolas que rivalizassem com as do civilizado povo de Wethersfield?

O caminho que seguiam apresentava indícios de um tráfego constante de camelos. Por volta do meio-dia, viram a nordeste os cimos escuros das montanhas. A visão deu impulso à confiança que neles brotava em um momento crucial. Não haviam dormido por mais de quatro das últimas trinta horas. Àquela altura, todos já haviam perdido mais da metade da massa corpórea. Riley, o mais alto, descobriria depois que estava pesando menos de sessenta quilos. Savage, particularmente, mal se sustentava de pé.

Antes do cair da noite, entraram em um vale profundo que se estendia para o sul em lisas colinas escuras e depois tomaram a direção sudoeste, por outro vale, seguindo uma trilha muito usada. Logo chegaram às margens de um rio, ao longo do qual se espalhavam juncos e arbustos semelhantes a amieiros anões, mas a água verde e brilhante daquele córrego, que tinha cerca de dez metros de largura e sessenta centímetros de profundidade, era salobra e intragável.[2]

Do lado oposto do rio, em outro curso de água, uma tropa de homens dava de beber a dezenas de cavalos notavelmente vistosos e alguns camelos. Hamet e seus companheiros saudaram os homens antes de atravessar a correnteza salgada em direção à de água potável, onde os peixes vinham à superfície e espirravam água. Enquanto os marinheiros, esfomeados, olhavam para os peixes, os *bou sbaa* os ignoravam. Os cavaleiros dispararam na direção sul, seguindo ao longo do rio. Depois de dar água aos camelos, Hamet e Hassar conduziram o grupo em direção ao mar, à beira do qual as mulheres de Hassar haviam armado tendas na areia. Após uma jornada de 145 quilômetros em dois dias, assaram uma cabra e a comeram com voracidade.

Deixaram o local no dia seguinte, por volta do meio-dia, e subiram por um caminho em uma ribanceira entre duas rampas ao sopé do que Riley descreveu como "montanhas elevadas". Embora o terreno ainda fosse árido, os marinheiros se alegraram ao ver as sólidas encostas das colinas, com recantos e fendas onde cresciam plantas e árvores. No entanto, uma crescente sensação de desconforto tomava conta dos árabes, agora que haviam deixado para trás o deserto propriamente dito. Quando um dos filhos mais jovens de Hassar encontrou uma panela de cerâmica de doze litros, usada para cozinhar, e começou a amarrá-la a seu camelo, como faria com qualquer coisa achada no deserto, Hassar e Hamet o repreenderam com severidade e o obrigaram a deixar o objeto onde o encontrara. Eles haviam entrado em uma zona onde era perigoso causar, ou até mesmo insinuar, qualquer tipo de ofensa.

Naquela noite, acamparam em uma clareira próxima a uma pilha de palha de cevada — uma visão que, em sua simplicidade, parecia magnífica aos olhos dos marinheiros. Enfim chegavam a uma região de terras cultivadas. O grupo festejou ao assar uma parte da cabra que fazia quatro dias estava sendo carregada por um dos camelos. "Como se o paladar tivesse sofrido uma degeneração com a violência da fome, alguns de meus companheiros disseram que aquela carne podre era preferível à carne fresca, que nem sal nem pimenta eram necessários para lhe dar gosto e que, se um dia voltassem para casa, dariam preferência àquele tipo de comida", Riley escreveu, admitindo que a carne em decomposição estava macia e saborosa. Depois da refeição, fizeram camas improvisadas com a palha seca. Após um longo período dormindo no chão duro ou na areia, descansando a cabeça apenas sobre braços ossudos, acharam a palha "mais macia e agradável que uma cama fofa forrada com as flores mais perfumadas".

Pela manhã, Riley, Savage, Clark, Burns, Horace e seus amos se aproximaram de Uádi Noun, vindos do sul. Embora o mulei Suleiman, como muitos sultões que o precederam, não tivesse o controle daquela região, o rio de 885 quilômetros que nascia nas poderosas montanhas Atlas a leste de Marrakesh e desaguava no

Atlântico marcava a fronteira meridional de seu reino, como ele o concebia, e da civilização, como a definia.

Os marinheiros não faziam idéia de como seria o Noun. Por isso, não houve decepção ao depararem com um córrego raso de cinco metros de largura. Também não se importaram com o fato de o famoso rio, que perdera força com a seca, acabar em uma duna sem saída em algum ponto a oeste, e não no Atlântico. Eles haviam alcançado o fim do deserto em um lugar onde o Noun, cujo leito era repleto de seixos, ondulava através de um vale cultivado, pontilhado de tamareiras e arbustos florescentes. Vacas, ovelhas e burros pastavam na grama verde, e os marinheiros se deleitavam com uma paisagem que dois meses antes nem sequer teriam notado. Mergulharam a cabeça no frio córrego que fluía para o noroeste e beberam água até a barriga inchar. Em seguida procuraram a sombra de figueiras e dormiram por duas horas.

Já estavam quase chegando a Wednoon, cidade localizada em um vale a 64 quilômetros da costa. Teoricamente, se encontravam a apenas uma semana de viagem de Mogador. Além disso, *sidi* Hamet pisava agora em um território que lhe era familiar. Sua esposa era de Wednoon, e ele já fizera duas vezes a jornada de lá até Timbuktu. Wednoon atraía do Saara os viajantes que seguiam para o norte. Era um lugar onde os destituídos encontravam alimentos e os prazeres da sociedade, onde os ingênuos perdiam seus *djellabas*, e onde até mesmo os mais experientes eram com freqüência enganados pelos espertos e também poderosos. Muitos cristãos levados ao norte por causa do resgate sofriam o desgosto de uma estada prolongada em Wednoon após serem comprados por revendedores ou pessoas influentes, que normalmente os deixavam chegar à beira da morte de tanto trabalhar antes de vendê-los pelo valor da recompensa.

Depois de dois anos percorrendo o deserto como escravo, Robert Adams, do *Charles*, chegou à cidade em agosto de 1812.

Sua esperança de seguir para Mogador se desvaneceu quando um árabe chamado Abdallah bel Cossim o comprou e o pôs para trabalhar em seus campos.[3] Ao golpear, em defesa própria, Hameda, o cruel filho de bel Cossim, Adams foi espancado até lhe sair sangue pelas orelhas. Quando se recusou a beijar os pés de Hameda para se desculpar, foi algemado e mal lhe deram de comer durante dois meses. Para não perder seu investimento para a inanição, bel Cossim acabou vendendo Adams. Durante o cativeiro em Wednoon, Adams viu um marinheiro-escravo ser esfaqueado no peito e assassinado pelo amo. Outros dois perderam a esperança e se converteram ao Islã, com a marca da circuncisão lhes mudando a vida para todo o sempre.

Caso sua presença na cidade se tornasse pública, Hamet sabia que poderia ser coagido a vender os cristãos para seu sogro, o sheik Ali, ou para o sheik Beyrouk, governante de Wednoon. Diante disso, resolveu passar ao largo de Wednoon. No fim da tarde, Hamet acordou os marinheiros e os levou a uma cabana nas proximidades, onde comprara um favo de mel. Os famintos homens de Hassar farejaram o alimento e ficaram à espreita, na expectativa de que lhes dessem um bocado. Equilibrando uma tigela com o favo nos joelhos, Hamet distribuía pedaços aos marinheiros com uma das mãos enquanto com a outra segurava a arma, para o caso de os homens de Hassar perderem sua débil capacidade de autocontrole. Os marinheiros atacaram suas porções como ursos, engolindo junto com o favo as tenras abelhinhas que o preenchiam. Lágrimas rolavam por suas bochechas descarnadas, enquanto devoravam aquele ouro calórico. Ficaram tão saciados que voltaram a dormir sob uma palmeira até escurecer.

À noite, depois que os norte-americanos juntaram lenha como de costume, os árabes lhes deram um pudim feito de óleo de drupa, item básico da dieta de Sous, o único lugar onde as árvores de drupa crescem e onde não era incomum ver cabras sentadas nos galhos das árvores, assim como enormes corvos, comendo o fruto verde e alongado. As cabras rejeitavam os caroços do fruto, que eram recolhidos, como Riley observou, por mulheres e crianças, que quebravam com pedras a casca do caroço e espremiam a polpa interna para extrair o óleo. À exceção de Riley, que se sentia demasiado empanturrado de mel para tornar a comer, os marinheiros mandaram goela abaixo o alimento de gosto forte. Acharam delicioso, melhor até do que manteiga. Dormiram do lado de fora da cerca de espinheiros que rodeava uma casa sagrada de paredes caiadas e em forma de cúpula — o mausoléu de um homem sagrado islâmico. Riley apenas mencionou que haviam "encontrado um bom abrigo", alheio ao significado das casas sagradas para os habitantes da região, que espalhavam *kura* — pedras redondas — em volta delas, para absorver *baraka* — bênçãos de Deus — do homem sagrado. Se necessário, as *kura* eram depois recolhidas e usadas para tratar doenças de várias partes do corpo. Se os marinheiros ouvissem o pio de uma coruja naquela noite, o som viria, segundo a crença berbere local, da alma atormentada de alguém que não tivesse cumprido suas obrigações religiosas ao longo da vida. Uma abelha ou mosca podia ser um espírito saindo de um corpo a caminho do paraíso; um pássaro — uma criatura na qual nunca se atirava nas proximidades de um cemitério — talvez fosse uma alma que retornava ao túmulo.

Durante todo o dia seguinte, os *bou sbaa* se socializaram com os árabes e mouros que passavam pelo acampamento, estranhos rudes dando início a conversas afáveis, em uma aberta demonstração de amizade — compartilhando a comida e a bebida, abraçando-se afetuosamente —, como se fazia no Saara. Manadas de camelos surgiam do deserto, enquanto outros, com sacas de cevada, sal, ferro e outros bens, se dirigiam para as dunas. Iam e vinham bandos de soldados barbudos sobre cavalos árabes, armados de cimitarras em bainhas folheadas de prata e mosquetes incrustados com marfim. Apesar de tudo, Hamet agia como se nada tivesse a perder ou ninguém a temer. Qualquer outro comportamento teria levantado suspeita e desdém. Ele não se esquivava de exibir os marinheiros e recontar sua história de naufrágio e sofrimento. Riley agradava aos orgulhosos cavaleiros ao elogiar seus animais, suas selas e armas.

Um velho tagarela, que falava um pouco de espanhol e viajava de mula para Mogador, questionou Riley sobre seu suposto amigo, garantindo ao capitão que conhecia todos os cônsules de lá: Renshaw, Josef, Estevan e Corte. Imaginando que Renshaw fosse inglês, Riley o identificou como seu amigo. O velho acreditou nele e se ofereceu a Hamet para levar um bilhete de Riley ao cônsul. Disse que seriam necessários dez dias para chegar até lá de mula. A idéia, no entanto, acabou esquecida, pois não conseguiram nem sequer um pedaço de papel para o bilhete.

Hamet estava determinado a fortalecer seus escravos antes de começar a extenuante e traiçoeira travessia do Sous, mas só podia lhes permitir um único dia de descanso, além de refeições ricas em calorias. Antes de partirem, o árabe comprou outro favo de mel para os marinheiros. Dessa vez, porém, os homens de Hassar foram mais espertos. Agindo com aparente indiferença a princípio, avançaram sobre Hamet quando ele dividia o favo gotejante, o agarrando e devorando em seguida. Furioso, mas disposto a manter a união em nome da segurança do grupo, Hamet controlou a raiva. Comprou um dos favos restantes, de qualidade inferior, e, com a ajuda do apicultor e de alguns estranhos, conseguiu alimentar os marinheiros com um quilo e meio de favo.

Junto com o comboio de Hassar, o grupo agora precisava passar pelo território protegido por *sidi* Hashem, o notório berbere que comandava o pequeno Estado de Tazeroualt, ao norte de Wednoon, e que era aliado do sheik Beyrouk contra o mulei Suleiman. Hashem devia sua autoridade à memória de seu pai, *sidi* Ahmet ou Moussa, um marabu — um devoto, muçulmano sagrado — reverenciado por sua justiça e piedade. A verdadeira paixão de Hashem, entretanto, era o lucro. De sua moradia, na cidade de Illigh, controlava uma estreita passagem do tráfego norte—sul entre as montanhas Atlas e o mar, e ficara rico e poderoso exigindo tributos dos comerciantes e investindo no comércio de caravanas com o sul. Enquanto a tumba de seu pai atraía os devotos muçulmanos de todo o Sous e do Saara, o Estado de Hashem era um conhecido refúgio de assassinos mouros e escravos foragidos, sobretudo daqueles que escapavam dos *makhzen*. Todos os que concordavam em se juntarem a sua guarda — cerca de seiscentos homens — viviam em seu Estado como homens livres, usufruindo os espólios da guerra e do banditismo.

Foi em uma das caravanas de Hashem a Timbuktu que Hamet e Seid quase morreram, disseminando sua fama de má sorte pelo Saara.

Agora, Hamet e Hassar sabiam, já corriam os boatos de que eles tinham acabado de sair do deserto acompanhados de cinco escravos cristãos. Espertos, os dois árabes dividiram o chamativo séquito em três grupos. Dois homens levariam as mulheres e crianças e metade dos camelos na direção leste, pela rota do vale, muito percorrida. Hassar e os que restaram de seus homens, com exceção de dois, guiariam os demais camelos, incluindo os de Hamet, por um caminho no rumo nordeste. Os dois homens de Hassar que sobraram, mais Hamet, Seid e Abdallah, conduziram os marinheiros a pé na direção norte, ao longo das margens do Noun e, para evitar que os escravos fossem roubados, subiram as montanhas a leste. Enfrentaram encostas tortuosas e íngremes durante quatro horas, içando uns aos outros pelos rochedos mais difíceis de vencer. Do alto, podiam ver Hassar abaixo, levando os camelos por uma rota mais fácil, embora mais longa e menos segura.

Passaram o dia inteiro escalando e ultrapassando cumes, esquivando-se de olhos vigilantes nos vales e sem deixar rastros nas rochas. Hassar e seus homens eram suas sombras abaixo, apenas um bando de comerciantes que todos puderam ver até pouco antes do cair da noite, quando eles subiram para se juntarem ao grupo de Hamet, logo abaixo dos cumes. Por uma pequena abertura em um platô, descobriram as fogueiras de um acampamento com uma dúzia de tendas armadas em semicírculo. O bando se aproximou até cerca de noventa metros do local e sentou de costas para a maior das tendas. Pouco depois, uma nômade do acampamento lhes trouxe uma gamela com água, seguida de outra com tâmara frescas, ainda levemente verdes. Hamet as repassou direto para os marinheiros, ignorando seus compatriotas árabes. Indignados, Hassar, Seid e Abdallah agarraram porções da fruta. Embora naquele momento não soubessem o que estavam comendo, os marinheiros acharam as tâmaras deliciosas.

Partiram logo cedo na manhã seguinte, mas não foram muito longe porque Hamet se sentiu mal, com dores de cabeça e nos membros, forçando o grupo a procurar um lugar para uma pausa. Foi um momento oportuno para Burns, que também estava doente e muito fraco para andar. Eles desceram por ravinas íngremes rumo a uma planície dura e estéril, que, embora estivesse a trinta metros do nível do mar, pareceu a Riley que um dia já estivera submersa. Seus arbustos retorcidos até mesmo se assemelhavam a corais marinhos. Outra ravina os levou a um grande conjunto de tendas na praia. Tanto Hamet quanto Hassar pareciam conhecer alguns dos vinte comerciantes que lá acampavam com suas famílias antes de reiniciar o transporte de grandes sacas de cevada para o sul.[4] Puseram Hamet em uma tenda e acenderam uma fogueira perto de sua cabeça, na tentativa de curar a doença, diagnosticada como “derrame da lua”.

Seid aqueceu uma grande faca até deixá-la em brasa. Pressionou a lâmina contra o couro cabeludo de seu irmão, chamuscando o cabelo. Repetiu a operação várias vezes e voltou a aquecer a lâmina. Riley comentou que seu amo chegou perto de "assar os miolos" do doente e que o tratamento pouco serviu para melhorar sua situação. Durante a hora seguinte, Seid usou a faca quente para marcar os braços e as pernas do irmão, em intervalos de dez centímetros. Hamet se contorcia sob a lâmina que queimava, mas não chegou a gritar, e instruiu Seid a tratar Burns também.

Seid pressionou a faca escaldante contra a pele de Burns. Debilitado demais até para ficar tenso, o marinheiro berrou: "Deus, tenha piedade de mim". Incapaz de assistir àquela tortura sem sentido, Riley implorou que o deixassem descer à praia para procurar mexilhões, mas Seid negou o pedido e voltou a pressionar o lado da faca contra a pele de Burns, sem dar atenção a seus gritos.[5]

Depois de encerrado o tratamento, os árabes deram *lhasa* aos marinheiros e os autorizaram a dormir em uma das tendas. De manhã, Hamet e Burns ainda estavam fracos. O mel consumido no dia anterior provocara disenteria em todos. Pouco compreendida na época, a disenteria, também conhecida como fluxo sangrento, provocava inflamação intestinal, dores terríveis e diarréia. Podia ser fatal, "principalmente na ocorrência de uma febre maligna", segundo escreveu um médico especialista contemporâneo, "que mata em sete, nove ou catorze dias". As abelhas foram identificadas como vetores da disenteria em 1816. Mas a disenteria causada pela ingestão de água impura viria a ser a ruína da maioria dos exploradores na África. Entre outros, o escocês Hugh Clapperton morreria da doença em 1827, durante sua segunda expedição em busca da nascente do Níger.

Talvez a única coisa pior que a disenteria em si era a forma como então a tratavam: "Primeiro se fazia uma sangria, depois se administrava ipecacuanha ao paciente para que vomitasse, e ruibarbo para que evacuasse e limpasse o intestino, e, por último, adstringentes". Um purgante, como calomelano ou óleo de rícino, além de ópio, também era prescrito, em combinação com várias terapias locais. Diz-se que, na Irlanda, soldados britânicos que sofressem de disenteria eram curados com "a substância de um fungo encontrado entre os lóbulos de uma noz" diluída em vinho. Nas Índias Orientais, os médicos usavam extrato de açafrão. Na falta de quaisquer desses materiais, os marinheiros eram poupados dessas práticas. Tudo o que podiam fazer era agüentar firme e se preocupar com a possibilidade de que a dolorosa evacuação de líquidos, inclusive de sangue, pudesse matá-los ao agravar a desidratação.[6]

Não houve possibilidade de repouso e recuperação. Ao retomar a viagem, Hassar seguiu mais uma vez separado, levando a maioria dos camelos e tentando desviar a atenção dos demais. Os marinheiros, os *bou sbaa* e dois homens de Hassar foram por um trecho da costa muito recortado por ravinas que seguiam para o mar e que tiveram de atravessar. Enfim chegaram a uma vala tão íngreme que foi impossível atravessá-la.

Não se passou muito tempo e encontraram uma rota em direção ao mar e a um trecho de praia, com não mais de nove metros de largura, que seguia para o norte até onde a vista alcançava. Esquecendo os arábes, Riley entrou na água fria e deixou que ela o cobrisse. Dois meses se haviam passado desde que se banhara pela última vez. Com a água salgada, sua pele, tanto a queimada quanto a nova, e suas feridas voltaram à vida. Temendo a ressaca, Hamet gritou com raiva para que Riley saísse da água e advertiu a todos que permanecessem em terra.

Os marinheiros, a pé, seguiam os três *bou sbaa*, montados em camelos, praia acima. Após cerca de 6,5 quilômetros, quando se encontravam em uma curva, quatro homens corpulentos, armados de mosquetes e cimitarras, surgiram de repente das sombras dos penhascos e se postaram na frente dos camelos. Ao mesmo tempo, os *bou sbaa* empunharam as armas e saltaram das selas.

Apesar da enfermidade, Hamet liderava o grupo. Encarou os bandidos com a arma sobre o ombro e a apontou para eles. "É paz?", perguntou.

O chefe do bando, um homem enorme, baixou o mosquete, embainhou a cimitarra e deu um passo à frente. "É paz", disse, com um sorriso em que faltavam dentes, estendendo a mão. Cauteloso, Hamet aceitou o cumprimento. O bandido lhe apertou com força a mão, gradualmente aumentando a pressão até esta se tornar esmagadora. Ele não soltava Hamet. Enquanto olhavam um para o outro, ainda unidos, o bandido ergueu o pesado mosquete com a mão vigorosa, como se fosse um mero punhal, e pôs o dedo no gatilho. Antes que conseguisse apertá-lo, entretanto, os dois homens de Hassar, que haviam ficado para trás, vieram correndo pela curva. Ambos empunhavam mosquetes, prontos para atirar.

O líder dos bandidos os viu instantes antes de efetuar o disparo. Soltando a mão de Hamet com uma risada encenada, fingiu ter apenas pregado uma peça no *bou sbaa*. Sabendo não ser particularmente forte, Hamet também fingiu não estar ofendido.

Após alguns momentos de estranhamento mútuo, os bandidos se afastaram, e o grupo de Hamet retomou a subida pela praia. Os bandidos os rastreavam, à espreita, aguardando a oportunidade de raptar um escravo desgarrado. Hamet ordenou a Riley que mantivesse seus homens logo atrás dos camelos e se interpôs entre os bandidos e os marinheiros. Sem dispor do elemento surpresa ou de força superior, os bandidos não se atreveram a iniciar uma refrega. Em vez disso, ficaram no encalço do grupo, ao longo da praia, lançando contra eles pedras pesadas, que Riley calculou terem entre três e quatro quilos, sendo que algumas delas se espatifaram contra a parede do desfiladeiro.

Ao atingir o fim da praia, o grupo de Hamet subiu para a superfície do deserto. Hamet ficara abalado com a emboscada e a maneira como escaparam, com os homens de Hassar os salvando no último segundo. Ele já se livrara antes de situações difíceis com o auxílio de pequenos milagres, mas nunca vira a mão de Alá trabalhar de modo tão claro. "Aqueles eram degoladores", disse a Riley. "Assassinariam a mim e a Seid e levariam vocês para um lugar onde não teriam mais nenhuma esperança de ver suas casas ou famílias de novo — se Alá não tivesse mandado esses homens." Fez uma pausa. Havia algo mais em sua mente. "Você lutaria para salvar minha vida?", perguntou.

"Lutaria", respondeu o capitão, a seu modo habitualmente direto. "Ninguém irá matá-lo enquanto eu estiver vivo e puder impedir."

Hamet não se surpreendeu com a resposta. Na verdade, em vista daquilo a que Riley já sobrevivera e da conduta que tinha para com seus homens, Hamet imaginava que o norte-americano possuía uma certa *baraka*. "Bom Riley, vale a pena lutar por você", declarou. "Alá está com você, ou eu teria sido morto lá atrás."

Pouco antes de escurecer, quando se dirigiam para o local onde se reencontrariam com Hassar, passaram por um homem montado em um burro, carregado de peixes graúdos. Os peixes lembravam as gordas trutas que naquela época faziam a fama do rio Connecticut, notou Riley saudoso, e cada uma pesava cinco quilos. Como soube Phineus, cuja comida era estragada por uma harpia,* não ter alimentos onde não havia o que comer era doloroso, mas vê-los e não poder comer era uma tortura. Riley pediu a *sidi* Hamet que comprasse um peixe, argumentando que fa-

* Phineus, rei da Trácia e profeta, foi castigado pelos deuses por revelar demasiado sobre eles aos humanos, sendo condenado a ter seus alimentos estragados por uma harpia sempre que se sentasse para comer. (N. T.)

ria bem à saúde de Burns. Hamet concordou, mas o homem — provavelmente um servo ou fornecedor de alguém que não aceitaria uma quantidade menor — se recusou a vender um peixe que fosse, não importava o preço que lhe oferecessem, enfurecendo os árabes quase tanto quanto desapontou os marinheiros.

Logo chegaram ao acampamento de Hassar, em uma colina próxima aos despenhadeiros. Era uma localização curiosa. Os acampamentos no Saara, sobretudo ao longo da costa ondulada, costumavam ser montados no sopé de colinas, em depressões no deserto, ou atrás de qualquer fortaleza natural que os protegesse do vento carregado de areia e onde seriam maiores as probabilidades de haver forragem para os camelos. O local que Hassar escolhera parecia indicar que o grupo agora se preocupava mais em garantir uma posição da qual pudesse se defender do que passar despercebido, o que talvez fosse impossível, de qualquer forma. Hamet avisou Riley de que a região estava cheia de salteadores e que os marinheiros não deveriam, por motivo algum, se afastar do acampamento.

Pouco depois, Seid, Abdallah e dois homens de Hassar deixaram o acampamento, carregando seus mosquetes. Estiveram ausentes por duas horas. Mais tarde, quando Hamet, Hassar e seus homens ouviram passos de gente se aproximando da colina, levantaram alarmados, empunhando as armas.

Eram Seid e seus companheiros. Cheios de si, abriram uma manta, revelando quatro daqueles peixes graúdos que Riley vira mais cedo. Apesar de não comerem peixe, que alguns árabes acreditavam provocar demência, eles haviam assaltado o peixeiro intratável. "Estão bons para comer, Riley?", Hamet perguntou, desconfiado. O capitão respondeu que sim. "Leve-os e coma", disse o árabe, mas "cuidado para não se engasgar com as espinhas."

Riley fatiou três dos peixes, os colocou em uma panela com água e fez uma sopa. Já que nenhum dos árabes se serviria daquela refeição, os marinheiros comeram o tanto que puderam, sem se preocupar com a possibilidade de a comida ser roubada. A refeição os satisfez e diminuiu a disenteria, servindo de alívio particularmente para Savage, muito dolorido e debilitado, com cãibras constantes. No entanto, até a fronteira do deserto parecia não oferecer nada sem cobrar um preço. Naquela noite, os norte-americanos dormiram pesado, dentro de um círculo formado pelos árabes e camelos, mas, ao saírem, logo após o raiar do dia, se viram desesperados com a sede que o peixe lhes causara, sem ter o que beber. Mais uma vez, Hassar levou mulheres e crianças por uma trilha, enquanto os demais tomavam um caminho alternativo para ganhar velocidade e evitar a rota principal.

Por volta do meio-dia, o grupo de Hamet deparou com uma maciça cisterna de pedra, coberta de limo. Riley calculou que tivesse cerca de 27 metros de comprimento, três de largura e quase sete de profundidade. Fechada por uma tampa arqueada a 1,30 metro do chão, a cisterna era abastecida pelos aquedutos que vinham de colinas das redondezas. Os árabes disseram aos marinheiros que o reservatório fora presente de um homem rico e piedoso e tinha capacidade de prover água mesmo depois de um ano sem chuvas, que sua água era considerada sagrada e se prestava unicamente para o uso de pessoas. Os camelos eram mantidos afastados, algo que não se via em nenhuma outra parte. Mas a proibição não se estendia aos cristãos. Ansiosos para matar a sede, os marinheiros beberam o máximo possível de água.

Continuaram a jornada pela costa, separados do mar por uma fileira de dunas, mas, naquele ponto, grandes valas formadas pelas torrentes — agora secas — vindas das montanhas bloqueavam o caminho, o que os forçava a enfrentar freqüentes e tediosos aclives e declives. Embora o ritmo da caminhada tivesse diminuído, os marinheiros estavam animados por adentrarem regiões habitadas. Eram as terras dos *shilluh*, ou berberes do sul, governados por *sidi* Hashem, cujas riquezas eram cabeças de gado, trigo e cera de abelha. Rebanhos de carneiros e cabras das raças mais nobres pastavam em remotos platôs nas montanhas. Os camelos de Hashem eram conhecidos por sua docilidade e resistência e eram fruto de seu próspero comércio com o sul e de um mercado anual no vilarejo Hamet a Moussa, que atraía negociantes de toda a região e de mais longe.

Em duas cidades muradas, no topo de colinas cercadas de figueiras-da-índia e áreas cultivadas, homens aravam os campos de terra quebradiça com o uso de parelhas peculiares: uma vaca e um burro. As mulheres cuidavam dos víveres domésticos, transportando feixes de galhos nas costas e cântaros com água nos ombros, todas a uma certa distância. Muitas também carregavam crianças.

Embora o povo de Hashem vivesse relativamente bem, não demonstrava nem sinal da desprendida generosidade das amigáveis tribos saaráuis que os marinheiros haviam encontrado. Era uma gente voltada para si mesma e que suspeitava de forasteiros. Dupuis sugeriu coisa muito pior, descrevendo os *shilluh* como um povo capaz de "traições desprezíveis e de assassinatos, não apenas de cristãos [...] mas também de viajantes muçulmanos que cometessem a imprudência de passar por seu território sem garantir previamente sua segurança com um de seus chefes" (Robert Adams, p. 183).

À tarde, o bando de Hamet chegou a um vilarejo murado, próximo a uma estrada. Do lado de fora das paredes de cinco metros de altura, pilhas de espinheiros secos, mais altas do que um homem, protegiam uma série de jardins. Eles tinham a esperança de conseguir ao menos um pouco de água, mas os aldeões se recusavam a abrir o portão. O grupo seguiu em frente e ao anoitecer alcançou um vale de onde se viam mais dois vilarejos murados. Um córrego irrigava um oásis de jardins. Plantações de nabo, cebola e repolho cresciam resguardadas por cercaduras de espinheiros, figueiras e romãzeiras, além de muros de pedra. Esses aldeões também os rechaçaram, negando até mesmo a mais elementar hospitalidade. Hamet, Seid e Abdallah ficaram angustiados com a ironia de que, em pleno deserto, as pessoas desprovidas de quase tudo se dispusessem a compartilhar o pouco que tinham, enquanto naquele lugar, onde os recursos eram comparativamente abundantes, ninguém lhes oferecesse nem sequer um gole de água. Eles amaldiçoaram o comportamento insensível daqueles muçulmanos indignos.[7]

Certos de que os rumores de sua chegada já se espalhavam pela região, eles se deslocavam o mais rápido possível para evitar problemas e se consideravam afortunados por não terem confrontado nenhum homem armado naquele dia ou na manhã seguinte. Depois de atravessar três leitos secos de rio, chegaram a outro rio obstruído por areia, que formava uma pequena piscina natural. Aldeões berberes que lá se amontoavam para encher peles de cabra ou cântaros e dar de beber aos animais observaram o grupo de árabes e homens brancos com curiosidade disfarçada e óbvia desconfiança.

Foi à tarde que se ouviram os primeiros sinais de perigo, quando dez homens a cavalo se aproximaram pela planície para confrontá-los, suas esporas produzindo um ruído estridente ao bater contra os estribos. Seus gritos — "Hah! Hah! Hah!" — mostravam que não estavam para brincadeira e tinham pressa. Foram direto para o lado de Hamet e de seu bando de viajantes esfarrapados, a que se acrescentara durante o dia outro integrante com dois camelos, aumentando para seis o número de árabes. Enquanto os cavaleiros se avizinhavam, os seis saltaram de seus animais e puxaram as armas das bainhas atadas aos camelos, ao todo cinco mosquetes de cano duplo. A pólvora marroquina era notória por sua má qualidade, e os árabes recarregaram as armas ao mesmo tempo que formaram uma fileira diante dos marinheiros.

Os cavaleiros vinham a toda a velocidade. Quando se encontravam a nove metros de distância, Riley pensou que não iriam parar e, simplesmente, acabariam por atropelá-los. Hamet e seus homens tinham as armas preparadas e o dedo no gatilho.

Quando a distância se reduziu para cerca de cinco metros, os cavaleiros abruptamente fizeram alto, inclinando as montarias para o lado.

"Quem são vocês?", o líder quis saber de Hamet. "De onde vieram? De que país são esses escravos? Onde você os encontrou? Você conhece *sidi* Hashem?"

Hamet certamente conhecia *sidi* Hashem. Viajara em uma de suas caravanas, um verdadeiro desastre. Foi curto e grosso na resposta e virou a mesa, exigindo as mesmas informações e questionando a autoridade deles para deter o grupo que viajava pacificamente pela região. Era uma situação perigosa que Riley conhecera muito bem em alto-mar. O duelo verbal se estendeu por tensos trinta minutos. Por fim, os cavaleiros permitiram que o bando de Hamet prosseguisse.

Quando já estavam fora de vista, o comportamento de Hamet mudou. Implacável, agora pressionava o grupo a seguir em ritmo veloz quase o tempo todo; aqueles que vinham a pé tinham de correr para alcançar os demais. Hamet enfim levou o bando para o topo de uma colina, onde pararam para descansar. A vista era tão magnífica quanto sugestiva. Longe, a leste, os picos das Anti-Atlas se erguiam em direção ao céu azul. Nas proximidades, a norte e oeste, o mar se agitava tenebroso. Com seu olho treinado de marinheiro, Riley logo distinguiu o que parecia ser "uma ilha alta e distante". Apontando naquela direção, Hamet disse: "Lá está Mogador, Riley".

"A que distância estamos de lá?", perguntou o capitão.

"Dez dias, se seguirmos a passo lento." Não precisou acrescentar que descontava outras possíveis interrupções por companheiros de *sidi* Hashem.

Os marinheiros seguiram com vigor renovado. Viajando noite adentro, cobriram mais de oitenta quilômetros, percorrendo um trajeto maior que o de Hassar com as mulheres e crianças. Prosseguiram até chegar a um acampamento de árabes, onde lhes deram mexilhões secos e *lhasa* de cevada. Riley, por sua vez, cuidou dos doentes locais, examinando uma mulher cujo seio inchara até atingir um tamanho "espantosamente grande". Cada vez que respirava, a mulher urrava de dor, e ele temeu que o seio fosse se romper. Prescreveu cataplasma de *lhasa* e os instruiu a trocarem aquela pasta com freqüência "até que o inchaço diminuísse ou estourasse". Grata, a mulher lhe ofereceu água e uma porção de mexilhões e implorou que desse uma olhada na perna inflamada de seu irmão. Riley recomendou que "um grosso emplastro de sal fosse amarrado ao redor do membro", e seu paciente lhe assegurou imediatamente que já se sentia melhor.

A ajuda de Riley o fez temer que se criasse uma demanda por seus serviços. Os árabes daquele acampamento já se mostravam interessados por Horace e, de maneira agressiva, tentavam chegar a um acordo pelo marinheiro. Contra a vontade de Hamet, Seid negociou com eles, concordando em fechar um trato pela manhã. Hamet, que suportara os aborrecimentos de sua doença e da viagem com uma calma impressionante, se aborreceu com o irmão. Irritado, não apenas repreendeu Seid como também o advertiu a não vender o garoto.

No meio da noite, Hamet acordou os marinheiros, pedindo que se levantassem em silêncio. "Suspeitei que havia algo errado", Riley relatou, "porque nunca antes havíamos saído no meio da noite." Hamet não se preocupou em dar alguma explicação, e saíram às escondidas sem despertar ninguém mais, nem mesmo o árabe que se juntara a eles na trilha no dia anterior — embora estivessem levando seus dois camelos. Na tentativa de despistá-los, tomaram a direção sudoeste por uma passagem na montanha. Não haviam percorrido nem dez quilômetros quando ouviram o ruído de galope e o inconfundível tilintar de esporas batendo contra os estribos. Hamet e seus companheiros árabes, entre eles os dois homens de Hassar, desembainharam as armas, mas seguiram em frente, em um ritmo constante, enquanto os cavaleiros se aproximavam.

Em um piscar de olhos, quatro cavaleiros passaram por eles pela direita, tomaram a frente e os forçaram a parar. Hamet e seus homens desmontaram dos animais e avançaram na direção dos cavaleiros, instruindo os norte-americanos a não se dispersarem. Apesar da escuridão, os marinheiros os seguiram o mais rápido que puderam.

Embora aqueles não fossem os mesmos homens que os haviam parado no dia anterior, o que sucedeu foi semelhante. Como nenhum dos lados dispunha de um número superior de homens, ambos assumiram posições defensivas e gritaram uns com os outros, dando sempre a impressão de estarem prontos para iniciar uma batalha sangrenta. O líder dos cavaleiros acusou Hamet de violar o código local de hospitalidade e exigiu saber seu nome. Hamet fez a mesma exigência. Trocaram formalidades até revelarem seus nomes, Hamet primeiro, seguido pelo rival, Ali Mohammed. Os dois continuaram a trocar farpas e acusações, e cada um lutava para se impor moralmente, mas a disputa não seria resolvida pelo debate. Enquanto a luz da manhã ganhava força, o mesmo ocorria com o grupo de Ali Mohammed: homens chegavam a pé para se juntar aos cavaleiros, e, diante do aumento do bando rival, Hamet suavizou o tom de voz. Logo em seguida, o árabe que na véspera havia se unido ao bando de Hamet apareceu correndo, sem fôlego. "Vocês roubaram meus camelos!", denunciou num tom estridente.

Hamet não negou que os camelos pertencessem ao homem. Falando baixo, chamou Ali Mohammed de lado e se defendeu. "Foi um engano que cometemos na escuridão", explicou. "Abomino os ladrões e assaltantes. Sou inocente, não trouxemos os camelos conosco de propósito. Sou incapaz de uma atitude tão torpe. Meu caráter é tudo o que tenho e morrerei antes de permitir que me acusem de um delito."

As forças de Ali Mohammed eram superiores às de Hamet em proporção de dois para um, mas o bando de Hamet tinha o domínio da situação. Segundo Riley, Ali pareceu satisfeito com as negativas enfáticas de Hamet e mais ainda pela coragem que demonstrara. "Sou seu amigo", disse a Hamet, "pois você é um homem corajoso." Ali pediu desculpas a Hamet e repentinamente liberou o grupo, silenciando o acusador.

Por volta do meio-dia, chegaram a uma planície e seguiram na direção leste. Enquanto viajavam, Seid remoía sua fúria pelo confronto que ocorrera mais cedo, imaginando que a sorte poderia tê-los traído e que teriam corrido o risco de perder tudo. Cientes de que uma tempestade se aproximava, os homens de Abdallah e Hassar tomaram a direção norte, desaparecendo instantes depois entre os arbustos. Essa saída repentina de cena seria a última deles, uma vez que, por uma peculiaridade do relato de Riley, eles não voltam a ser mencionados. Hassar e sua simpática esposa, Tamar, também foram deixados à margem da narrativa em outra ocasião, sem nem sequer terem tido a oportunidade de voltar ao palco para os aplausos.

Os marinheiros seguiam o passo do grande camelo de Hamet em um ritmo excepcionalmente lento pelo terreno montanhoso, "pois", segundo Riley, "estávamos exaustos por causa dos tantos e variados sofrimentos que nos afligiam". De repente, Seid ordenou ao grupo que parasse.

Olhando para o irmão, Hamet lhes disse para continuar. Obedecendo a Hamet, os marinheiros seguiram em frente.

Furioso, Seid saltou de seu animal. Seu rancor vinha aumentando desde que haviam chegado a Sous. Desanimado por já ter enfrentado duas brigadas dos chefes guerreiros locais, Seid voltou a insistir em que Horace e Savage pertenciam unicamente a ele. Agora, todas as suas queixas e dúvidas vinham à tona. Ele não acreditava que Riley, um miserável escravo, tivesse um amigo em Mogador que pudesse resgatá-lo. Seid decidira, então, levar seus escravos e dispor deles como lhe conviesse e não de acordo com o plano exageradamente ambicioso do irmão. Assim sendo, agarrou Horace e Savage.

Hamet pulou de seu camelo. Seid não apenas cogitara em diversas ocasiões vender os dois cristãos, como também já se desentendera com Hamet por outros motivos. Hamet já havia sido forçado a lhe fazer as vontades e a adulá-lo. Agora, arremeteu contra o irmão mais novo, afastando-o dos dois marinheiros. Os irmãos se atracaram, um tentando lançar o outro ao chão. Em meio ao embate, caíram num abraço cruel. Seid, mais alto e pesado do que Hamet, ficou por cima, mas Hamet, mais ágil e veloz, lutou com as ganas de um irmão mais velho que preferiria a morte a perder para o caçula e conseguiu se livrar dele. Os dois se levantaram rápido e buscaram suas armas. A alguns passos de distância, cada um sacou e, raivosamente, preparou e engatilhou seu mosquete. Quase ao mesmo tempo ergueram as armas e miraram no peito um do outro. "A distância entre eles não era superior a dez metros", recordou Riley, "e ambos teriam caído mortos se tivessem disparado."

Riley ficou paralisado. Não conseguia nem mesmo correr para se proteger. "Deus meu, tenha piedade desses infelizes irmãos, eu lhe rogo, por nosso bem", gritou. "Não permita que derramem o sangue um do outro." Ao ouvir o capitão, Hamet puxou o gatilho do mosquete de cano duplo.

E atirou para o ar. Em seguida, jogou fora a arma e abriu seu *haik*, expondo o peito. "Estou desarmado", disse, em tom de desafio. "Atire! O coração de seu irmão está pronto para receber seu tiro; se vingue contra seu protetor."

Seid se virou para Horace e Savage, que tremiam com a situação. "Se vocês se mexerem, eu os mato", ameaçou.

Hamet correu para Horace e o empurrou na direção de Riley. No lugar do garoto, Hamet ofereceu Clark a Seid. Este recusou a oferta e jogou Savage ao chão, segurando-o com um pé pela coxa. "Leve Burns também", disse Hamet. "Dois homens em troca de um." Hamet ordenou a Riley que levasse Horace e seguisse os camelos. "Savage, vá você também", vociferou. Apontando a arma para Savage, Seid ameaçou lhe estourar a cabeça. Hamet ignorou o irmão. "Vá, Savage", insistiu, apontando para os demais, que já se moviam em direção ao sul.

Ao conseguir se livrar de Seid, Savage saiu em disparada. Quando o segundo imediato alcançou Horace e Riley, Hamet lhes ordenou que parassem. Os irmãos sentaram no chão. Hamet mais uma vez propôs a Seid a troca de Horace por Burns e Clark. "Você não vai separá-lo do pai", disse Hamet. "Jurei que isso não aconteceria."

"Já que é assim, vou matá-lo", prometeu Seid, levantando-se e agarrando Horace. Antes que Hamet pudesse reagir, Seid ergueu o garoto pelo peito como se fosse uma saca de grãos. Em um único movimento, ele o virou e o lançou de cabeça no chão. O ruído da fratura no crânio de Horace rompeu o silêncio como um disparo de arma.

Certo de que o golpe matara o garoto, Riley caiu ao chão. "Vá, Riley", Hamet berrou, acenando para que se afastasse de Seid, cujos olhos brilhavam de furor. Riley se ergueu, fraco e desorientado, as emoções fora de controle. "Não posso deixar o garoto", disse. E deu alguns passos vacilantes.

Quando a raiva amainou, Seid se afastou, acreditando que, num momento de estupidez, destruíra a própria propriedade. Hamet correu até Horace e, com cuidado, o fez se sentar. "Vá para Riley." Mas Horace não conseguia falar nem se levantar. Riley foi até o garoto e o segurou nos braços. A respiração de Horace estava acelerada mas fraca. Ele gemia. Riley examinou o chão ao redor, que estava coberto de pedras, exceto no trecho onde a cabeça de Horace batera.

Seid e Hamet reiniciaram a discussão. Antes que a briga esquentasse de novo, surgiram estranhos no campo de visão. Os dois irmãos de repente caíram em si. Se enfrentassem um ao outro, concluíram, por certo perderiam tudo o que tinham. Apertando o passo para evitar os estranhos, os irmãos decidiram procurar um local onde pudessem descansar e encontrar uma solução para a disputa. Riley amparava Horace sobre um camelo enquanto prosseguiam. No topo de uma subida, avistaram um vilarejo murado e foram em sua direção. Atravessando o portão aberto, quase chegaram ao outro lado, quando encontraram um velho, um mouro de pele cor de oliva, que falava um pouco de espanhol e a quem Riley descreveu como de "aparência respeitável". O mouro deu as boas-vindas aos dois árabes enquanto examinava os marinheiros maltrapilhos. Percebeu que o garoto necessitava de cuidados. Conduzindo os visitantes a um lugar sombreado, o velho ordenou a suas mulheres que preparassem comida.

Duas grandes tigelas de *lhasa* de cevada cozida foram logo postas diante deles, uma para os irmãos, outra para os marinheiros. "*Kul, rais*", o velho disse a Riley. Comendo com as mãos, os marinheiros não demoraram a encher a barriga. Até antes da Segunda Guerra Mundial, quando as vítimas dos campos de concentração eram tratadas até recobrarem a saúde, os cientistas e médicos não sabiam que a ingestão rápida, até mesmo de quantidades normais de alimentos, poderia incapacitar ou mesmo matar pessoas que tivessem sido privadas de comida por um longo período. Ao contrário da crença popular, não é o estômago, mas o intestino delgado que encolhe e precisa se reconstituir aos poucos com a administração de porções limitadas de comida. Os marinheiros devoraram o máximo que puderam no menor tempo possível e pagariam mais tarde por essa atitude.

A conselho do mouro, Hamet contratou um guia, um jovem robusto chamado Bo-Mohammed, de bochechas grandes, pálpebras caídas e uma barba bem curta, para acompanhá-los até outro vilarejo. Não apenas o conhecimento que o guia tinha do território lhes seria útil, como Hamet imaginou que sua presença despertaria a boa vontade dos vizinhos. Bo-Mohammed também poderia ser útil se Seid tornasse a se rebelar.[8]

A caminho de um vilarejo nas cercanias, encontraram duas fontes borbulhantes sob uma saliência de pedra. Os marinheiros se serviram da água, mas voltaram a sentir terríveis dores de estômago. Dessa vez, não era apenas a disenteria que os atormentava. Eles haviam engolido a *lhasa* com tanta avidez que alguns mal conseguiam respirar, sobretudo Savage. O grupo parou nas dunas, esperando anoitecer para retomar a viagem e, ao mesmo tempo, permitindo que os marinheiros tivessem tempo de se recuperar. Seguiram, então, para o vilarejo que, de certa maneira, servia como um divisor de águas geográfico: o grupo havia chegado ao fim da região de tendas e, dali em diante, não as veria mais.

Em meio a casas feitas de barro, cachorros latiam e os perseguiram até serem silenciados por um velho de olhar severo chamado *sidi* Mohammed, que levou os homens para dentro das paredes de sua habitação. Ele sugeriu que descansassem enquanto dava ordens para a preparação do jantar. O ancião mandou que

Bo-Mohammed de Shtuka (*de* Sequel to Riley's Narrative, *1851*)

uma esteira fosse colocada junto à parede e lá se sentou, ao lado de Hamet e Seid. Logo fez sinal a Riley para se juntar a eles.

Mohammed acendeu uma candeia, virando a luz na direção de Riley para poder estudar seu rosto. O velho metralhou o capitão com uma cansativa série de perguntas que Riley já poderia estar esperando, mas que, naquele lugar, o deixou tenso. Até então, vinha jogando um jogo irreal, em um lugar irreal, sob condições inimagináveis, onde a responsabilidade era um conceito discutível. Agora, eles se aproximavam da realidade. Mohammed era um homem informado, que conhecia Mogador e dizia ter visitado os cônsules. Riley temeu que o velho revelasse sua farsa.

O capitão suspirou aliviado quando a chegada de pães quentinhos encerrou o interrogatório subitamente. Era algo que os marinheiros não comiam desde o naufrágio. Apesar do entusiasmo, entretanto, não conseguiram engolir mais do que pequenos bocados dos pesados pães de cevada após terem comido tanta *lhasa*. Depois da refeição, os irmãos lavaram as mãos e os pés e continuaram a consultar Mohammed. Traçado um plano, chamaram Riley. O capitão foi informado de que Hamet e Mohammed partiriam para Mogador pela manhã. Usando mulas e viajando em ritmo acelerado dia e noite, chegariam à cidade em três dias. Seid e Bo-Mohammed tomariam conta dos marinheiros e lhes dariam a quantidade de *khobs*, pão e *lhasa* que quisessem.

"Lutei por você, passei fome, sede e fadiga para levá-lo para a sua família, pois acredito que Alá está com você", disse Hamet a Riley. "Gastei todo o meu dinheiro apenas com base na sua palavra. Vá e durma até de manhã, e depois escreva uma carta para seu amigo, que nós a levaremos", prosseguiu. "Se seu amigo cumprir o esperado e pagar o resgate por você e seus homens, vocês serão libertados; do contrário, você morrerá por ter me enganado. E seus homens serão vendidos pela quantia que alguém se dispuser a pagar."

Quanto a isso, Riley não duvidava da palavra de *sidi* Hamet.

15. Vale dos Gafanhotos

Archie Robbins imaginava que marcar os dias dando nós em uma corda demonstrava algum otimismo. Pela corda, sabia ao menos, *grosso modo*, o início — fora no fim da primeira semana de novembro — e o número de dias de seu cativeiro, 59. O rústico calendário servia para lembrar quanto já suportara daquela difícil experiência, mas também que ela teria um fim. Até certo ponto, aquilo lhe permitira viver segundo o esquema de sua vida anterior, para a qual pretendia voltar tão logo fosse possível. Mas agora, naquela costa tristonha e batida pelo vento, o tempo parecia ter parado. Vivendo na monotonia e na pobreza dos pescadores seminômades, suas esperanças de escapar se findaram, e ele atirou ao fogo a corda cheia de nós.

No deserto vira apenas moscas e escorpiões, mas a vida selvagem transbordava no litoral. Quando as águas claras e frias do Atlântico, ricas em minerais e fitoplâncton, subiam sob o sol tropical próximo à costa, elas explodiam de vida. Peixes de todas as espécies imagináveis se alimentavam ao longo das margens da abundante vegetação marinha e de suas criaturas. Esqualos qua-

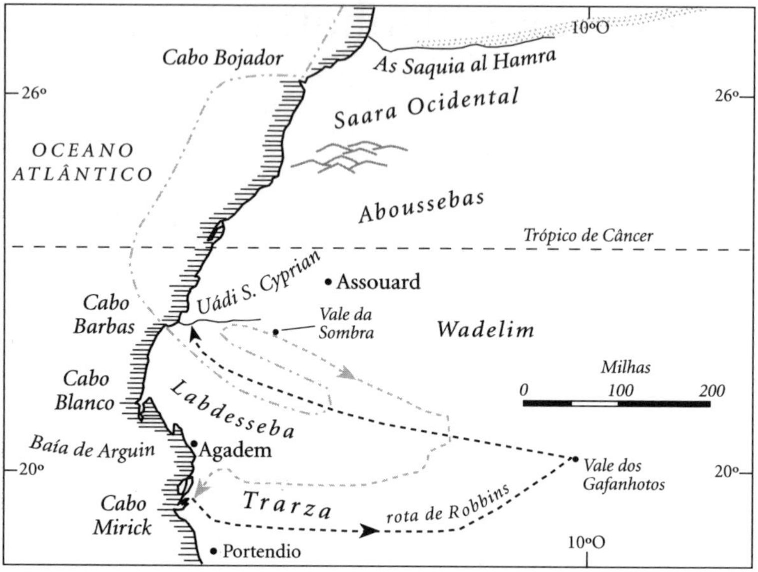

sc se atiravam sobre a areia para devorar caranguejos e depois retrocediam, contorcendo-se de volta para o mar. Pelicanos, grous, flamingos e centenas de outras espécies de pássaros convergiam para as ilhas de areia para se alimentar dos peixes.

Comparado ao que havia no interior do continente, o litoral era um verdadeiro jardim, provendo alimento suficiente para jumentos, mulas, cabras e uma abundância de peixes, ou *l'hoot*, para comer ou comerciar com árabes, berberes e africanos negros que iam e vinham. Ainda assim, mesmo com o tráfico de escravos, havia ali uma atmosfera de beco sem saída que aterrorizava Robbins. Com tal abundância de peixes, que eram até postos a secar para serem usados como lenha, aquele não era um lugar de onde se tinha, necessariamente, que partir.

Aquela extensão de cabos rochosos, promontórios de areia e ilhotas que hoje são a ponta noroeste da Mauritânia fora uma vez um estuário na época em que o Atlântico cobria parte do Saara. Quando a água recuou, deixou uma orla flutuante de sedimentos e campos de grama marinha ao lado de um fundo de mar de pouco mais de três metros de profundidade e cerca de 25 quilômetros de extensão. Para os marinheiros, esses baixios costeiros, chamados de bancos de Arguin, eram um risco terrível para a navegação. Muitos homens do mar pereceram neles. Poucos os haviam visto, como Robbins o via agora, de dentro do continente.

"Árabes estacionários", *imraguen* e outros habitavam a costa e pescavam de forma semipermanente, com maior freqüência entre agosto e abril, quando cardumes de tainhas vinham até perto da margem para se alimentar. Os árabes nômades abominavam o mar, e as tribos dominantes forçavam as que tinham submetido — aquelas que haviam derrotado em batalha ou que buscaram a proteção de seus inimigos — a pescar, estabelecendo tributos periódicos de ovas, óleo de cabeça de peixe e peixe seco, bem como de animais vivos. Era uma vida de trabalho penoso, sem honra, pois os vassalos não tinham permissão para ter camelos — o parâmetro de riqueza dos árabes nômades. Nem tinham tendas, outro bem essencial do árabe nômade, ou armas, que lhes eram proibidas. Em vez disso, viviam em abrigos com telhado de meia-água encostados a acidentes de terreno, se defendiam com facas e cimitarras e criavam cabras e jumentos, que sobreviviam das ervas marinhas e dos arbustos de folhas ásperas encontrados ao longo das margens da baía. As cabras lhes davam leite, e os jumentos permitiam que levassem água doce de seus poços para as cabanas.

Eles ao menos tinham a vantagem de dispor de um amplo suprimento de comida. O dono de Robbins, Meaarah, o emprestava a vários desses árabes estacionários, que faziam com que pescasse para eles. O primeiro o alimentou com bastante *l'hoot*, do tamanho de "cavalas, quase da cor de nossas trutas, do mais delicioso sabor, e muito gordas", observou Robbins. Pela primeira vez desde que chegara ao deserto, via-se ganhando peso, em vez de perder.

Vários dias após deixar a aldeia de pescadores, Meaarah voltou e perguntou a Robbins: "Soo-mook entar?". Qual é seu nome? Como Ganus, Meaarah o pronunciou "Robbinis". "De onde você é?" Robbins afirmou que era "*inglesis*". "Os ingleses são melhores do que os franceses?", seu amo perguntou. Robbins respondeu que ambos eram "*bono*".

Meaarah perguntou se ele tinha pai e mãe, irmãs e irmãos, mulher e filhos. Mentindo, Robbins respondeu sim a cada uma das perguntas, na esperança de ganhar a simpatia de Meaarah — uma façanha que, no mundo árabe, "não há forma de se conseguir com mais rapidez", de acordo com Robbins, "do que falando nas esposas e nos filhos".

"Vamos para Mogador", prometeu Meaarah, mas não disse quando.

Meaarah agora passava Robbins para um grupo de pescadores que se dirigia ao que o marinheiro chamava de baía de fora, formada pelo cabo que delimitava a baía "de dentro" e uma ilha no oceano próxima à margem. Lá, a pescaria era ainda mais farta do que perto da aldeia.

Nem os *imraguen* nem os árabes tinham botes. Eles pescavam como seus ancestrais, ao longo da margem, com redes feitas de ervas marinhas trançadas. Os homens começavam a pescar com a maré baixa, cruzando a pequena península para a baía de fora, levando com eles seus utensílios, principalmente redes, lenha para cozinhar e uma pele de cabra de água. Sob o peso daqueles objetos, Robbins atravessava laboriosamente quase doze quilômetros de areia profunda e macia até chegar à faixa de terra. Muitas vezes afundando até os joelhos e parando para descansar, ele se tornou "objeto de zombaria", lembrou mais tarde.

Cada pescador tinha em alta estima sua própria rede de arrastão de trançado apertado, com flutuadores em cima e pesos no fundo. Um número variado dessas redes podia ser unido para formar uma única e grande rede. Estacas de dois metros eram inseridas através da trama na extremidade das redes, e dois homens caminhavam juntos com água até os cotovelos, segurando as estacas. Eles se moviam em direções opostas, largando a rede à medida que se afastavam.

Depois que estendiam a malha por completo, outros homens agitavam e batiam na água com paus, levando os peixes para dentro da rede, enquanto os dois homens que seguravam as extremidades descreviam um círculo e as uniam. Então "seus amigos entravam no círculo formado pela rede", relatou Robbins, "e continuavam a bater na água até acharem que haviam capturado todos os peixes". Em seguida, cada homem pedia sua própria rede. Os peixes presos nela pertenciam a ele.

Quando o sol se punha, os homens se retiravam para o acampamento na praia, cozinhavam e comiam uma grande porção de peixe. Robbins se recusou a aprender o trabalho de pescador escravo, fingindo ignorar as tarefas que se propunham a lhe ensinar, segurando desajeitadamente os instrumentos de pesca e enrolando as redes. Os pescadores o desprezavam por sua teimosia e estupidez e "acharam", segundo Robbins, "que o custo do pequeno proveito que tinham com meu trabalho era mais alto do que o benefício que ele lhes traria". A conseqüência era que também comia menos na hora das refeições.

Dois dias depois, Robbins voltava ao acampamento com uma grande carga de peixe quando ele e os pescadores viram um grupo de árabes caminhando na direção deles. Quando se aproximaram, Robbins notou que havia um homem branco junto. Para seu espanto, logo estava sendo abraçado por James Barrett.

Ambos já tinham perdido a esperança de tornar a ver algum de seus companheiros. Robbins ficou especialmente surpreso com a aparência de Barrett: ele também conseguira ganhar peso. Barrett explicou que, nas três semanas anteriores, vivera em um posto avançado da costa, a cerca de doze quilômetros dali, onde podia comer a quantidade de peixe que quisesse. O irmão de seu amo o roubara e levara para o deserto, mas ele havia sido pedido de volta e estava a caminho da aldeia de seu amo.

Robbins ficou exultante ao saber por Barrett que Williams, à beira da morte quando Robbins o vira pela última vez, ainda estava vivo. Ele tinha se recuperado bastante e estava animado de novo. O amo de Barrett também era dono de Williams, e Barrett disse a Robbins que, a despeito de todos os seus esforços, estava convencido de que o amo nunca venderia nenhum dos dois. "Não consigo entender por que essas malditas criaturas me querem", ele disse. "Não presto o menor serviço a eles."

"Essa é minha maior esperança também", disse Robbins a Barrett. "Ser o mais inútil possível, ignorante e teimoso. Isso deve fazer com que eles decidam me levar para Mogador."

O encontro terminou logo. Robbins deu adeus a Barrett. Nunca mais o veria.

De volta ao acampamento, os peixes foram logo abertos, eviscerados, "cortados [...] transversalmente" e postos para secar ao sol. No árido calor do Saara, não precisavam nem de sal nem de fumaça para serem conservados. "Os raios de sol são tão poderosos", relatou Robbins, "que a carne e o peixe frescos secam muito rápido e nunca dá tempo de apodrecerem."

Robbins não mais passava fome, mas, após cinco dias na aldeia de pesca, se sentia deprimido. O pensamento de continuar escravo de pescadores, em meio ao fedor de tainhas que secavam e da neblina salgada produzida pela fumaça de uma fogueira de acampamento junto ao mar, era mais do que conseguia suportar. O pior era que Meaarah estava planejando deixá-lo de novo.

Robbins implorou a seu amo que o levasse junto. Meaarah concordou.

No dia seguinte, Robbins ajudou Meaarah a carregar o camelo com peixe, e então partiram para o sudeste ao amanhecer. Viajaram o dia inteiro sobre o camelo, passando das grandes dunas do litoral para as pequenas dunas do interior do continente, com arbustos emaranhados e esparsos. A quase cem quilômetros do acampamento de pesca encontraram as tendas de Meaarah. Sua família correu para saudá-lo. Sua mulher, Fatima, e as filhas, Tilah e Murmooah, cumprimentaram Robbins, tocando-o afetuosamente, deliciadas pelo fato de Meaarah ter retornado com um escravo cristão. Seu filho, Adullah, e o irmão, Mid-Mohamote, também tentaram fazer Robbins se sentir bem-vindo. À diferença dos *bou sbaa*, aqueles árabes usavam túnicas do mais fino tecido. O cabelo das mulheres era trançado com belas conchas e envolto em turbantes azuis.

Em um ambiente festivo, os *delim* serviram a seu novo escravo generosas porções de peixe e *zrig*, enquanto também comiam como se os suprimentos fossem inesgotáveis. Sabendo muito bem como sofreriam mais tarde após desperdiçar aquela ração de comida, Robbins ficou irritado com a extravagância. A celebração nômade ainda o fez recordar que era quase Dia de Ação de Graças em Connecticut, e sua imaginação voou para a casa dos pais, um lugar tão diferente daquele quanto grama de areia.

Em pensamento, viu os amigos e a família em volta da mesa repleta da fartura de Lower Valley. "Via os olhos dos pais, cintilando de felicidade com a visita dos filhos, dando graças aos céus por sua presença, bem como pelos deleites que transbordavam de sua mesa hospitaleira, e agradecendo as bênçãos com que tinham sido aquinhoados tanto em relação 'aos filhos que geraram quanto à abundância de sua mesa',* e que estivessem vivos para, uma vez mais, formar uma família feliz."

Nada o teria feito sentir-se mais distante de casa do que a estranha alegria daqueles habitantes do deserto. "Meu coração", ele disse, "estava quase explodindo com essa lembrança."

Na manhã e nos seis dias seguintes, Robbins aprendeu muito sobre os *delim*. Eram mais adiantados do que os *bou sbaa* que havia conhecido. Comparado a eles, Meaarah era um homem rico. Sua tenda e as outras daquele *friq* eram muito mais luxuosas, e os cobertores, de qualidade superior. Uma escrava da Guiné fazia o serviço de casa. Todos os dias as mulheres passavam horas arrumando os cabelos com agulhas e óleo de peixe, prendendo neles as conchas.

Meaarah pagava a um conselheiro espiritual e professor, chamado Mahomet, que ensinava as crianças a ler e escrever usando passagens do Alcorão. Ele era severo, e as lições, ministradas durante três horas pela manhã e mais três horas à tarde, eram solenes, pois estavam lidando com palavras sagradas. Robbins, que não vira nenhum livro entre os *bou sbaa*, ficou fascinado pelos tomos antigos de Mahomet, com seu estranho alfabeto, e pelo fato de serem escritos da direita para a esquerda e lidos de trás para a frente, ilustrando de forma tão singular o abismo entre a sua cultura e a deles. Mahomet satisfazia a curiosidade de Robbins e nunca desistiu de converter o *kelb em-Nasrani*, insistindo para que se unisse a ele nas preces diárias. Robbins se recusava, concluindo que "era um sacrilégio reverenciar um profeta cujos seguidores mostravam tão pouca humanidade em suas práticas".

O irmão de Fatima, Illa-Mecca, e sua mãe, também Fatima, viviam em uma tenda próxima. Meaarah possuía 68 camelos,

* Citação do Velho Testamento, *Deuteronômio*, 28:5, "Blessed shall be thy basket and thy store". (N. T.)

meia dúzia deles lactantes, e era Illa-Mecca quem tomava conta deles. Com tantos para alimentar nos arbustos espalhados pelas montanhas e areias, ele precisava de toda a ajuda que pudesse ter. Meaarah apontou para Robbins.

Depois das preces, Robbins acompanhou Illa-Mecca em direção à manada de camelos. Embora cumprisse de boa vontade as tarefas em torno do acampamento, Robbins se recusava a aprender a cuidar dos camelos, da mesma forma que se recusara a aprender a pescar. Ele achava que qualquer coisa que pudesse aumentar seu valor para eles representaria o prolongamento de sua servidão. Quanto mais inútil, raciocinava, mais cedo seria vendido e mais provável seria o caminho da libertação.

Como era de esperar, Robbins frustrou e irritou Illa-Mecca. Meaarah — que enquanto estava naquele lugar permanecia no acampamento, desfrutando os prazeres de sua tenda — afinal os acompanhou até onde estava o rebanho e tentou ensinar Robbins a cuidar dos camelos. Subiram ao alto das colinas, localizaram animais extraviados e depois os levaram de volta. Robbins corria ao lado de seu amo como um fiel cão de caça, mas, quando Meaarah o instruiu a continuar a fazer o trabalho sozinho, fingiu não compreender. Meaarah acabou desistindo, convencido de que Robbins era um idiota.

Após seis dias, a família desarmou e empacotou as tendas. Viajaram para o leste durante pouco mais de uma semana, cerca de 65 quilômetros por dia, para o interior do deserto, cruzando vastas planícies vazias intercaladas por colinas rochosas e vales pouco profundos de areia e pedra. A região era semelhante àquela em que Robbins estivera antes, mas mais populosa. Quando encontravam outros nômades com grandes manadas de camelos, Meaarah e Fatima eram tratados com grande respeito. Às vezes, trocavam notícias e compartilhavam refeições com outros árabes.

Quando chegaram a um vasto trecho de dunas, a família ficou satisfeita, revelando uma genuína afinidade com a areia.[1] Para celebrar, mataram um camelo naquela noite, se empanturraram e secaram a carne ao sol no dia seguinte. Tomaram o rumo nordeste, cruzando as dunas, e quatro dias depois alcançaram um pequeno vale com um lago de água fresca de uma chuva recente. O lago havia atraído nômades de todos os lados. Tendas pertencentes aos *oulad bou sbaa* e aos *oulad delim* cercavam o lago — "essas duas tribos, naquele momento, estavam em paz uma com a outra", observou Robbins. Com grande alegria, Robbins descobriu William Porter no outro grupo.

Porter se restabelecera da dor de cabeça e do sangramento terapêutico que o haviam deixado tão fraco. Estivera sob uma dieta regular de leite de camela e parecia forte de novo. Sua visão havia melhorado também. Robbins pouco guardou em sua memória do encontro com Porter no deserto profundo além do fato de Porter ter perdido a noção do tempo e estar ansioso para saber a data. Robbins, que abandonara seu calendário de nós, só foi capaz de oferecer uma aproximação.

Todo o sentido de tempo e de ordem sofreu um golpe mortal quando uma grande nuvem de gafanhotos, ou *yerada*, como os árabes os chamam, entrou no vale, enchendo o céu com o zumbido de suas asas e obscurecendo o sol. Quando pousaram, os insetos de cerca de oito centímetros de comprimento cobriram a terra, devorando cada arbusto e broto que nascera com a chuva recente, fazendo um ruído, de acordo com Robbins, como o de "porquinhos comendo grama".

Para ele, era uma visão de pesadelo, morte e destruição do Velho Testamento. Embora estivesse familiarizado com o retrato bíblico daquela peste como a oitava praga mandada sobre o Egito, que se recusava a deixar partir os israelitas, Robbins talvez ignorasse uma passagem menos conhecida de *Levítico*, 11:22: "pode-se comer: o gafanhoto segundo sua espécie, o gafanhoto devorador segundo sua espécie". Em *Mateus*, João Batista sobrevive à base de gafanhotos e mel silvestre no deserto. Mas Robbins se espantou com a entusiástica recepção dos árabes aos insetos, que ele próprio só associava à calamidade.

"Dos dias de Moisés até hoje, [os gafanhotos] são considerados por judeus e maometanos o mais severo castigo que os céus podem infligir ao homem", comentou. "Mas o que quer que os egípcios possam ter pensado nos tempos antigos, ou os mouros e árabes nos tempos modernos, os árabes compelidos a habitar o deserto de Saara, longe de ver uma revoada de gafanhotos como o julgamento de suas transgressões, a consideram bem-vinda, como um meio, às vezes, de salvá-los da morte pela fome."

No calor do dia, os gafanhotos iam de um lugar para outro em ondas agourentas, mas as frias noites de novembro os imobilizavam, e os saaráuis colhiam facilmente quantos quisessem. Os insetos eram atraídos para o espelho-d'água, e, à noite, todos os que viviam com Meaarah, exceto Fatima e as duas crianças pequenas, coletavam ansiosamente os insetos em sacos. Robbins, de novo sob dieta de *zrig* e lesmas, escreveu que "declinou desse trabalho e se retirou para descansar dentro da tenda grande". Robbins não diz se Meaarah percebeu que ele estava cansado ou fraco demais para ajudar, ou se todos estavam tão animados com a comida pronta que a participação de Robbins era opcional, mas a atitude caridosa de Meaarah em relação a ele estava para acabar.

Robbins chamou o lugar de "vale dos Gafanhotos". A família colheu mais de quinhentos litros de insetos em uma noite. Cozinhavam apenas os vivos; primeiro cavavam um buraco profundo e acendiam fogo no fundo dele. Depois que as brasas esquentavam o buraco, removiam os carvões. Então, esvaziavam um saco de insetos dentro do forno subterrâneo, sacudindo o saco de maneira vigorosa para que todos os insetos saíssem, e se juntavam em torno do buraco para jogar terra sobre os gafanhotos e impedi-los de voar. Com o buraco já cheio de gafanhotos e de areia, acendiam outro fogo em cima. Eles assavam cerca de 180 litros em cada buraco, cavando três, um depois do outro, para cozinhá-los enquanto ainda estavam vivos.

Quando os gafanhotos haviam esfriado o bastante para serem tocados, os saaráuis os tiravam da areia e os espalhavam sobre o tecido da tenda para secar ao sol durante vários dias. Tinham de tomar conta deles durante o dia para impedir que novas ondas de gafanhotos pousassem sobre os insetos mortos e os devorassem.

Robbins e Porter aprenderam a comer os insetos, separando cabeça, asas e pernas e mastigando o corpo. Embora a dupla achasse os gafanhotos insossos, precisava dos nutrientes. Menos de quatrocentos gramas de gafanhotos satisfaziam suas necessidades diárias de proteínas, vitaminas A e D, fósforo, cálcio e potássio. Durante alguns dias, os *delim* tinham um suprimento ilimitado de gafanhotos para comer — uma sorte, pois eram necessários cerca de duzentos deles para chegar aos quatrocentos gramas comestíveis, e Porter e Robbins tinham os meses anteriores de deficiência para compensar. A maioria dos gafanhotos era esmagada e empacotada em bolsas e sacos. Os árabes mais tarde os socavam em pilões e misturavam com água para fazer o que Robbins chamou de "uma espécie de pudim seco".

A despeito da nova fonte de nutrição, Robbins deixou que o cansaço levasse a melhor sobre ele no momento errado durante a colheita de gafanhotos. Quando Meaarah lhe disse para levar uma pele de cabra cheia de água para a tenda, Robbins levantou o pesado fardo e o jogou por cima dos ombros. Tentando ajeitar a pele cheia de água nas costas, ele a deixou cair. A pele bateu no chão e se rompeu. Meaarah ficou enfurecido. Estava farto da incompetência de Robbins. Agarrou um machado, o inclinou para trás para dar impulso e o lançou contra Robbins. No último momento, Fatima ficou na frente do marido e desviou o golpe. Se ela não estivesse ali, segundo Robbins, Meaarah teria arrancado a cabeça dele. O incidente pareceu transformar seu amo. Dali por diante, Meaarah perdeu toda simpatia por Robbins e passou a tratá-lo com "crueldade sistemática".

Ao mesmo tempo, o professor Mahomet começou a pressionar Robbins cada vez mais para que renunciasse ao cristianismo, insultando o marinheiro por ser um comedor de carne de porco. Ele considerava "o porco um animal possuído pelo demônio, e aqueles que o comiam eram possuídos pelo demônio também", observou Robbins. Mahomet tentava seduzi-lo a se converter com promessas de "riqueza e poder, esposas na Terra, e eterna felicidade e prazer sensual no paraíso com o divino profeta Maomé", mas Robbins resistia.

Quando a água do lago acabou, os gafanhotos se foram, e os árabes começaram a fazer o mesmo. Robbins teve de dizer adeus a Porter, uma separação dolorosa para ambos. Meaarah agora conduzia seu grupo na direção nordeste a um ritmo que reduziu Robbins à situação miserável que havia sofrido sob o domínio dos *bou sbaa*. Andando e cavalgando durante todo o dia e dormindo sob as estrelas à noite, perdeu peso e se desidratou. A ardência de sua pele se tornou intolerável. O cobertor grosseiro que usava em torno da cintura e que pendia até os joelhos cortava a pele da perna, deixando-a em carne viva. A noite trazia pouco alívio. "Depois de dormir sobre a areia durante várias horas e ficar de pé", Robbins escreveu, "o sangue escorria de minha carne ressecada e sem pele."

Dez dias após deixar o vale dos Gafanhotos eles cruzaram o leito seco do São Cipriano, chegando à costa logo ao norte do cabo Barbas. De várias maneiras, Robbins completara o círculo. Negligenciado por Meaarah, viu sua saúde começar a se deteriorar. Ela continuaria a declinar no mês seguinte, até Robbins atingir seu ponto mais crítico desde que chegara à costa no escaler grande. Sua dieta de sangue cozido e gafanhotos o fez ter uma severa prisão de ventre. "Eu estava completamente ressequido; a pele contraída e apertada em torno dos meus ossos", disse. A pele e a carne de seus quadris foram sendo esfoladas pelo fato de vestir roupas ásperas e dormir na areia dura, e ele conseguia sentir os ossos dos quadris de ambos os lados. "Estava agora reduzido a um esqueleto."

O fim, de um jeito ou de outro, parecia próximo.

PARTE IV

Um lento avanço em direção a Mogador

16. Sheik Ali

Deus estava com Riley? Ou seria apenas um desejo que ele e *sidi* Hamet compartilhavam? Aqueles dois homens de culturas e religiões diferentes chegaram à conclusão inequívoca de que um poder divino protegia o capitão. Hamet havia arriscado tudo o que possuía em Riley e seus homens, quando já poderia tê-los vendido com lucro e muito menos risco e dificuldade. Em vez disso, brigara com o próprio irmão para assegurar a liberdade daquele cristão, um homem em quem reconhecia grande integridade e que acreditava ser abençoado por Alá. A despeito das diferenças, tanto Riley quanto Hamet acreditavam em um ser superior, fosse ele chamado Deus ou Alá, e sua presença naquele relacionamento era um fator de união. Mesmo assim, estavam empenhados em uma perigosa transação por recompensas terrenas — liberdade e fortuna — e ambos temiam fracassar.

Riley, de fato, havia chegado a um ponto crítico, moral, mental e fisicamente. Passara a noite da véspera da partida de Hamet e do velho, *sidi* Mohammed, para Mogador "em um estado de ansiedade difícil de imaginar". Tendo blefado para conseguir ir para o norte, tinha agora de dar uma prova verdadeira de que não estivera mentindo durante todo o tempo. "Para quem escrever?", era a pergunta que se fazia sem cessar. "Para o inglês Renshaw, que pode ou não ainda estar lá? Não conheço ninguém em Mogador." E o que deveria dizer para obter ajuda de qualquer um que recebesse a carta?

Riley relembrou o sonho vívido que tivera na noite em que os árabes fizeram um conselho para repartir os marinheiros. Até aquele momento, o sonho se havia confirmado. Sobrevivera a todas as dificuldades que o deserto havia colocado diante dele. Precisava manter a fé: era só o que lhe restara.

De manhã cedo, os árabes acordaram os marinheiros e os levaram para dentro dos portões de *sidi* Mohammed. Riley se sentia tonto da noite insone que passara do lado de fora, mas estava determinado a persuadir Hamet a deixá-lo ir junto com ele para Mogador. "Venha escrever uma carta", o *bou sbaa* ordenou, entregando a ele um pedaço de papel amassado de vinte centímetros de comprimento e da largura da palma de sua mão, e um caniço com um pouco de líquido preto como tinta.

Riley hesitou apenas por um momento. Olhou dentro dos olhos de seu bom amo. "*Sidi* Hamet, por favor, permita que eu vá com você", disse. "Eu imploro, senhor. Deixarei aqui meu filho, a quem amo de todo o coração; ele será um refém, bem como os meus três homens." O garoto ainda se recobrava dos maustratos de Seid.

"Não posso", replicou Hamet enfaticamente. "É inútil implorar." A decisão tomada fora que ele e *sidi* Mohammed viajariam sozinhos. Hamet tinha outras questões sérias a discutir e mudou de assunto. "*Rais*, a soma que você concordou em pagar não basta", disse. "Você deve dizer a seu amigo, na carta, para pagar duzentos dólares por você, duzentos dólares por Horace e mais duzentos por seu imediato, Aaron. Pelos seus homens Burns e Clark, 160 dólares cada um. Você me prometeu uma arma de cano duplo e deve dar uma também para Seid", continuou. "Ele é um homem difícil, mas ajudou a salvar sua vida."

O tom de Hamet convenceu Riley a não discutir. Havia aprendido que, quando dois árabes discordam a respeito de alguma coisa, ele podia influenciar a decisão em seu favor, mas, quando dois árabes estavam de acordo, não havia nada que um cristão pudesse fazer para mudar a situação. Hamet, obviamente, fizera um trato com Seid e *sidi* Mohammed e não havia como revertê-lo agora. Riley tomou a caneta, firmou a mão e começou a garatujar a carta que selaria sua própria sorte e a de seus companheiros:

> *Senhor,*
>
> *O brigue* Commerce, *que ia de Gibraltar para a América, naufragou no cabo Bojador em 28 de agosto último;*

Suspeitando que, na melhor das hipóteses, a carta cairia nas mãos de um inglês, e sem saber qual o grau da ajuda que deveria esperar, tendo o fim da guerra sido tão recente, deliberadamente escolheu as palavras de forma a ocultar sua própria nacionalidade. O pequeno grupo de árabes que se reuniu em torno dele, ao ver Riley escrever algarismos arábicos, ficou impressionado. Como Hamet e Seid negaram ter ensinado aquilo ao capitão, um dos árabes sugeriu que Riley fora escravo antes, esperto e útil, e alfabetizado por seu amo anterior, embora as leis o proibissem.

Com os árabes olhando com atenção para ele, Riley continuou:

> *eu e quatro homens de minha tripulação estamos aqui, quase nus, em bárbara escravidão: suplico ao senhor, em nome de todos os laços que unem o homem ao homem, por seus familiares e por tudo que seja mais querido para o senhor, e visto que a liberdade é mais cara*

do que a vida, que o senhor antecipe o dinheiro requerido para a nossa redenção, que são 920 dólares, e duas armas de cano duplo: eu poderei retirar a quantia de que precisar, no momento em que estiver em liberdade, das instituições Batard, Sampson, & Sharp, Londres — Cropper & Benson, Liverpool — Munroe & Burton, Lisboa, ou com Horace Sprague, Gibraltar. Se o senhor não me libertar, no mesmo instante pagarei com minha vida pelo fracasso. Deixo uma esposa e cinco filhos desamparados para chorar minha morte.

Ansioso para partir, Hamet olhava por cima dos ombros de Riley e o apressava. Após mencionar suas relações comerciais, Riley insistiu que lhe dessem outro pedaço de papel para escrever. Quando o entregaram, ele viu que se tratava de parte de um despacho espanhol de mercadoria marítima. Continuou a escrever:

Meus companheiros são Aaron R. Savage, Horace Savage, James Clark e Thomas Burns. Deixo mais seis em escravidão no deserto. Meu atual amo, sidi *Hamet, entregará esta carta ao senhor e dirá onde estamos — ele é um homem digno de confiança. Esgotado até os ossos pelo mais horroroso de todos os sofrimentos — nu e escravo, imploro sua piedade e confio em que não corro o perigo de implorar em vão. Pelo amor de Deus, mande um intérprete e um guarda para nós, se possível. Falo francês e espanhol.*

James Riley,
Último capitão e encarregado da carga do brigue Commerce

Riley dobrou a carta. Não estava querendo apostar em remetê-la apenas a Renshaw. Cônsules vêm e vão. Não podia correr o risco de que Hamet pensasse que seu amigo estava fora do país, mesmo que só por um tempo. Também era improvável encontrar um representante norte-americano lá. A rede diplomática dos Estados Unidos, improvisada e carente de recursos, muitas vezes usava comerciantes de outras nações como agentes, alguns dos quais não estavam permanentemente baseados no porto em que serviam. Inseguro quanto às nações que tinham cônsul em Mogador, sem falar em quem deveriam ser essas pessoas, ele a endereçou aos "Cônsules inglês, francês, espanhol ou norte-americano, ou a comerciantes cristãos em Mogador ou al-Suwaira".

Imaginando, acertadamente, que estavam em uma corrida contra o tempo e a morte, *sidi* Hamet e *sidi* Mohammed partiram para o leste em mulas. Outros mais poderosos do que eles haviam descoberto que os escravos cristãos estavam na aldeia e começavam a planejar tomá-los. Um contínuo desfile de curiosos vindos da aldeia — mouros e árabes negros armados com longas facas ou cimitarras e seus escravos negros — chegava até o pátio onde Seid e Bo-Mohammed montavam guarda. Um dos árabes, agarrando um botão das calças de Savage, exigiu: "Botão, corte ele com uma faca", surpreendendo os norte-americanos, que ainda não haviam encontrado um árabe que falasse inglês, mas aquilo era tudo o que ele sabia dizer, além de algumas obscenidades. Os aldeões se instalaram em uma esteira e ficaram observando os marinheiros, enquanto estes recuavam para a sombra o mais que podiam, sentando sobre inevitáveis fezes de gado, ovelhas e jumentos. Como fora prometido, podiam beber água e comer a quantidade que desejassem de pão de cevada, servido duas vezes por dia, e de *lhasa*, uma vez. Mesmo assim, continuavam todos fracos, sofrendo de disenteria e de severas hemorróidas. "Nossos intestinos pareciam fermentar como cerveja", disse Riley, "e tínhamos cólicas terríveis." Enquanto a pele dos marinheiros se reconstituía em delicados remendos, seus cabelos sem trato e suas barbas crescidas, além das roupas sujas, abrigavam piolhos, o que se tornou para eles uma irritação constante.

Os aldeões tentaram atrair os marinheiros para que estes os ajudassem na carpintaria, confecção de sapatos e ferraria, mas

Riley insistia em que ele e seus homens tinham sido criados como marinheiros desde a infância e não sabiam nada mais. Antes, ele orientava seus homens a cooperar, para receber o melhor tratamento, mas então chegara à mesma conclusão que Robbins e os advertiu de que mostrar alguma das habilidades artesanais pelas quais os cristãos eram conhecidos apenas aumentaria as probabilidades de eles serem raptados ou vendidos para um amo que pagasse bem por um trabalho qualificado. Quando Riley foi levado para instalar uma porta em uma casa, fingiu não entender as instruções para medir os batentes. Cortava os sarrafos ao acaso com uma enxó, lascando a madeira. Os árabes discutiram sobre a incompetência de Riley. "De longe, a maioria deles era da opinião de que uma sábia aplicação de chicotadas colocaria minhas capacidades mecânicas em total funcionamento", observou Riley. Um dos árabes, que não se deixara enganar, trouxe um pedaço de pau, mas Bo-Mohammed não tinha interesse em que Riley fosse espancado e deteve o árabe.

À noite, os marinheiros dormiam agora em uma cela escura e estreita, um lugar em que tinham de engatinhar, debaixo do chão da casa, sustentado por um mastro, um pau de carga e outras madeiras de navio. Seid e Bo-Mohammed passaram a chave em uma fechadura de aço atrás deles e dormiram do lado de fora da porta, com armas carregadas ao lado.

Riley soube onde haviam conseguido a madeira de navio que alguns usaram para fazer suas casas quando um aldeão lhe mostrou papéis oficiais da escuna espanhola *María*, datados de 1812 e 1814. Outros apareceram com roupas tomadas da tripulação do barco e repetiam maldições em espanhol que haviam aprendido. Daquilo que lhe contaram, Riley recompôs a história da escuna *María*. O navio fora à costa para pescar e comerciar. Esgueirando-se à noite em botes, os árabes subiram a bordo e assassinaram o capitão e três homens da tripulação de dezesseis pessoas. Após saquear o navio, eles o levaram para a margem e obrigaram os tripulantes a desmantelá-lo para ficar com a madeira. Um velho disse a Riley que mais cinco marinheiros morreram desde aquela noite e que os oito restantes tinham sido vendidos e levados para o deserto. Outros contaram que os sobreviventes tinham ido para Mogador para serem resgatados, mas Riley acreditou no velho.

No sexto dia após a partida de Hamet, um visitante inesperado fez uma saudação diante dos portões à tarde e disse que queria entrar. Seid abriu a porta rapidamente, e um mouro escuro, de dois metros de altura, entrou com arrogância, montado em um vigoroso cavalo. De sua sela, o sheik Ali, sogro de Hamet, examinou com nojo evidente a imundície em torno dele e os desprezíveis cristãos deitados por ali como animais.

O ar de superioridade de Ali, bem como a súbita transformação de Seid de cruel e mal-humorado em servo obsequioso, indicaram aos marinheiros quanto sua sorte acabara de mudar. Ali entrou sem mais delongas na casa de *sidi* Mohammed, impondo-se a Seid e Bo-Mohammed de uma forma extraordinária. A aura de comando de Ali, observou Riley, ultrapassava a do mais dominador capitão de navio. O sheik Ali também era sedutor e notavelmente carismático.

A fama de Ali era tanta que os aldeões logo começaram a procurá-lo para resolver suas disputas. As decisões sumárias de Ali eram proferidas com tanta autoridade e gentileza que nenhuma das partes sonhava em protestar. Riley admitiu que, em algumas ocasiões, Ali era o homem mais eloqüente que já ouvira. "Bocas abertas pareciam inalar suas frases adocicadas", concedeu Riley, explicando que o capitão falava com uma "ênfase tão perfeita" que a "elegante cadência tão admirada na oratória ocidental parecia ter adquirido uma nova beleza, tal era sua forma de falar; a articulação era tão clara e distinta, e seu conteúdo e suas ações, tão inteligentes e expressivos, que eu conseguia entendê-lo perfeitamente, embora ele falasse árabe".

Mas os estados de espírito de Ali mudavam rápido. Alegre e encantador em um momento, desconfiado e conspirativo no outro, e depois, gritando furioso, aterrorizava Seid e Bo-Mohammed, que faziam todo o possível para aplacá-lo. Quando ele falava ninguém ousava se mexer ou emitir qualquer som.

Era inevitável que o sheik voltasse a atenção para Riley e seus homens, e quando o fez, olhando-os de cima e conferenciando em voz baixa com Seid, o capitão sentiu um calafrio agourento. Ali o chamou e o interrogou sobre seu posto, sua família, o naufrágio e a dispersão da carga do navio. Queria saber quanto dinheiro e que tipo de bens os atacantes no cabo Bojador haviam tomado deles. "Que crime foi cometido para induzir esses muçulmanos a matar um de seus homens?", perguntou.

Ficou claro que o sheik, credor de Hamet, estava interessado no futuro deles, e essa presunção não admitia limites. Ele examinou seus corpos com cuidado, como se estivesse pensando em comprá-los — ou vendê-los. Encontrando a cruz tatuada no braço de Clark, Ali declarou que ele era um espanhol e não poderia ser resgatado. O sheik anunciou que Clark seguiria para as montanhas e trabalharia para ele. Esse foi um veredicto perturbador, já que, como afirmou Riley, "tudo o que aquele homem dizia parecia carregar um peso que derrubava qualquer oposição".

O sheik começou, inteligentemente, a plantar as sementes de uma disputa em Seid e nos outros árabes. Fez chegar aos ouvidos deles que, em sua opinião, Riley era um "sujeito astucioso [...] capaz de qualquer ato, bom ou mau". Em um minuto, ele estava certo de que Riley mentira para Hamet sobre ter um amigo em Mogador; no minuto seguinte, tinha a certeza de que os amigos do capitão poderiam levantar uma quantidade maior de dinheiro pelo resgate do que a que Hamet pedira. Seid ficou felicíssimo ao ouvir isso. O calculista Ali decidiu que ficaria até o retorno de Hamet.

No sétimo dia, uma nova chegada. Um estranho de pele escura e aspecto feroz, ostentando duas pistolas grandes, um par de facas e uma cimitarra, carregando um longo mosquetão, se aproximou do muro montado em um cavalo. Cumprimentou Seid pelo nome e disse "Abra o portão imediatamente". Quando Seid lhe perguntou quem era, o homem respondeu que era Ullah Omar e que havia acabado de chegar de Mogador.

Ao conduzir sua poderosa montaria para dentro do pátio, o estranho tinha toda a aparência de um carrasco. Riley estudou aquele homem impressionante, que usava turbante branco, *haik* e chinelos de couro amarelo com grandes esporas de ferro presas a eles. Além das armas, trazia dois chifres de pólvora e uma bolsa de couro com balas de mosquete pendurados no pescoço. O sheik o conhecia e lhe apertou a mão cordialmente. Após cumprimentar os outros, Omar perguntou quem era Riley e se aproximou dele.

"Vi seu amigo *sidi* Hamet a um dia de viagem de Mogador", relatou. "Ele me disse que Alá o ajudou a ter sucesso na viagem por sua causa. Espero que seu amigo em Mogador seja tão leal a você quanto Hamet o é." O estranho sugeriu que Hamet poderia estar de volta logo no dia seguinte. Mas Omar não tinha outras notícias. Ele se dirigia aos marinheiros, que não eram capazes de entendê-lo mas se sentiam estimulados pelo que dizia e — quando Riley traduziu — pela perspectiva do iminente retorno de Hamet.

Seid serviu a Omar uma tigela de autêntico cuscuz local, como Riley aprendeu que o prato marroquino se chamava, coberto de fatias de abóbora e bem apimentado. "Esse prato", acrescentou Riley, "feito com pequenas bolas de farinha, cozido com frango e vegetais, parecia (porque nunca tive o prazer de experimentá-lo) muito bom." Ullah Omar, que levava um cachimbo e tabaco em sua bolsa de munição, deu aos marinheiros um pouco de tabaco bom, aparentando estar "extremamente feliz por ser capaz de prover algum conforto para aqueles seres miseráveis". Após a refeição e as preces, o obscuro mensageiro partiu tão de repente quanto havia surgido.

Riley não conseguiu dormir naquela noite, castigado pelo pânico. A presença de Omar o tranqüilizara até certo ponto, mas Riley não soubera nada de concreto além de que continuara nas boas graças de Hamet até os portões de Mogador. A sentença de morte ainda estava de pé, e, de fato, Riley era culpado da acusação. Ele permaneceu acordado, maldizendo a promessa que havia feito. Tinha sido uma decisão fácil então — ele e seus homens teriam dado a vida por um gole da água do Connecticut —, mas não parecia tão simples agora que a pele cobria seus ossos novamente e ele tinha onde se abrigar. No Saara, não valia a pena viver. Agora voltavam as lembranças de sua família e de sua vida anterior.

"Meu desejo de viver crescia à medida que eu tinha mais conforto", ele lamentava. "Desejava o retorno de meu amo, embora o aguardasse com as apreensões mais terríveis e medonhas [...] Avaliava que o momento de sua chegada seria decisivo para meu destino. Restauraria minha liberdade ou me condenaria à morte instantânea." Cada nova chegada à aldeia e abertura de portão levavam Riley a estremecer.

Pediu a Deus que não o tivesse deixado vir de tão longe para sofrer a morte em meio à sujeira de animais no pátio, deixar viúva sua mulher, sem futuro os filhos, e ter os companheiros e o filho adotivo mandados de volta para aquela desolação abrasadora e sem esperança.

17. O capitão morreu há muito tempo

Imerso em profundos pensamentos ante as formidáveis amuradas e torres com minaretes de Mogador se erguendo atrás dele, o *rais* bel Cossim quase trombou com dois árabes empoeirados, mas de aspecto respeitável, que entravam pelo portão leste da cidade. Bel Cossim, capitão do mar e negociante mouro, teve a curiosidade atiçada. Comerciantes que tivessem acabado de cruzar as desoladas colinas em torno de Mogador trariam mercadorias, mas aqueles homens não traziam nada. "Salem alikoom", saudou o que estava à frente, em quem bel Cossim reconheceu um *oulad bou sbaa.* "De onde você vem, Filho de Leão?"

"Alikoom Salem", respondeu Hamet, que percebeu ser o mouro um homem de importância e entendimento. "Venho de Sous e, antes disso, estava no Saara, uma longa viagem. Vim ver *sidi* Cônsul."

"Diga-me o assunto que tem a tratar, amigo", disse bel Cossim, reprimindo o riso. "Talvez eu possa orientá-lo." Hamet lhe disse que tinha uma carta para entregar a *sidi* Cônsul de um capitão inglês que naufragara no cabo Bojador.

"Venha, vou levá-lo ao homem que deseja ver", disse bel Cossim, convidando-o com um gesto. O porto de Mogador, a alfândega, os edifícios do governo, a avenida principal e o mercado estavam organizados em uma grade simples e prática, sinalizada por imponentes portais e torres. Além dessa área ficava a labiríntica cidade onde a população de Mogador — o grosso de seus 30 mil muçulmanos e 6 mil judeus — e os *abid al-Bukhari*, soldados muçulmanos negros, viviam em quarteirões separados. Bel Cossim levou os dois visitantes por ruas largas e relativamente calmas e sem mau cheiro entre as casas de quatro andares dos privilegiados comerciantes judeus, altos funcionários do governo, cônsules estrangeiros e comerciantes.

Era o santuário interno, a casbá, dentro dos muros da cidade, tudo construído desde que o sultão Muhammad III havia fundado o porto, em 1765, para aumentar seu controle tanto sobre o comércio exterior quanto sobre as fronteiras meridionais de seus domínios. Logo o sultão fechou o porto de Agadir aos navios estrangeiros e redirecionou os mercadores para Mogador, com seus muros de defesa de pedra e torretas maciças guardados por 2 mil *abid al-Bukhari*. Ali o comércio imperial poderia ser mais bem observado, e o comércio privado, mais bem regulamentado e taxado. O sultão prometeu que a recompensa para todos os que se estabelecessem naquela antes remota e empoeirada região de Haha seria: "aquele que chega pobre sai rico". Em uma década, Mogador — que outrora fora entreposto avançado fenício e possivelmente a "ilha Cerne" perdida, que o cartaginês Hanno colonizara com 30 mil pessoas em 450 a.C. — se tornou o principal porto marítimo de Marrocos.

Bel Cossim os levou à casa do cônsul-geral britânico William Willshire. Willshire fazia parte do pequeno grupo de comerciantes europeus que, junto com os comerciantes judeus locais empregados pelo sultão, viviam na casbá e conduziam o comércio exterior.

Os visitantes o encontraram em casa, o que não foi muita surpresa para bel Cossim. Willshire, sucessor e parceiro comercial de James Renshaw, era um solteirão que parecia nunca cansar de trabalhar. Vivia na casa grande — e, alguns diriam, luxuosa — do consulado, com muitos empregados e secretários, e onde, aos domingos, oficiava o culto anglicano para outros mercadores cristãos.

Reconhecendo bel Cossim, os empregados de Willshire o deixaram entrar, bem como aos dois árabes. O jovem cônsul, um homem meticuloso, de cabelos curtos penteados com zelo, feições agradáveis e lábios naturalmente franzidos, os recebeu em seu escritório. Ao examinar os dois pedaços de papel que um dos árabes lhe estendeu, Willshire ficou desolado. Mais um brigue mercantil que naufragava na costa do Saara e tinha sua tripulação capturada pelos bárbaros árabes nômades.

Willshire olhou por sobre a carta. O *rais* bel Cossim era um dos intermediários mouros mais confiáveis de Willshire, um homem valioso, que falava com fluência o espanhol e um pouco de inglês, além do árabe. Com ele estavam dois árabes cujos nomes eram *sidi* Hamet e *sidi* Mohammed, que, a julgar pela aparência, tinham feito uma longa viagem a toda a pressa. Willshire os olhou de novo. Hamet tinha um rosto inteligente e formoso, com as linhas de cansaço e tristeza comuns aos árabes. Estava diante dele sem nenhum embaraço, apesar de estar ali para receber o resgate por marinheiros naufragados.

"O que você pode me dizer desse capitão Riley?", perguntou Willshire, observando a expressão de Hamet enquanto bel Cossim traduzia.

Um sorriso enrugou as bochechas de Hamet. "O capitão Riley é um homem inteligente e corajoso", respondeu. Enquanto falava, seus olhos castanho-escuros pareceram se tornar mais intensos, revelando o que Willshire acreditou ser um afeto genuíno. "É um homem honrado, com mulher e filhos. Alá o protege em tudo o que ele faz", continuou Hamet. "Minha viagem foi abençoada por Alá graças ao capitão Riley. Enfrentamos muitas dificuldades, mas passamos com segurança por terras perigosas. Seus homens, que estão doentes, sobreviveram também. Fiz o melhor que pude para ajudá-los."

Willshire releu o fim da nota de Riley:

> *Meu atual amo,* sidi *Hamet, entregará esta carta ao senhor e dirá onde estamos — ele é um homem digno de confiança. Esgotado até os ossos pelo mais horroroso de todos os sofrimentos — nu e escravo, imploro sua piedade e confio em que não corro o perigo de implorar em vão. Pelo amor de Deus, mande um intérprete e um guarda para nós, se possível. Falo francês e espanhol.*

Embora de fato preocupado pela segurança de quem escrevera a nota e da tripulação do brigue *Commerce*, Willshire estava desconcertado e um pouco aborrecido. Como cônsul-geral, mesmo que por um curto período, já ganhara experiência em negociar e levantar fundos para resgatar marinheiros naufragados no Saara. Não hesitava em tomar decisões e se dispunha a arriscar sua reputação e seu dinheiro. Willshire se recusava a deixar um homem em cativeiro por um minuto além do estritamente necessário. O tal capitão Riley mencionara mercadores respeitáveis em Londres, Liverpool, Lisboa e Gibraltar como referências. Mas vários complicadores saltaram a seus olhos imediatamente. O fato de Riley não ter declarado sua nacionalidade — embora, a julgar pelos nomes listados, a tripulação fosse norte-americana ou britânica — levantava questões sobre quem, na verdade, deveria lidar com esse assunto, e Riley negociara uma soma maior do que a desejável por seu resgate.

Willshire fora incumbido de promover os interesses britânicos e proteger e ajudar seus concidadãos. Ele também voltara a ser, depois de acabada a guerra, agente de James Simpson, cônsul dos Estados Unidos em Tânger. Dentro de certos limites, havia onde buscar dinheiro para resgatar marinheiros britânicos, em especial da companhia Ironmongers, graças ao legado de 1723 de Thomas Betton, que deixara metade de sua fortuna para redimir escravos britânicos na Turquia e na Barbária. Que Deus o tenha, pensou Willshire; Betton havia feito mais para aliviar o sofrimento de cristãos no mundo inteiro do que jamais imaginaria.

Dinheiro à mão era essencial porque, quando os funcionários de governos ocidentais conseguiam autorizar despesas com resgates, muitas vezes era tarde demais. Os desconfiados árabes elevavam seu preço a cada encontro, o que exigia novas autorizações, novos adiamentos, que, por fim, acarretavam exigências ainda mais elevadas e exorbitantes. Ele vira homens perdidos dentro desse círculo vicioso, como resultado de seu próprio desânimo ou do completo fracasso das negociações. Os Estados Unidos não tinham dinheiro à mão. Tecnicamente, qualquer resgate tinha de ser aprovado por Simpson, que era avesso a tomar decisões sem a aprovação do Secretário de Estado, James Monroe. Cada viagem transatlântica de comunicação levava no mínimo oito semanas, ida e volta.

Willshire chamou um assistente. "Senhores, por favor, me dêem licença por um minuto. Os senhores gostariam de tomar uma xícara de chá na sala de visitas enquanto cuido de alguns assuntos urgentes?"

Quando os visitantes saíram, ele se virou para sua arrumada pilha de edições do *Gibraltar Chronicle*, procurou o mês de agosto e começou a examinar o movimento do porto, suas chegadas e partidas. "Aqui está ele", disse para si mesmo ao verificar as chegadas em 12 de agosto e encontrar o *Commerce*, "a quarenta dias de Nova Orleans". Era um brigue norte-americano, então, capitaneado por um homem inteligente que devia ter suspeitado que a carta acabaria nas mãos de um inglês.

Willshire tinha um interesse garantido por lei de que Riley não fosse resgatado pela soma excessiva que havia negociado. Não apenas a Grã-Bretanha, mas outras nações ocidentais, em especial os Estados Unidos, desejavam limitar os resgates a cem dólares por homem. Riley concordara em pagar o dobro por si próprio e por outros dois, e mais 160 dólares por cabeça por dois marinheiros de segunda classe, além de duas espingardas de cano duplo e várias despesas. Willshire sabia que pagar tal soma abriria um mau precedente.

Pensou em protelar a decisão. Levaria pelo menos um mês para receber uma mensagem de Horatio Sprague, o mercador de Gibraltar que a carta relacionava, e provavelmente semanas para ter uma resposta de Simpson. Nesse meio-tempo, se adiantasse os fundos necessários, teria de desembolsar bem mais de mil dólares em espécie e armas, por homens cuja confiabilidade e capacidade de lhe devolver o dinheiro ele não conhecia. Havia limites para o que os diplomatas estavam autorizados a gastar nessas circunstâncias e sistemas muitas vezes labirínticos para ter acesso ao dinheiro, e havia limites até para o que um colega comerciante podia fazer. Se as promessas de Riley acabassem não sendo verdadeiras, Willshire poderia muito bem perder uma boa quantia de dinheiro e, ao mesmo tempo, alimentar a cobiça dos árabes do deserto. Talvez fosse prudente dizer aos dois homens na sala de visitas que precisaria pedir autorização por escrito.

"Traga o *rais* bel Cossim e os visitantes", disse Willshire a um de seus empregados. As deliberações prosseguiram por algum tempo, com bel Cossim servindo de intérprete. Acabaram concordando em que *sidi* Hamet permaneceria em Mogador como hóspede de Willshire enquanto *sidi* Mohammed levava o *rais* bel Cossim para o sul, para ver o capitão Riley e seus homens. Willshire deu instruções a seus empregados para aprontar uma série de itens que iriam junto com bel Cossim. Finalmente, escreveu uma carta para Riley e a entregou ao confiável mouro. "*Rais*, sucesso e boa sorte", disse. "Pegue sua mula mais rápida e voe como o *irifi* para a casa de *sidi* Mohammed."

Na noite do oitavo dia desde que Hamet e Mohammed haviam partido para Mogador, os marinheiros ouviram passos do outro lado da parede. Seid foi ver quem era e voltou com *sidi* Mohammed e outro homem, um mouro de Mogador. Os dois recém-chegados se aproximaram dos marinheiros, sentados no chão frio do pátio.

Quando se aproximaram de Riley, o mouro coberto de pó falou, assustando os homens com seu inglês. "Como vai, capitão?", ele disse. Os marinheiros se puseram de pé. Certo de que aquele homem estava trazendo as notícias que determinariam sua sorte, Riley a princípio não conseguiu falar; seu coração parecia lhe ter subido à garganta. Segurou afinal a mão do homem e gaguejou suas perguntas: "Quem é você? Que notícias traz de Mogador? *Sidi* Hamet está com você?".

"Habla español?", o mouro perguntou com calma, seguro de si. Riley fez sinal que sim. Então, falando espanhol, o mouro se apresentou como o *rais* bel Cossim. "Sua carta chegou às mãos de um dos melhores homens de Mogador, um inglês e amigo meu. O senhor Willshire concordou em pagar o resgate", disse bel Cossim. "Ele me mandou imediatamente para tirá-lo deste lugar. Mal tive tempo de me despedir de minha mulher", acrescentou, "e então cavalguei dia e noite para chegar aqui."

Tomado de emoção, Riley contou as novidades a seus homens. "Nossas almas estavam inundadas de alegria", escreveu, "e, ainda assim, tremíamos de apreensão de que aquilo pudesse não ser verdade: oh, Deus! Talvez fosse apenas um sonho enganador ou algum truque cruel para zombar de nossos sofrimentos."

O mouro lhe entregou uma carta. Riley a abriu, mas estava muito emocionado para ler. Suas mãos tremiam quando ele a deu a Savage para que a lesse em voz alta. Entorpecido, Riley se deixou cair no chão, enquanto Savage lia à luz do fogo:

Mogador, 25 de outubro de 1815

Meu caro e aflito senhor,

Recebi neste momento, de sidi *Hamet, seus dois bilhetes, cujo conteúdo, espero, o senhor se sentirá perfeitamente seguro de haver despertado minha mais sincera piedade por seus sofrimentos e dos seus companheiros* [...]

Eu lhe dou as minhas mais sinceras congratulações pela boa sorte que o senhor e seus companheiros sofredores tiveram por estar nas mãos de um homem que parece guiado por alguma comiseração.

Posso, em certa medida, compartilhar os severos e perigosos sofrimentos e dificuldades que o senhor deve ter suportado; mas, meu caro senhor, console-se, porque, graças a Deus, espero que eles logo tenham um final feliz; para cujo propósito eu devotadamente rezo ao grande Árbitro de todas as coisas para que dê ao senhor e a seus desafortunados companheiros a saúde e a força para uma vez mais visitar sua terra natal.

Esta carta lhe será entregue pelo rais *bel Cossim, em quem o senhor pode depositar a mais completa confiança* [...]

Ao mesmo tempo que recomendava seu mensageiro, Willshire prosseguia para advertir Riley a não confiar em ninguém. "Concordei em pagar a soma de 920 dólares em dinheiro a *sidi* Hamet por sua chegada a salvo a esta cidade com seus companheiros sofredores; ele permanece aqui como uma espécie de refém até seu aparecimento em segurança."[1] Willshire aconselhou Riley a manter a transação no maior segredo possível, "porque, se os mouros acharem que você pode pagar mais, vão criar dificuldades no meio do caminho".

Depois vieram as palavras que tiveram um efeito quase devastador: "Tenho o mais sincero prazer em conhecê-lo; o senhor estará em liberdade para começar sua viagem para esta cidade quando receber esta carta". Mas Willshire implorava que eles fizessem "as paradas que fossem necessárias na estrada", para não arriscar a saúde por causa do "esforço além da conta e da fadiga". Ele também instruiu Riley a "escrever uma resposta imediata, detalhando informações sobre o senhor próprio, sua tripulação e embarcação, pois dei ordens ao mouro para que as enviasse para mim sem demora".

Riley sabia que sua própria carta fora uma chama solitária em um escuro céu noturno. Por milagre, tinha sido respondida. Enquanto comemoravam com a prudência recomendada pelas circunstâncias, ele e seus homens foram constrangidos ainda mais pelo furioso rugido do sheik Ali, que agora tomava conhecimento, por *sidi* Mohammed, dos fatos que envolviam a negociação de Hamet. Ali despejou sua ira contra o tolo de seu genro por libertar os marinheiros por um preço tão baixo e por se colocar sob o poder de um "abominável cristão". Ali gritou: "Riley vai matá-lo e roubar seu dinheiro assim que tiver esses homens em Mogador".

Enquanto o volúvel sheik ficava cada vez mais enfurecido e espumava, o *rais* bel Cossim, sentindo o perigo daquela raiva crescente, interveio. No que Riley definiu como "um tom muito firme, mas eloqüente e persuasivo", o mouro se dirigiu a Ali, exibindo a agilidade de pensamento que fazia Willshire ter confiança nele: "Comprei o capitão e seus homens com meu próprio dinheiro", disse bel Cossim, embora isso fosse mentira. "Paguei a *sidi* Hamet antes de deixar Mogador. *Sidi* Hamet ficou lá voluntariamente, como garantia do meu regresso a salvo com os escravos. Somos todos da mesma religião", bel Cossim o tranqüilizou. "Não devemos nada a esses cães cristãos e temos o inegável direito de fazer deles mercadorias e usá-los como jumentos, se quisermos. Aquele lá", ele disse, apontando de modo acusador para Riley, "se diz capitão, mas é um desprezível mentiroso. Enganou *sidi* Hamet e você. Ele não era nada além de cozinheiro de bordo. O capitão morreu há muito tempo."

Ali, um homem versado nas artes do subterfúgio, olhou fixo para bel Cossim, farejando trapaça. "Se é assim, como o bilhete que escreveu pode ter convencido um estranho a pagar tanto dinheiro por ele e pelos outros?", replicou, apesar de haver acabado de dizer que o dinheiro não era suficiente. "Não, ele é um homem de conhecimento e importância. Talvez você, embora muçulmano, tenha se juntado aos cristãos em um complô para roubar e assassinar *sidi* Hamet."

"Não, por Alá! Sou incapaz de uma traição dessas!", declarou bel Cossim. "Riley era, na verdade, o cozinheiro. Olhe para ele, ele era mais robusto — gordo, como um cozinheiro — e com resistência maior. Olhe para os outros. Dê-lhes papel, caneta e tinta; eles mostrarão que sabem escrever também, e melhor do que Riley." O ardil de bel Cossim para rebaixar a posição de Riley e, assim, seu valor monetário colocou Ali na defensiva.

Enquanto os dois discutiam, Seid os olhava com raiva silenciosa. *Sidi* Mohammed, que reassumia seu lugar de dono da casa e estava ciente de que nada de bom poderia acontecer àquela hora tardia, interrompeu a discussão, como era seu direito fazer em sua própria casa.

Bel Cossim insistiu em que os escravos ficariam com ele e não mais no porão. Os outros protestaram, mas de nada adiantou. Bel Cossim voltou a dizer que pagara muito dinheiro pelos cativos e deixou claro que não pretendia perder nenhum deles. *Sidi* Mohammed levou todos os seus convidados para um estábulo de mulas, que, apesar de usado recentemente pelos animais, era um progresso comparado ao entulhado porão.

De um lado do estábulo, os árabes se juntaram em uma plataforma que Riley acreditava ser feita de madeira de navio. Lá conversaram e dormiram. No outro extremo, bel Cossim revelou do modo mais discreto possível o conteúdo de suas bolsas de sela e de um saco que carregava. Willshire enviara sapatos e *djellabas* de lã com capuz, muito necessários agora que estavam nas montanhas e o inverno se aproximava. Willshire também mandara comida e bebida alcoólica, que fez mais bem a seus espíritos do que a seus corpos esfomeados. De dentro da bolsa surgiram bolachas, língua cozida, chá, café, açúcar e várias garrafas de rum. Eles desembrulharam uma chaleira de chá, bule, xícaras e pires, luxos notáveis diante de como vinham comendo — quando tinham sorte —, com as mãos, de gamelas comuns desde que chegaram ao deserto.

À luz do lampião, Riley distribuiu fatias de língua e biscoitos, bolachas, junto com rum em copinhos limpos. "Sentimo-nos como se uma nova vida estivesse sendo instilada em nosso coração", recordou. Coroaram essa refeição com uma melancia madura.

Em seguida, os homens enfiaram os pés endurecidos dentro de sapatos de couro macio e se embrulharam nos *djellabas*. Aquecidos por dentro e por fora, deitaram sobre o chão do estábulo para dormir. Mas até uma refeição moderada levou os marinheiros a se contorcerem de dor, segundo Riley, com "cólicas tão violentas de estômago e intestino que só a muito custo conseguíamos evitar gritar de agonia". Nas garras dos espasmos e da náusea eles não conseguiram dormir e ficaram acordados, ponderando sobre as salvas no início do conflito entre bel Cossim e sheik Ali.

Logo cedo, na manhã seguinte, bel Cossim disse a Riley que se levantasse e fizesse chá. Riley juntou alguns gravetos, acendeu o fogo e ferveu água na chaleira. A notícia de que *sidi* Mohammed havia retornado de Mogador com um mouro se espalhou, e os habitantes locais — a maioria dos quais jamais deixara aquela região em sua vida — começaram a chegar para se congratularem com Mohammed por seu retorno e conhecer o estranho.

Em voz alta e complacente, bel Cossim ordenou a Riley que servisse a cada visitante uma xícara de chá adoçada com açúcar, procurando, com inteligência, cair nas boas graças dos pobres aldeões e confirmando sua posição como amo e não como salvador dos cristãos. Nenhum dos convidados jamais provara chá — que apenas recentemente fora introduzido no Marrocos e estava longe de ser a bebida tão difundida que acabou se tornando. As pessoas nunca tinham visto uma xícara de chá, e muitos beberam com relutância e satisfeitos ao mesmo tempo por estar recebendo agrados dos visitantes do norte. Riley serviu todos os convidados até eles partirem. Depois, serviu chá forte para seus homens, o que fez bem a seus estômagos. Bel Cossim se voltou para o sheik Ali: "Eu disse a você antes que Riley era o cozinheiro, e agora você vê com seus próprios olhos que ele é o único que nos está servindo".

Por volta das oito da manhã, bel Cossim e os cinco marinheiros partiram da cidade. Sua escolta consistia no sheik Ali, que insistiu em acompanhá-los com dois guarda-costas, além de Seid, *sidi* Mohammed e Bo-Mohammed. Bel Cossim tentou comprar montarias para todos os marinheiros, mas não havia nenhuma disponível por preço algum. Teriam de fazer rodízio em sua tropa insuficiente de camelos, mulas e jumentos. Horace estava de novo firme sobre os pés. Apenas Burns não era capaz de andar e, por isso, fez a viagem inteira de mula.

Enquanto seguiam, Riley relatou a bel Cossim a história de

sua jornada até o momento em que se encontraram. No fim, bel Cossim respondeu: "Louvado seja o Todo-Poderoso, o mais alto e mais sagrado, por sua bondade. Você foi, de fato, preservado, da forma mais maravilhosa, por uma proteção e uma assistência peculiares de uma Providência maior e deve ser um favorito dos céus; nunca houve antes um cristão que atravessasse uma distância tão grande do deserto. *Sidi* Hamet está certo. Você sem dúvida está destinado a fazer um bem muito grande ao mundo".

Eles foram primeiro para sudeste, por um terreno seco e arenoso esparsamente cultivado. Quando se distanciaram de Ali, bel Cossim respondeu às perguntas de Riley sobre o sheik, cuja presença alarmava ambos. Ali era o chefe de uma tribo que vivia nas montanhas ao sul, nas margens do deserto. "*Sidi* Hamet se casou com uma de suas filhas, mas desde então está em guerra com ele", disse bel Cossim a Riley. "No confronto, o sheik destruiu a aldeia de Hamet e tomou de volta a filha, mas depois a devolveu, quando fizeram as pazes." Dizia-se que o impiedoso sheik era capaz de reunir 10 mil homens quando necessário. Bel Cossim acreditava que Ali estava tramando contra ele, mas disse a Riley: "Alá poderia transformar suas intenções maléficas em benefício para nós. O poder que protegeu você até agora não o abandonará até que sua vontade seja cumprida".

No início da tarde, a cerca de trinta quilômetros da aldeia de *sidi* Mohammed, os homens fizeram alto abruptamente diante de um cenário terrível.[2] Não muito longe do caminho, em torno dos muros arrombados de uma aldeia silenciosa, os corpos de dúzias de aldeões e invasores da aldeia jaziam espalhados pelo chão. A maioria não passava de pequenas pilhas de ossos secos, limpados por cães e pássaros e esbranquiçados pelo sol.

Lado a lado, cristãos e muçulmanos contemplaram aquela espantosa visão de morte violenta debaixo de bosques revoltos de tamareiras e pés de romã. Não ficara ninguém para podar os ramos desordenados. Nenhum guarda jamais tornaria a abrir o pesado portão de madeira da aldeia, que ainda estava fechado em seu arco de pedra. Riley não entrou em detalhes sobre a sensação de impotência que teve ali, de pé na planície, diante daquela visão medieval, a um oceano de distância de sua casa e de sua família, e seus encolhidos companheiros estavam exaustos demais para apear dos camelos ajoelhados. Não havia palavras para expressar o que sentia. Embora a Europa tivesse se envolvido em duas décadas de guerra sangrenta e os britânicos houvessem recentemente queimado Washington, parecia ainda mais trágica aquela cena de aniquilamento em pequena escala, tão longe dos trilhos da história e onde tão pouco — nem mesmo um túmulo — havia para se ganhar da ruína e do sofrimento.

Sidi Mohammed afinal quebrou o silêncio para contar a história da aldeia, com bel Cossim traduzindo suas palavras para o espanhol. Sob Omar el Milliah (Omar, o Bom), amigo e benfeitor de Mohammed, a cidade de Widnah, construída em 1775, havia prosperado. Com a morte de Omar, em 1813, seu filho Ismael assumira o controle da cidade. Ismael era um hedonista, mais empenhado em aumentar seu harém do que em governar e defender os súditos. Tornou-se tão depravado que se apossou da noiva prometida de seu próprio irmão, Kesh-bah. Enraivecido, Kesh-bah fugiu para as montanhas do sul e buscou a ajuda do sheik Sulmin, um velho inimigo de seu pai que vivia lá. Sulmin, ávido por vingar ofensas passadas, reuniu um exército de árabes das fronteiras do deserto com a promessa de despojos de rebanhos, sacos de cereais, roupas, virgens e escravos.

Os atacantes conseguiram empurrar os engenhos que usavam para sitiar e invadir aldeias até os muros de barro e pedra de cinco metros de altura de Widnah, desguarnecidos de vigias, sem chamar a atenção dos habitantes. Os dois engenhos apropriados para arrombar muros ainda se encontravam junto à parede leste da aldeia, e Riley, cuja profissão era comandar a mais complexa máquina de transporte daqueles dias, os examinou com olho de conhecedor. Cada um deles consistia em uma plataforma de troncos de árvore e tábuas, unidos por cordas grossas feitas de tiras trançadas de pele de camelo. De cima da plataforma, os atacantes suspendiam uma pesada rocha redonda, de várias toneladas, que muitos homens juntos puxavam para trás com cordas, como se fosse um pêndulo, e em seguida largavam direto contra a parede.

Depois que atravessaram o muro, a carnificina foi grande, de ambos os lados. Os surpreendidos moradores lutaram bravamente, mas os atacantes, sedentos de sangue e num frenesi de fúria, se impuseram, assassinando todos os homens, as mulheres e os meninos — exceto dois, que escaparam e deram o alarme nas aldeias vizinhas, e duas centenas de meninas, que conservaram vivas.

Sidi Mohammed estivera entre os que caçaram os atacantes que fugiam e os alcançaram nas montanhas no dia seguinte. Sulmin despachou seus despojos sob pesada escolta e lutou contra os perseguidores em uma ravina estreita e profunda, atirando rochas que rolavam de cima sobre a passagem. Na luta desesperada e sangrenta, os selvagens seguidores de Sulmin mataram ou feriram a metade de seus perseguidores. Mohammed abriu seu *djellaba*, mostrando uma grande cicatriz, onde uma bala de mosquete abrira um buraco em seu peito. No fim, os atacantes se dispersaram pelo Saara, desaparecendo como o vento.

Quando a caçada ao inimigo foi abandonada, Mohammed disse que os cadáveres já estavam decompostos demais para serem recolhidos e enterrados. "Eles haviam ofendido o Todo-Poderoso com seu orgulho e não encontraram ninguém que os salvasse", disse em voz alta, tentando dar sentido à tragédia com o fatalismo endêmico do deserto. "Assim pereceram Widnah e seus arrogantes moradores."

Em silêncio, os homens tomaram a direção leste, matutando sobre a paisagem espantosa, embora misteriosamente tranqüila. Após três horas de marcha, chegaram a um rio que descrevia uma curva para o noroeste em um vale de oito quilômetros de largura. Tão longe quanto os olhos alcançavam, santuários de cúpula semi-esférica ocupavam as áridas margens do rio que Riley erradamente identificou como o Woed Sehlem.

Era provável que se tratasse do Vádi Massa, o único grande rio da região que corria para noroeste, embora cinco anos de seca o tivessem reduzido a um mísero riacho. Em seu largo e agora vazio estuário ficava a cidade de Massa, que bel Cossim, capitão de navios que comerciavam cereal com a Europa, disse ser o melhor porto da costa. A foz tinha cinco milhas de largura e era superior até a Cádiz, o mais conhecido porto marítimo espanhol. Bel Cossim vira perto de Massa as ruínas de uma cidade cristã, saqueada havia muito tempo. Pedaços de suas paredes afloravam da areia como lápides.

Massa foi também o lugar onde o comerciante cristão James Grey Jackson uma vez viu um par de colossais mandíbulas de baleia arqueadas sobre a areia. Uma pessoa do lugar lhe informou que elas sempre haviam estado ali e que, quando a baleia deu à praia, um homem chamado Jonas saiu de seu ventre. Jackson riu da história. Muito sério, seu informante respondeu que "ninguém, exceto um cristão, duvidaria do fato".

Mais para o interior, partindo da cidade onde o santo protetor dos marinheiros sem sorte fora supostamente cuspido da baleia, os Commerces descobriram duas cidades fortificadas nas margens do rio. Quando o grupo parou para descansar, próximo a uma casa que ficava do lado de fora, rodeada de hortas e com uma cerca natural de arbustos secos, os famintos marinheiros roubaram alguns frutos espinhosos de galhos que caíam sobre os arbustos. Com medo de serem descobertos, enfiaram as frutas inteiras na boca. O castigo para a transgressão foi rápido e doloroso. A casca de espinhos pontiagudos aderiu à língua e ao céu da boca. A fina haste dos espinhos se quebrou, e suas pontas tiveram de ser extraídas dolorosamente, uma a uma.

Os homens cruzaram o rio raso no trecho mais fácil para os camelos e onde os habitantes do lugar enchiam cântaros e levavam os rebanhos para beber. À medida que o grupo continuava em direção à costa, o leito do rio se tornava mais largo, e eles começaram a ver poças brilhantes de água verde estagnada onde a maré oceânica havia inundado cavidades profundas do terreno antes de ser sufocada pela areia. Tudo fora destruído pela prolongada seca e pela infestação de gafanhotos, até a cidade que Riley identificou como Sehlemah. Ali, canais que vinham de uma encosta montanhosa irrigavam campos cultivados, cercados de videiras e tamareiras, figueiras e pés de romã. Homens e meninos colhiam trigo e cevada nos campos, enchendo sacos e cestas e carregando camelos e mulas, que levavam para o interior dos muros da aldeia. Atrás dos ceifeiros seguiam os magros e imundos rebanhos dos aldeões, incluindo bois, que comiam os restos espalhados pelo chão.

Ao entardecer, o grupo do *rais* bel Cossim entrou na cidade, que se estendia por cerca de trezentos metros ao longo do rio. O grupo foi até uma oficina de ferreiro perto dos portões. Em um canto, um homem trabalhava com grandes foles feitos de pele animal e presos a uma forja de carvão em brasa. Ao lado, ficava uma bigorna maciça, tão baixa que os ferreiros tinham de se curvar para martelar sobre ela. Os marinheiros sentaram no chão da oficina enquanto *sidi* Mohammed e bel Cossim visitavam o chefe da aldeia e pediam permissão para passar a noite.

Com Widnah ainda na lembrança, os marinheiros observaram os trabalhadores do campo entrando pelos portões, trazendo rebanhos e os animais lotados com a última carga da colheita do dia. As casas de um andar e telhados planos dos camponeses tinham toscas fechaduras de ferro em sólidas portas de madeira, e cada uma exibia apenas uma janelinha quadrada para deixar passar a luz. Os portões afinal se fecharam com estrondo, e os guardas os reforçaram com grandes trancas de madeira para passar a noite, antes de galgar os muros maciços de quase sete metros para fazer a vigília.

Bel Cossim deu tâmaras aos marinheiros para jantar. Enquanto comiam, os homens e meninos da aldeia vinham, olhavam admirados e faziam perguntas sobre suas casas e a razão de estarem ali. Vários aldeões até falaram em espanhol com Riley, repetindo "juramentos e maldições grosseiros", cujo significado eles obviamente não entendiam.

Na manhã seguinte, 30 de outubro, os marinheiros e seus acompanhantes se levantaram enquanto ainda estava escuro. Uma esguia lua minguante, do formato do símbolo do Islã, aparecia a leste, no horizonte, cortando a noite escura como breu, perto dos brilhantes planetas Vênus e Júpiter, marcando o fim do ciclo lunar. Os viajantes deixaram Sehlemah ao amanhecer, quando os portões foram abertos. Os montes Atlas se agigantavam no horizonte, delimitando um outro mundo, e, por várias razões, havia urgência na viagem. Os marinheiros estavam loucos por um banho, uma cama de verdade e uma dieta regular, mas a maioria desejava pôr fim aos solavancos da jornada. Bel Cossim havia jurado entregá-los a Willshire e estava ansioso para fazer isso.

Por sua vez, o sheik Ali imaginara um plano para se apossar dos marinheiros. Eles não chegariam a Mogador se dependesse dele.

À diferença do dia anterior, Ali estava sociável. Procurou ficar ao lado de Riley e começou a falar com doçura: "Venha comigo, capitão Riley, para as montanhas ao sul, e farei de você um chefe em minha nação. Você se casará com uma de minhas filhas". Ali estava acostumado a ver suas habilidades de persuasão surtir efeito, mas, ao perceber Riley impassível ante suas ofertas, forçou o grupo a se deter inúmeras vezes enquanto continuava a insistir.

Próximo a um bosque de árvores espinhosas de drupas, curvadas sob o peso dos frutos maduros, Riley, descontente com os atrasos, apanhou do solo o que lhe pareceu ser uma tâmara. Quando a mordeu, no entanto, descobriu que era uma drupa. Cuspiu a polpa amarga, que o fez recordar que naquela terra estranha muito pouca coisa era o que parecia ser.

Por vários dias, os marinheiros viram de longe os montes Atlas, cujos picos cobertos de neve cortavam os céus na direção nordeste. À medida que se aproximavam, sentiam a presença das montanhas nas nuvens frias e densas que desciam rapidamente do alto das cadeias de cumes a nordeste. Lufadas de vento cada vez mais geladas os atingiam, e, em seu íntimo, agradeceram a Willshire a precaução de lhes enviar túnicas e sapatos. Os camelos, as mulas e os dois jumentos seguiam em um passo mais vagaroso agora, e Seid, Bo-Mohammed e bel Cossim se revezavam em corridas para se manterem aquecidos. Mas, mesmo com a escuridão cada vez mais densa, Riley se sentia protegido por aquela atmosfera, que se assemelhava mais à de seu Connecticut natal do que ao deserto. Pressentia que se aproximava da fronteira do Império de Marrocos, e cruzá-la simbolizava a liberdade para ele, tão certamente quanto significaria em futuro próximo para os escravos negros nos Estados Unidos atravessar a linha Mason—Dixon.*

Thomas Burns não compartilhava o enlevo de seu capitão. Sua circulação sangüínea não estava em condições de protegê-lo do frio, e seus membros começaram a ficar dormentes. De repente, caiu de cima do camelo. Batendo com a cabeça e os ombros

* A linha Mason—Dixon foi fixada em meados do século XVIII entre os estados da Pensilvânia e Maryland e separava os homens livres dos escravos. (N. T.)

no chão, ficou inconsciente. Depois de algum tempo e, segundo Riley, "muito empenho [...] de nossa parte", voltou à consciência e foi guindado para o lombo do camelo novamente. Ele não tinha escolha.

Enquanto cruzavam a planície, passaram por dúzias de aldeias com defesas cada vez mais sofisticadas, que pareciam velhos castelos europeus. Muros fortificados com ameias e torrinhas e passagens com sentinelas eram um forte contraste com o sopé dos montes Atlas. No meio da tarde, após viajar cerca de oitenta quilômetros, segundo as estimativas de Riley, eles se desviaram do caminho e chegaram aos muros cheios de torres de vigia de Shtuka, uma cidade em forma de diamante de cerca de 5 mil habitantes.[3] Famintos e sedentos, desmontaram diante de um poço do lado de fora dos portões, mas não havia balde para tirar água. Sheik Ali e Seid entraram na cidade, segundo pareceu a Riley, para buscar provisões. Eles logo chamaram bel Cossim e *sidi* Mohammed para dentro, deixando Bo-Mohammed e os dois homens de Ali para vigiar os marinheiros.

A despeito do vento frio e do céu escuro, espesso com a umidade das montanhas, uma multidão de homens e meninos saiu pelos portões para ver os marinheiros. Clark e Burns estavam tão fracos que não podiam nem sequer se sentar, mesmo quando o orgulho e a dignidade o exigiam. Riley, Savage e Horace estavam um pouco melhor. Os meninos árabes cuspiram neles e atiraram lixo e pedras, enquanto os pais riam da ousadia dos filhos. Um homem de bom coração, no entanto, buscou um balde, tirou água do poço e serviu aos cansados marinheiros. Depois desse alívio, Riley avaliou seus homens esfarrapados. Duvidava que o mais forte deles tivesse como continuar a viajar até o anoitecer. Burns, machucado e abalado pela queda, por certo não conseguiria, a menos que fosse amarrado sobre um camelo. Riley tentou animá-los com a notícia de que agora estavam a apenas um dia de marcha do sul de Agadir e Taroudant, as cidades mais ao sul controladas pelo sultão de Marrocos, onde poderiam "ficar fora do alcance dos árabes rapaces".

Riley, no entanto, não precisava ter se preocupado com as condições de seus homens para a viagem. Ali os levara para uma armadilha.

Quando as nuvens afinal liberaram a chuva, a multidão de árabes avançou e empurrou os Commerces para os portões da cidade, de pedras toscamente talhadas. Eles se abrigaram sob um arco nas paredes, que se erguia a quase sete metros do solo e tinha dois metros de largura na base. A chuva, a primeira que Riley e seus quatro companheiros viam na África, caía aos borbotões. Por duas horas, ficaram tremendo naquela umidade de arrepiar, defronte a uma rua estreita com uma fileira pouco convidativa de casas térreas de tijolos e imaginando o que estaria acontecendo dentro da cidade. Para passar o tempo, Riley ocupou sua mente de engenheiro com a arquitetura do portão, observando que a abertura estava selada por uma robusta porta com "duas folhas dobráveis", que se movimentavam a partir das "extremidades das ombreiras de trás, encaixadas em grandes cavidades de pedra embaixo e em cima". Quatro pesadas trancas de madeira reforçavam a porta à noite.

Dentro dos muros de Shtuka, o sheik Ali entrara em uma fúria convulsiva, berrando de tal maneira que os marinheiros podiam ouvi-lo. Ele estava apresentando sua versão ao governante da aldeia, o mulei Ibrahim, a quem conhecia havia muitos anos e considerava um aliado. Outras vozes, mais controladas, entre elas a de bel Cossim, também chegavam da casa de Ibrahim.

Finalmente, *rais* bel Cossim, irritado, saiu de repente da reunião com Ibrahim, acompanhado de vários brutamontes. Riley percebeu que as coisas não tinham ido bem. O rosto em geral alegre de bel Cossim mostrava indignação e revelava o que acontecera: Ali fora vitorioso. O capitão mouro chamou Riley à parte e cochichou que Ali dissera que os marinheiros eram propriedade dele, sob o argumento de que seu genro lhe devia mais do que o valor de cinco escravos cristãos. Ali também dissera que Hamet estava sendo mantido refém por um cristão em Mogador, e que os cristãos não deviam receber permissão de seguir para o norte de Shtuka antes que Ali recebesse 1500 dólares, e Hamet, marido de sua filha, fosse libertado. Seid, naturalmente, apoiara Ali.

"Discuti a questão de todos os ângulos, mas de nada adiantou", disse bel Cossim a Riley. "Prometi entregar a eles seiscentos dólares assim que chegássemos aos domínios do sultão em Agadir. Concordei em ficar ali em companhia do príncipe e do sheik e esperar o retorno de *sidi* Hamet, mas eles simplesmente não quiseram ouvir."

As notícias foram um golpe duro para Riley. "Aquilo abalou meu ânimo", refletiu mais tarde. "A perspectiva luminosa de ser logo libertado da escravidão, em especial nos dois últimos dias, agora se tornava subitamente sombria." Ele não tinha coragem de transmitir aquilo para seus homens, já saturados. Ficou mais abalado ainda quando bel Cossim disse que tinha de deixá-los para pedir instruções a Willshire. Ele estaria fora durante seis dias. "Que o Todo-Poderoso o proteja nesse meio-tempo das malignas maquinações deles", desejou bel Cossim.

Enquanto bel Cossim montava em sua mula e se preparava para partir, *sidi* Mohammed foi até ele com mais notícias ruins: "o mulei Ibrahim e o sheik Ali decidiram que você não irá para Mogador", anunciou. "Eles temem que você provoque uma guerra entre eles e o sultão." Mohammed se ofereceu como voluntário para ir no lugar de bel Cossim, levando cartas para Willshire e ficando como refém, se fosse necessário. Garantiu a Riley que, por causa de suas duas esposas e sete filhos e suas propriedades, seria um refém mais valioso do que Hamet, e também assegurou que Hamet, "seu amigo", viria pessoalmente ajudar. "Alá é grande e bom", disse Mohammed, que passara a compartilhar a crença de Hamet de que Riley era abençoado, "e levará você de volta para sua família."

Riley tomou a mão do velho e a beijou, dizendo: "Pai, espero que o Todo-Poderoso o recompense por sua benevolência".

Antes de partir, Mohammed participou de outro debate acerca dos marinheiros. Os dois grupos agora se defrontavam em um círculo do lado de fora dos portões. Apoiado por seus anciãos, o mulei Ibrahim, ele próprio já com setenta anos, um governante enriquecido por minas próximas de cobre e prata, ouviu enquanto bel Cossim voltava a expor seu caso: ele era o dono de direito dos cristãos, pelos quais já pagara uma soma de comum acordo e de seu próprio bolso. Nem o príncipe nem o sheik tinham o direito de detê-lo. Aquilo era uma violação das regras da hospitalidade e uma afronta à sua religião, uma vez que eram todos irmãos ante Alá.

Ali respondeu que Hamet e Seid lhe deviam uma grande soma e que ele tinha o direito inquestionável sobre os bens de ambos e a responsabilidade perante as três partes de não colocar em risco a propriedade ou deixar que fosse vendida por menos do que valia. Estava em seu direito, afirmava, de manter os escravos em seu território até receber o que lhe era devido. Ibrahim — um homem que Riley descreveu como tendo pele mais clara e feições mais delicadas do que muitos dos rudes homens de Sous — também ouviu paciente o testemunho de *sidi* Mohammed e Bo-Mohammed, que apoiavam bel Cossim.

Tanto o sheik Ali quanto bel Cossim prudentemente concluíram seus discursos com abundantes elogios a Ibrahim, reconhecendo sua virtude e justiça e concordando — ao menos naquele momento — em que ele deveria julgar a questão. A resposta de Ibrahim foi rápida e firme: "Você, sheik Ali, meu velho amigo, e o *rais* bel Cossim, ambos reivindicam esses cinco escravos cristãos como sua propriedade, e cada um de vocês tem uma certa razão. Contudo, como não está em meu poder decidir qual dos dois reclamos tem mais fundamento, resolvi, em estrita observância da justiça, manter os escravos em minha própria cidade, cuidadosamente guardados, até que mensageiros sejam enviados a Mogador, que trarão de volta *sidi* Hamet. Só então uma decisão justa poderá ser tomada, levando em consideração todos os lados. Bel Cossim, você será um convidado e não um prisioneiro, enquanto estiver nesta cidade".

Estava escuro agora. Honrando sua palavra de que aceitariam a decisão de Ibrahim, Ali e bel Cossim engoliram o ódio mútuo e cessaram as recriminações. Foram então conduzidos, árabes e escravos, pelas ruas da cidade, que haviam acabado de ser lavadas.

18. Da boca de um mouro

Bel Cossim, o sheik Ali e seus homens ocuparam acomodações em um edifício ao lado da casa do mulei Ibrahim. Junto com Ibrahim, sentaram-se em uma esteira na extremidade de um grande aposento e sustentaram uma viva discussão noite adentro. Do outro lado, os marinheiros, atormentados pela disenteria, por hemorróidas dolorosas e piolhos, se embolavam em um canto entre as selas e a bagagem. Sentinelas armadas com mosquetes e cimitarras vigiavam as portas que davam para o aposento e o edifício, bem como os portões da cidade. Os marinheiros comeram cuscuz de um recipiente comum, e, segundo admitiu Riley, sucumbiram à agonia física e mental: eles soluçavam como crianças.

Pela manhã, bel Cossim trouxe para Riley pena, tinta e papel. O capitão garatujou um segundo bilhete para William Willshire, avisando da chegada deles à cidade de Shtuka e de seus problemas no momento. Bel Cossim, que não sabia escrever, ditou uma carta para um escrivão. Com isso, Seid, *sidi* Mohammed e Bo-Hammed partiram para Mogador.

Prometendo voltar em quatro dias, sheik Ali também par-

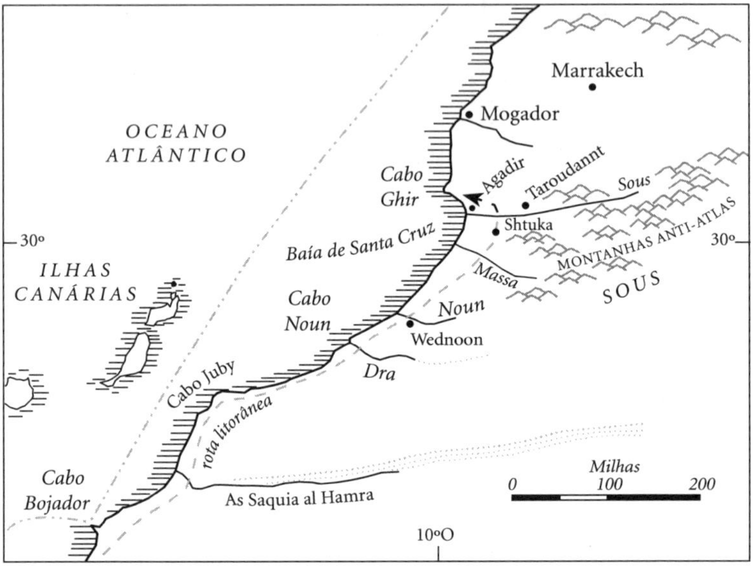

tiu, dando a Riley e seus homens espaço para respirar livremente e recobrar as forças e o raciocínio. Depois de chegar tão perto da liberdade, a espera era uma aflição terrível. A única coisa que podiam fazer em benefício próprio era descansar. Bel Cossim tentava dar ânimo a seus espíritos exaustos. Quando Riley se queixou a ele de que não teria tempo suficiente para ver a liberdade, porque se sentia "extremamente fraco" e devia "perecer em breve", bel Cossim o repreendeu: "O quê?! Você ousa desacreditar o poder daquele Deus que, com milagres, o preservou durante tanto tempo?". E continuou, persuasivo: "Não, meu amigo, o Deus do céu e da terra é seu amigo e não o abandonará, e, em seu próprio tempo, restituirá você à liberdade e aos abraços de sua família".

"Devemos dizer", disse bel Cossim, filosófico, "que a vontade de Dele será feita, e fique contente com o que nos cabe, porque Deus sabe o que é melhor para nós. Somos todos filhos do mesmo Pai celestial, que vê todos os nossos atos, sejamos mouros, cristãos, pagãos ou de qualquer religião; devemos cumprir sua

William Willshire (*de* Sequel to Riley's Narrative, *1851*)

vontade." O pensamento tolerante do mouro envergonhou Riley. "Ouvir tais sentimentos da boca de um mouro, cuja nação eu tinha sido ensinado a considerar o pior da barbárie", admitiu, "encheu meu espírito de espanto e veneração, e olhei para ele como para uma espécie de ser superior."

Bel Cossim sabia que precisava contrabalançar a vantagem de Ali, que já era amigo do mulei Ibrahim, e convidou este para uma conversa em particular no grande aposento que compartilhava com os cristãos. Naquelas condições menos tensas, Riley admirou a inteligência nas feições do príncipe e seu caráter gentil mas incisivo. Embora não conseguisse entender tudo o que diziam, percebia, pela expressão dos árabes e pelo tom da conversa, que bel Cossim estava lisonjeando Ibrahim. Bel Cossim perguntou sobre sua família. O príncipe tinha uma esposa, que não tinha filhos. "Ela tem chá e açúcar?", perguntou.

“Não”, respondeu Ibrahim.

Após o encontro, bel Cossim pediu discretamente a ajuda de uma das jovens escravas negras da princesa para comprar madeira e água. Ele acendeu o fogo e preparou chá. Quando Ibrahim saiu, bel Cossim deu à jovem um torrão de açúcar e a enviou com uma taça de chá muito doce para a esposa do príncipe.

A jovem voltou logo. Sua ama, disse a bel Cossim, agradecia pelo chá e disse que conservaria a linda taça e o pires, que nunca vira antes. Ela perguntava o que poderia fazer em troca. “Diga à sua ama”, disse bel Cossim, “que quero apenas ser amigo do mulei Ibrahim. Se ela pudesse influenciar o príncipe em meu favor, eu ficaria muito grato.”

Uma hora depois, o mulei Ibrahim irrompeu no aposento e quis saber o que bel Cossim tinha feito com sua mulher. Com grande deferência, o mouro explicou a inocente natureza de sua interação com ela e disse que tentava apenas prestar as homenagens que ela merecia como anfitriã e esposa de um grande príncipe. “Você não precisava obter aprovação por intermédio dela”, respondeu Ibrahim. “Você já tem a minha amizade.”

A manobra funcionara, mesmo estando Ibrahim ciente dela. Os dois foram rezar na mesquita, e quando voltaram, horas depois, Riley percebeu que haviam ficado mais próximos. Agora bel Cossim estava sendo realmente tratado como hóspede, e não como um quase-prisioneiro. Aproveitando sua liberdade, bel Cossim despachou uma mensagem para um amigo antigo e querido, que vivia a um dia de viagem dali, pedindo que ele viesse a Shtuka e trouxesse dinheiro, não tanto quanto Ali havia pedido, mas o bastante — ele acreditava — para acalmá-lo.

Naquela noite, o mulei Ibrahim conversou e rezou com bel Cossim. Depois, o mouro disse a Riley que Ibrahim lhe dera “sua palavra de príncipe que protegeria a mim e a meus escravos”. Ele prometera ainda uma escolta até os domínios do sultão.

De manhã cedo, em 3 de novembro, de acordo com o calendário de Riley, o mulei Ibrahim entrou no quarto de seu hóspede carregando ovos e sal para o café-da-manhã. Saiu e logo voltou com meia dúzia de galinhas. O próprio Ibrahim trouxe lenha e água, o que impressionou Riley. Os marinheiros cozinharam os ovos, os salgaram e comeram com vontade. Enquanto isso, bel Cossim matou as galinhas, prendendo habilmente as asas das aves em sua mão esquerda, voltando-se para o leste e gritando "Besmillah!", enquanto cortava a garganta dos animais. Os marinheiros limparam quatro galinhas e as puseram para cozinhar em uma panela com sal e os vegetais que Ibrahim também trouxera para eles: cebolas, pimentões verdes, nabos e uma pequena abóbora.

Riley reconheceu que aquela sopa seria considerada saborosa em qualquer país. Em uma mostra pouco comum de respeito por um cristão, o mulei Ibrahim convidou Riley a comer da tigela que ele e bel Cossim estavam dividindo.[1] Enquanto comiam, perguntou ao capitão por sua família, e Riley contou que tinha esposa e cinco filhos esperando sua volta.

Dali por diante, o mulei Ibrahim providenciou para que os marinheiros recebessem "todo alívio e conforto que estivessem a seu alcance", de acordo com Riley. Bel Cossim também cuidava deles. Tarde da noite, seu amigo chegou com duas mulas carregadas de cuscuz, ovos e galinhas. Entregou a bel Cossim as cinco centenas de dólares de prata espanhóis que este havia pedido, mas bel Cossim agora acreditava que o mulei Ibrahim não sucumbiria aos argumentos e ardis de Ali, e disse a seu velho amigo que não necessitava mais do dinheiro. O velho insistiu em que aceitasse a comida, e bel Cossim concordou porque era um presente para Riley. O velho também garantiu que levantaria um exército naquele dia e usaria toda a sua influência para escoltar os marinheiros em segurança para Agadir, nos domínios do sultão. Bel

Cossim agradeceu, mas respondeu que acreditava poder contar com a proteção do mulei Ibrahim.

Durante três dias eles viveram o melhor possível graças aos presentes do velho. Durante esse tempo, bel Cossim foi a uma feira em uma cidade próxima. De lá se dirigiu a um local sagrado cerca de 25 quilômetros ao norte de Shtuka construído em homenagem a el Ajjh, "o peregrino", um xarife famoso em toda a região por seus poderes sobrenaturais, temido e seguido por todos. No santuário, bel Cossim teve uma visão. Voltou para a feira e comprou um boi pequeno e gordo, mas da melhor qualidade. O açougueiro o cortou em duas partes. Bel Cossim mandou um mensageiro com uma mula carregada com um dos pedaços para el Ajjh. "Quando você entregar o pedaço, e el Ajjh perguntar quem o mandou", ele instruiu o mensageiro, "diga-lhe que foi um homem piedoso, recém-chegado de Mogador, que agora é hóspede do mulei Ibrahim e gostaria de ser lembrado em suas preces."

Bel Cossim voltou a Shtuka com a outra metade do boi para o príncipe. Encontrando Riley, contou o que havia feito e disse que estava certo de que, se o xarife aceitasse seu presente, ele os visitaria antes do pôr-do-sol. Então, explicou bastante misteriosamente: "Não é tanto o valor do presente que importa, mas a maneira como é dado, que pode comprometê-lo a se tornar seu amigo para sempre".

Saindo para rezar ao anoitecer, bel Cossim encontrou el Ajjh, que fora ver o homem que lhe enviara um presente tão generoso. El Ajjh perguntou a bel Cossim qual o favor desejado por ele que o fizera enviar um presente como aquele. O mouro relatou a história dos marinheiros cristãos, contando que ele próprio pagara por eles. Pediu a el Ajjh para interceder junto ao sheik Ali e persuadi-lo a permitir que prosseguissem viagem para Agadir. El Ajjh prometeu que faria valer sua influência — mesmo que isso significasse o emprego da força.

Em 7 de novembro, Ali voltou a Shtuka.[2] Confiante em sua aliança com Ibrahim, chegou não com um exército, mas com apenas um guarda-costas. Bel Cossim mandou um mensageiro rápido para informar el Ajjh da chegada do sheik. O homem santo, que também era um velho amigo de Ali, foi imediatamente lhe fazer uma visita.

Insistindo que seu assunto era urgente, el Ajjh chamou Ali de lado para uma conversa reservada. "Irmão, ouvi dizer que *sidi* Hashem sabe acerca dos escravos cristãos", avisou enganosamente o sheik, referindo-se ao poderoso governante berbere de Tazeroualt. "Ele tentou comprá-los em segredo, mas sua oferta foi rejeitada, e ele está determinado a tomá-los à força." Hashem poderia estar a caminho no dia seguinte, disse el Ajjh a Ali, que conhecia muito bem o ousado senhor da guerra. Quando o sultão enviara um exército contra Hashem, o berbere, com inteligência, abandonara sua fortaleza, mandando mulheres e crianças se esconderem nas montanhas. O exército do norte saqueou a cidade, incendiou os campos e durante uma semana não encontrou oposição a seus atos desordeiros. Hashem atraiu as tropas de Suleiman com ataques rápidos, dando a impressão de que aquela era toda a resistência de que era capaz. Então, quando chegou a hora certa, Hashem liberou suas tropas raivosas. Elas impuseram ao exército do sultão uma derrota esmagadora e perseguiram até o norte os soldados que fugiam, matando um por um. Poucos sobreviventes chegaram à cidade de Taroudannt, levando as notícias do massacre e criando para Hashem a reputação de sanguinário e terrorista.

Junto com o bei de Wednoon, Hashem controlava as caravanas de Timbuktu. Ele podia estar cobiçando os cristãos apenas para impedi-los de chegar ao Marrocos e de cair nas mãos de seu inimigo Suleiman.

"Você deve seguir agora mesmo para o norte, para o território de Suleiman", disse o xarife para o abalado Ali. "Hashem não irá se aventurar a entrar ali só pelos escravos cristãos. Se você não for, com certeza perderá os escravos e ao mesmo tempo envolverá o Sous em uma guerra." Ali agradeceu a el Ajjh pela orientação e correu para a casa de Ibrahim, para se encontrar com ele. Enquanto isso, bel Cossim foi discretamente para o portão da cidade, onde el Ajjh o informou sobre sua conversa com Ali.

Quando Ali pediu a Ibrahim que lhe permitisse tomar os prisioneiros naquela noite e levá-los embora, o príncipe respondeu com firmeza que não podia quebrar sua palavra. Deveria mantê-los ali até que todas as partes estivessem reunidas para chegar a um acordo. Convencido de que nem súplicas, nem bajulações, nem pressões conseguiriam demover Ibrahim, Ali, então, procurou bel Cossim. Usou um tom amigável, admitindo para o mouro que o considerava um homem confiável, que merecia sua amizade. Para demonstrar sinceridade e não abusar da hospitalidade do mulei Ibrahim por mais tempo, concordaria com a remoção dos marinheiros pela manhã para o norte, para Agadir, um porto seguro nos domínios do sultão. Ele os iria acompanhar e esperaria lá pela chegada de *sidi* Hamet.

Bel Cossim foi calculista ao jogar suas cartas. "Agora que você nos deteve aqui por tanto tempo, a mim e a meus escravos cristãos, contra as leis da justiça e da hospitalidade", disse ao sheik, "eu não tenho vontade de tirá-los daqui até que *sidi* Hamet chegue e prove que você agiu erradamente ao nos deter." Ali e Ibrahim insistiram que os homens estariam mais seguros e felizes em Agadir, onde poderiam também ser examinados por um médico. Aos poucos, bel Cossim se deixou convencer a fazer a viagem, exigindo que uma guarda dos homens de Ibrahim os acompanhasse e Ali providenciasse camelos para todos os marinheiros. Ali concordou e saiu para fazer os preparativos.

Sob a direção de bel Cossim, os marinheiros passaram a maior parte da noite se aprontando para a viagem. Mataram as últimas galinhas, cozinharam os ovos restantes e os embalaram. Ao alvorecer, cinco camelos os aguardavam, todos com selas melhores do que qualquer um dos marinheiros usara no deserto, forradas com bolsas de cevada e sacos vazios com capacidade para 360 litros feitos de tecido de tenda. Isso lhes dava um assento mais macio e algo a que se agarrar enquanto seguiam. Cada camelo estava acompanhado de seu mestre, que serviria de guia, conduzindo a pé o animal durante toda a jornada.

Quando os camelos se levantaram com seus passageiros, da forma desajeitada como costumavam fazer — primeiro as pernas traseiras, depois as dianteiras —, Riley foi atirado de cabeça do traseiro de uma enorme criatura, de mais de três metros de altura. Ele teve a sorte de aterrissar sobre os calcanhares, assustado mas ileso.

Os guias ajudaram Riley a montar de novo, firmando suas pernas enquanto o camelo se erguia e implorando a ele que se segurasse. "Alá seja louvado por virá-lo de cabeça para cima. Se o senhor tivesse caído de cabeça, essas pedras teriam esmigalhado seu cérebro, mas o camelo é um animal sagrado, e os céus protegem aqueles que o montam! Se o senhor tivesse caído de um asno, embora ele tenha menos de um metro e meio de altura, isso o teria matado, porque o asno não é uma criatura tão nobre quanto o camelo ou o cavalo."[3]

O grupo deixou Shtuka rapidamente, acompanhado agora do mulei Ibrahim, tomando o rumo nordeste através de uma ampla e fértil planície com a forma de uma longa agulha de bússola, com sua base no mar e apontando para nordeste, entre as montanhas Atlas e as Anti-Atlas. As montanhas pairavam mais de 4 mil metros acima deles. Ibrahim pusera discretamente uns duzentos homens a cavalo ao longo da rota. A escolta seguia a caravana, aparecendo apenas de vez em quando.

Além do Uádi Sous, com seu estuário em Agadir, praticamente não havia riachos ali. A terra era seca mas fértil. O grupo passou por um número cada vez maior de cidades, cujo suprimento vinha de poços profundos perfurados no fluxo subterrâneo das montanhas para o mar. Ficavam no meio de campos arados de cereais, videiras e pomares. As árvores de drupa ainda estavam verdes; as figueiras, estéreis. Riley, que sentia mais marcante a presença de civilização, se alegrava com a visão dos bosques de tamareiras, amendoeiras, pés de laranja e de romã.

Após seis horas de viagem, com os guias correndo ao lado dos camelos durante todo o tempo, eles depararam com outra cena de devastação. Cerca de um quilômetro e meio a sudeste da trilha, uma assustadora natureza-morta se agigantava na planície: sete aldeias silenciosas, com os muros destruídos e máquinas de arrombar junto deles. Uma rixa de família entre duas aldeias engolfara todas em uma ruinosa guerra, que durou apenas um mês. Bel Cossim, originário de um lugar próximo a Agadir, disse a Riley que aquelas rixas eram comuns ali. Ele conhecia muitas famílias em boa situação que haviam sido envolvidas naquele tipo de contenda. "Raramente terminam antes que uma das duas famílias seja exterminada", disse a Riley, "e seus nomes sejam apagados da face da Terra."

A despeito daquele segundo cenário de insensatez humana, Riley achou que eram animadores os sinais crescentes de comércio e agricultura. Por volta do meio-dia, as paredes brancas de Agadir — uma palavra berbere que significa "celeiro fortificado" — apareceram a uma grande distância do outro lado da planície. Embora boa parte da terra ainda fosse estéril e despida de pastagem para os rebanhos, era possível ver muitas pessoas em torno das pequenas aldeias, arando com afã os campos e semeando cevada. Passaram por um vaivém contínuo de homens de túnicas limpas e — o que era animador — desarmados. Manadas de camelos e asnos carregavam sal, peixe seco da costa e outras mercadorias para o comércio pacífico. Riley sabia que uma classe florescente de comerciantes, trabalhando em segurança, era a marca de todas as nações civilizadas durante a paz.

Ainda assim, a paisagem — um campo de batalha — personificava a instabilidade, e havia alguma coisa estranha ali. A terra arável parecia temporariamente emprestada dos duros sopés das montanhas Atlas, das montanhas com picos nevados, do mar que uma vez os havia coberto e da areia que ainda poderia soterrá-la. A vida humana era primária e frágil. Naquela tarde, quando se viraram em direção à costa, eles encontraram os insaciáveis tentáculos do Saara — depósitos maciços de areia a 35 quilômetros do mar. As paredes e cúpulas de igrejas antigas ainda resistiam à maré de "areia marinha clara e áspera", mas só porque os moradores locais de tempos em tempos afastavam os montes e vigiavam os muros. O grupo passou pelas ruínas de Rabeah, onde o mulei Ibrahim nascera. "Era um lugar próspero", disse Ibrahim a Riley, "até que as areias encobriram a parede do norte e em um ano engoliram a cidade."

Cruzaram uma faixa de dezesseis quilômetros de dunas altas e depois chegaram às íngremes margens de um vale seco de rio, que Riley identificou como "el Woa Sta", mas provavelmente fosse o Uádi Sous ou Uádi Lahouar, uma vez que o Woa Sta, ou Uádi-i-Sta, fica muito mais ao sul. Com cerca de cinqüenta metros de profundidade em alguns lugares e uns sete quilômetros de largura, a garganta destacava as montanhas recortadas a leste e ao sul, contrafortes da formidável cadeia de montanhas que se elevava no horizonte. Mesmo sem evidência científica, dispondo apenas dos sinais de que um dia a água ocupara uma grande parte das terras baixas e da grandeza do porte das montanhas, Riley sentiu que aquela havia sido, em algum momento, "uma das regiões mais belas do continente africano".

Quando a escuridão caiu sobre Agadir, o mulei Ibrahim, bel Cossim, o sheik Ali, os marinheiros do *Commerce* e o grupo de cameleiros e servos entrou silenciosamente na parte baixa da cidade, um porto de pescadores na base de uma montanha. Uma casbá, cercada de muros que conformavam um quadrado, encravada no alto de uma montanha cônica, dominava a baía. O odor forte e adocicado de bacalhau assaltou as narinas dos marinheiros, fazendo Riley se lembrar de visitas anteriores às ilhas Canárias, não longe do oeste de Agadir, onde os pescadores secavam os peixes ao sol em seus conveses. Os habitantes locais eram insensíveis àquele fedor, mas os navios com estrangeiros, incapazes de suportá-lo, ancoravam bem longe. Mesmo assim, os marinheiros elogiaram o peixe, que Riley também apreciava, considerando-o "muito carnudo e delicado".

Barcos pesqueiros e redes se espalhavam pela praia, ao longo de uma baía considerada a ancoragem mais ao sul da costa atlântica do Marrocos, abrigada dos ventos do leste e do nordeste, embora Riley logo percebesse que era demasiado aberta para ser uma boa baía de inverno, quando os ventos envolviam os navios e os empurravam para a margem. Mastros de naufrágios, em diferentes estágios de soterramento pela areia, enchiam a praia.

A própria cidade tinha uma história econômica de ascensão e queda. Os portugueses a haviam fundado três séculos antes para se apropriar de parte das riquezas das caravanas do Saara e tinham sido afastados de suas margens pelos marroquinos, que mais tarde a abandonaram, transferindo muitos de seus mercadores para o norte, para Mogador. William Lempriere, que visitou Agadir por volta de 1790, observou que aquele antigo centro europeu de habitação e de comércio internacional era então "uma cidade deserta, com poucas casas, que estão quase a todo momento ameaçando desabar" (p. 714).

Lempriere talvez tenha exagerado na decadência da cidade.

Enquanto os marinheiros ganhavam mais ânimo pelo fato de terem atingido outro marco de sua jornada, o sheik Ali e o *rais* bel Cossim planejavam seus próximos movimentos. A despeito da proteção dada pela escuridão, um grande grupo de homens, incluindo estrangeiros, dificilmente passaria despercebido, e as ruas logo pululavam de moradores curiosos, pescadores e vendedores de peixes, ansiosos para ver os escravos cristãos ou qualquer coisa que pudesse quebrar a monotonia da vida diária. Os souassa, como são conhecidos os habitantes da região do Sous, cuspiam nos marinheiros, lançavam galhos e pedras contra eles, e os amaldiçoavam em espanhol. A saudação "!Carajo a la mierda le sara, perro y bestias!" — Vocês são mais baixos do que a merda dos animais! — ficou na memória de Riley. Bel Cossim, que nascera próximo a Agadir, localizou um homem que conhecia. Aproveitando a confusão causada pela atenção que haviam despertado sem querer, bel Cossim cumprimentou o homem cordialmente à maneira árabe e falou com ele em tom furtivo.

Bel Cossim e o resto do grupo se encaminharam da praia para a parte de trás da cidade, onde armaram acampamento ao lado de uma ferraria. Alguns *souassa* prepararam peixe assado e cozido e cuscuz para os visitantes árabes e deram os restos para os marinheiros; camelos e mulas foram alimentados com cevada. Mais tarde, bel Cossim, discretamente, avisou Riley de que devia permanecer alerta e lhe disse que ficaria de olho em Ali, pois tinha certeza de que o sheik estava tramando alguma coisa contra eles, e buscaria informações com seus aliados na cidade. Apesar das preocupações de bel Cossim, Riley assegurou, com tranqüilidade, a seus ansiosos homens que agora estavam a salvo, em território do sultão, e a apenas alguns dias da libertação, e insistiu para que descansassem a fim de agüentar o esforço final. Eles deitaram no chão, se enrolaram nos cobertores que receberam e dormiram. Riley permaneceu acordado.

Logo após a meia-noite, o mouro retornou com más notícias. "Sheik Ali fez um trato com o governador", cochichou para o capitão. "Eles vão prender vocês de manhã e fazer com que paguem o resgate que Ali exige. Se não puderem pagar, o sheik terá permissão de levar vocês para a fortaleza dele no deserto. Vocês precisam se levantar agora e ir para longe da cidade. Se estiverem pelo menos a umas quatro léguas de distância [cerca de 25 quilômetros] de Agadir ao amanhecer, acredito que estarão em segurança", afirmou. "Do contrário, os homens do governador irão atacá-los e trazê-los de volta." Bel Cossim despertou os guias de camelo, que estavam perto, e os instruiu a preparar os animais.

"Os guias conhecem a estrada", disse a Riley. "É muito pedregosa. Diga a seus homens para agüentarem e se esforçarem ao máximo. Em mais três dias vocês estarão em Mogador com seu amigo, *inshallah*. Estarei com vocês assim que puder."

Os marinheiros montaram nos camelos, e os guias os levaram pela cidade, sussurrando palavras tranqüilizadoras para os animais a fim de mantê-los calmos. Quando avançava furtivamente para tomar o rumo norte, o grupo teve de passar junto às baterias mais baixas da fortaleza e do velho forte português. Para animais tão grandes, os camelos pareciam notavelmente silenciosos com suas patas acolchoadas. Em geral resmungões barulhentos, agora nem um só deles berrava ou roncava. Enquanto isso, bel Cossim se deitava em frente à porta do quarto onde o sheik dormia. Se o sheik se mexesse, ele perceberia. Antes de cair no sono, bel Cossim planejou o confronto pendente com Ali.

Os marinheiros e os guias, então pagos por bel Cossim, contornaram Pointe Arhesdis e seguiram para o norte, acima de uma praia rochosa, onde o estrondo da rebentação embaixo encobria o ruído da fuga. Na tensão do momento, o rugido das ondas levou Riley a pensar nos "medonhos naufrágios" que por certo sucederiam ao dele "e nas desventuras que os pobres navegadores levados para esta costa inóspita acabariam enfrentando". Viajaram em silêncio durante duas horas, passando por Oued Tamrhaght (o rio da Esposa, no dialeto berbere *tachelhit*), um canal que, quando flui, leva água por um vale fértil e assinala o que é hoje a fronteira setentrional do Sous. A cerca de quinze quilômetros de distância de Agadir, ouviram o barulho que temiam: o estalido de ferro sobre pedra de homens que montavam cavalos ou mulas. Apesar da vantagem de os camelos não serem ouvidos ao longe, as montanhas haviam bloqueado o som dos cavaleiros que se aproximavam até estes se encontrarem muito próximos. E não havia nem tempo nem lugar para se esconder.

De repente, surgiu um grande número de homens. Riley ficou momentaneamente confuso, depois aliviado, depois desconfiado: aqueles homens não os estavam perseguindo vindo de Agadir, mas se dirigindo a toda a pressa para lá.

Cavaleiros no meio da noite significavam assuntos urgentes. Em geral problemas de qualquer natureza, homens preparados para agir primeiro e fazer perguntas depois. Estava demasiado escuro para que um grupo conseguisse ver os rostos do outro bando. Ninguém desejava reconhecer ou ser reconhecido. A situação era tão tensa que um tropeção, um movimento súbito, um brilho de metal ao luar poderia iniciar uma batalha. Todos os homens que estavam armados levaram a mão à arma. Mas Riley, em cima do camelo alto, percebeu alguma coisa nas silhuetas que deslizavam.

Impulsivamente, gritou: "*Sidi* Hamet!".

"*Escoon*? Riley?", veio a pergunta. Quem é? Riley?

Sidi Hamet retornara.

19. O caminho para Mogador

Os dois grupos pararam de súbito. Riley seguiu o som da voz de Hamet, o encontrou, pegou sua mão e a beijou. Hamet ficou igualmente feliz ao ver o capitão. Havia passado muitas horas intranqüilas na casa tumultuada de Willshire e nas apinhadas ruas de Mogador, preocupado com Riley, seu filho e os outros marinheiros. Ao lado, o entusiasmo de *sidi* Mohammed demonstrava sua satisfação por se reunir aos homens que tinham se comprometido a salvar.

Quando Riley relatou as ações do sheik Ali e avisou sobre a presente ameaça, Hamet sacudiu a cabeça.

"Ali é um homem mau", disse. "Ele não teme Alá."

Hamet disse a Riley que os marinheiros deviam prosseguir para Mogador. Ele acertaria suas pendências com o sogro em Agadir ou na estrada. No mínimo, faria o possível para atrasar a perseguição dos homens de Ali aos marinheiros. Perderam pouco tempo conversando. Riley se encontrou com Bel Mooden, outro emissário de Willshire, um mouro de pequena estatura, vigoroso, bem vestido e de barba cinzenta, que falava espanhol fluente-

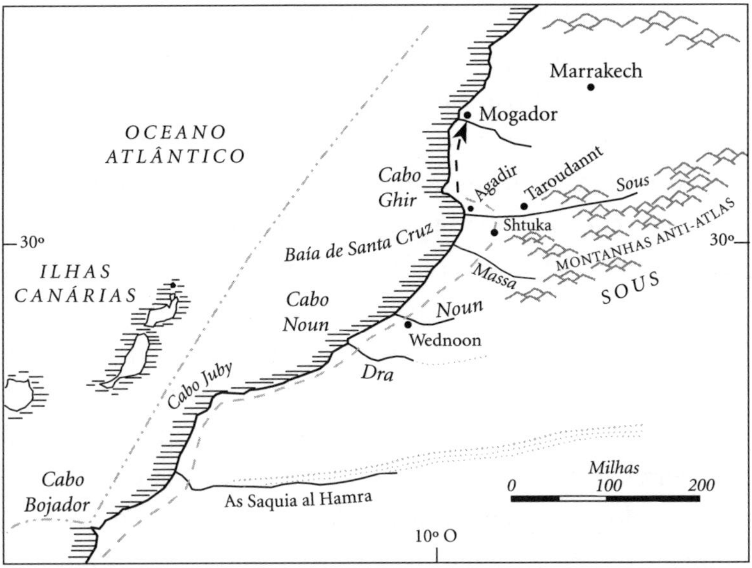

mente e ouviu com atenção quando Riley lhe passou as boas-novas de bel Cossim. Sem hesitar, Bel Mooden tomou posse dos marinheiros e, por sua vez, apresentou o dinheiro do resgate, que Willshire havia confiado a ele para ser entregue a *sidi* Hamet.

Os guias dos camelos, inseguros sobre a quem deviam lealdade, ficaram alertas durante todo o encontro no meio da noite — mesmo em grupos pequenos como aquele, as alianças podiam mudar no curso dos acontecimentos. Sob estritas ordens prévias de bel Cossim, os cameleiros pressionaram o grupo a continuar a viagem. Quando se separaram uma vez mais, Hamet prometeu a Riley que o veria de novo. Bel Mooden se recusou a voltar para Mogador enquanto seu colega bel Cossim estivesse nas garras do sheik Ali e seguiu com Hamet.

Os marinheiros continuaram a viagem rumo norte com os guias de camelos e três guias de mulas e as mulas trazidas por Bel Mooden para ajudar a levá-los de volta. Uma vez mais, os marinheiros se encontravam na incômoda posição de serem mantidos sob os cuidados de pessoas que não falavam sua língua, sem ninguém para interpretar seus problemas sem uma complicada conversação, ninguém para confortá-los ou os encorajar. Como suas esperanças haviam sido alimentadas e derrubadas mais de uma vez, os marinheiros mantinham a cautela quanto à situação em que se encontravam agora. Sem o *rais* bel Cossim ou *sidi* Hamet, quem os defenderia se fossem confrontados por mouros ou árabes armados?

Três dos marinheiros montaram as mulas, cujo trote desconjuntado preferiam aos sacolejos dos camelos. Cobertas de mantas cheias de palha, com volumosas bolsas feitas de folhas de palmeira jogadas sobre o lombo, as mulas ofereciam um assento mais amplo para quem cavalgava de lado. Mas o passo calmo dos animais embalava os marinheiros exaustos para um sono a que não podiam ceder. Quando Burns adormeceu, caiu da mula, bateu com a cabeça no caminho rochoso e ficou inconsciente. Era a segunda vez em poucos dias que perdia a consciência, e, apesar de grande esforço, Riley não conseguiu fazê-lo voltar a si completamente dessa vez. Os guias das mulas perderam a paciência. Burns, semiconsciente, foi alçado a uma mula, e um guia montou atrás dele para segurá-lo. Continuaram a viajar dentro da noite o mais rápido que podiam.

Agadir marca a extremidade sul de uma faixa costeira onde o maciço do Alto Atlas se encontra com o mar. O destino deles, Mogador, delimita o extremo norte. A meio caminho se estende um estreito pontiagudo, mais inóspito do que qualquer coisa que viram desde que haviam deixado o deserto: ravinas, leitos de rios repletos de calhaus, encostas pedregosas, penhascos. James Grey Jackson disse que a viagem de Agadir a Mogador levava três dias. Lempriere comentou ironicamente que, embora uma viagem de 123 quilômetros em geral não demorasse três dias, o caminho não chegava "ao nível das planas rodovias expressas da Inglaterra" (p. 413).

Na névoa noturna úmida que se levantava do mar, os Commerces e seus guias viajavam meio entorpecidos em direção ao cabo Ghir, apenas dezoito milhas mar a noroeste de Agadir, mas duas vezes essa distância pela tortuosa rota terrestre. O caminho que faziam ao longo da costa às vezes os levava à praia. Quando uma faixa de areia terminava, eles subiam encostas quase a prumo, no que Riley descreveu como "estradas que faziam uma espécie de ziguezague em espiral, que, em muitos lugares, pareciam ter sido intencionalmente talhadas na rocha". O trajeto descia para vales profundos, por amplas escadas naturais de rocha, cobertas de cascalho solto que exigia toda a atenção do animal e do cavaleiro. Penhascos rochosos os confinavam à costa.[1]

Subindo lentamente, descendo lentamente, os marinheiros se agarravam às mulas, gratos por não mais sofrerem os trancos dos camelos, mas agora derrotados por sua própria e profunda sonolência. Quando suas cabeças oscilantes faziam um movimento mais forte a ponto de os acordar, e seus braços e pernas se moviam por reflexo para ajudá-los a retomar o equilíbrio, eles temiam cair ao chão, como o pobre Burns, ou, pior, despencar no mar.

Embaixo se descortinava um panorama impressionante. Os marinheiros viam as montanhas ao pé das montanhas Atlas de um lado e o mar do outro. Erguendo-se no continente, o pico de Jebel Tazenakht, a 1500 metros de altura, quase 26 quilômetros a leste do cabo Ghir, marcava a extremidade ocidental da cadeia de montanhas Atlas. Eles estavam diante de outro marco de sua jornada.

Ao amanhecer, o sheik Ali quase tropeçou no *rais* bel Cossim, adormecido na soleira de sua porta. Sem saber que havia sido enganado, Ali sugeriu que fossem saudar o governador. Bel

Cossim insistiu, maliciosamente, que primeiro diria a Riley para lhes fazer um café. Ali concordou.

Quando entraram no aposento em que os marinheiros haviam dormido e constataram o desaparecimento deles, bel Cossim fingiu enorme surpresa. Teve um acesso de fúria e acusou Ali de lhe ter roubado os escravos durante a noite. "Farei com que você seja preso e levado perante o governador", gritou, "e você será condenado pelas leis do Islã."

Despertado pelos gritos, o mulei Ibrahim, que sabia da burla de bel Cossim e até, na verdade, vigiara o sono de Ali na noite anterior, enquanto bel Cossim despachava os marinheiros, entrou de repente no aposento e ajudou bel Cossim a repreender Ali. "Não posso mais ter amizade com um homem que é capaz de cometer tal ato", disse. "Essa foi uma das piores violações da fé que já desgraçaram um homem de grande caráter, como se esperava que você fosse!"

Essas táticas puseram Ali, para variar, na defensiva. Ele admitiu que, na noite anterior, havia discutido a detenção do grupo até que a questão fosse acertada, mas assegurou que não tivera participação no sumiço dos escravos. Implorou para que não fosse denunciado ao governador, insistindo em que bel Cossim devia deixar um pequeno presente para o governador e partir de imediato para o norte — para onde os escravos certamente haviam escapado.

"Estou em seu poder e irei sozinho, sem criados, com você e com meu amigo, o mulei Ibrahim, para provar que sou inocente", admitiu Ali, "e que tenho a mais alta confiança em sua amizade."

Tomaram juntos a direção norte, com bel Cossim e Ibrahim confiando que a vantagem de sete horas dos marinheiros fosse suficiente para colocá-los a salvo da perseguição. Não muito tempo depois de chegarem a um planalto ao norte de Agadir, encontraram o grupo de *sidi* Hamet, que viajava para o sul. Sheik Ali recorreu a uma justa indignação, acusando Hamet de renegar débitos legítimos. Hamet e Seid lhe deviam quatrocentos dólares, declarou Ali, que estavam obrigados a lhe pagar após seu retorno do deserto. Em vez disso, haviam passado durante três dias por seu território, sem informá-lo de sua volta, "sem nem sequer me chamar para comer pão", queixou-se amargamente. Isso era desrespeitoso e desonroso. Ele era o guardião deles e os teria feito acompanhar em segurança por uma guarda pelos domínios de *sidi* Hashem. "Mas você queria me trapacear e ficar com meu dinheiro, como fez com minha filha", acusou o sheik, dirigindo-se a Hamet.

Hamet não mordeu a isca. Ele sabia que não poderia vencer uma disputa de gritos com aquele homem mais velho e poderoso. Respondeu calmo, mas com firmeza, à repreensão: "É melhor acertarmos nossas diferenças do que brigar. Pelos bens que você nos entregou em consignação para vender no deserto, Seid e eu lhe devemos exatamente 360 dólares, embora, de fato, a mercadoria não valesse nem a metade disso. Para acertar essa questão, no entanto, concordamos em pagar tal valor, mas sem juros".

Depois de alguma discussão, Ali aceitou os termos. Hamet contou o número necessário de moedas de prata do dinheiro do resgate que Willshire havia mandado e as entregou a Ali, que concordou que o assunto estava resolvido. O *rais* bel Cossim ofereceu um presente ao *mulei* Ibrahim por sua hospitalidade e justiça. Os dois juraram amizade por toda a vida e rezaram juntos. Ibrahim, cuja traição secreta a Ali não havia sido percebida pelo sheik, retornou para o sul em sua companhia. Ibrahim podia dormir em paz, sabendo que havia feito a coisa certa, evitando um conflito em grande escala e não causando nenhum dano material ao sheik. O resto do grupo seguiu rumo ao norte de novo.

Por volta das dez horas, Hamet, Seid, bel Cossim e Bel Mooden alcançaram os marinheiros. Riley perguntou a bel Cossim o que havia acontecido com o sheik e o *mulei* Ibrahim. "Eles partiram para suas casas", ele respondeu. O grupo parou quase ao nível do mar ao lado de um poço que lhes deu água de boa qualidade, e, durante uma refeição de bolachas e manteiga, bel Cossim contou a Riley sobre o encontro que havia liquidado as pendências entre Hamet e Ali.

Contando os recém-chegados e os guias de camelos e de mulas, os marinheiros estavam agora nas mãos de um grupo forte e bem armado de homens. Tornaram a seguir um caminho ao longo da praia, onde havia bastante areia firme e, quando a praia terminou, galgaram os penhascos em estreitas sendas em ziguezague. Para chegar ao cabo Ghir, podiam enfrentar uma extensa trilha pelo interior, que contornava picos intransponíveis, o que talvez os levasse a trechos hostis, ou uma rota direta junto a paredes desprotegidas de penhascos. Escolheram a última opção, sobre uma estreita prateleira rochosa, cheia de degraus, acima do mar.

O Salto do Judeu era um caminho tão estreito que, uma vez que se começasse a seguir por ele com animais, não havia como voltar. Com menos de oitocentos metros de comprimento, ganhara seu nome por causa da catástrofe que encerrara um encontro fortuito entre seis judeus que seguiam para o norte, vindos de Agadir, e um grupo de mouros que rumava para o sul. Era costume dos viajantes que iam em ambas as direções se certificar de que o caminho estava livre, verificando do alto de marcos de pedra, construídos com esse propósito em cada uma das extremidades, gritando bem alto e aguardando resposta. Mas já havia escurecido, e ambos os grupos, com pressa e presumindo que ninguém estaria cruzando aquele curso numa hora daquelas, não tomaram as precauções habituais.

Os dois grupos de homens, todos montados em mulas e outros animais, se encontraram na parte mais estreita, à altura da metade do caminho, onde seria impossível passarem uns pelos outros ou retroceder. Os mouros se enfureceram e ameaçaram atravessar por cima dos judeus. Os judeus, embora necessitassem ser submissos em Marrocos, não sacrificariam seus animais sem luta. O líder dos judeus passou com cuidado por cima da cabeça de sua mula, portando um grande porrete e pronto para o combate. O primeiro mouro fez o mesmo, mas com uma cimitarra, forçando o judeu a recuar e jogando sua mula para fora da trilha. O porrete do judeu foi logo reduzido a um pequeno toco. Diante da ameaça de ser retalhado pela cimitarra ou empurrado para fora da passagem, agarrou o braço do mouro, segurou-o firme e saltou pelo declive.

Outro mouro e mais dois judeus foram atrás, junto com oito mulas, antes que o resto conseguisse fugir a pé. Ao final, os parentes dos mouros mortos caçaram e assassinaram os judeus sobreviventes, completando a tragédia.

Havia um ponto em que a passagem se estreitava a apenas sessenta centímetros. Qualquer escorregão de uma mula ou de um camelo significaria um mergulho de 33 metros no mar. "É suficiente, na verdade, para causar vertigem", observou Riley, "mesmo em um marinheiro."

Eles continuaram na direção do cabo Ghir por um caminho tão erodido por baixo pelo mar que grandes pedaços da costa jaziam na espumante arrebentação sob eles. Riley tinha a certeza de que o lugar onde estava naquele momento logo cairia também. Para o interior se estendia "uma planície inclinada [...] coberta de seixos e outras pedras redondas e lisas que mostravam fortes indícios de terem sido atiradas de um lado para outro pela arrebentação em uma praia". Isso era coroado por "penhascos de rochas dentadas e quebradas" — enfim, um promontório de quatrocentos metros, em torno do qual, segundo relatos freqüentes de marinheiros, sopravam ventos traiçoeiros, que mudavam de direção.

Ao norte do cabo, o grupo parou em um leito de rio que Riley identificou como "el wod Tensha" e que agora é chamado de Oued Tamri. Durante a estação chuvosa, o rio não podia ser cruzado a vau por uma extensão de 32 quilômetros em direção ao interior, mas naquela época o leito estava reduzido a uma poça estagnada. O grupo comeu mais bolachas e manteiga. Bel Mooden compartilhou figos secos, tâmaras e nozes. Em seguida cruzaram a maciça barragem de areia para a margem norte do Tamri.

Seguiram rápido em direção às terras altas a leste. Desde que haviam deixado Agadir, não viram mais habitações, apenas santuários, e agora começavam a novamente avistar casbás no cimo de montanhas. Durante duas horas galgaram uma encosta, chegando ao topo quando a noite caía, e desceram por uma antiga senda na pedra calcária, que, em alguns trechos, tinha cerca de cinco metros de profundidade e era larga o bastante para apenas um animal passar de cada vez. No ponto mais estreito, tiveram de tirar os alforjes das mulas. Depois de descer durante três horas, chegaram a uma planície onde prosseguiram até a meia-noite. Acamparam sobre o telhado plano de uma grande cisterna de pedra que ficava do lado de fora de uma aldeia murada. Cães latiram, acordando os habitantes, e muitos deles apareceram, saudando os estranhos com o tradicional "Salem alikoom, labez", como se estivessem em pleno dia e os visitantes fossem esperados. Deram cuscuz aos muçulmanos, enquanto os marinheiros comiam tâmaras e figos.

Depois de viajar direto durante 24 horas e sem dormir havia cerca de 36 horas, os marinheiros estavam quase delirantes. "A noite estava fria e úmida", recordou Riley, "e isso, junto com meu cansaço, me tornava impossível dormir." Três horas depois de se acomodarem, o sol se levantou, e eles retomaram a viagem.

Mesmo estando nos domínios do sultão, eles não eram tidos como ocidentais quaisquer. Uma vez relegados à posição de escravos, os cristãos estavam à mercê do sultão, que poderia retê-los indefinidamente se quisesse, esperando presentes de emissários do governo por sua "hospitalidade". Àquela altura, entretanto, a corrida para a liberdade se fazia cada vez mais contra o colapso físico e mental. Os homens estavam tão fracos e acabados que mal podiam se suster sobre as mulas. Depois do nascer do sol, perceberam que haviam alcançado uma terra mais rica, embora, como o resto da região, tivesse sofrido com a seca recente. Passaram por áreas cercadas de grades, aldeias e campos delimitados por largos muros de pedra cimentados com cal. Os campos arados esperavam por chuva e semente de cevada. Bois, cavalos, jumentos e camelos se alimentavam de arbustos, por falta de grama, e as cabras comiam o amargo recheio das nozes de drupas.

Recomeçavam então a subir. No alto de uma montanha, um dos mouros apontou para os marinheiros o caminho que seguiriam. Passava por duas montanhas, e a mais distante estava a 32 quilômetros. Subiram ao cume da mais próxima das duas, onde tiveram uma ampla visão da impressionante cadeia de picos do Alto Atlas cortando as nuvens na direção nordeste. A montanha em que estavam marcava a fronteira com a região conhecida como Haha. Quando desceram para o primeiro vale de Haha, passaram por camelos e mulas carregados de sal e outras mercadorias. Os homens que iam com os animais usavam cafetãs sob seus *haiks*, turbantes e adagas ou cimitarras em bainhas, presas a cordões de lã vermelha pendurados em seus ombros.

Ali, novamente, cidades com muros cimentados com cal e casbás em locais elevados — todas concebidas para guardar o gado à noite — ocupavam as colinas. Como em todo lugar, os campos em geral férteis dos vales tinham sido devastados pela seca e pelos gafanhotos. Ninguém vendia cevada aos viajantes para alimentar os animais. Quando passavam, os ruidosos gafanhotos abriam caminho diante deles como um mar que se partisse em dois.

Os homens subiram ziguezagueando outra encosta ao lado de um barulhento córrego que irrigava campos em curva de nível, cultivados por homens e garotos, e depois desaparecia na areia antes de atingir o vale mais abaixo. Em um platô perto do cume, descobriram picos formados por um tipo de material diferente: sal. De pé, diante de uma superfície emendada de recipientes chatos e rasos de barro vermelho, dúzias de trabalhadores varriam e juntavam em grandes montes cristais tingidos de vermelho. "Ver sal marinho naquela quantidade no alto de uma montanha, que eu imaginava estar no mínimo a quinhentos metros acima do nível do oceano", comentou Riley, "mexia com minha imaginação e curiosidade." Aquela era a maior salina em atividade em todo o Marrocos.[2] Uma fonte de água salgada enchia as vasilhas, que brilhavam como espelho, até o calor do sol fazer com que toda a água evaporasse, restando apenas o sal. Centenas de pilhas esperavam para ser colocadas sobre o lombo de quatrocentos jumentos, mulas e camelos.

O grupo parou perto do local, e bel Cossim pagou aos guias de camelos, que haviam estendido sua escolta àquele ponto tão longínquo a fim de carregar seus animais com sal e voltar para vendê-lo no sul. Enquanto isso, os curiosos mineradores pararam de trabalhar para examinar os cristãos. Ofereceram nabos crus, que os marinheiros aceitaram contentes. Riley achou que o sabor dos nabos "foi o mais doce que já experimentei e muito refrescante".

Após se separar dos cameleiros, o resto do grupo desceu o lado norte da montanha, menos íngreme, para uma planície de bosques de drupas. Pouco depois de escurecer chegaram a uma aldeia murada e entraram em um grande abrigo para rebanhos que ficava do lado leste. O som dos homens da aldeia entoando suas preces noturnas em uma mesquita na face norte da aldeia enchia a planície enquanto os viajantes se instalavam diante de uma das paredes de pedra do abrigo para se protegerem do vento da noite. Mais cansados que famintos, mastigaram as bolachas duras e beberam água. Segundo Riley, também "agradeceram a Deus por sua bondade", deitaram e dormiram.

Acordaram de repente, várias horas depois, sufocados pela poeira. Suas mentes vacilantes tentavam compreender os zurros, berros e roncos em *staccato* que os circundavam. O piso duro tremia enquanto trinta árabes conduziam dúzias de camelos, mulas e jumentos para dentro do abrigo, sem se darem conta dos que haviam chegado ali antes. Irritados da viagem, os camelos rosnavam ao cair sob suas pesadas cargas, fazendo movimentos bruscos para a frente e para trás. Depois que os árabes descarregaram os animais e se deitaram embrulhados em seus *haiks* para dormir, bel Cossim e Hamet silenciosamente fizeram seu grupo se levantar, e continuaram a viajar.

À medida que o sol se levantava, avistaram algumas habitações berberes. Riley implorou a bel Cossim que lhes comprasse leite para aliviar seus estômagos e lhes dar energia para continuar a jornada, mas os berberes, a quem a seca deixara muito pouco e que não queriam nada com um bando que viajava à noite, se recusaram a vender o leite. "Mantenha o ânimo, capitão", disse bel Cossim a Riley, vendo que ele parecia desesperado. "Mais algumas poucas horas e vocês estarão em Mogador, se Alá, o Todo-Poderoso, continuar a dar sua proteção."

"Eu estava tão exausto e debilitado", lembrou Riley, "que não conseguia suportar nem as notícias boas com algum grau de firmeza, e minha agitação era tão grande que foi com a maior dificuldade que me mantive sobre a mula durante os momentos seguintes." *Sidi* Hamet se adiantara a eles, e por isso Riley sabia que estavam chegando perto. Mas, após esperar oito semanas por um momento pelo qual, muito recentemente, havia perdido as esperanças, Riley não assimilava o fato de que chegariam à cidade em poucas horas. Cada passo que davam parecia ser o último.

Por volta das oito da manhã se aproximaram de outro conjunto de grandes dunas. Enquanto as mulas estoicamente labutavam para subir a encosta de uma daquelas elevações, o mar apareceu à vista. Finalmente lá estavam, diante deles, os grandes muros de pedra e as torres de Mogador, na rasa península de Mogador. Perto da cidade singrava um brigue com uma vistosa bandeira inglesa. Dez meses antes, a visão das cores inglesas teria eriçado a fúria dos norte-americanos. Agora, trazia lágrimas de alegria.

Riley olhou para Horace com afeto paternal. O sorriso largo do garoto fez desaparecer as linhas escuras de seu rosto como ondulações que se dissipam na superfície da água de uma piscina. Ele havia passado por tanta coisa nos últimos meses e suportado tão bem tudo aquilo. Alguns caem aos tropeções dentro da idade adulta, outros lutam contra ela, mas poucos a conquistam como Horace o fizera. De fato, era um homem agora. Riley estava orgulhoso de ser seu pai adotivo.

Burns e Clark levantaram a cabeça por um momento, mas seus rostos lassos logo reassumiram a expressão sombria e devastada que tinham então e que não iria se desfazer senão com a passagem do tempo. Os olhos de Savage brilharam. Sua mente estivera tão turbulenta que ainda havia luta dentro dele. Riley olhou para ele com tristeza, mas não guardaria rancores.

Impacientes com o passo torturantemente vagaroso, Bel Mooden e *sidi* Mohammed começaram a correr para a cidade, deixando os marinheiros com bel Cossim. "Há uma embarcação para levar vocês para seu país e para sua família", anunciou o mouro, subitamente falante. "*Inshallah*, você logo verá o nobre Willshire, que aliviará você de todas as suas misérias." Bel Cossim rezou alto em árabe e depois, em espanhol, declarou seus próprios votos: "Que pela graça do Todo-Poderoso Alá, a vida de minha mulher e de meus filhos tenha sido preservada!".

A pouco mais de três quilômetros a sudeste de Mogador, eles pararam ao lado de um palácio imperial, um enclave quadrado cercado de muros com torres de dez metros, cobertas de telhas verdes em cada canto do quadrado. Perto dali, um riacho corria para a baía, do outro lado da qual se erguiam paredes e minaretes de Mogador. As mulas pastavam enquanto os homens descansavam e olhavam passar na água numerosos barquinhos de pesca naquela cidade impressionante — uma visão que, declarou Riley, "infundiu em meu espírito uma espécie de sublime delícia e serenidade celestial que é indescritível e que eu nunca sentira antes".

Então, subitamente, para espanto deles, a bandeira norte-americana se ergueu na cidade.

"Diante dessa visão abençoada e arrebatadora, o pouco sangue que me restava nas veias jorrou em meu coração ardente com ímpeto selvagem", exclamou Riley, "e pareceu trazer uma torrente de vida nova a todos as partes de meu corpo."

William Willshire se aproximou a cavalo. Bel Cossim foi até ele e o preparou para o que iria ver. Ao contornarem a pé a esquina, Riley ouviu bel Cossim dizer apenas: "Allá están" — Eles estão lá.

Willshire já vira cativos ingleses que acabavam de sair do deserto, mas ficou abalado com o que tinha diante dos olhos: cinco homens tão andrajosos e debilitados que, por um breve momento, foi tomado pela repugnância. Então, avançou na direção deles para saudá-los.

Foi a vez de Riley ficar espantado. Aquele homem jovem, que ainda não completara 25 anos, vestido com um casaco de montaria imaculadamente limpo e com abas traseiras, a preocupação

"O primeiro encontro de [Riley] e seus homens com o sr. Willshire, com uma vista distante de Mogador" (*de* An Authentic Narrative of the Loss of the American Brig *Commerce, 1817*)

gravada em suas finas feições, era o mesmo jovem alto e arrumado que Riley vira em seu sonho no deserto — o sonho que lhe dera coragem e o levara até aquele ponto.

Sem dar importância a seus trajes formais, Willshire, de carne e osso, abraçou o fedorento e barbudo capitão, meio coberto por um *haik* imundo pendurado em um dos ombros. "Receba meu abraço, meu querido senhor", ele disse. "Este é verdadeiramente um momento muito feliz para mim." Lágrimas escorreram pelo rosto de Willshire quando tomou a mão outrora possante do homem do mar. Sem querer, fez uma expressão de surpresa quando os frágeis ossos do velho se movimentaram sob o seu aperto de mão.

"Venham, meus amigos", disse por fim Willshire, "vamos para a cidade."

Epílogo

Volta ao lar

Assim que Riley e os marinheiros entraram na cidade, atraindo uma grande multidão, o paxá de Mogador os chamou a sua presença. Após examiná-los, declarou-os livres, decisão sujeita à aprovação do sultão. Na casa de Willshire, barbeiros tosaram cabelos e barbas cheios de piolhos dos marinheiros. Criados lavaram cuidadosamente a pele devastada e os untaram com óleo.

A data era 7 de novembro, embora eles por certo não soubessem disso quando entraram em Mogador. Pela primeira vez em mais de dois meses, os marinheiros sentiram o contato de roupas limpas sobre o corpo. Comeram *kebabs* de carne temperados, pão de trigo com manteiga e romãs, uma refeição inesquecível, encurtada — pobres coitados! — pela ânsia de vômito que sentiram. Um médico judeu russo administrou um "purgante" para seus estômagos doloridos. Riley atribuiu aos cuidados desse médico a recuperação da saúde dos homens nas semanas seguines.

Em sua primeira noite de liberdade, Riley sucumbiu à fraqueza. Ficou delirante, com sintomas do que hoje conhecemos como estresse pós-traumático. Essa não era uma reação incomum em marinheiros recém-libertados do deserto, que tendiam a ser "abjetos, servis e embrutecidos", de acordo com o vice-cônsul britânico Joseph Dupuis. "Se ficassem tempo considerável em escravidão", detalhou Dupuis, "pareciam ter perdido a razão e os sentimentos; os espíritos destroçados, as faculdades mergulhadas em uma espécie de torpor que não sou capaz de descrever de modo adequado" (Adams, p. 130).

Em relação a seu súbito colapso, Riley foi, como sempre, franco: "Minha mente, até então forte (embora meu corpo se reduzisse a um esqueleto) e que me sustivera em todas as dificuldades, perigos e sofrimentos, permitindo que eu estimulasse e mantivesse o ânimo tantas vezes abalado de meus companheiros de padecimento, não mais me amparava", disse. "A mudança súbita de minha situação pareceu afrouxar as próprias amarras de meu espírito, e meu raciocínio entrou em completa confusão." Riley se encolhia no canto do quarto que compartilhava com Savage e chorava com freqüência, tremendo quando alguém se aproximava, convencido de que estava para ser levado de volta para o deserto. O próprio Willshire cuidava dele, levando-o para passear pelos corredores da casa durante os períodos de maior lucidez de Riley.

Enquanto os homens aos poucos recuperavam o equilíbrio, Willshire insistiu para que fossem pesados. Riley, que costumava ter 108 quilos, agora estava com menos de 41. Clark e Burns, os mais doentes de todos, tinham caído a níveis "inferiores ao que ouso mencionar", relatou Riley, "porque sei que ninguém acreditaria que o corpo de homens que conservavam a centelha da vida não pesasse mais de dezoito quilos".[1]

Willshire mandava buscar em lugares afastados, como a cidade de Marrocos, a 160 quilômetros, alimentos mais fortes para suplementar as rações, às vezes magras, disponíveis em Mogador. O capitão Wallace, do brigue inglês *Pilot*, chegou a levar, para os norte-americanos, carne de porco, ervilha e batata, argumentando que os marinheiros precisavam da comida de navio para recuperar a saúde.

Então Riley recebeu uma carta de Horace Sprague. O mercador de Gibraltar lhe dizia que havia escrito para Willshire, garantindo que "sua ordem de pagamento contra mim, de 1200 dólares, ou mais, será pontualmente paga pela obtenção de sua liberdade e dos que estão com você". Sprague falava a Riley nessa carta, datada de 13 de novembro, que esperava em breve ter "a felicidade de novamente levar você pela mão sob o meu teto". Na pressa de cumprir os compromissos que Riley assumira com os árabes, Sprague enviara dois mosquetes de cano duplo — incluindo um de sua propriedade, uma arma de fino artesanato — para Willshire. Assim, a arriscada promessa de Riley para Hamet e Seid, que permaneceram como hóspedes na casa de Willshire durante duas semanas, foi afinal cumprida.

Uma vez de posse das cobiçadas armas, os irmãos se prepararam para ir embora. Hamet estava ansioso para voltar para sua família, mas prometeu que, depois, sairia com um grupo grande para encontrar o resto da tripulação do *Commerce*. Na manhã seguinte, os norte-americanos viram os irmãos partirem. Embora Riley nunca tivesse compreendido inteiramente a maneira de ser de Hamet, o árabe havia conquistado não apenas o respeito, mas a admiração do capitão. É verdade que lucrara com um sistema corrupto que envolvia o resgate de seres humanos, mas, segundo seus próprios padrões e os padrões que os ocidentais naquele lugar não tinham escolha senão aceitar, Hamet não havia feito nada imoral. No fim, salvara os marinheiros da escravidão; era um homem confiável e bom. Grato por ter sido resgatado, Riley não lamentou a barganha que fizera, apenas as circunstâncias que a tornaram necessária. Agora que estava de novo vestido como um ocidental e entre amigos poderosos, não desprezaria Hamet, um homem que enxergara além das diferenças entre os dois e confiara nele, em um lugar em que a confiança entre estranhos era uma coisa rara.

Quando os irmãos partiram, Riley deu a Hamet um pequeno presente — de acordo com seus escassos meios, que não mencionou — e Willshire ofereceu ao árabe pólvora de boa qualidade e outras lembranças por sua gratidão. Riley observou, confiante, que Hamet jurou, de novo, "por sua mão direita, que traria o resto de minha tripulação, se estivessem vivos e Alá poupasse sua vida".

Em uma escuna genovesa sob a bandeira britânica, Savage, Burns, Clark e Horace embarcaram para Gibraltar em 4 de janeiro de 1816. Riley ficou. Ele prometera a Archie Robbins fazer tudo o que pudesse para enviar ajuda e cumpriria sua palavra. Após uma emocionada despedida de Willshire — que tempos depois diria a seu colega James Renshaw: "Sempre lembrarei com prazer o dia em que conheci o senhor Riley" —, o capitão cruzou o Marrocos em uma mula para encontrar James Simpson, cônsul-geral em Tânger, a fim de garantir que fosse acertado o resgate do resto de sua tripulação.

Clark e Burns voltaram de Gibraltar para os Estados Unidos a bordo do *Rolla*, um navio de Massachusetts. No fim de janeiro, o próprio Riley foi para Gibraltar, onde Horace Sprague o recebeu com "demonstrações de sincera alegria". Riley, Savage e Horace viajaram a bordo do *Rapid*, navio de Nova York, chegando à cidade de Nova York em 19 de março, após uma jornada de 44 dias.

Depois de se reunir com Phoebe e seus filhos em Middletown, Riley não pôde descansar muito. "Nosso encontro foi um daqueles momentos que as palavras não podem descrever", anotou. "Passei apenas uma semana com eles, nossos corações batendo juntos." Foi a Washington para pleitear suas causas urgentes: encontrar seus companheiros e ressarcir Sprague. Foi recebido por muitos parlamentares e apresentado ao secretário de Estado,

James Monroe, que, segundo Riley, o acolheu "da forma mais cortês e sensível". A administração concordou em pagar 1825,45 dólares para cobrir o resgate e as despesas e assegurou a Riley que os recursos necessários para libertar o resto da tripulação estariam disponíveis. Mas Willshire escreveu para Riley em 10 de março para dizer que não tinha notícias de *sidi* Hamet nem recebera "a menor informação" a respeito dos demais membros da tripulação.

Assim como Robbins, William Porter fora levado da costa para o sul, onde continuou a ter problemas de visão. Conduzido de novo para o norte, ficou completamente cego, e seu amo tinha de carregá-lo em uma cesta sobre um camelo. Quando uma chuva de fevereiro revigorou os camelos, seu amo o instruiu a banhar os olhos, várias vezes ao dia, com leite de camela e água. Porter acreditava que esse tratamento restaurara sua visão.

Por volta do início de março, oito comerciantes com o mesmo número de camelos carregados entraram no acampamento da tribo de seu amo e negociaram com ele durante quatro dias. No fim daquele período, Porter descobriu que os mercadores o haviam comprado. O chefe, um homem chamado Hamet, informou ao marinheiro que eles o levariam para Mogador, aonde seu capitão chegara em segurança. Hamet alimentou Porter com figos secos, tâmaras e bolachas.

Após viajar para o norte durante um mês, o grupo de mercadores deixou o deserto. Três dias depois, um bando de cinqüenta homens a pé apareceu de repente diante deles e os forçou a parar. Os homens não tinham armas de fogo nem sabres. Cada um carregava uma bolsa de couro do lado esquerdo, pendurada no ombro direito, com uma alça de couro que cruzava o peito. A bolsa estava cheia de pedras. Os homens exigiram que os mercadores lhes dessem o escravo branco. Hamet recusou. Os ladrões, muito mais numerosos, não recuaram. Os comerciantes dispararam uma salva de tiros, derrubando vários inimigos, mas o resto imediatamente começou a atacá-los com pedras do tamanho de punhos, atiradas com incrível força. Quando a furiosa batalha terminou, Hamet e seus sete homens estavam mortos. Os atiradores de pedras despojaram os cadáveres de suas roupas e armas e fugiram para o sul, para uma cidade murada, com os camelos, as mercadorias e Porter. Cerca de um mês após o ataque, Porter foi levado para Wednoon e vendido a Abdullah Hamet, um mercador rico que o tratou bem.

Em março de 1816, para grande surpresa e alegria de Porter, ele se reuniu a Robbins, que chegara de repente a Wednoon. Tendo quase morrido de fome, Robbins fora tratado por Meaarah com a faca em brasa e alimentado com carne. Meaarah o vendera, em seguida, por cinco camelos e dois cobertores para Hamet Webber, um comerciante árabe *oulad el kabla*, que, segundo Robbins, eram um ramo dos *oulad bou sbaa*, mas "mais aguerridos como tribo e menos cruéis como indivíduos do que quaisquer árabes que já conheci". A vida com Hamet Webber era boa. Robbins se recuperou enquanto vaguearam por uma grande distância na direção nordeste e depois sudeste. Três dias após ter saído de Wednoon, Weber vendeu Robbins para Abdallah bel Cossim, não o bel Cossim que resgatou Riley, mas o mesmo homem que antes tivera a posse de Robert Adams, do *Charles*, e o maltratara. Robbins foi posto para colher cevada, tabaco e outras safras e construir um muro de barro em torno de um campo.[2]

Em abril, Willshire recebeu um pedaço de papel de Wednoon, com a assinatura de Porter garatujada nele. Em um segundo bilhete, o quase analfabeto marinheiro conseguiu informar que Robbins também estava em Wednoon . Seis meses depois, Willshire resgatou Porter por 163 dólares e relatou a Riley em uma carta que havia negociado o resgate de Robbins. Porter chegou a Boston em dezembro e se encontrou logo depois com Riley em Nova York.

Riley, que incluiu uma atualização sobre Porter na segunda edição de suas memórias, ouviu atentamente o marinheiro lhe contar sua viagem para Mogador. Riley ficou muito interessado no homem chamado Hamet que fora morto quando transportava Porter para o norte. Quando Porter disse que os árabes tinham bolachas (uma comida ocidental que só poderia ter vindo de Mogador) e que cada um carregava uma arma de cano duplo, Riley teve a certeza de que aquele Hamet era *sidi* Hamet, que estava "sob o mais solene juramento de se empenhar ao máximo para obter a redenção do resto da tripulação". Riley não tinha dúvida de que *sidi* Hamet morrera tentando cumprir sua palavra. Chorou a perda, não apenas porque considerava *sidi* Hamet um bom homem, mas também porque sabia que a maior oportunidade de resgate da tripulação morrera com seu amigo.

Enquanto isso, Robbins, como Robert Adams antes dele, sofria sob o jugo de Hameda, o cruel filho de bel Cossim, e era maltratado também pelo pai, que um dia jogou uma pesada pedra nele, atingindo-o do lado, o que causou dores que perduraram por dois meses. Robbins começou a perder a esperança. Os muçulmanos de Wednoon, relatou, "sempre insistiram para que eu abraçasse a fé de um bom muçulmano — me livrasse da escravidão —, tomasse como esposa uma ismaelita e me tornasse um homem importante. Não posso garantir se aquele sofrimento, cada vez maior, não teria me levado a isso". Por fim, foi comprado pelo emissário de um rico berbere chamado El'ajjah Mahomet e levado para sua casa, cerca de 210 quilômetros ao norte de Wednoon. De lá escreveu para Willshire e acabou sendo levado para Mogador. Em março de 1817, Robbins lá chegou, como descreve, "tendo por único vestuário uma velha camisa comprida de

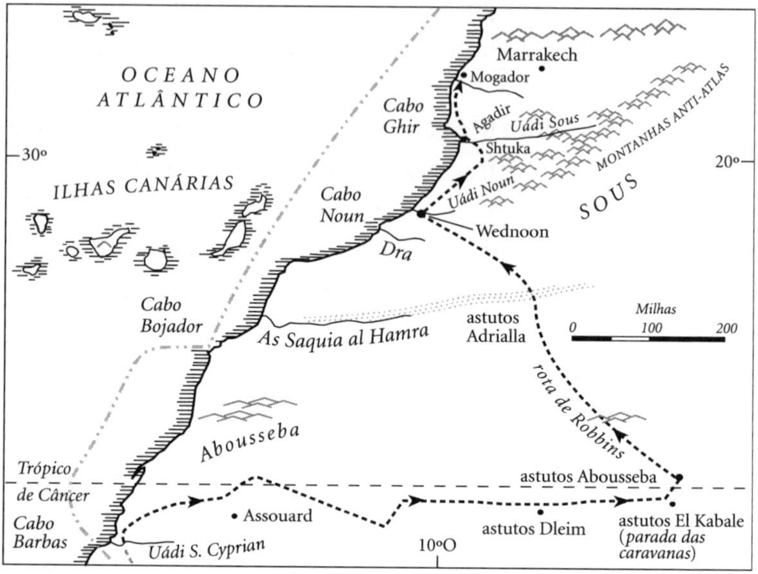

lã; meu cabelo havia crescido ao acaso, em todas as direções; e minha barba parecia a de um maometano". Willshire tratou Robbins com a mesma atenção que dispensara a seus companheiros. Logo depois, Robbins embarcou de volta para casa, chegando a Boston em maio.

Em Mogador, Willshire disse a Robbins que dois escravos cristãos estavam em uma ilha próxima de um distante acampamento árabe de pescadores na direção sul e que enviara um emissário "para encontrá-los, se possível, e trazê-los para que fossem libertados". Robbins sabia que os dois marinheiros só podiam ser James Barrett e George Williams, mas nenhum dos dois nunca foi resgatado. Nenhuma notícia que pudesse ser confirmada sobre o restante da tripulação do *Commerce* — Dick Deslisle, John Hogan e Antonio Michel — jamais foi recebida.

Para honrar os dois homens que haviam ajudado a ele e seus companheiros, o capitão deu um novo nome a seus dois filhos mais jovens, chamando-os Horatio Sprague Riley e William Willshire Riley. A seu pedido, o Congresso votou um agradecimento formal a William Willshire por seu papel no resgate dos Commerces. Esse reconhecimento foi entregue a Willshire através do consulado dos Estados Unidos em Tânger. O presidente James Monroe também enviou uma carta, por intermédio do governo da Grã-Bretanha, agradecendo a Willshire por seus serviços.

O relato de Riley sobre a viagem do *Commerce* e o cativeiro de sua tripulação no Saara, publicado em 1817, foi estimulado por Monroe e muitos parlamentares e endossado por DeWitt Clinton, estadista e abolicionista de Nova York. Aaron Savage escreveu uma carta aberta publicada no livro:

> Certifico por meio desta que a narrativa até o momento de nossa separação em Mogador não contém uma só palavra além da simples descrição dos fatos, e que eu próprio, bem como os outros da tripulação, devemos a vida, a liberdade e o retorno a nosso país a Deus e aos esforços incomuns, à fortaleza, inteligência e perseverança de Riley.

As memórias de Riley se tornaram lendárias, dando-lhe fama nacional e internacional. Foram publicadas na Inglaterra no mesmo ano; edições em francês e holandês foram lançadas nos dois anos seguintes. William Willshire Riley disse depois que "mais de 1 milhão de pessoas que viviam nos Estados Unidos" a haviam lido. Embora esse número seja um exagero, reforçado por estudiosos descuidados, a narrativa de Riley teve um impacto amplo e profundo. Abraham Lincoln, por exemplo, leu o livro quando era menino e nunca esqueceu a vívida história do cativeiro de Riley.[3] Um conhecido historiador de Ohio do século XIX foi nomeado Cônsul Willshire Butterfield, e um homem da Carolina do Sul batizou seu filho com o nome de Sidi Hamet.

O livro continuou a ser editado até o final do século XIX. Andando pelas tempestuosas praias de Cape Cod e se imaginando no deserto, Henri David Thoreau pensou na narrativa de Riley — "apesar do frio", como afirmou em sua coleção *Cape Cod*. Provas do impacto e da duradoura popularidade da *Narrative* podem ser encontradas em um livro de história da educação em Ohio:

> Um aluno lia a Bíblia da família; outro, *Poor Richard's Almanac*, enquanto um terceiro lia emocionantes passagens de algum volume muito apreciado, como a *Narrativa do Naufrágio e do Cativeiro entre os Árabes do Capitão Riley*. Se por acaso o leitor possuísse algum dom para a locução, toda a escola, inclusive o professor, suspendia suas atividades e, de boca e olhos abertos, ouvia com atenção o interessante relato.

William, filho de Riley, afirmaria que "nenhum cidadão de seu país cujo nome não tivesse o suporte de alguma instituição pública que o tornasse importante aos olhos do mundo se tornou tão amplamente ou tão favoravelmente conhecido como o capitão Riley" (*Sequel*, pp. iv-v).

O livro de Riley transformou os sobreviventes do naufrágio do *Commerce* em celebridades em suas próprias comunidades e em suas viagens, embora isso não necessariamente os tenha ajudado do ponto de vista material. As condições brutais do cativeiro deixaram marcas indeléveis em cada um. Todos sofreram diversos problemas de saúde, e dois morreram sete anos depois de voltar para casa.

James Clark foi atormentado por inchaços no pescoço e no queixo, diagnosticados como escrófula, ou tuberculose das glândulas linfáticas do pescoço, considerada incurável. O doutor Felix Pascalis o examinou em novembro de 1816 e, em uma carta, descreveu um homem alquebrado, com dor nos rins, incontinência, depressão e um inchaço tão doloroso no pescoço, que implorou ao médico que extirpasse suas glândulas. "Ele estava muito magro e tinha uma aparência pálida, amarelada e com manchas escuras", notou Pascalis. "Sua fraqueza era extrema; apresentava dificuldade para se mexer, como se suas articulações estivessem duras; e suas faculdades mentais também pareciam lentas ou paralisadas." Sob os cuidados de Pascalis, que incluíam banhos alcalinos e emplastros, aplicações de carbonato de potássio em suas glândulas e feridas, e o uso de amônia, fosfato de sódio, ópio, cascas de árvore e vinho, Clark registrou uma notável melhora, mas viveu apenas alguns anos, morrendo em 1820, aos 29 anos, em New Haven.

Pouco depois de voltar de East Haddam, Thomas Burns celebrou seu segundo matrimônio com Jane Lord, que logo deu à luz uma menina, Agnes. A família vivia modestamente em uma fazenda alugada, embora Burns, que sofrera duas concussões em Marrocos, exibisse um comportamento problemático. Em novembro de 1818, sob condições bastante estranhas, atirou em Ezekiel Fox, de 23 anos. "Como Burns estava sendo aborrecido, como ele diz, por um *gato branco*, carregou sua arma e saiu à noite com o propósito de atirar nele", relatou o *Connecticut Courant*. "Percebendo que alguma coisa se mexia, como supôs, em cima do muro, pensou que fosse o gato branco, atirou e matou na hora o jovem." Burns alegou que o colete e a gravata branca de Fox o haviam iludido. Ao que parece, nunca foi processado. Cinco anos depois, Burns, então com 49 anos, sua mulher e sua filha ficaram todos doentes e morreram. O obituário do *Courant* identificou Burns simplesmente como "um dos desafortunados que haviam sofrido, junto com o capitão Riley, no deserto do Saara".

Em 1817, Aaron Savage se casou com Martha Edwards, de Middletown Upper Houses, e morreu em Stonington, Connecticut, em 16 de maio de 1831, aos 36 anos. Em 1842, sua filha Margaret se casou com William, filho do capitão Riley. Os dois deram à sua filha Sarah, nascida no ano seguinte, o nome do meio de Willshire.

Nada mais se soube da vida de William Porter, a não ser que morreu em Stow, Ohio, em 11 de setembro de 1847, aos 63 anos.

Após voltar para Connecticut, Archibald Robbins publicou sua própria narrativa, recontando o naufrágio e seu cativeiro, que havia durado mais do que o de qualquer um dos sobreviventes. Quanto aos fatos, o trabalho de Robbins confirmou amplamente o de Riley, sendo o destino de Antonio Michel a diferença entre ambos — além de Robbins ter omitido o roubo da garrafa de vinho. Como o livro de Riley, o de Robbins alcançou repercussão imediata e teve vinte edições até 1830. Robbins continuou a ser marinheiro e se tornou capitão de um navio no comércio das Índias Ocidentais. Foi mais tarde capturado por piratas espanhóis, que saquearam seu navio e tentaram extorquir mais dinheiro dele, afundando Robbins de cabeça para baixo no mar até que ele estivesse quase morto. Por fim o libertaram. Em 1823, ganhou muito dinheiro transportando trabalhadores pelo rio Hudson para cavar o canal Eriê. Naquele mesmo ano se casou com Almira, sobrinha de George Williams, e deu a seu primeiro filho, William, nascido em 1826, o nome do meio de Riley. Robbins, prudentemente, deixou o mar e se tornou lojista e diretor de agência de correios. Depois que Almira morreu, em 1835, Robbins desposou a irmã dela, Elizabeth. Mudaram-se para Solon, Ohio, onde Robbins, pai de nove filhos, morreu em 1860.

Em 1825, Horace Savage se tornou capitão da *Spartan*, uma escuna de Hartford, e, no ano seguinte, da *Albion*. Acabou se mudando para o México, onde viveu e comerciou durante alguns anos. A despeito das pressões de Horace, sua mulher, Lavinia, se recusou a sair de Wethersfield, onde ficou com a filha deles, Jane. Mais tarde, ele voltou para Wethersfield, onde morreu em 1882, o último sobrevivente conhecido do *Commerce*, com 82 anos.

Apesar da vendagem de seu livro, a difícil experiência de Riley no Saara o deixou falido e numa batalha contra a artrite crônica. Em 1818, foi para o Oeste a cavalo, esperando melhorar sua saúde e encontrar novas oportunidades. Trabalhou como inspetor do governo no noroeste de Ohio, uma ocupação de baixo salário em regiões selvagens tão inóspitas que, em um pântano, moscas vorazes mataram seu cavalo. Ainda assim, Riley via futuro naqueles ermos. Comprou 360 acres no rio St. Mary, se instalou ali com a família em uma cabana de troncos e fundou uma cidade, que chamou de Willshire. "Meu objetivo" — escreveu com seu característico entusiasmo em uma carta para o amigo John F. Watson, em Nova York — "era construir moinhos, erguer uma cidade, que iria perpetuar mais facilmente o nome do *meu benfeitor*, criar meus filhos em um novo País, onde, com o trabalho apropriado, energia e boa conduta, poderiam crescer com o País." Sua esperança era que, por rio e canal, conseguisse, afinal, fazer comércio com a Costa Leste.

Mas Riley ainda era perseguido por seus demônios pessoais, pelas memórias do cativeiro e pela ansiedade em relação ao destino dos companheiros deixados lá. "Dominado por essa multidão de sensações que me atormentam quase incessantemente", escreveu em uma carta, em 1819, para o governador de Ohio, Ethan Allen Brown, "eu me empenho em me livrar delas por meio do sono ou do trabalho laborioso, mas tudo é em vão; quando durmo, minha alma agoniada é afligida por fantasmas."

Mas se Riley foi perturbado até a morte por suas experiências na África, ele também se tornou um homem melhor por causa delas. Transformou-se em um ativo defensor da abolição da escravatura. "Quando o assunto escravidão é trazido à baila, cada nervo e músculo de minha compleição física é estranhamente afetado [...] todo o meu corpo se agita", escreveu em uma carta para Brown, protestando contra a admissão do Missouri, estado escravista, na União. Tendo sofrido "crueldade e intolerância religiosa e preconceito", ele agora dava valor à liberdade e à tolerância religiosa e não aceitava a escravização de africanos negros, "que foram arrebatados e arrancados de seu país natal [...] por professores também de moral e liberdade política e bondade cristã. Embora cobertos com pele negra, esses homens não são animais", concluiu. "A hipócrita defesa da escravidão deveria ser execrada por toda a humanidade."

A vida árdua de desbravador fez bem a Riley. Ele prosperou e foi eleito para a Assembléia-Geral de Ohio, em 1823. Mas os lobos, os mosquitos, o isolamento e as repetidas doenças faziam com que, muitas vezes, sua família tivesse uma existência ruim. Em 1826, enfraquecido pela febre, sofreu um ataque do que era então chamado de frenite — uma inflamação do cérebro hoje conhecida como encefalite. Teve um doloroso inchaço na garganta e no pescoço e paralisia parcial. Acabou tendo de ser transportado para Nova York, pesadamente sedado com ópio.

O médico de Riley lhe disse que devia voltar ao mar, onde o ar lhe faria bem, e, durante uma curta viagem distante da costa, ele teve, de fato, sua saúde restaurada. Após mais de uma década em terra, resolveu retomar a vida de capitão mercantil. Três anos depois, se reuniu alegremente com Horatio Sprague em Gibraltar. Desde o tempo de sua escravidão, Riley fora defensor de numerosas causas e agora sugeria reformas para fortalecer o comércio internacional norte-americano.

Em uma carta longa, lúcida e desapaixonada para o senador

John Forsyth, argumentou que o sistema consular do país estava ultrapassado e precisava ser remodelado. Entre as deficiências estava o fato de que empregava muitos estrangeiros, cujos interesses comerciais entravam em conflito com os dos comerciantes dos Estados Unidos, a quem se esperava que servissem, e algumas vezes nem sequer residiam no porto onde eram cônsules. Ao mesmo tempo, Riley fazia um apelo para que Sprague, "um sensível, liberal, talentoso, honrado e independente" cidadão norte-americano, fosse nomeado cônsul em Gibraltar.

Em junho seguinte, Riley voltou para Mogador. Chegou tarde para reencontrar o *rais* bel Cossim, que continuou a ter estreitas ligações com Willshire — conduzindo outras missões para este e sempre perguntando por Riley — e morreu de repente em 1825. Willshire escrevera para informar Riley sobre o acontecido — "pelo Jornal de Boston e outros jornais você provavelmente ficará sabendo da morte de seu libertador, o *rais* bel Cossim" — e indicando, pela sugestão de que a imprensa mencionaria a morte do mouro, a dimensão que a história de Riley tomara.

Willshire, agora casado, com filhos jovens e os cabelos ficando brancos, recebeu Riley no lugar que o capitão associava à liberdade e ao renascimento. O inglês descreveu a relação dos dois em uma carta a seu xará, William Willshire Riley:

> A gratidão de seu bom pai para comigo nunca diminuiu, apesar de se passarem longos anos, e ele a tornou mundialmente conhecida com a publicação da narrativa do naufrágio e de seus sofrimentos: e eu lhe asseguro que a menção de meu nome em termos tão honoráveis foi um passaporte para mim, para onde quer que viajasse; e me estimulou a emular e merecer o caráter que ele me atribuiu — embora não correspondesse à descrição, me empenhei para merecê-la.

Riley retornou aos Estados Unidos com um carregamento de cabras, resina de látex, lã e amêndoas. Ele e Willshire se tornaram sócios e continuaram a sê-lo até a morte de Riley.

Em 1836, quase três décadas após a captura de seu navio *Two Marys*, com toda a sua carga, Riley e seus sócios receberam reparações parciais de guerra. Embora dinheiro algum pudesse compensar Riley pela infelicidade que frustrara sua carreira e causara tanto sofrimento a sua família, foi ao menos uma vitória moral.

Em março de 1840, em uma viagem de Nova York para St. Thomas, Riley caiu doente e morreu no mar, a bordo do brigue *William Tell*. Seu corpo foi sepultado no oceano. Tempos depois, naquele mesmo ano, o *William Tell* afundou longe da costa de Gibraltar e houve apenas um sobrevivente.

Quatro anos depois, William Willshire perdeu sua fortuna. Quando uma esquadra francesa bombardeou Mogador, destruindo suas baterias de canhões e provocando o caos, guerreiros berberes que deviam proteger a cidade em vez disso a saquearam, maltratando e roubando os judeus e os comerciantes estrangeiros. Duas das casas de Willshire foram pilhadas, e a sra. Willshire teve até a armação do espartilho examinada na busca por ouro escondido. Deixando tudo o que tinha na África, Willshire fugiu com a família de volta para a Inglaterra, pondo um fim abrupto a seus notáveis trinta anos de serviço para sua nação e para os marinheiros de todas as nações no Marrocos.

Apêndice

A publicação da narrativa de Riley

Após dar os últimos retoques em seu manuscrito, iniciado no Marrocos, Riley o levou para o tipógrafo William A. Mercein, na Gold Street, em Manhattan. Foi ali recebido pelo então jovem Thurlow Weed, que viria a ser um destacado jornalista político e articulador de bastidores. Weed, então um aprendiz, leu o primeiro capítulo. "Ousei dizer que estava mal escrito e necessitava de uma revisão", escreveu Weed em suas memórias, observando que Riley pareceu aborrecido a princípio, mas, mesmo assim, levou o manuscrito embora e "custeou do próprio bolso os serviços de um professor, que melhorou toda a narrativa, tanto no estilo quanto na gramática". Riley agradeceu a dois homens que o ajudaram. Um deles foi Anthony Bleecker, advogado nova-iorquino e homem de letras, que revisou o original e sugeriu explicações. Uma de suas recomendações foi eliminar uma passagem altamente crítica aos comerciantes judeus de Mogador. Josiah Shippey, Jr., também nova-iorquino — presumivelmente professor —, a quem Riley menciona como amigo íntimo, sugeriu aperfeiçoamentos "tanto de estilo quanto de gramática". A interferência de Shippey é evidente ao longo de todo o manuscrito.

Pertencente agora à coleção da New-York Historical Society, o manuscrito encadernado de Riley, composto de folhas de papel de diferentes tamanhos, é escrito, em sua maior parte, em esmerada caligrafia. Apenas em um pequeno número de páginas, que incluem as três últimas, com uma descrição e especulação sobre a geografia africana, bem como com notícias sobre o resgate de Porter, as letras combinam com as das cartas de Riley antes e depois do naufrágio. Uma comparação entre a letra das cartas de Bleecker e a do manuscrito mostra que não foi ele quem escreveu a história de Riley. Não consegui localizar amostras da letra de Shippey, mas ela devia se parecer muito com a de um escrevente, e permanece a possibilidade de Riley ter ditado o livro para sua mulher, Phoebe.

Bleecker foi um dos primeiros patrocinadores da New-York Historical Society. Riley entrou para a instituição e apresentou seu original ao diretor, John Pintard, em 20 de fevereiro de 1817.

A segunda edição da narrativa de Riley, publicada em Hartford pelo autor, em 1817, traz um mapa mostrando a rota modificada da travessia do Saara por Riley. Também traz um *post-scriptum*, de Nova York, datado de 25 de junho de 1817, em que Riley dá novas notícias de Porter e Robbins, que haviam voltado recentemente da África, e da combalida saúde de Clark.

Em um adendo à terceira edição, de 1818, publicada em Nova York pela Collins & Co., Riley afirma que "foi tomado o cuidado de se corrigirem alguns erros que apareceram nas [edições] anteriores". Algumas versões da terceira edição também incluem o relato de Judah Paddock de seu próprio naufrágio e cativeiro no Saara, que não tinha sido publicado antes. Em uma carta impressa no livro, Paddock diz que Riley era "um homem veraz e de absoluta integridade".

Uma edição inglesa, intitulada *Loss of the American Brig* Commerce, apareceu em Londres, em 1817, e uma edição francesa, *Naufrage du Brigantin Américain Le* Commerce *perdou sur la côte occidentale d'Afrique, au mois d'août 1815*, saiu em Paris, no ano seguinte. Ambas traziam uma carta-testemunho de James Renshaw, o antigo cônsul-geral britânico em Mogador, dizendo que Riley "fez uma descrição muito acurada do que viu. Julgando, então, a partir dos trechos de suas viagens que estão de acordo com minhas próprias observações, acho que é justo concluir que o restante é descrito com igual veracidade". Renshaw observa que mr. Green, o cônsul-geral de Sua Majestade em Tânger, considerou Riley "um homem muito inteligente e bem informado" e que William Willshire lhe dissera não apenas que Riley tinha "capacidade" para produzir um trabalho valioso sobre a região, como "sua tão considerável influência sobre seu próprio governo" já proporcionara a James Simpson, cônsul-geral dos Estados Unidos em Tânger, "amplos poderes para redimir cidadãos norte-americanos naufragados" no Marrocos.

Novas edições apareceram nos Estados Unidos em 1820 e 1823. Andrus e Judd, de Hartford, Connecticut, publicaram uma edição revisada da narrativa em 1829, que foi reimpressa muitas vezes durante a Guerra Civil. Mais recentemente, a narrativa de Riley teve edições de Clarkson N. Potter (1965) e de Lyons Press (2000). A edição um tanto abreviada dessas duas editoras contém, lamentavelmente, demasiados erros tipográficos, que confundem o leitor.

Glossário de termos árabes

BARAKA	Virtude de um homem santo, e as curas, milagres ou poderes mágicos a ele atribuídos.
BEDUÍNO	Árabe do deserto.
BESMILLAH	Bênção muito comum que significa "Em nome de Alá".
BIR	Poço com mais de treze metros de profundidade.
CABILAS	Povo berbere do Norte da África que tem a agricultura como atividade principal.
CHORFA	Tribo religiosa que alega ser descendente de Maomé, com freqüência de forma ilegítima.
DJELLABA	Túnica com capuz e mangas compridas.
ERG	No Saara, área de dunas que mudam de lugar pela ação do vento; cobre cerca de um décimo do Saara.
FOONTA	Ruim, imprestável.
FRIQ	Subgrupo tribal de meia dúzia de famílias ou menos, comunidade grande o suficiente para proteção mútua e pequena o bastante para permitir que a pastagem seja suficiente para os animais; acampamento desse grupo.
GEDDACK	Gamela de madeira usada para cozinhar e comer.
GHAZU	Ataque tribal com intuito de saque.

HAIK	Grande pedaço de tecido, normalmente com seis metros de comprimento por dois de largura, que os árabes enrolam na cabeça e no corpo para se protegerem do sol e da areia.
HAMMADA	Planícies de rochas erodidas pelo vento, semelhantes à *reg*, mas em geral mais elevadas.
INSHALLAH	"Se Deus quiser". Freqüente invocação de povos de língua árabe.
IRIFI	Tempestade de areia quente e seca provocada por fortes ventos que sopram do sul para o sudoeste. O *irifi* destrói plantas, altera a paisagem e forma dunas de areia.
JMEL	Camelo macho.
KELB EN-NASRANI	"Cão cristão" ou "cães cristãos". Um xingamento.
KUL	"Coma" (imperativo de "comer").
LHASA	Semolina ou papa de cevada.
L'HOOT	Peixe.
MAKHZEN	Governo marroquino; classe dominante no Marrocos.
MULEI	Título semelhante ao de "lorde", originalmente usado para os descendentes do profeta Maomé e mais tarde utilizado por muitos sultões e príncipes.
OUED (OU UÁDI)	Leito de rio seco, exceto na época de chuvas, com freqüência um raro local de vegetação no deserto.
RAIS	Capitão ou chefe.
REG	Planícies de superfície dura, cobertas de seixos e pedras, mais baixas do que a *hammada* e com depressões causadas pela erosão do vento. As caravanas normalmente preferem viajar pelo *reg*.
SALEM (SALAAM) ALIKOOM	"Que a paz esteja contigo (convosco)."
SELAÏ	Grande gamela de madeira usada para dar de beber aos camelos.
SHARIF	Descendente do profeta Maomé pela linhagem de Fatima, sua filha.

SHESH	Tecido longo, fino e retangular usado para proteger o rosto e a cabeça.
SIDI	Termo respeitoso usado para homens árabes, comparável a "senhor".
ZENAGA	Tribo menor que deve prestar tributo a uma tribo maior.
ZRIG	Leite azedo de camela, freqüentemente misturado com água.

Notas

Os eventos desta história foram tirados das autobiografias do capitão James Riley e do marujo Archibald Robbins. Para não interromper a narrativa, não reproduzi citações dos livros. São passagens, de um modo geral, fáceis de achar porque as cronologias são basicamente as mesmas. Em algumas ocasiões, criei diálogos para conversas apenas mencionadas por Riley ou Robbins. Em outros momentos, fiz descrições mais elaboradas de cenas com base em estudos sobre o período e viagens minhas pela região. Na maior parte da obra, mantive as versões de Riley e Robbins para os nomes e o idioma árabes, embora muitos deles sejam hoje transliterados de maneira diferente.

No que diz respeito à religião, é quase universalmente aceito que cristãos, judeus e muçulmanos adoram o mesmo Deus. Em outras palavras, o Deus do Velho e do Novo Testamento e o Deus do Alcorão, ou Corão, são o mesmo Deus. As três crenças têm suas raízes em Abraão. Embora muçulmanos chamem cristãos e judeus de "infiéis", o Corão os têm em maior consideração do que aos considerados pagãos — dando origem ao tradicional termo que muçulmanos usam para designar judeus e cristãos: "Povos do Livro". Era por esse motivo que, em lugares havia muito tempo sob domínio islâmico na época de Riley, com freqüência se encontravam prósperas comunidades cristãs e judaicas.

PRÓLOGO — 1812 [pp. 19-28]

1. O capitão James Riley diz em sua *Narrative* que, antes de partir para o deserto, a caravana "cortou lenha e queimou carvão para os camelos, pois as caravanas nunca tentam atravessar o deserto sem esse artigo". Há uma certa confusão nisso, entretanto, talvez por conta da má tradução do relato de *sidi* Hamet ou porque a substância a que ele se referia lembrasse carvão vegetal ou carvão de pedra, ou ambos. Ao explicar o erro, o tradutor francês de Riley citou o cônsul-geral britânico de Mogador, James Renshaw, que observara os árabes do império marroquino utilizar as drupas na forma aqui descrita. As bolotas da polpa da drupa se assemelhavam a carvão vegetal.

1. UMA BOA TRIPULAÇÃO IANQUE [pp. 31-47]

1. O nome original do quarto filho de Riley é desconhecido. Ele ganhou o nome de Horatio após a viagem de seu pai à África, em 1815.

2. O texto da petição de Riley se encontra em *Sequel to Riley's Narrative*, na p. 392.

2. PRESSÁGIOS [pp. 48-64]

1. Sob condições inadequadas, esse era um lugar traiçoeiro para marinheiros. Tempos depois, Riley acabou por naufragar ali com o brigue *William Tell*, em abril de 1831. A embarcação foi retirada dos recifes por equipes de resgate, que exigiram metade do valor do brigue e de seu conteúdo como recompensa por cerca de seis horas de trabalho, durante as quais não chegaram a sair de seus barcos nem correr nenhum tipo de perigo. Riley questionou as reivindicações na Justiça, e se chegou a um acordo.

2. Embora não soubessem, Archie Robbins, do *Commerce*, e seu primo Horace Robbins, um homem errante cuja vida fazia a de um marujo parecer sensata e estável, possivelmente estiveram em Nova Orleans na mesma época. Após deixar o trabalho de comerciante em Lower Valley, seis anos antes, Horace foi parar no México e acabou do lado errado de uma batalha entre o Exército republicano espanhol e o Exército monarquista espanhol. Após sobreviver a uma massacrante derrota em San António, fugiu com quatro norte-americanos e um espanhol para as montanhas, onde sobreviveram por dezessete dias à base de cascas de árvore, roedores e lesmas. Durante um ano, Horace Robbins viveu entre os índios, que sobre ele mantinham estrita vigilância, antes que co-

merciantes indígenas o ajudassem a escapar. Chegando a Nova Orleans, se incorporou às forças de Andrew Jackson, mas, por estar longe, a serviço, acabou não participando da batalha de Nova Orleans. Cinco anos depois, quando Horace se aventurou a voltar para Connecticut, seus pais, que haviam sido informados de que o filho falecera, haviam erigido uma lápide em sua homenagem.

3. Os registros do movimento de navios no porto de Nova Orleans, que se encontram na Administração Nacional de Arquivos e Registros, em Washington, mostram que o *Commerce*, do capitão Riley, de Middletown, chegou ao porto em 1º de junho de 1815. Não há nenhuma referência à partida do *Commerce*. Tanto Riley quanto Robbins, que, em 1817, publicaram relatos distintos da viagem, concordam que a data de partida teria sido 24 de junho. Curiosamente, o jornal *Lousiana Gazette*, que saía a cada três semanas, trouxe anúncios relativos ao *Commerce* até a edição de 28 de junho, a uma taxa de um dólar pelo primeiro dia e cinqüenta centavos para cada publicação adicional. A lista das "notícias de navios" da edição de 29 de junho de 1815 não diz nada sobre a suposta partida do *Commerce* em 24 de junho.

4. O *Gibraltar Chronicle* de 12 de agosto publica a chegada do *Commerce*, "que saiu há quarenta dias de Nova Orleans", na lista do período de 5 a 11 de agosto.

5. Riley escreveu que Clark, Porter, Barrett e Hogan estavam no escaler, mas o relato de Robbins o contradiz, ao afirmar que ele, Robbins, e outros três ocupavam o bote. Incluí Robbins na embarcação, e, como Clark e Porter tinham a mesma posição que Robbins, removi Clark, por concluir que Porter parecia ser de natureza condescendente e um bom amigo de Robbins, e que os dois teriam escolhido cuidar da tarefa juntos. A questão aqui é que Robbins esteve de fato na embarcação e forneceu alguns detalhes da descrição do incidente.

O relato de Robbins também contradiz o de Riley em outra ocasião. Ele afirma que a escuna do capitão Price ficara retida na enseada e que eles o ajudaram a retirar a embarcação do local.

3. NAUFRÁGIO NO CABO BOJADOR [pp. 65-80]

1. Ingleses e norte-americanos chamavam o peso, ou moeda espanhola de oito (oito "reales"), que circulava amplamente pela África e pelo Mediterrâneo, de "dólar espanhol". O valor da moeda era mais ou menos equivalente ao do dólar norte-americano. Dependendo do lugar, a cotação do dólar espanhol e do dólar norte-americano variava de quatro a cinco por libra esterlina.

4. RECEPÇÃO HOSTIL [pp. 81-97]

1. Atacado por céticos que duvidaram da veracidade de seu livro, Riley publicou a autobiografia de Paddock, *A Narrative of the Shipwreck of the Ship* Oswego, *on the Coast of South Barbary*, em 1818. O relato de Paddock corrobora muitas observações de Riley em relação ao deserto e aos árabes do Saara Ocidental. A passagem citada se encontra à página 176.

2. "Saaráuis" é o nome coletivo dos habitantes do Saara Ocidental, independentemente de raça ou tribo. Embora a palavra não tivesse sido cunhada até 1976, quando o Saara espanhol se tornou Saara Ocidental, eu a usei como a forma mais sucinta de identificar o povo da região à época da história.

3. Riley certamente exagera quando diz "que ele só podia imaginar que aqueles dentes bem assentados fossem afiados com o propósito de devorar carne humana!!!". Um pouco mais contido, Robbins descreveu que o homem tinha dentes "rangentes". Ambos estavam brincando com o medo que as pessoas tinham de canibais.

4. A passagem que critica a avareza dos norte-americanos aparece apenas no manuscrito de Riley, que está no acervo da New-York Historical Society. O trecho foi retirado pelo editor. Riley estava, presumivelmente, a par da modificação.

5. Em sua *Narrative*, Riley diz "Alá K. Beer", esclarecendo que "Alá" era o termo para "Ser Supremo" e supondo que "K. Beer" significasse "nosso amigo ou pai".

5. SUPLÍCIO EM UM BARCO ABERTO [pp. 98-118]

1. Estranhamente, nem Riley nem Robbins mencionam as ações seguintes da tribo que os atacou. Como o capitão enviou um único homem desarmado — Porter — à praia, ele devia estar muito confiante de que a tribo não se encontrava por perto. Que os saaráuis tenham simplesmente abandonado onze potenciais escravos cristãos, que para eles representavam uma pequena fortuna, é difícil de explicar. As notícias de naufrágios no Saara costumavam atrair tribos de quilômetros de distância, e as brigas pelos espólios eram comuns: talvez esse grupo tenha considerado mais importante assegurar a posse da prata que já tinham conseguido do que esperar e se arriscar a entrar em conflito pelos marinheiros insubmissos.

2. Ao escrever em outubro de 1817 para o *Monthly Review* ou *Literary Journal* (e ignorando a contradição entre a carta de Riley e sua autobiografia), um crítico de Londres evita a questão da culpabilidade moral de Riley, dizendo, so-

bre o incidente, que o capitão "tenta justificá-lo com mais de um argumento, cuja força deixamos a critério dos escolados em casuística moral".

3. O juramento desse marinheiro está no *Journals* de Noah Jones. Os primeiros marujos europeus e norte-americanos praticavam trotes inspirados em antigos rituais pagãos de navegação quando atravessavam o Trópico de Câncer. Nos tempos modernos, muitas vezes os marinheiros realizam cerimônias semelhantes ao cruzar a linha do Equador.

4. As cronologias de Riley e Robbins não são exatamente iguais, o que não surpreende, visto que nenhum deles tivera como organizar um relato escrito na época e que ambos registraram o ocorrido depois de muitos adiamentos. Seus calendários da viagem do brigue diferem em dois dias. Ambos dizem que começou em 29 de agosto e que o retorno para a costa teve início em 2 de setembro. Robbins acreditava terem pisado em terra firme em 5 de setembro, e Riley, em 7 de setembro. Para dificultar ainda mais, em uma carta aberta publicada no *Connecticut Courant*, de 26 de março de 1816, Riley dizia que retornaram ao navio em 30 de agosto e voltaram à terra de novo em 8 de setembro. A cronologia de Riley tem outras incongruências, que tentei adaptar. Quando seu relato e o de Robbins diferem, em geral considero o de Riley mais preciso, não apenas porque, como capitão, ele mantinha um detalhado diário de bordo, mas também pelo fato de ter preparado sua narrativa cerca de um ano antes de Robbins.

6. PURGATÓRIO [pp. 121-37]

1. Em seu manuscrito, Riley originalmente registrara que a urina fora reaproveitada vinte vezes. Depois de refletir melhor, reduziu o número para doze.

2. As opiniões em relação a ser ou não válido beber urina continuam tão conflitantes quanto foram as de McGee. Elas variam tanto que, enquanto um manual de operações no deserto dos Fuzileiros Navais dos Estados Unidos recomenda aos fuzileiros nunca beberem urina, mesmo que seja por questão de sobrevivência, alguns adeptos de certos modismos do tratamento natural recomendam o consumo diário de urina para fins nutricionais e medicinais.

3. Robbins diz que a data é 6 de setembro.

4. Embora Riley diga que só encontrou gafanhotos, Robbins afirma que, enquanto viajavam sob o despenhadeiro naquele dia, depararam com rastros e fezes de animais selvagens. Naquela noite, ouviram uivos em meio à escuridão. Robbins também relata que viram um leopardo no dia seguinte. Tratava-se, provavelmente, de um gato selvagem ou guepardo.

5. Riley afirma que eles também tinham pedaços de pau trazidos do navio, mas não os menciona antes, ao descrever a escavação de poços. Essas incoerên-

cias são comuns em seu relato. Mas sua versão difere minimamente da de Robbins. Os marinheiros descobriram o rastro de um camelo e as pegadas de um homem, e Riley diz que as marcas eram "antigas". Robbins mantém, por sua vez, que os sinais eram "recentes", acrescentando que, "na verdade, deveriam ser, já que os ventos logo acabariam por apagá-las".

7. CAPTURADOS [pp. 138-50]

1. O fato de Riley ter roubado o cozinheiro, o único negro do grupo, teria sido um ato de racismo, casualidade ou outra coisa? Em situações de luta pela sobrevivência, as pessoas tendem a se agruparem, se protegerem e buscar amparo naqueles com quem tenham mais afinidade, seja por laços familiares, de raça, religião ou nacionalidade. Isso talvez tenha sido demonstrado com mais clareza no naufrágio do *Méduse*, em 1816, quando 150 pessoas, entre homens, mulheres e crianças, ficaram à deriva numa balsa improvisada, em que os grupos se dividiram por raça, nacionalidade e, até mesmo, profissão, enquanto assassinavam uns aos outros em uma tentativa desesperada de sobreviver. Théodore Géricault retratou a cena épica no quadro *Le Radeau de la Méduse*, de 1819, hoje exposto no Louvre. Riley pode ter escolhido Deslisle por estar este posicionado de maneira a facilitar o roubo, ou talvez porque Deslisle, sendo o único homem negro e um dos tripulantes de posição mais baixa, era o que mais se distanciava dele. No entanto, com o passar do tempo, Riley demonstrou que estava acima de muitos desses instintos mais primários, de uma forma que parecia transcender tanto sua formação religiosa quanto seu papel de capitão. Ele mostrou força moral, que se baseava no bom senso e em sua própria coragem, e, para um homem daqueles tempos, parecia ser notavelmente destituído de preconceito.

2. Embora seja de conhecimento popular que um estômago gravemente malnutrido deva ser realimentado aos poucos, é necessário mais do que comedimento por parte do dono do estômago para agir assim. Resgatado de uma escuna que naufragou em meio a um temporal na corrente do Golfo, na costa da Virgínia, em 1830, o capitão Charles Tyng alertou seus marujos de que passariam mal se ingerissem líquido rápido demais. Na cabine do homem que o resgatou, entretanto, Tyng encontrou uma jarra de água. "Pensei que só daria um gole", relatou, "mas, quando coloquei a jarra na boca, não consegui mais largá-la até quase esvaziá-la". Tyng pagou por sua atitude com dores excruciantes e vômitos.

3. Para mais informações sobre a reidratação, veja o notável trabalho de E. F. Adolph e outros autores, *Physiology of Man in the Desert*, de 1947, que incorpora muitas das pesquisas feitas a respeito durante a Segunda Guerra Mundial.

4. Em várias partes do mundo, a sela de um dromedário, ou camelo de

uma única corcova, é posicionada na frente, em cima ou atrás da corcova, sendo que cada posição apresenta vantagens específicas. À frente da corcova, o viajante tem mais controle sobre o camelo e pode se inclinar mais para a dianteira durante uma luta. Atrás, adquire mais liberdade de movimento e as batidas contra o dorso do animal são mais leves. Sobre a corcova, usando uma plataforma ou sela elevada, a viagem é mais confortável, mas, por outro lado, é a posição que mais dificulta o controle do camelo.

8. SEDE [pp. 151-70]

1. Lempriere, p. 725. Nigritia, então também conhecida como Soudan, era uma ampla região da África central subsaariana.

2. A experiência de viajar de camelo enquanto rastreava partes da rota de Riley e tentava percorrer mais de 32 quilômetros por dia, me fez comprovar a dor que os marinheiros sentiam. No primeiro dia, surgiu uma ferida maior que uma ameixa no meu traseiro. No fim daquele mesmo dia, até mesmo nosso guia, um instrutor de camelos, caiu de sua montaria e se contorceu no chão com cãibras nas pernas. Mais tarde, durante a viagem, outro guia ficou tão dolorido por passar muito tempo montado que decidiu amarrar um assento acolchoado de um Land Rover e mantas sobre a sela. Não havia como acelerar o passo em percursos mais longos se estivéssemos sentados de costas para a corcova. Com a corcova à frente, a posição era apenas um pouco melhor e exigia que enfiássemos sapatos e garrafas de água vazias sob a parte de trás das selas para evitar sermos lançados ao chão.

3. Em seu relato, Robbins raras vezes chega a ser objetivo como Riley. Sua narrativa tem um tom consideravelmente mais amargo e não demonstra empatia pelos saaráuis. Robbins, entretanto, reconhece a boa vontade de Ganus para com ele.

4. Segundo o *The U. S. Army Survival Manual*, um homem que trabalhe moderadamente no deserto sob uma temperatura de 35 graus Celsius precisa tomar cerca de dez litros de água por dia.

5. O relato de Robbins acerca dessa reunião é, como de costume, menos detalhado que o de Riley. Entre as contradições, Riley afirma que a reunião teria ocorrido na noite do segundo dia de seu cativeiro, mas, segundo Robbins, Ganus saiu com ele do acampamento para uma marcha de oito quilômetros até o conselho na manhã do terceiro dia, retornando por volta das três da tarde. Os registros também diferem em relação aos marinheiros que estiveram presentes. Enquanto Riley afirma que Porter e Burns não estavam lá, Robbins se lembra de ter visto Burns. Nenhum dos dois cita o nome de Savage. Robbins recorda que cerca de vinte nômades compareceram — um contingente usual nos mui-

tos encontros tribais que presenciou durante o cativeiro —, enquanto Riley descreve um grupo muito maior.

6. Embora, como muitos ocidentais da época, Riley empregue, alternadamente, os termos *árabe* e *mouro*, os mouros, de um modo geral, são tidos como descendentes específicos dos árabes que ocuparam a Espanha por oito séculos, a partir do ano 711, e depois habitaram as cidades do Império do Marrocos.

7. Robbins achou que Riley estivesse usando as pedras para negociar um preço para o resgate, um erro fácil de cometer, visto que nem ele nem os outros homens compreendiam as conversas de Riley com os árabes.

9. OS FILHOS DO PAI DOS LEÕES [pp. 171-90]

1. O nome da tribo aparece de várias formas no Ocidente. Brisson, que a chamava de *labdesseba*, indicou, em um mapa de 1792, a localização das rotas que ele e Saugnier percorreram a sudeste do cabo Blanco. Ele a classificou de "uma nação feroz". O mapa de Mungo Park, de 1798, também aponta a presença da tribo *labdesseba* na região. Riley não dá nome à tribo, mas o mapa de sua rota, anexo à narrativa, indica regiões pertencentes aos "*labdessebas*", próximas do cabo Blanco, e aos "*abdoussebas*", ao norte. Ao que parece, ele não notou se tratar de ramificações de uma mesma tribo. Robbins chama seus raptores de "astutos *lebdessebas*", situando-os em seu mapa nas proximidades do cabo Blanco, e indica uma região ao norte como pertencente aos "astutos *aboussebas*". Joseph Dupuis, que fez as notas explicativas do livro *The Narrative of Robert Adams*, de 1817, chama a tribo de "astutos *abousseba*", destacando que "existem muitas ramificações, que se consideram totalmente independentes umas das outras, embora todas se denominem astutos *abousseba*". Alguns desses nomes podem, na verdade, ser variações do termo mais genérico para os povos destas regiões, "l'Abd al-Siba", ou "os dissidentes". Para aumentar ainda mais a confusão, existem interpretações feitas no século XX para o nome da tribo. Em seu livro *Spanish Sahara* (1976), John Mercer a chama apenas de "sba". Uma das descrições mais detalhadas da tribo está no *Historical Dictionary of Western Sahara* (1994), da editora Pazzanita and Hodge, em que é usada a moderna transliteração francesa "oulad bou sbaa", que adotei e muitas vezes abreviei para "bou sbaa", como é de praxe.

2. Riley, na verdade, nunca forneceu o nome de seu terceiro amo, tratando-o apenas de "meu velho amo" para distingui-lo dos filhos, os "jovens amos". Das referências de Riley a nomes árabes, usei "Sideullah", um dos poucos que não pertenciam aos donos dos outros marinheiros, como o nome de seu terceiro amo.

10. O BANQUETE DE *SIDI* HAMET [pp. 191-215]

1. Quando os muçulmanos aceitam presentes ou víveres que lhes são servidos, muitas vezes empregam o termo "Besmillah" — "em nome de Alá". Riley acabou por incorporar essa palavra e usá-la do mesmo modo como um norte-americano agradeceria dizendo "obrigado".

2. Em seu original *Le Sahara,* livro de 1928, o antropólogo francês E.-F. Gautier observa que, na tribo tuaregue, se banhar com água era quase um tabu. Ele teoriza que não seria pela escassez de água, mas pelo medo de afetar as glândulas sudoríparas e causar superaquecimento do corpo. No entanto, acrescenta, em tom um tanto poético, que, para o corpo humano, "exposto quase totalmente desnudo ao vento do deserto por toda uma vida, os ritos de limpeza são superficiais; o eterno vento, carregado de areia, lixa a pele humana e a mantém tão limpa quanto placas de rocha nua no topo dos platôs" (p. 16).

3. Hoje, a tradução-padrão do Shahadah é: "Sou testemunha de que não há outro Deus além de Deus. Maomé é o mensageiro de Deus".

4. Segundo Knut Schmidt-Nielsen et al., em *The Question of Water Storage in the Stomach of the Camel,* de 1956, "o fluido que pode ser drenado do conteúdo da pança se assemelha a uma sopa verde e tem aparência um tanto repugnante. Entretanto, para o viajante do deserto que se encontra sem água, qualquer tipo de fluido é atraente, e ele tomará até a própria urina. Nessa situação, o fluido da pança seria muito útil por ter uma quantidade de sal relativamente baixa" (p. 10).

5. Os detalhes da disputa por Hogan vêm inicialmente de um relato de Robbins, que os ouviu do próprio Hogan. Robbins chama o amo de Hogan de "Mahomet" e não destaca que ele fora também o primeiro amo de Riley, que, no começo, reivindicou direitos sobre Dick Deslisle e o capitão. Riley o chama de "Hamet". Para evitar confusão com Hamet — o comerciante *bou shau* vindo do norte — usei o nome completo e a grafia mais comum de "Mohammed".

6. Na verdade, Robbins escreve "kellup en-sahrau" (mais apropriadamente, *kelb es-sahrawi*), que significa "cães do deserto". Nesse ponto e em outra ocasião, ele traduz a expressão como "cães cristãos" — *kelb en-Nasrani* —, que faz mais sentido no contexto.

7. Riley relembra em sua autobiografia que eles estavam de partida, já subindo a duna, quando Robbins apareceu. Se a fogueira ainda queimava, então Robbins provavelmente sentira ou o cheiro de suor de camelo, que saturava a área, ou de algum vestígio de refeição que os homens da tribo estavam tentando preparar com a carcaça descarnada.

11. É DOCE? [pp. 219-50]

1. Riley repete a data de 28 de setembro, atrasando sua cronologia em um dia. Faz isso de novo em 2 de outubro, deixando o relato com dois dias de atraso.

2. Robbins afirma que os árabes rezavam quatro vezes ao dia, mas o Corão, na verdade, prescreve cinco momentos diários de oração: ao amanhecer, ao meio-dia, no meio da tarde, ao pôr-do-sol e antes de dormir.

3. Os cálculos de Riley para medir a quantidade de água demonstram que matemática não era seu forte. Ele supôs que, na grande poça, não houvesse "mais de duzentos litros" e que a menor contivesse muito menos água. No entanto, só o grande camelo bebeu cerca de 230 litros de uma única vez. Três outros camelos e todos os homens também beberam da água e encheram duas peles. Mesmo que os camelos menores sorvessem metade do que bebiam os maiores, ainda assim teriam consumido mais água do que Riley imaginara haver lá, e é improvável que a fonte tivesse tornado a se encher com tanta rapidez.

12. HONRA ENTRE LADRÕES [pp. 251-75]

1. No manuscrito de Riley, ao contrário do livro publicado, a palavra *savage* está em letras maiúsculas e sublinhada, evidenciando ainda mais que o acusado era o segundo imediato.

2. Tentei identificar essa raiz herbácea durante a minha viagem pelo Saara Ocidental. Quando descrevi a substância, meu confiável guia balançou a cabeça para indicar que sabia do que eu estava falando. Retornou de um quiosque em Laayoune com um cachimbo de seis polegadas, feito de tíbia de carneiro, ainda com alguma lã, e uma sacola com uma substância marrom de cheiro adocicado, que ele chamava de *menajie*. Ao fumá-la, achei-a muito semelhante ao tabaco. Na verdade, outro guia acabou me revelando que *menajie* era uma mistura de tabaco da Mauritânia.

3. Riley chama a semolina ou papa de cevada dos árabes de "lhasa", "lhash" ou "l'hash". Robbins usa a palavra "laish".

13. ESQUELETOS [pp. 276-90]

1. Roger Key, geólogo e cartógrafo da British Geological Survey, que recentemente completou o projeto de remapeamento da região a oeste de Atar, Mauritânia, sugeriu que o que Robbins viu provavelmente fosse um grande veio

de quartzo, que pode chegar a quase dez metros de altura. Não existe mármore na região.

14. WEDNOON E OS ATLAS [pp. 291-318]

1. Riley grafa o nome como "Moolay Solimaan". No século XIX, o Estado era comumente conhecido como "Império do Marrocos". Sultão é o soberano de um país muçulmano; o título "mulei" costuma ser traduzido como "rei" ou "imperador". (O principal governante do Marrocos é oficialmente chamado de rei desde 1957.) *Moulay* é a transliteração para o francês e a mais usada do título árabe, que também pode ser grafado como *mulay* ou, mais freqüentemente, *mawlay*. A tradução aproximada seria "lorde" e era originalmente destinada aos descendentes do profeta Maomé. No Marrocos, muitos sultões usam o título antes do nome, mesmo que sejam de origem berbere e não tenham relação com o profeta.

2. Com amieiro-"anão", Riley provavelmente quis dizer amieiro-negro ou sanguinheiro, um arbusto europeu carregado de bagas e que antes se acreditava ter relação com o amieiro.

3. "Bel Cossim" é a transliteração que Riley e Robbins (assim como S. Cock e Joseph Dupuis, que editaram o relato de Robert Adams) usam para esse sobrenome, muito comum no noroeste da África. Hoje, a grafia mais usual na língua francesa é Belkacem, ou, em inglês, Belkassem. Em uma observação posterior à sua narrativa, Riley usa "bel Cafshim".

4. Não surpreende que dois homens como Hamet e Hassar — acostumados a viajar e fazer negócios na região — parecessem conhecer pessoas em todas as partes. Em um lugar aonde chegavam poucas notícias de fora, a reputação de um homem e de sua família se espalhava. Os laços tribais, familiares e de vilarejo tinham muito peso, assim como o vínculo do Islã com a tradição de hospitalidade. Naturalmente extrovertido e sem maiores preocupações, o povo dessa região faz amizade com facilidade. Quando viajei por um longo trecho do Saara com um guia tagarela chamado Mohammed el Arab para fazer as pesquisas necessárias a este livro, ele dava a impressão de conhecer todos os que cruzavam nosso caminho. Em um encontro memorável, um homem — que era a própria personificação da morte em seu *djellaba* de capuz — surgiu no horizonte quando saltávamos de nossos camelos e sentávamos para o almoço perto de um remoto depósito de sal. Eu observara enquanto o andarilho atravessava a cordilheira a nossa frente e seu rastro ia formando um arco, como uma bola de aço desviada por um ímã em nossa direção. O estranho chegou já abraçando Mohammed, como faria com um irmão que não visse fazia muito tempo.

Ele tomou chá e compartilhou nossa refeição. Os dois trocaram novidades e cigarros, gesticulando com familiaridade e rindo. Em seguida, o estranho voltou a sumir no horizonte.

5. Foi doloroso para Riley relembrar esse procedimento, que parecia quase inacreditavelmente cruel, mesmo para os padrões da época. Mas a cauterização com madeira ou metal aquecidos é aplicada ainda hoje como uma popular "cura para todos os males" no Saara, como pude constatar com um de meus guias, Achmet, que trazia cicatrizes no pescoço e nos ombros em conseqüência do tratamento que fizera para curar uma doença recente. Ele me contou que ficara muito mal e que a cauterização salvara sua vida. Ele usa a mesma técnica para tratar as enfermidades de seus filhos pequenos.

6. A Encyclopaedia Britannica original, publicada em Edimburgo, em 1771, menciona tratamentos confiáveis para a disenteria às pp. 117 e 118. Entretanto, mais de um século e meio depois, em 1930, o jovem aventureiro francês Michel Vieuchange foi derrubado pela doença, na volta de uma exaustiva viagem através do Sous e de As Saquia al Hamra para ver Smara. Ele morreu em Agadir.

7. Deste ponto em diante, Riley fica cada vez mais confuso em relação à passagem do tempo. Aqui sua narrativa se concentra em eventos ocorridos entre 23 e 25 de outubro.

8. Essa descrição física de Bo-Mohammed é baseada na ilustração à p. 329 de *Sequel to Riley's Narrative*, que o chama de Bo-Mohammed de Shtuka, embora ele tenha se juntado a Riley antes de Shtuka.

15. VALE DOS GAFANHOTOS [pp. 319-32]

1. Os saaráuis modernos compartilham com os ancestrais essa afinidade. Alguns, hoje forçados a viver em cidades para garantir o sustento, enchem seus terraços de areia sobre a qual montam tendas e preparam chá várias vezes ao dia. Numa remota parte de As Saquia al Hamra, onde acampei durante as pesquisas para este livro, vi outros habitantes da cidade que tinham vindo de Laayoune para espalhar mantas e tomar chá nas dunas. Um dos guias me explicou que agiam daquela forma porque sentiam falta da areia.

17. O CAPITÃO MORREU HÁ MUITO TEMPO [pp. 345-68]

1. Na p. 217 de sua narrativa, Riley afirma que o *rais* bel Cossim lhe dissera que Willshire "pagara o resgate a [*sidi* Hamet] imediatamente", mas, segundo uma carta enviada por Willshire a Riley, que o capitão reproduz (ao que pa-

rece, de memória) na p. 218, Willshire só concordou em pagar a quantia depois da chegada de Riley e de seus homens a Swearah.

2. Em um ponto de seu relato, Riley diz que viajaram durante cerca de cinco horas a um ritmo de oito quilômetros por hora. Muitas páginas depois, afirma que viajaram cinco horas, a 6,5 quilômetros por hora. Dei preferência à estimativa mais conservadora. Robbins indica a localização do vilarejo de Widnah como sendo ao norte do Uádi Sehlem. Já Riley diz que Widnah ficava três horas ao sul do Uádi Sehlem. Tanto Riley quanto Robbins parecem ter confundido o Uádi Massa, um outro rio que corre para o noroeste, com o Uádi Sehlem, que fica mais ao sul.

3. Riley diz que, a essa altura, já haviam viajado dez horas seguidas, "das quatro da manhã às duas da tarde". Antes, dissera que haviam deixado Sehlemah "assim que amanheceu" e que os portões foram abertos. O alvorecer daquele 30 de outubro de 1815 teve início em Sehlemah por volta das 6h30, e é mais provável que tenham partido nesse horário.

18. DA BOCA DE UM MOURO [pp. 369-83]

1. Mesmo hoje, essa forma íntima de compartilhar comida de um mesmo recipiente é uma demonstração usual de amizade e hospitalidade. Estranhos podem agir assim em seu primeiro encontro, mas é mais incomum um muçulmano proceder dessa maneira com um cristão. Enquanto estive no Saara traçando a rota de Riley, foi só depois de nos afastarmos muito do acampamento uma noite e sermos forçados a montar um bivaque improvisado com nossos camelos que compartilhei uma gamela com três de meus guias. Com nossas cabeças quase se encostando quando nos curvávamos sobre uma grande tigela plana, comemos usando pão e as mãos depois de um longo dia na trilha.

2. Riley diz 4 de novembro, mas já havia perdido a noção das datas. Ele faz referência ao quarto dia após a partida de Seid. Mesmo se tomarmos 2 de novembro como o dia em que Seid e Ali partiram, então já seria dia 5. Mesmo assim, o capitão diz que o dia seguinte foi dia 4 e se refere ao dia depois deste como 4 também. Mais adiante, faz referência ao dia "6 de outubro" quando, na verdade, queria dizer "6 de novembro". Nesse ponto, ele desiste de citar datas, até 1º de dezembro.

3. Riley também observa que a crença de que o camelo era sagrado parecia prevalecer na região. Minha experiência ao refazer a rota de Riley em 2001 comprova essa observação. No primeiro dia em que viajei de camelo, enquanto corríamos pela praia, minha sela começou a escorregar para a lateral até que fui jogado na areia — não muito distante, devo dizer, de um longo trecho de

rochas, que poderiam muito bem ter "estourado" meus miolos. A primeira coisa que ouvi de Mohammed el Arab, um instrutor de camelos e guia, foi: "A culpa foi sua. Por que não saltou?". Abalado e incrédulo, não respondi nada a princípio. Ele, então, gracejou, falando num tom amigável: "Não tem importância. Aqueles que caem de camelos nunca se machucam".

19. O CAMINHO PARA MOGADOR [pp. 384-99]

1. Em um relato anterior ao de Jackson e Riley, Lempriere explica que o caminho pela costa atravessava "um contínuo território ermo, montanhoso e rochoso [...] nosso progresso, na verdade, não passava de nada além de constantes subidas e descidas por uma série de degraus de pedra irregulares e desnivelados. Em um trecho específico, a descida era tão íngreme, e o caminho, tão repleto de grandes pedaços de pedra, que fomos todos obrigados a desmontar e andar quase 2,5 quilômetros com o máximo de precaução e dificuldade, antes de conseguirmos voltar a montar" (pp. 713-4).

2. Salinas ainda podem ser encontradas hoje entre Agadir e Mogador (Swearah). As técnicas e as condições mudaram pouco em dois séculos. Famílias vivem em cabanas de terra sem janelas no perímetro dos depósitos. Homens, mulheres e crianças, todos trabalham em alguma etapa do processo de extração de sal.

EPÍLOGO — VOLTA AO LAR [pp. 401-16]

1. Numa crítica ao relato de Riley, publicada em outubro de 1817, o jornal literário *Monthly Review* afirma que não vê "nenhum motivo para duvidar da história de um modo geral, pois não há nela nada que deprecie sua veracidade, mas sim muito que a corrobora; e é externamente sustentada pela correspondência impressa dos indivíduos que conseguiram a libertação do autor". O crítico, no entanto, observa que "a descrição de seus sofrimentos de fato excede qualquer coisa semelhante que lembremos já ter lido; e eles parecem ser mais do que qualquer ser humano fosse capaz de infligir ou suportar". A drástica perda de peso que Riley diz ter sofrido, afirma o crítico, "nos faz quase duvidar da exatidão do autor, embora não suspeitemos de erros intencionais". Os médicos de hoje concordariam em que, embora seja possível um homem de 109 quilos perder 68 quilos ao longo do tempo, seria improvável que o tivesse feito em menos de três meses. Seja como for, Riley estava convencido disso e disposto a arriscar sua credibilidade.

2. Riley afirma, erroneamente, que, em Wednoon, Porter pertencia a bel Cossim. Robbins diz que Porter era propriedade de outro homem rico.

3. A afirmação de William Riley de que "mais de 1 milhão" de norte-americanos haviam lido seu relato (*Sequel*, p. iv) muitas vezes causa a impressão enganosa de que 1 milhão de exemplares foram publicados. O erro pode ser identificado no artigo de Gerald McMurtry intitulado "A influência do relato de Riley sobre Abraham Lincoln" (*Indiana Magazine of History*, 1934). Mesmo que a ousada estimativa de Riley de 1 milhão de leitores estivesse correta, o número de livros comprados seria muito menor, sobretudo quando se levam em conta as cópias de bibliotecas. Numa tentativa de avaliar os números corretos com precisão, assim como de determinar o impacto da publicação de Riley, o historiador Donald Ratcliffe cita registros de bibliotecas datados do século XIX. Eles revelam um alto índice de leitura do título em certas regiões, evidenciando a fama de Riley e o grande alcance de seu livro. Ratcliffe conclui que até a afirmação de 1 milhão de leitores era exagerada, embora muitas pessoas possam ter lido alguma versão da história de Riley, seja em seu livro, seja em várias outras publicações. Na única biografia autorizada por Abraham Lincoln (*Life of Abraham Lincoln*), John L. Scripps escreveu que as primeiras leituras de Lincoln, depois da Bíblia, das fábulas de Esopo e de *The Pilgrim's Progress*, foram "*Life of Franklin*, *Washington* (de Weems) e a *Narrativa* de Riley" (p. 3).

Bibliografia selecionada

ADAMS, Charles Collard. *Middletown Upper Houses: A History of the North Society of Middletown, Connecticut, from 1650 to 1800, with Genealogical and Biographical Chapters on Early Families and a Full Genealogy of the Ranney Family.* Fac-símile do original de 1908 ed. Canaan, New Hampshire, Phoenix Publishing (para a Ranney Genealogical Fund), 1983.

ADAMS, Robert. *The Narrative of Robert Adams, An American Sailor, Who Was Wrecked on the Western Coast of Africa, in the Year 1810, Was Detained Three Years in Slavery by the Arabs of the Great Desert, and Resided Several Months in the City of Tombuctoo.* Editado por S. Cock e Joseph Dupuis. Boston, Wells and Lilly, 1817.

ADAMS, Sherman W. *The History of Ancient Wethersfield.* Editado por Henry R. Stiles. Vol 1. Fac-símile do original de 1904 ed. Camden, Maine, Picton Press, 1974.

ADOLPH, E. F. e outros. *Physiology of Man in the Desert.* Nova York, Interscience, 1947.

Africa Pilot: Volume 1, Comprising the Arquipélago da Madeira, Islas Canarias, etc. 13ª ed. Taunton, Inglaterra, Hydrographer of the Navy, 1856.

AL-BUKHARI, Sahih. *The Translation of the Meanings of Sahih Al-Bukhari*, 9 vols. Traduzido por Muhammad Muhsin Khan. Chicago, Kazi Publications, 1979.

ALIG, Joyce. *Ohio's Last Frontiersman: Connecticut Mariner Captain James Riley.* Celina, Ohio, Mercer County Historical Society, 1997.

ALLEN, Gardner W. *Our Navy and the Barbary Corsairs.* Hamden, Connecticut, Archon Books, 1965.

ALLISON, Robert J. *The Crescent Obscured: The United States and the Muslim World,* 1776-1815. Nova York, Oxford University Press, 1995.

American Mercury. 24 de maio de 1815.

BAEPLER, Paul. "The Barbary Captivity Narrative in Early America". *Early American Literature,* 30 (1995), pp. 95-120.

_____. (ed.). *White Slaves, African Masters: An Anthology of American Barbary Captivity Narratives.* Chicago, University of Chicago Press, 1999.

BRETT, Michael & FENTRESS, Elizabeth. *The Berbers.* Oxford, Inglaterra, Blackwell, 1996.

BRIGGS, Lloyd Cabot. *Tribes of the Sahara.* Cambridge, Massachusetts, Harvard University Press, 1960.

BRISSON, Pierre Raymond de. *An Account of the Shipwreck and Captivity of Mr. de Brisson; Containing a Description of the Deserts of Africa, from Senegal to Morocco.* Traduzido do francês. Londres, J. Johnson, St. Paul's Church-yard, 1789. (Ver Saugnier para uma melhor tradução desse trabalho. Todas as citações de Brisson foram tiradas daquele livro.)

BULLIET, Richard W. *The Camel and the Wheel.* Cambridge, Massachusetts, Harvard University Press, 1975.

COCHELET, Charles. *Narrative of the Shipwreck of the* Sophia *on the 30th of May, 1819, on the Western Coast of Africa, and of the Captivity of a Part of the Crew in the Desert of Sahara.* Traduzido do francês. Londres, Sir R. Phillips and Co., 1822.

COOPER, J. Fenimore. *The History of the Navy of the United States of America.* Paris, Baudry's European Library, 1839.

DECKER, Robert Owen, com HARRIS, Margaret A. *Cromwell, Connecticut, 1650-1990: The History of a River Port Town.* West Kennebunk, Maine, Phoenix Publishing (para a Cromwell Historical Society), 1991.

DE VILLIERS, Marq & HIRTLE, Sheila. *Sahara: A Natural History.* Nova York, Walker, 2002.

DUNCAN, T. Bentley. *Atlantic Islands: Madeira, the Azores, and the Cape Verdes in Seventeenth-Century Commerce and Navigation.* Chicago, University of Chicago Press, 1972.

EDHOLM, O. G. & BACHARACH, A. L. (eds.). *The Physiology of Human Survival.* Londres, Academic Press, 1965.

ELTING, John R. *Amateurs, To Arms!: A Military History of the War of 1812.* Chapel Hill, Carolina do Norte, Algonquin Books, 1991.

FABIAN, Ann. *The Unvarnished Truth: Personal Narratives in Nineteenth-Century America.* Berkeley, University of California Press, 2000.

GAUTIER, E.-F. *Sahara, The Great Desert.* 1928. Reimpressão. Traduzido por Dorothy Ford Mayhew. Nova York, Octagon, 1970.

GRANT, Ellsworth S. *Thar She Goes!: Shipbuilding on the Connecticut River.* Lyme, Connecticut, Greenwich Publishing Group, 2000.

HODGES, Tony. *Western Sahara: The Roots of a Desert War.* Westport, Connecticut, Lawrence Hill, 1983.

HUNTRESS, Keith (ed.). *Narratives of Shipwrecks and Disasters, 1586-1860.* Ames, Iowa State University Press, 1974.

JACKSON, James Grey. *An Account of the Empire of Morocco, and the District of Suse: Compiled from Miscellaneous Observations Made During a Long Residence In, and Various Journeys Through Those Countries; to Which Is Added, an Account of Timbuctoo, the Great Emporium of Central Africa.* Publicado por Francis Nichols. Filadélfia, Fry and Kammerer (tipógrafos), 1810.

JEWITT, John R. *A Narrative of the Adventures and Sufferings, of John R. Jewitt, Only Survivor of the Crew of the Ship* Boston, *During a Captivity of Nearly Three Years Among the Savages of Nootka Sound: With an Account of the Manners, Modes of Living, and Religious Opinions of the Natives.* Fac-símile de original de 1815 ed. Fairfield. Washington, Ye Galleon Press, 1967.

JOHNSON, Judith E. & TABOR, William H. *The History and Architecture of Cromwell.* Middletown, Connecticut, Greater Middletown Preservation Trust, 1980.

JONES, Noah. *Journals of Two Cruises Aboard the American Privateer Yankee by a Wanderer.* Reimpressão. Nova York, Macmillan, 1967.

KING, Dean & HATTENDORF, John. *Harbors and High Seas: An Atlas and Geographical Guide to the Complete Aubrey-Maturin Novels of Patrick O'Brian.* 3. ed. Nova York, Holt, 2000.

LAWRENCE, T. E. *Seven Pillars of Wisdom: A Triumph.* 1926. Reimpressão. Nova York, Anchor Books, 1991.

LEMPRIERE, William. "A Tour from Gibraltar to Tangier, Sallee, Mogadore, Santa Cruz, and Tarudant, and Thence Over Mount Atlas to Morocco". 1793. In *A General Collection of the Best and Most Interesting Voyages and Travels in All Parts of the World.* 17 vols. África. Editado por John Pinkerton. Londres, Longman, Hurst, Rees, and Orme, 1808-14.

"Loss of the Brig *Commerce*". *Monthly Review* ou *Literary Journal,* 84 (outubro de 1817), pp. 127-39. Londres, R. Griffiths.

MACKENZIE, Donald. *The Flooding of the Sahara: An Account of the Proposed Plan for Opening Central Africa to Commerce and Civilization from the North-West Coast...* Londres, Sampson Low, Marston, Searle, & Rivington, 1877.

MACLAY, Edgar Stanton. *A History of the United States Navy from 1775 to 1901.*

Revisão técnica de Roy Campbell Smith, U. S. N. Edição revista e ampliada em 3 volumes. Nova York, D. Appleton, 1904.

MANSOUR, Mohamed el. *Morocco in the Reign of Mawlay Sulayman.* Outwell, Inglaterra, Middle East and North African Studies Press, 1990.

MARTIN, Margaret E. *Merchants and Trade of the Connecticut River Valley, 1750-1820.* Northampton, Massachusetts, Departamento de História do Smith College, 1939.

MCKEE, Alexander. *Wreck of the* Medusa*: The Tragic Story of the Death Raft.* Nova York, Signet, 2000. Originalmente publicado como *Death Raft: The Human Drama of the* Medusa *Shipwreck*, 1975.

MCMURTRY, Gerald R. "The Influence of Riley's *Narrative* upon Abraham Lincoln". *Indiana Magazine of History*, 30 (1934), pp. 133-8.

MERCER, John. *Spanish Sahara.* Londres, Allen & Unwin, 1976.

Ming's New-York Price-Current. Várias datas, 1815.

Ohio State Teachers Association Centennial Committee. *A History of Education in the State of Ohio: A Centennial Volume.* Columbus, Gazette Printing House, 1876.

PADDOCK, Judah. *A Narrative of the Shipwreck of the Ship* Oswego, *on the Coast of South Barbary, and of the Sufferings of the Master and the Crew While in Bondage Among the Arabs; Interspersed with Numerous Remarks Upon the Country and Its Inhabitants, and Concerning the Peculiar Perils of That Coast.* Publicado pelo capitão James Riley. Nova York, J. Seymour (impressor), 1818.

PAZZANITA, Anthony G. & HODGES, Tony. *Historical Dictionary of Western Sahara.* 2ª ed. Metuchen, Nova Jersey, Scarecrow Press, 1994.

PURDY, John (ed.). *The Colombian Navigator, or, Sailing Directory for the American Coasts and the West-Indies.* Londres, Whittle and Laurie, 1819.

RATCLIFFE, Donald J. " 'Captain Riley's *Narrative*': A Forgotten Antebellum Bestseller?" Trabalho entregue à American Antiquarian Society. 14 de dezembro de 1998, revisado a ampliado.

______. "Selling Captain Riley: North African Slavery and American Readers, 1817-1859." Trabalho apresentado durante conferência do BRANCH (encontro anual da British American Nineteenth Century Historians). Madingley Hall, Cambridge, 5 de outubro de 2003.

RILEY, James. *An Authentic Narrative of the Loss of the American Brig* Commerce, *Wrecked on the Western Coast of Africa, in the Month of August, 1815. With an Account of the Sufferings of Her Surviving Officers and Crew, Who Were Enslaved by the Wandering Arabs on the Great African Desert, or Zahahrah; and Observations Historical, Geographical, &c., Made During the*

Travels of the Author, While a Slave to the Arabs, and in the Empire of Morocco. Nova York, James Riley, 1817.

RILEY, James. *An Authentic Narrative of the Loss of the American Brig* Commerce. 2ª ed. Hartford, James Riley, 1817.

_____. *An Authentic Narrative of the Loss of the American Brig* Commerce. 3ª ed. Nova York, Collins & Co., 1818.

_____. "Captain Riley's *Narrative*". *Connecticut Courant.* 26 de março de 1816.

_____. "Carta a Ethan Allen Brown". 24 de dezembro de 1819. Ethan Allen Brown Papers, Ohio Historical Society, Columbus.

_____. "Carta a Benjamin Silliman". 19 de julho de 1810. Manuscritos e arquivos, Yale University Library.

_____. "Carta a John F. Watson". 3 de julho de 1824. Rutherford B. Hayes Presidential Center, Fremont, Ohio.

_____. *Loss of the American Brig* Commerce, *Wrecked on the Western Coast of Africa, in the Month of August, 1815, With an Account of Tombuctoo, and of the Hitherto Undiscovered Great City of Wassanah.* Londres, J. Murray, 1817.

_____. *Naufrage du brigantin Américain Le* Commerce *perdou sur la côte occidentale d'Afrique, au mois d'août 1815.* Paris, Le Normant, Imprimeur-Libraire, 1818.

_____. *Sufferings in Africa: Captain Riley's Narrative.* Editado por Gordon H. Evans. Nova York, Clarkson N. Potter, 1965.

RILEY, William Willshire (ed.). *Sequel to Riley's Narrative; Being a Sketch of Interesting Incidents in the Life, Voyages, and Travels of Capt. James Riley, from the Period of his Return to His Native Land, After His Shipwreck, Captivity, and Sufferings Among the Arabs of the Desert, as Related in His Narrative, Until His Death. Compiled Chiefly from the Original Journal and Manuscripts Left at His Death in Possession of His Son, W. Willshire Riley.* Columbus, Ohio, G. Brewster, 1851.

"Riley's Loss of the Brig *Commerce*". *Monthly Review, or, Literary Journal*, 87 (outubro de 1817), pp. 127-39.

ROBBINS, Archibald. *A Journal: Comprising an Account of the Loss of the Brig* Commerce, *of Hartford (Connecticut), James Riley, Master, Upon the Western Coast of Africa, August 28th, 1815; Also of the Slavery and Sufferings of the Author and the Rest of the Crew, Upon the Desert of Zahara, in the Years 1815, 1816, 1817; with Accounts of the Manners, Customs, and Habits of the Wandering Arabs; also, a Brief Historical and Geographical View of the Continent of Africa.* 1817. Reimpressão. Hartford, S. Andrus, 1851.

SAINT-EXUPÉRY, Antoine de. *Wind, Sand and Stars.* 1939. Reimpressão. Traduzido por Lewis Galantière. Nova York, Harcourt, Brace, 1968.

SAUGNIER, F. & BRISSON, Pierre Raymond de. *Voyages to the Coast of Africa, by Mess. Saugnier and Brisson: Containing an Account of Their Shipwreck On Board Different Vessels, and Subsequent Slavery and Interesting Details of the Manners of the Arabs of the Desert, and of the Slave Trade, as Carried On at Senegal and Galam.* Traduzido do francês. 1792. Reimpressão. Nova York, Negro Universities Press, 1969.

SAVAGE, Robert D. *The Savage Family of Connecticut; Line of William Savage.* Middletown, Connecticut, Godfrey Memorial Library, 1978.

SCHMIDT-NIELSEN, Knut et al. "The Question of Water Storage in the Stomach of the Camel". *Mammalia,* 20 (1956), pp. 1-15.

SCHROETER, Daniel J. *Merchants of Essaouira: Urban Society and Imperialism in Southwestern Morocco, 1844-1886.* Cambridge, Cambridge University Press, 1988.

SCOTT, Alexander. Ver TRAILL, Thomas Stewart.

SPARKS, Jared. "Riley's Narrative". *North American Review and Miscellaneous Journal,* 5 (1817), pp. 389-409.

STILES, Henry R. (ed.). *The History of Ancient Wethersfield.* Vol. 2. Fac-símile de original de 1904 ed. Camden, Maine, Picton Press, 1974.

STOFKO, Karl P. "The Tale of the White Cat". *East Haddam Mysteries: Part V.* Trabalho entregue na reunião da East Haddam Historical Society. Connecticut, novembro de 1995.

THESIGER, Wilfred. *Arabian Sands.* 1959. Reimpressão. Nova York, Penguin, 1991.

THOREAU, Henry David. *Cape Cod.* 1865 (escrito entre 1855 e 1857). Reimpressão editada por Joseph J. Moldenhauer. Princeton, Nova Jersey, Princeton University Press, 1988.

TRAILL, T. S. & LAWSON, W. "Account of the Captivity of Alexander Scott, Among the Wandering Arabs of the Great African Desert, for a Period of Nearly Six Years". *Edinburgh Philosophical Journal,* IV, nº 7 (janeiro de 1821), pp. 38-54, e nº 8 (abril de 1821), pp. 225-34.

TYNG, Charles. *Before the Wind: The Memoir of an American Sea Captain, 1808-1833.* Nova York, Viking, 1999.

VIEUCHANGE, Michel. *Smara: The Forbidden City.* 1933. Traduzido do francês por Edgar Fletcher-Allen. Reimpressão. Nova York, Ecco, 1987.

WEED, Thurlow. *Life of Thurlow Weed.* Vol. I, *Autobiography of Thurlow Weed.* Editado por sua filha, Harriet A. Weed. 1883. Reimpressão. Nova York, Da Capo Press, 1970.

WELLARD, James. *The Great Sahara.* Nova York, Dutton, 1965.

WESTERMARCK, Edward. *Ritual and Belief in Morocco.* 2 volumes. 1926. Reimpressão. New Hyde Park, N.Y., University Books, 1968.

WILLSHIRE, William. "Mr. Willshire's Narrative of Eight Days' Events at Mogadore". Novembro de 1844. Public Record Office, FO 174/49.
WOLF, A. V. *Thirst: Physiology of the Urge to Drink, and Problems of Water Lack.* Springfield, Illinois, Charles C. Thomas, 1958.

Agradecimentos

Meu obrigado a todos da Little, Brown que tornaram possível a produção deste livro, em especial a Michael Pietsch e Geoff Shandler, que, com orientação e leitura criteriosas, me ajudaram muitíssimo.

Minha mulher, Jessica, foi um apoio inestimável, como sempre. Ela e o amigo Charles Slack ajudaram a dar forma à narrativa antes mesmo de ela chegar à Little, Brown. Os comentários editoriais, a inspiração e muitas outras contribuições de ambos para este livro não podem ser mensurados, tampouco minha gratidão a eles. Do mesmo modo, meu agente, Jody Rein, me deu suporte e conselhos, nos quais confio.

John Harland, doutor em medicina, autor de *Seamanship in the Age of Sail*, disponibilizou seu inestimável conhecimento de todos os assuntos marítimos. O emérito historiador Donald J. Ratcliffe, da Universidade de Durham, Inglaterra, generosamente compartilhou seu conhecimento singular sobre a publicação da autobiografia do capitão Riley e sua cultura acerca de outros assuntos. Mohamed el Mansour, professor de história da Universidade Mohammed V, em Rabat, Marrocos, e Piotr Kostrzewski, diretor da Cross Cultural Adventures, responderam, com inabalável bom humor, a minhas exaustivas perguntas sobre a cultura, a língua e a história de Marrocos e do Saara. Gus Robbins, descendente do irmão de Archibald Robbins, gentilmente cedeu seu tempo e me permitiu ver alguns dos bens herdados pela família.

Minha gratidão ao editor da *National Geographic Adventure*, Jim Meigs, e a seus demais editores por apoiarem minhas pesquisas na África e publicarem meu livro em formato de série na revista. Jim Meigs e meu amigo Logan Ward leram o manuscrito e deram sugestões úteis para torná-lo mais preciso. (A família Ward também acolheu com generosidade a família King após a passagem do furacão Isabel, permitindo que o trabalho do livro prosseguisse apesar da falta de luz em Richmond.)

Minha assistente e pesquisadora, Alexandra Benwell, foi aos confins do mundo atrás de material para o livro. Outros que contribuíram para a pesquisa foram Kenneth Buckbee, Diane Cameron, Jane Hines, Harlan Jessup, Sarah Raper Larenaudie, Elford Messer, John Morgan, Valérie Rodger e Nancy Steed.

Aos muitos estudiosos e especialistas cujo conhecimento enriquece este livro, meu sincero obrigado. O grupo inclui Tony Hodges, co-autor de *Historical Dictionary of Western Sahara*; Daniel Schroeter, professor de história da universidade da Califórnia, em Irvine; Gene DeFoliart, professor emérito de entomologia médica da universidade de Wisconsin-Madison; o especialista em camelos Ahmed Tibary, professor-assistente de teriogenologia da Washington State University; Mohammed Sawaie, professor de árabe da universidade da Virgínia; Barry Cook, do Museu Britânico; Peter Schlegel, doutor em medicina da universidade de Cornell; Warner V. Slack, professor de medicina e psiquiatria da Harvard Medical School; Jo Benwell, professora de nutrição, aposentada pela Farnham College; Maryam e Nancy Abeiderrahmane, da leiteria Tiviski, na Mauritânia, que industrializa leite de camela; Read McGehee III, doutor em medicina do Virginia Eye Institute; Madia Thomson, Ellsworth Grant; Mark Snow; o reverendo Greg Jones, da St. James's Church, em Richmond, Virgínia; e o pastor Don Hay, da Congregational Church of Eastford, Connecticut.

Na tarefa de reconstituir condições climáticas e marítimas, os que se seguem foram especialmente prestativos: Bernard Ducarme, do International Centre for Earth Tides, do Observatório Real da Bélgica; Joseph M. Moran, da American Meteorological Society; o comandante John Page, da Marinha Real; Malcolm Walker, da Royal Meteorological Society; e Phillip Woodworth e David Blackman, do Proudman Oceanographic Laboratory.

Kenneth Wilson, do Science Museum of Virginia, me ajudou com os detalhes astronômicos, e Roger Key, da British Geographical Survey, forneceu informações sobre o solo do Saara.

Os funcionários de muitas bibliotecas e sociedades de história foram fundamentais na minha busca de livros, jornais e documentos, principalmente Dave Grabarek, da Library of Virginia. Além dele, Nancy Milnor e Martha H. Smart, da Connecticut Historical Society; Allison Guiness, do Connecticut River Museum; Stephen Shaw, da Connecticut Society of the Sons of the Revolutionary War; também em Connecticut, Brenda Milkofsky, da Wethersfield Historical Society; Wendy Schnur, da G. W. Blunt White Library, em Mystic Seaport; Karl

Stofko, historiador municipal da East Haddam Historical Society; Terry Crescimanno, da Cromwell Belden Public Library.

De outros lugares, Dennis Beiso, da Gibraltar Archives; Robert Henderson, da General Society of the War of 1812; Josh Graml, do Mariner's Museum; Michael T. Moore e Susan Abbott, da National Archives and Records Administration; Paul Adamthwaite, Ph.D., da Archives and Collections Society; David Clendinning, da Robert Manning Strozier Library, da Florida State University; Kevin Windsor, do Lundy's Lane Historical Museum; Nan J. Card, do Rutherford B. Hayes Presidential Center; Habte M. Teclemariam, da Biblioteca do Congresso; e o pessoal da New-York Historical Society, que dispõe do manuscrito do capitão Riley em seu acervo.

A meus companheiros de viagem, cameleiros e assistentes na expedição de pesquisa pelo Saara Ocidental — Claudia D'Andrea, Remi Benali, J. P. Kang, Ted Lawrence, Jouwad, Hussein, Ali, Mohammed el Arab, Karim e Achmed —, obrigado pela ajuda e paciência numa aventura que, muitas vezes, foi difícil. Sei que vocês se entregaram de corpo e alma para a narração da jornada de Riley e Robbins. E aos magos da tecnologia J. P. Kang e Lucas Krost, que me ajudaram a fazer uma competente apresentação do trabalho.

Por fim, gostaria de agradecer a Liz Nagle, editora-assistente da Little, Brown, que cuidou para que tudo fosse devidamente encaminhado, e aos experientes preparadores Peggy Freudenthal, Steve Lamont e Anne Montague, que fizeram o texto fluir melhor.

Mais uma vez, obrigado a todos.

Dean King

Índice remissivo

(Nota: Os números das páginas em itálico se referem a ilustrações)

ESTA OBRA FOI COMPOSTA EM MINION PELO ESTÚDIO O.L.M. E IMPRESSA
PELA GEOGRÁFICA EM OFSETE SOBRE PAPEL PÓLEN SOFT
DA SUZANO BAHIA SUL PARA A EDITORA SCHWARCZ EM JUNHO DE 2005